저자는 신학자들이 잘 다루지 않는 사탄이나 악한 영들과 같은 어둠의 세력들에 관한 바울의 가르침을 성서적으로, 신학적으로 치밀하게 연구하고 분석하되, 바울의 그러한 가르침의 배경을 이루는 구약 성경과 유대교(외경과 사해문서) 및 그리스-로마와 고대 동방의 종교들까지 두루 고찰하고 있다. 그뿐만 아니라 저자는 자신의 연구 결과를 바탕으로 해서, 오늘날 교회와 그리스도인들이 직면하고 있는 다양한 영적 전쟁과 관련된 실제적인 가르침까지 제공하고 있다. 그런 점에서 본서는 모든 목회자들과 그리스도인들이 꼭 읽어야 할 중요한 책이다.

**강성열** | 호남신학대학교 구약학

클린턴 E. 아놀드 박사는 세계적으로 인정받는 성경신학자이다. 신약학계의 권위자가 집필한 이 책은 역사의 배후에서 세상을 움직이는 영적 권세에 대한 심오한 내용을 탐구한다. 그리스도인이라면 신약 성경의 수많은 곳에서 '사탄', '마귀', '귀신', '악한 영', '공중의 권세 잡은 자', '통치자와 권세와 능력과 주권' 등의 용어를 사용해서 악한 영들의 존재와 궤계를 심각하게 알리고 있음을 감지할 필요가 있다. 이 책을 읽는 사람들은 모든 영적 권세 위에 뛰어나신 하나님이 인간의 구원을 설계하시고 성취하신 분임을 다시 한 번 깨닫고 하나님을 경외하게 될 것이다.

**김정훈** | 백석대학교 신약신학

성경에 등장하는 영적 세력들은 사회적, 경제적, 정치적 '구조 악'에 대한 상징일 뿐인가? 아니면 실재하는 인격적 존재들인가? 이 책은 분명 우리 시대 신학자들과 그리스도인들이 가장 피하고 싶어 하는 주제를 다루고 있다. 그리고 클린턴 E. 아놀드는 이 주제를 가장 깊이 다룰 수 있는 사람임을 이 책으로 증명했다. 영적 세력들에 대한 바울과 예수님의 이해는 물론이고 1세기와 우리 시대의 세계관적 배경을 망라하는 폭넓은 연구와 균형 잡힌 안내가 돋보인다.

**정성국** | 아세아연합신학대학교 신약학

# 영적 전쟁

## 바울 서신으로 본 사탄과 악한 영들

Originally published by InterVarsity Press
as *Powers of Darkness* by Clinton E. Arnold.
ⓒ 1992 by Clinton E. Arnold.
Translated and printed by permission of InterVarsity Press
P. O. Box 1400, Downers Grove, IL 60515, USA.
www.ivpress.com

License arranged through rMaeng2, Seoul, Republic of Korea.

This Korean Edition ⓒ 2020 by Jireh Publishing Company
Goyang-si, Gyeonggi-do, Republic of Korea

이 한국어판의 저작권은 알맹2 에이전시를 통하여 InterVarsity Press와 독점 계약한 이레서원에 있습니다. 신저작권법에 의하여 한국 내에서 보호받는 저작물이므로 무단 전재와 무단 복제를 금합니다.

* 이 책은 『바울이 분석한 사탄과 악한 영들』(이레서원, 2008)의 개정판입니다.

# 영적 전쟁

바울 서신으로 본
사탄과 악한 영들

## Powers of Darkness
### Principalities and Powers in Paul's Letters

클린턴 E. 아놀드 지음
길성남 옮김

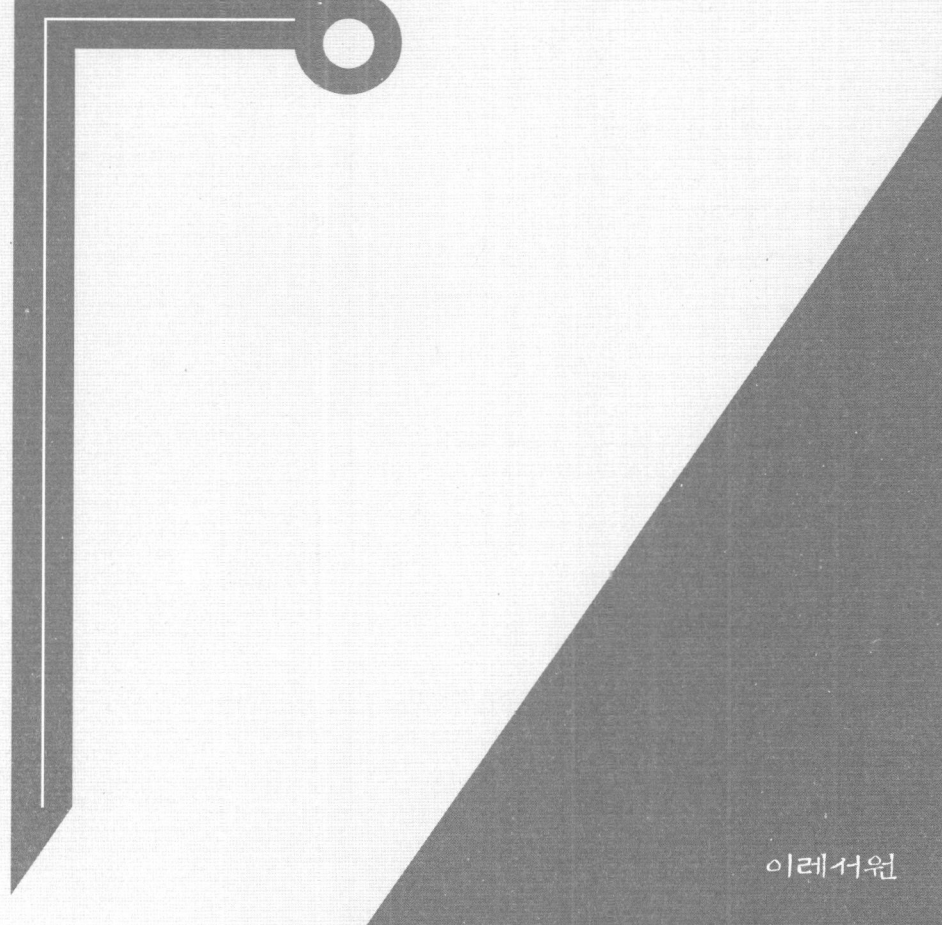

이레서원

# 영적 전쟁
바울 서신으로 본 사탄과 악한 영들

클린턴 E. 아놀드 지음
길성남 옮김

개정판 1쇄 인쇄   2020년 4월 1일
개정판 1쇄 발행   2020년 4월 7일

발행처    도서출판 이레서원
발행인    문영이
출판신고   2005년 9월 13일 제2015-000099호

편집장   이혜성
편집    송혜숙, 오수현
영업    김정태
총무    곽현자

경기도 고양시 일산동구 중앙로 1160 오원플라자 801호
Tel. 02)402-3238, 406-3273 / Fax. 02)401-3387
E-mail: Jireh@changjisa.com
Website: Jireh.kr / Facebook: facebook.com/jirehpub

책값은 표지에 있습니다.

ISBN 978-89-7435-528-9   03230

이 도서의 국립중앙도서관 출판예정도서목록(CIP)은 서지정보유통지원시스템 홈페이지(http://seoji.nl.go.kr)와 국가자료공동목록시스템(http://www.nl.go.kr/kolisnet)에서 이용하실 수 있습니다.
(CIP 제어번호: CIP2020007141)

주님,

제프리와 더스틴을 당신의 능력으로 강하게 하셔서

능히 마귀를 대적하게 하시고,

다른 사람들에게 당신의 사랑을 전하게 해 주십시오.

## 목차

약어 표 ·················································· 10
저자 서문 ················································ 11

서론 ····················································· 14

**제1부**
**영적 세력들에 대한 1세기 사람들의 믿음**

1. 마술과 점술 ········································· 23
2. 그리스-로마와 동방의 종교들 ····················· 43
3. 점성술 ··············································· 61
4. 유대교 ··············································· 72
5. 예수님의 가르침 ···································· 98

**제2부**
**영적 세력들에 관한 바울의 가르침**

6. 영적 세력들이란 무엇인가? ······················· 117
7. 십자가에서 일어난 영적 세력들의 패배 ········· 133
8. 새 나라와 신자의 정체성 ·························· 147
9. 신자들에 대한 영적 세력들의 영향 ·············· 164
10. 오직 그리스도 ····································· 186
11. 영적 전쟁 ·········································· 199
12. 영적 세력들에 대한 그리스도의 최후 승리 ···· 217

**제3부**
**영적 세력들의 현대적 의미**

13. 실치인가, 신호인가? ················· 227
14. 영적 세력들과 사람들 ················ 246
15. 영적 세력들과 사회 ·················· 260

결론: 영적 세력들과의 싸움 ·············· 281

주 ·································· 293
선별한 참고 문헌 ······················ 307
저자 색인 / 성경 색인 / 주제 색인 ········· 309

## 약어 표

BAGD      W. Bauer, W. F. Arndt and F. W. Gingrich, *A Greek-English Lexicon of the New Testament and Other Early Christian Literature*. 2d rev. ed. by Frederick Danker. Chicago: University of Chicago Press, 1979.

OTP      *The Old Testament Pseudepigrapha*. 2 vols. Edited by James H. Charlesworth. New York: Doubleday, 1983, 1985.

PGM      *Papyri Graecae Magicae: Die Griechischen Zauberpapyri*. 2 vols. Edited by Karl Preisendanz. 2d rev. ed. by A. Heinrichs. Stuttgart: Teubner, 1973-74. English translation now available in *The Greek Magical Papyri in Translation*. Edited by Hans Dieter Betz. Chicago: University of Chicago Press, 1986.

P. Oxy.      *The Oxyrhynchus Papyri*.

- 특별한 언급이 없는 한, 본서에서 인용한 구약 성경과 신약 성경 본문은 새국제역(the New International Version)을 따랐다(역서에서는 개역개정을 따랐다-역주).
- 특별한 언급이 없는 한, 본서에서 인용한 구약 외경 문헌 본문은 James H. Charlesworth, ed. *The Old Testament Pseudepigrapha*, 2 vols. (New York: Doubleday, 1983, 1985)를 따랐다.
- 특별한 언급이 없는 한, 본서에서 인용한 사해 사본 본문은 Geza Vermes, *The Dead Sea Scrolls in English*, 2d ed. (New York: Viking Penguin, 1975)를 따랐다.
- 특별한 언급이 없는 한, 본서에서 인용한 헬라 마술 파피루스 본문은 Hans Dieter Betz, ed., *The Greek Magical Papyri in Translation* (Chicago: University of Chicago Press, 1986)을 따랐다.

# 저자 서문

나는 악에 관해서 생각하는 것을 좋아하지 않는다. 악은 마음을 아프게 하고 두려움에 사로잡히게 한다. 정말이지 나는 악은 접어 두고 즐거운 것에 관해서만 이야기하고 싶다.

나는 많은 그리스도인들이 특별히 악한 영과 사탄의 개념에 관해서 이야기해야 할 때 나와 같은 감정을 가질 것이라고 생각한다. 『크리스채너티 투데이』(*Christianity Today*)는 1990년 8월 20일판에서 이 주제를 다루었다(나도 여기에 원고를 기고했다). 편집장은 화가 마이클 아니노(Michael Annino)에게 잡지 표지에 실을 마귀 이미지, 즉 "광명의 천사"의 가면을 벗겨 낸 적나라한 마귀 이미지를 그려 달라고 의뢰했다. 그 일을 아니노는 잘 해냈다. 아마도 지나치게 잘한 것 같았다. 많은 독자들이 아니노가 그린 무시무시한 그림에 심히 불평하는 편지를 편집장에게 보내 왔다. 『크리스채너티 투데이』 경영 담당 책임자는 이것은 "멋진 주제가 아니다."라고 지적했는데, 그가 옳았다!

궁극적으로 우리는 이 주제를 무시할 수 없다. 악은 불청객으로 우리를, 그리고 우리가 사랑하는 사람들을 찾아온다. 만일 우리가 악의 문제를 다루는 것과 관련해서 성경의 도움을 받고자 한다면 성경이 진지하게 다루고 있는 것, 즉 사탄이라는 존재와 그가 부리는 어둠의 세력들을 우리도 기꺼이 진지하게 다루어야 한다. 너무 오랫동안 서구 교회는 이 주제를 충분히 다루지 않았고 진지하게 주의를 기울이지도 않았다. 아시아와 아프리카에서 온 학생들은 내게 이 점을 자주 지적했다. 그들은 자신들에게 전해진 풍성한 성경적 가르침과 관련해서 서구 교회에 큰 빚을 지고 있다는 것을 인정한다. 그러나 사탄과 어둠의 세력이라는 주제와 관련해서는 서구 교회가 거의 아무런 도움을 주지 않는 이유를 이해하지 못한다. 영적 존재들에 대한 적절한 기독교적 관점을 발전시키는 문제는 그들이 가진 근본적인 관심사이다.

성경, 특별히 사도 바울의 서신들은 이 주제에 관해서 참으로 많은 것을 말하고 있다. 본서는 보이지 않는 영적 세계에 관한 바울의 폭넓은 가르침을 탐구하려는 사람들을 위해서 집필되었다. 바울은 이 주제에 관해서 많은 사람들이 알고 있는 것보다 훨씬 많은 것을 이야기한다. 최근 몇 년 동안에 "영적 전쟁"을 다루는 책들이 홍수처럼 쏟아져 나왔음에도 불구하고 성경적-신학적 관점에서 집필된 책은 거의 없었다. 나는 본서가 이런 관점을 촉발하는 데 도움이 되는 출발점이 되기를 소망한다.

본서를 출간하는 데 최초로 자극을 준 사람은 IVP 편집 책임자인 앤디 르포(Andy Le Peau)이다. 그는 지금이야말로 내가 이런 주제를 다루는 책을 써야 할 때라고 나를 설득했다. 또 나는 탤벗 신학교 학장인 빙엄 헌터(Bingham Hunter) 박사에게 마음으로부터 깊은 감사를 드리고 싶다. 그는 내가 이 일을 할 수 있도록 격려했을 뿐 아니라 이 일을 마칠 때까지 그가 할 수 있는 모든 지원을 아끼지 않았다.

1990년 여름에 나는 루마니아 트란실바니아에서 이 책의 일부를 그곳의 여러 그리스도인들과 나눌 기회가 있었다. 그들은 내게 많은 것을 배웠다고 감사를 표했는데, 사실상 그때 나는 그들에게 더 많은 것을 얻었다. 그들은 본서

제3부, 특히 "영적 세력들과 사회"에 관한 논의에 포함된 내 생각을 명료하게 정리하는 데 큰 도움을 주었다.

나는 이 책을 완성하는 데 도움을 준 많은 사람들에게 감사의 빚을 졌다. 무엇보다도 나는 원고의 부족한 부분을 고치는 데 유익한 조언을 해 주었을 뿐 아니라 나의 사역에 신실한 동반자가 되어 준 아내 바버라에게 감사한다. 마이클 윌킨스 박사는 내가 이 책을 완성하기까지 계속해서 격려해 주었다. 1989년 여름에 내가 속한 부서의 장으로서 그는 내가 계속해서 이 책 집필에 전념할 수 있도록 일정을 조정하는 데 도움을 주었다. 바이올라 대학교 학술위원회는 이 책을 쓰는 데 필요한 연구비를 지원해 주었다. 조교인 팀 펙(Tim Peck)은 원고의 많은 부분을 주의 깊게 읽어 주고 원고에서 잘못된 부분을 수정하는 데 도움을 주었다. 또 내가 기고했던 "'통치자들과 권세들'에 대한 최근 해석"('Principalities and Powers' in Recent Interpretation)이라는 논문의 중요한 부분을 사용할 수 있도록 허락해 준 『카탈리스트』(Catalyst) 편집장 조엘 그린(Joel Green) 박사에게도 감사한다.

이 책을 완성하는 데 매우 중요한 도움을 준 또 다른 세 분에게도 감사를 드린다. 우선 로버트 소시(Robert Saucy) 박사는 이 주제 및 하나님 나라와 관련된 여러 가지 문제를 두고 나와 토론을 하면서 많은 유익한 조언을 해 주었다. 루마니아에서 나와 함께 가르치는 사역을 한 휘튼 대학의 로버트 야브로(Robert Yarbrough) 박사는 이 책의 원고를 읽고 결정적인 조언을 주면서 격려를 아끼지 않았다. 마지막으로, 1986년에 처음으로 대중을 위해서 이 주제를 다루는 책을 써 보라고 나에게 제안해 준 애버딘 대학교(University of Aberdeen) 하워드 마샬(I. Howard Marshall) 박사에게 감사드린다.

# 서론

　1992년에 매사추세츠 주의 살렘(Salem) 시는 악명 높은 마녀 재판 300주년을 맞이했다. 그 종교 재판에서 400명 이상이 마녀로 기소되었는데, 그들 가운데 150명은 투옥되었고, 여자 열네 명과 남자 다섯 명은 교수형에 처해졌으며, 한 명은 마녀라는 죄목으로 수 톤에 이르는 바위에 깔려 죽는 압살형에 처해졌다.
　1845년에 지어진 석조 예배당은 살렘 마녀 박물관(Salem's Witch Museum)이 되었다. 오늘날 방문자들이 이 박물관에 들어서면 해설자가 이렇게 말한다. "마녀 박물관에 오신 것을 환영합니다. 여러분은 마녀를 믿으시는지요? 우리 선조들 중에서는 무수히 많은 사람들이 마녀의 존재를 믿었습니다."
　하지만 오늘날 많은 사람들은 우리 선조들이 이런 생각을 받아들였다는 것을 믿을 수 없는 일로 생각한다. "마녀들"이 실제로 초자연적인 능력을 가지고 있다는 것, 마술이 효력을 갖는다는 것, 악한 영들이 사람들의 삶에 온갖 두려운 일들을 일으킨다는 것을 어떻게 믿을 수 있겠는가? 대부분의 사람들에게 이런 믿음은 과학의 시대가 도래하고 누구나 교육을 받을 수 있는 기회가 확산됨으로써 시대에 뒤떨어진 것이 되고 말았다.

살렘에서 마녀 재판이 일어난 지 3백 년이 지난 지금, 그와 유사한 종교 재판의 위협은 없다. 나는 그런 위협이 다시는 일어나지 않기를 바란다. 하지만 오늘날 서구에서는 주술과 오컬트(occult: 연금술, 마술, 점성술, 점술, 강신술같이 귀신의 힘을 빌려서 지혜와 능력을 얻거나 소원을 이루기 위해서 주문이나 마법을 사용하는 비술적 기술-역주)에 대한 관심이 급증하고 있다. 예컨대, 최근에 발간된 타블로이드판 신문의 광고를 읽어 보라.

> 나는 당신을 위해 마법을 사용하겠습니다. 나는 어떤 사람에게 마법을 걸어서 그가 누군가를 사랑하게 만들 수 있습니다. 그가 마음을 고쳐먹게 해서 관계를 개선하도록 만들 수 있고, 또 두 사람이 서로 잘 지내게 만들 수도 있습니다. 내가 이런 일을 할 수 있는 것은, 마법사였던 어머니의 능력과 가장 강력한 마법사였던 아버지의 능력이 내게 있기 때문입니다. 아버지는 타계하기 직전에 자신의 비법을 내게 전해 주었습니다. 내 마술 능력은 여러분의 상상을 초월합니다. 나는 여러분의 인간관계, 재정 형편, 미래 일, 그 밖의 중요한 일들과 관련해서 마법을 쓸 수 있습니다. 나는 그렇게 할 만한 능력이 있고, 또 그 능력을 사용할 수 있습니다.[1]

이 광고는 미국 전역에서 발행되는 타블로이드판 신문에 정기적으로 실리는 수많은 주술 광고 가운데 대표적인 것이다.

사람들이 이런 오컬트에 관심을 갖기 시작한 것은 특정 지역에 국한된 일시적인 현상이 아니라 서구 사회 전반에서 일어나는 시대적 풍조이다. 1960년대에 일어난 주술적 제의에 대한 열광적인 관심은 1970년대에 이르러 탁월한 종교역사 학자 미르체아 엘리아데가 명명한 대로 "오컬트 폭발"(occult explosion)로 이어졌다.[2] 엘리아데는 다음과 같이 말한다.

종교역사 학자로서 나는 현대 서구 문화와 하부 문화에서 주술이 놀라울 정도로 큰 인기를 끌고 있는 것에 깊은 인상을 받았다. … 주술에 대한 이러한 현대의 관심은 더 커다란 경향, 즉 점성술과 유사 영성 운동에서부터 헤르메티즘(Hermetism, 2-3세기 것으로 알려진 헤르메스의 신플라톤주의 문헌에 근거한 그리스-이집트 신비주의-역주), 선(禪), 요가, 탄트리즘(Tantrism, 초월자와 동화하면서 초월자를 자기 안에 포섭하여 현실에서의 해탈을 추구하는 철학적 종교 운동-역주) 및 동양의 다른 영적 직관들과 기술들에 이르는, 주술적이며 비의적인 것에 대한 유행의 일부분에 지나지 않는다.[3]

1980년대에 들어서 가히 "폭발"이라고 할 수 있는 뉴에이지 운동이 일어났고, 이 운동은 1990년대에도 활발하게 진행되고 있다.[4] 연예계의 많은 유명 인사들이 이 운동의 가르침을 널리 보급시켰고, 그들의 명성으로 인해서 뉴에이지 운동은 강력한 추진력을 얻게 되었다. 또한 서구의 종교적 어휘에 "영매술"(channeling, 영매와의 접촉), "안내의 영"(spirit guide, 정보를 알려 주는 영적 실체), "우주적 의식"(cosmic consciousness, 우주에 속한 모든 것이 '하나'라는 인식), "천상 비행"(astral flight, 명상 중에나 밤에 일어나는 영혼의 여행) 등과 같은 일련의 신조어가 추가되었다.

이 "운동"이 널리 확산되고 있지만 그 규모를 가늠하기는 어렵다. 그 이유는 이 운동의 조직이 엉성하기 때문이다. 오늘날 이 운동의 인기를 실감하려면 서점에 가서 서가를 살펴보는 것이 가장 좋다. 문자 그대로 뉴에이지 운동에 관한 수천 권의 책들이 서가를 차지하고 있다. 기업들과 법인체들이 뉴에이지 원리에 근거하는 '인간의 잠재력'에 관한 세미나를 점점 더 많이 개최하고 있다.[5] 뉴에이지 운동에서 가르치는 '영매술' 개념은 특히 캘리포니아 주의 남부 지역에서 인기가 높다. 잡지 『로스앤젤레스 타임즈』가 실시한 여론 조사에서 로스앤젤레스 서부 지역에 거주하는 여성들 가운데에는 심리학자나 상담자에게 상담을 한 사람들보다 영매에게 상담을 받은 사람들이 더 많은 것으로 나타났다.6 최근 호『타임』지는 "뉴에이지 하모니"(New Age Harmonies)라는 제목의 특집 기사에서 뉴에이지 운동이 서구 사회의 많은 지역에서 놀라울 만큼 신속하게 받아들여지고 인기를 누리는 현상을 개괄했다.7

뉴에이지 운동의 중요한 특징은 전통적인 힌두교와 많은 공통점을 지닌 일원론적 세계관이다. 일원론이란 전 우주가 하나의 살아 있는 통일체라고 믿는 신념 체계이다. 신(神)은 전 우주에 스며들어 있고, 어떤 의미에서 모든 인간은 신의 일부이다. 그러므로 신과 인류는 하나이다. 이 견해에 따르면, 우리의 인식 수준을 고양시켜서 신과의 본질적인 합일을 이루려면 우리의 의식이 변화되어야 한다. 또한 뉴에이지 운동은 영들의 세계를 믿기 때문에 (영매술이란 형태로) 점술과 마법을 행한다. 이런 이유에서 일부 복음주의 진영의 분석가들은 뉴에이지 종교의 핵심을 오컬티즘(occultism, 과학적 방법으로는 파악할 수 없는 초경험적인 지혜나 능력을 얻기 위해서, 또는 소원을 이루기 위해서 행하는 마술, 점성술, 점술, 강신술 등의 비술주의-역주)으로 규정한다.8

뉴에이지 운동의 형태에도 나타난 이런 오컬티즘의 발흥을 기정사실로 간주할 때, 우리는 교회가 이러한 새로운 도전을 경계하고 그것에 대처할 준비가 되어 있는지 질문해야 한다. 교회는 사탄 영역의 직접적이며 즉각적인 영향에 자신의 삶을 맡긴 사탄들을 돌볼 경우에 직면하게 될 영적 문제를 효과적으로 다룰 준비가 되어 있는가?

몇 가지 고무적인 징후들이 있는 것이 사실이다. 많은 복음주의 진영의 신학교들과 기독교 대학들이 영적 전쟁(또는 이에 상응하는 것)에 관한 교과 과정을 개설하고 있으며, 대부분의 경우에 이 과정들은 학생들 사이에 인기가 가장 높은 것으로 나타났다.9 또한 영적 전쟁, 귀신 들림, 귀신 들린 사람에 대한 상담, 뉴에이지 운동 등과 같은 주제를 다루는 많은 책들과 소논문들이 출간되었다. 그러나 유감스럽게도 귀신들, 통치자들과 권세들(principalities and powers), 교회와 악한 영들의 싸움에 대한 성경적 관점을 다루는 자료들이 기독교 공동체에 충분히 제공되지 않았다. 나는 이 책이 어둠의 세력들에 대한 성경적 관점을 발전시키는 데 유익한 첫 번째 시도가 되기를 바란다.

그러나 과연 이 주제는 모든 사람에게 관련되는 것인가? 모든 교인들이 사탄 추종자들이나 마녀들, 뉴에이지 운동 옹호자들, 또는 오컬트에 깊이 관여하고 있는 사람들을 접촉하는 것은 아니다. 게다가 이 주제는 두려움을 갖게 만든다. 그렇다면 왜 특히 귀신들과 악한 영들의 관점에서 악의 다양한 차원들을 탐구하는 데 시간을 허비해야 하는가? 이런 주제를 제쳐 두고 기독교적 삶의 긍정적인 차원들을 성찰하는 데 시간을 사용하는 것이 더 낫지 않겠는가?

하지만 나는 이 주제가 모든 그리스도인에게 중요하다고 믿는다. 그것은 우리가 오컬트에 연루되어 있는지의 여부와 관계없이 심원한 방식으로 우리에게 영향을 미치기 때문이다. 성경은 악한 영들이 존재한다는 사실뿐 아니라, 그 영들이 모든 그리스도인에게 매우 적대적이라는 사실을 가르쳐 준다. 악한 영들의 사악한 부추김은 우리의 일상생활과 우리 주변 사람들의 삶에 해로운 영향을 끼친다. 성경은 우리에게 매우 중요한 정보, 즉 이런 악한 대적들에 대한 적절한 관점 및 우리를 향한 그 대적들의 악한 활동에 대처하는 방법과 관련된 정보를 제공한다.

나는 박사 과정에서 공부하는 동안 이 주제에 관심을 갖게 되었다. 나는 (스코틀랜드) 애버딘 대학교의 킹스 칼리지에 있는, 16세기에 세워진 망루 높은 곳에 위치한 연구실에 둥지를 틀고 앉아서 영적 세력에 대한 성경의 개념들에 관해서 책을 읽고 연구하면서 컴퓨터 자판을 열심히 두드렸다. 그 과정에서 하나님의 나라와 반대되는 세력의 영역인 사탄의 왕국에 관해서 연구하지 않고는 하나님의 능력을 연구하는 것이 불가능하다는 것을 깨달았고, 그런 뒤에 비로소 연구에 깊이 몰두할 수 있었다. 내 연구는 "에베소서에 나타난 하나님의 능력과 악의 세력들"(The Power of God and the Powers of Evil in Ephesians)이라는 제목의 박사 학위 논문으로 결실을 맺었다. 이 논문은 신약 성경의 한 서신 안에서 악의 세력들을 주제로 연구한 것이다.

사도 바울의 에베소서뿐만 아니라 신약 성경 전체에서 그리스도의 사역은 어둠의 세력들과의 투쟁이라는 관점에서 묘사된다. 예수님은 지상 사역 동안에 마귀의 세력들에 대항하셨고 십자가에서 악의 왕국에 치명타를 가하셨다. 그 후에도 예수님은 교회를 통해서 사탄의 세력들과 계속해서 싸우신다. 그리고 재림하실 때 마침내 사탄과 그의 무리를 완전히 정복하실 것이다. 그리스도와 악의 세력들 간의 싸움은 신약 성경 신학에서 주요한 주제로 떠오른다. 그러나 놀랍게도 이 주제는 신약 성경에 대한 주석적·신학적 연구에서 철저히 무시되어 왔다. 그 이유가 무엇인가? 나도 확실히 모르겠다. 아마도 부분적으로 이것은 악한 영들에 관한 신약 성경의 진술들을 시대에 뒤떨어진 고대의 신화로 해석하는, 서구의 계몽주의 시대 이후에 등장한 세계관 때문일 것이다.

내가 이 책을 쓰게 된 또 다른 이유는 오늘날 서구의 세계관이 지배적인 영향력을 행사하고 있기 때문이다. 아프리카, 한국, 중국 및 비서구권 세계의 다른 지역에 사는 사람들과 대조적으로, 우리 서구인들은 점차 영들, 즉 귀신들과 천사들의 세계를 믿지 않게 되었다. 대부분의 서구인들은 "악한 영들의 존재를 믿느냐?"라는 질문을 받으면 "아니요"라고 대답할 것이다. 비록 우리가 이 문제에 대해서 어느 정도 두 마음을 갖고 있을지라도, 이것은 서구 세계의 많은 그리스도인들의 경우에도 크게 다르지 않을 것이다. 성경이 귀신들의 존재를 언급하기 때문에 (그리고 아마도 어떤 선교사들이 선교지에서 귀국하여 귀신들에 관한 이야기를 했기 때문에) 많은 그리스도인들은 귀신들의 존재를 믿는다고 말할 것이다. 그러나 실제로 영의 세계는 비그리스도인 세계관의 일부가 아닌 것처럼 그리스도인 세계관의 일부가 아닐 수도 있다. 우리 사회에 속속들이 침투한 문화의 영향력을 깨뜨리는 것은 몹시 힘든 일이다. 만일 영들과 천사들의 영역이 성경적 세계관의 지배적인 부분이라면, 그것은 우리 시대의 기독교 세계관에서도 지배적인 부분이 되어야 한다.

  다음 장에서 나는 악한 영의 세력들이 기독교의 탁월하고 영감 넘치는 사상가였던 사도 바울의 세계관에서 어떤 역할을 했는지를 정확하게 보여 주고자 한다. 우리가 가진 신약 성경의 거의 4분의 1을 차지하는 바울 서신들은 오늘날 기독교 세계관을 확립하는 데 중요한 자료이다.

**제1부**

—

영적 세력들에 대한 1세기 사람들의 믿음

바울은 악한 영의 존재를 믿는 사람들에게 복음을 전했으며 그들 가운데 교회를 세웠다. 이 사실은 그가 복음을 전파하는 방식 및 새 신자를 가르치는 그의 서신 내용에 큰 영향을 미쳤다.

영적 존재에 대한 믿음은 모든 종교, 모든 인종, 모든 장소에 걸쳐 나타난다. 유대인, 헬라인, 로마인, 아시아인, 그리고 이집트인이 모두 하늘과 지하와 지상 세계에 존재하는 영들을 믿었다. 그들은 많은 영들을 예배할 만하고 의지할 만한 좋은 영들이나 신들이라고 생각한 반면에, 어떤 영들은 악하고 유해한 것으로 생각하여 그 영들을 몹시 두려워했다. 그러나 모든 사람은 한 가지 사실에 동의했는데 그것은 초자연적인 영역이 사람들의 일상적인 삶과 영원한 운명을 조종한다는 것이었다.

이 부분에서 내 목표는 1세기 사람들, 특히 복음을 받아들이고 그리스도인이 되어서 바울이 사역하는 대상이었던 사람들의 세계관을 밝히는 것이다. 당시 보통 사람들은 특히 신들, 영들, 마귀와 같은 존재들에 대해서 구체적으로 무엇을 믿었는가? 이것을 밝히는 일은 쉽지 않다. 우리가 가지고 있는 고대 희랍과 로마의 문헌 대부분은 교육받은 엘리트 계층의 것이며, 영적 존재들에 관해서 평범한 사람들이 믿었던 것과는 아주 다른 생각들을 세련된 수사적 기법으로 제시한다. 다행스럽게도 일부 문헌은 평범한 사람들의 신앙을 어렴풋하게나마 알려 준다. 학자들은 점차적으로 파피루스, 비문들, 고고학적 증거들이 고대의 민간 신앙을 보여 주는 그림의 조각들을 모으는 데 중요한 가치가 있음을 인식하고 있다. 우리는 많은 학자들이 영적 세계에 대한 민간 신앙을 이해하는 데 가장 큰 통찰을 제공한다고 믿는 1세기 삶의 한 측면, 즉 마술을 살펴봄으로써 이 부분을 시작할 것이다.

# 1. 마술과 점술

신약 성경 시대의 보통 사람들이 초자연적 영적 세력들에 대해서 믿었던 것을 볼 수 있는 투명한 창 하나는 마술과 점술의 영역이다. 마술에 대한 믿음과 마술 행위는 모든 종교적 전통들의 일부이다(심지어 기독교에도 그런 요소들이 나타났다!).

오늘날 서구 문화에서는 마술을 대중오락 차원에서 두해한 속임수로 생각한다. 그러나 신약 성경 시대의 마술은 결코 사람들의 눈을 속이는 기술이 아니었음을 알아야 한다. 마술은 선한 영과 악한 영을 조종하여 도움을 얻거나 해악을 불러오는 비법이었다. 사랑하는 사람의 마음을 끌거나 전차 경주에서 이기려고 마술 주문을 이용할 수 있었다. 주술이나 마법은 영들을 불러내서 온갖 종류의 악한 일을 행하는 것을 포함한다. 따라서 경쟁자를 굴복시키고 이기기 위해서, 그리고 적들을 제압하기 위해서 저주를 사용할 수 있었다.

1세기 당시에 이런 마술 행위들은 널리 퍼져 있었고 그 시대의 일반적인 견해 또는 '민간 신앙'을 반영한다. 마술은 제도적인 종교와 분리된 것이 아니었다. 비록 많은 경우에 허가된 것은 아니었을지라도 마술은 공식적인 종교들의 중요한 부분이었다. 예를 들어, 아르테미스(Artemis, 아데미[개역개정]) 숭배에는 이와 관련된 공적인 마술사들이 없었다. 그럼에도 불구하고 마술적 주문에서는 이 여신의 이름이 거명되었으며, 이 여신의 제의적 신상의 장식물은 마술적으로 해석되었다. 마술적인 문구들이 신상에 양각되어 있기까지 했다. 아르테미스 숭배자들 중 많은 사람들이 마술을 행했다.

최근에 학자들은 헬라의 마술에 관해서 많은 것을 알게 되었다. 실제로 지난 세기에 수많은 마술 부적들, 저주가 새겨진 납판들, 그 밖의 다양한 마술 자료들과 함께 마술 파피루스들이 수백 개 발견되었다. 유명한 고전학자 아서 노크(Arthur Nock)는 당시 민간 신앙에 대한 통찰을 얻는 데 이 자료들이 중요한 가치를 갖는다는 것을 힘주어 강조했다. 그는 동료 학자들에게 이렇게 조언했다. "우리는 로마 세계 사람들이 가졌던 종교적 태도를 재구성하는 일을 위해서 마술 파피루스들을 사용할 수 있고 또 사용해야 합니다."[1]

현존하는 마술 파피루스들이 모두 이집트에서 발견되었지만 그렇다고 해서 이집트인들만 마술을 행한 것은 아니다. 이집트의 기후와 여러 조건들이 파피루스 자료들을 보존하기에 매우 적절했을 뿐이다. 헬라어 신약 성경의 파피루스 사본 조각들도 이집트에서 발견되었다. 이집트가 고대에 성행한 마술 행위들의 온상으로 매우 유명했다 하더라도 지중해 세계 전역에 걸쳐 마술이 행해졌음을 보여 주는 많은 증거들이 있다.

마술 행위들과 관련된 많은 이야기들이 1세기 문헌에 등장한다. 신약 성경에서조차 누가는 팔레스타인, 구브로(키프로스), 아시아, 북부 그리스 등지에서 행해진 마술에 관한 이야기를 전해 준다. 본서에서 나중에 이 내용들을 다룰 것이다. 게다가 고고학자들이 발굴한 수천 개의 마술 부적들, 보석들, 저주가 새겨진 납판들이 지중해 모든 지역에서 발견되었다. 마술 파피루스 대부분이 기원후 2세기 이후의 것들이지만, 더 견고한 재질(돌, 쇠 등)에 새겨진 마술 본문들은 (기원전 330년경에 시작된) 헬라 시대의 것들이다. 이 모든 본문들은 근본적으로 동일한 특성을 갖고 있으며 상당한 정도로 동일한 어휘들을 공유하고 있다. 또한 그것들은 영적 세계와 관련된 동일한 전제에 근거해 있는데, 그것은 초자연적이며 강력한 영적 존재들에게 도움을 호소하면 사람들과 그들의 상황에 영향을 끼칠 수 있다는 것이다.

마술의 초자연적 특성은 마술 비법들 몇 가지의 내용을 살펴보면 확연히 드러난다. 이제는 마술의 특성 및 영들과 마귀들과 통치자들과 권세들의 영역과 마술 사이의 밀접한 관계에 대해서 전반적인 이해를 제공하는 세 가지 마술 비법을 자세히 살펴볼 것이다. 대표적인 마술 문구들은 다음 세 가지 부분들로 구성되어 있다.

1. 마술적 제의를 위한 지침들
2. 불러내야 할 신들의 이름 목록
3. 간청하는 말

**보호용 부적**

우리가 살펴볼 첫째 마술 본문은 목걸이처럼 걸게 되어 있는 보호용 부적과 관련된 짧은 비법이다. 이 부적의 목적은 해로운 영들이나 악한 영들로부터 부적을 지닌 사람을 보호하는 것이다.[2]

이 부적과 관련해서 마술 의식을 치를 필요는 없지만 부적을 만드는 방법에 관한 특별한 지침이 이렇게 제시되어 있다. "라임나무 조각에 주홍색 물감으로 이 이름을 쓰라. … 그리고 그것을 보라색으로 염색한 가죽으로 싸서 목에 걸라."

이 비법의 둘째 부분에서는 부적에 기록해야 하는 일련의 마술적 이름들을 제시하는데 그 이름들은 "에프콥트 콥토 바이 바이토카라콥토 카라콥토 킬로

콥토 바이"(*epokopt kopto bai baitokarakopto karakopto chilokopto bai*)이다(이후에 마술 본문을 인용할 때에는 이런 마술적 이름들을 모두 열거하지 않고 "마술적 이름들"이라는 말로 요약해서 표현할 것이다). 이 말들은 헬라어 발음을 그대로 옮긴 것인데 그 뜻은 알 수 없다. 당시에 대다수 그리스인 독자들도 그 말들을 더는 이해할 수 없었을 것이다. 그것들은 마술적인 말들이며 아마도 마술 부적을 효력 있게 만들 것으로 기대되는 영들의 이름일 것이다. 종종 마술적 이름들은 헤카테, 아르테미스, 셀레네, 코레, 크로노스, 아프로디테, 그리고 그 밖의 잘 알려진 신들과 여신들의 이름들과 함께 불렸다. 모든 마술 본문들은 엄청난 정도의 혼합주의(상이한 종교의 신조들과 의식들에서 끌어온 다양한 요소들이 혼합된 것)를 보여 준다. 초자연적인 능력을 지닌 것으로 생각되는 이름은 어느 것이건 호소의 대상이 될 수 있었다. 따라서 동일 본문에서 그리스, 이집트, 페르시아, 프리지아, 로마의 신들이 모두 거명된 것을 볼 수도 있다.

이 마술 본문의 셋째 부분은 영들의 대리인들이 수행해 주기를 바라는 간청의 내용을 담고 있다. "공중과 지상과 지하의 모든 귀신(*daimōn*)에게서, 그리고 천사들과 유령들 및 혼령들의 저주와 주술로부터 나를 지켜 주십시오." 이 대표적인 사례는 마귀를 쫓는 마술(*apotropaic* magic), 즉 귀신들과 해로운 영들을 '막는' 마술이다.

마술 파피루스에 등장하는 "다이몬"(*daimōn*)이라는 헬라어 단어는 반드시 악령이나 해로운 영을 의미하지 않는다. 위에서 언급한 마술 비법에서는 "다이몬"이 해를 입힐 수 있는 영을 가리키는 데 사용되기는 하지만 그 용어 자체가 선악의 개념을 갖고 있는 것은 아니다. 신약 성경 이전의 고전 시대에 다이몬이라는 용어는 (아폴로, 디오니소스, 헤르메스 등과 같은) 신들 및 신들보다 다소 열등한 것으로 간주된 초자연적 존재들을 가리키는 데 사용되었다. 그 이후에는 점차적으로 (신들과 인간 사이의) 초자연적 중간 존재들 및 자연계의 영들을 가리키는 데 사용되었다. 많은 사람들은 대기를 채우고 있는 다이몬들(복수형)을 죽은 사람들, 특히 영웅들의 혼령으로 생각했다. 동방, 특히 페르시아와 유대 사상의 영향으로 다이몬이라는 헬라어 단어는 일상적인 용례에서 점차적으로 악의 개념을 갖게 되었다. 신약 성경에서 "다이몬"(daimōn)과 "다이모니온"(daimonion)은 둘 다 악한 영들을 가리키는 데 사용된다.³ 본서 전체에서 나는 "디몬"(demon)이라는 용어를 악한 영들과 관련해서 사용하고, "다이몬"(daimōn)이라는 용어는 중립적인 의미로 사용할 것이다.

이 마술 본문은 보통 사람들이 가졌던 영적 존재들에 대한 공포와 불안감을 예증한다. 또한 이 마술 비법은 영적 세력들이 공중과 지상과 지하 세계를 포함한 모든 세상에 존재하는 것으로 당시 사람들이 믿었음을 보여 준다. 마술은 이런 영적 실체에 대한 두려움을 해결하는 수단을 제공했다.

고대 사람들이 귀신들에게 가졌던 엄청난 두려움을 묘사하기 위해서라면 수많은 이야기를 제시할 수 있다. 사람들은 심지어 악한 영들이 죽음으로 위협할 수 있다고까지 믿었다. 어떤 고대 저자는 적대적인 악한 영들을 제어하는 마술 기법을 지닌 어떤 현인, 또는 마술사에 관한 이야기를 남겼다. 이 이야기에 등장하는 티아나의 아폴로니우스(Apollonius of Tyana)는 지중해 전역에서 이적을 행하는 자로 명성을 얻었다. 그는 바울과 동시대 인물이었는데, 그가 죽은 지 약 1세기가 지난 뒤에 플라비우스 필로스트라투스(Flavius Philostratus)가 그의 생애를 연대순으로 기록했다. 이 저작은 당시 민간 신앙에 대한 진전된 통찰을 준다는 점에서 매우 중요하다.

티아나의 아폴로니우스는 한 여자를 만난 적이 있는데, 그 여자의 아들은 열여섯 살이었고 2년 동안 귀신에 들려 있었다. 그 여자는 자기 아들이 귀신에 들린 것을 알게 되었는데, 그것은 아이가 이상한 행동을 했을 뿐 아니라 귀신이 그 아이의 목소리를 통해서 자신을 드러냈기 때문이다. 귀신은 자기가 여자들을 혐오하고 소년을 사랑하다가 죽은 사람의 유령이라고 주장했다. 아이가 귀신으로 인해서 고통당하는 것을 심히 걱정한 여자는 아폴로니우스를 찾아와서 아이의 증상을 모두 설명했다. "아이의 목소리가 그 애 것이 아니에요. 어른처럼 낮고 굵은 음성으로 말하거든요. 또 아이가 나를 쳐다볼 때면 아이의 눈이 다른 사람의 눈 같아요." 여자는 아이를 아폴로니우스에게 데려오려고 할 때마다 귀신이 아이를 구덩이나 절벽 아래로 던져 죽이겠노라고 협박한다는 말도 했다. 아폴로니우스는 여자의 말을 듣고 아주 확신에 찬 표정을 지으면서 귀신이 아이를 죽이지 못하도록 막을 수 있는 부적, 혹은 마술 비법을 처방해 주었다.[4]

### 사랑의 묘약

둘째 본문은 마술이 어떻게 초자연적인 존재들을 움직여서 간청자의 소원을 수행하게 하는지를 생생하게 보여 준다. 이 비법은 이집트에서 발견된 파피루스 두루마리에 기록되어 있는데, 이것은 상사병에 걸린 테오도로스가 마트로나라는 여자의 사랑을 얻기 위해서 시도한 방법을 보여 준다.[5] 이 두루마리에는 비법을 사용하는 목적이 간단하게 기술되어 있다. "마트로나가 평생토록 테오도로스만을 사랑하게 해 주십시오." 이런 종류의 '사랑의 묘약'을 일반적으로 최음제(aphrodisiac)라고 한다.

실제로 테오도로스가 행해야 하는 마술 의식은 없지만 이 본문은 그가 마트로나의 머리카락 몇 올을 손에 넣었음을 전제한다. 그러나 그 비법에는 지하의 신들과 영들의 도움을 구하는 부분이 매우 길다. 주문의 문구는 다음과 같다.

> 나는 이 주문을 당신들, 곧 지하의 신들인 플루토(Pluto) 우쎄미가돈 오르토바우보(uessemigadon ortho baubo), 코레(Kore), 페르세포네이아(Persephoneia), 에레쉬갈(Ereschigal)에게, 그리고 아도니스(Adonis) 에라 … 푸오느르트(era … puonrth), 지하 세계의 헤르미아스 토트(Hermias Thoth) 포켄타제프세우

(phokentazepseu), 하데스의 열쇠를 가진 자, 위대한 아누비스(Anubis) 케리흐타 칸체네 … 트(cherichtha kanchene … th), 지하 세계의 신들에게, 그리고 젊어서 죽은 자들의 영들에게 위탁합니다.

"젊어서 죽은 자들의 영들에게"라는 마지막 문구는 영적 세계의 한 부분에 대한 고대인들의 일반적인 생각을 엿볼 수 있는 통찰을 제공한다. 그리스-로마 세계에서 많은 사람들은 영웅이나 젊어서 죽은 자들이 유령이 된다고 믿었다. 유령들은 통상적으로 악한 성향을 갖게 되는데, 저주를 통해서 그들에게 요청하면 특정한 사람에게 위해를 가할 수 있었다.

이 본문은 계속해서 두 여신, 헤카테와 아르테미스에게 호소하며 더 많은 마술적 이름들을 사용한다. 마술사는 자신의 주문대로 초자연적 존재들이 마트로나의 마음을 움직여서 테오도로스를 깊이 사랑하게 만들리라는 것을 분명히 기대했다. 그의 주문은 아주 노골적이다.

나는 이곳에 있는 모든 유령들(demonas)에게 간청합니다. 부디 오셔서 이 사람을 도와주십시오. 잠에서 깨어 일어나서 모든 지역, 모든 거리, 모든 집, 모든 상점으로 가십시오. 마트로나가 주문에 걸려서 테오도로스 말고는 어느 누구하고도 외출하지 않게 해 주시고 다른 사람과는 성기나 항문이나 입으로 성 접촉을 하지 않게 해 주십시오. … 또 테오도로스 없이는 마트로나가 건강하지도 않게 해 주시고 밤이나 낮에 잠을 자지도 못하게 해 주십시오.

이 특정한 경우에 마술사는 어느 '귀신'이 이 일을 수행해야 하는지를 정확하게 밝히지 않는다. 주문은 이렇게 이어진다. "유령(demon)이여, 당신이 누구이든지 내 말에 귀를 기울이시고 일어나서 나를 도와주십시오. 왜냐하면 나는 여신 헤카테 아르테미스(Hekate Artemis) 데몬 담노 담놀루카케 담니

패 담노메니아 담노바티라 담노바티리 담노메니아 담메아모네(*demon damno damnolukake damnippae damnomenia damnobathira damnobathiri damnomenia dameamone*), 꼬리를 삼키는 자(tail-swallower: 자신의 꼬리를 물고 있는 커다란 뱀이나 용을 뜻한다. 윤회나 영원성을 상징한다.-역주), 밤의 방랑자를 의지해서 당신에게 간청하기 때문입니다."

여기서 마술사는 지하 세계의 여신인 헤카테 아르테미스와 어떤 다른 마술적 이름들에 의지하여 '귀신'을 협박하고 있는 것처럼 보인다. 헤카테 아르테미스는 이런 마술적 이름과 그녀의 별명에 반응하는 것으로 믿어졌고, 그 여신은 결국 그의 간청을 들어줄 것이다. 다른 마술 본문들은 신에게 드린 몇 가지 찬송의 실례를 보여 주는데, 찬송은 신이 기원하는 자의 간청에 더 잘 반응하게 만든다. 이 본문에서는 귀신이 해야 할 일을 분명하게 밝히는데, 사실상 그 귀신은 테오도로스의 간청에 응하는 것 말고는 달리 선택의 여지가 없다. 결국 그 귀신은 간청하는 자에게 조종되고 있다.

### 해를 입히는 주문(呪文)

마지막 실례는 정교한 의식을 동반하는 다소 무서운 흑주술(黑呪術)인데, 이것은 원수에게 큰 해를 입히는 방법이다.[6] 이것은 다음과 같은 절차를 밟아야 한다.

얇은 납판에 청동 철필로 다음 [파피루스 본문에 묘사된] 이름들과 모양을 새겨라. 그리고 납판에 박쥐 피를 바른 뒤에 늘 하던 방식대로 그 납판을 둥글게 말아라. 개구리 배를 가르고 둥글게 만 납판을 그 속에 넣어라. 청동 바늘에 아누비아 실을 꿰어 개구리 배를 봉합한 뒤에 해 뜰 무렵에 그것을 검은 황소 꼬리 끝에서 뽑은 털로 묶어서 농장의 동편에 있는 갈대 위에 매달라.

이렇게 한 뒤에 초자연적 존재들의 이름을 부르면서 그 존재들에게 다음과 같은 무시무시한 간청을 한다.

천사장들이여, 이 개구리가 피를 흘리면서 말라 가는 것처럼, 그의 어미 [원수의 어머니 이름을 삽입하는 공간]가 낳은 그의 [원수의 이름을 삽입하는 공간] 몸도 그렇게 될 것입니다. 그것은 내가 불을 지배하는 당신들에게 간청하기 때문입니다. 마스켈리 마스켈로(*maskelli maskello*).

비록 이 본문에 천사장이 등장할지라도 간청하는 자가 여호와, 즉 기독교의 하나님, 또는 유대교의 하나님 곁에 있는 선한 '천사들'에게 호소하는 것이 아니라는 사실을 이해하는 것이 중요하다. 헬라 시대에 이교도들은 '천사'(*angelos*)라는 용어를 초자연적 존재들과 신들의 사자들을 가리키는 데 사용했다. 이 본문에서 천사장이라는 용어는 초자연적인 조력자나 수종자를 가리킨다.

오늘날 우리가 보기에 이 마술 의식의 여러 부분들은 아주 이상하고 터무니없다. 하지만 실제로 이런 마술 의식을 행하는 사람에게는 세부적인 요소들에 대한 합리적인 설명이 필요하지 않았다. 그것들이 효과가 있다고 믿었다! 그러나 이런 의식의 어떤 측면에는 어느 정도 합리적인 근거가 있었다. 마술은 부분적으로 상응 체계에 근거하는 것이다. 다시 말해서, 동물, 식물, 약초, 보석, 금속 들은 다양한 신이나 귀신과 관련이 있거나 그런 존재들을 상징한다고 사람들은 믿었다. 따라서 초자연적인 존재들의 임재와 영향력을 끌어오거나 쫓아 버리는 데 그것들을 사용할 수 있었던 것이다. 또한 문자와 같은 기록된 상징들도 동일한 방식으로 기능하는 것으로 알려졌다. 예컨대, 마술 본문에서 헬라어 알파벳의 모음 일곱 개는 일곱 행성의 신을 나타내는 데 사용되었다.

이상의 세 가지 마술 본문들은 마술의 성격뿐 아니라 마술의 배후에 있는 몇 가지 근본적인 전제를 보여 준다. 그것은 신들과 영들과 천사들과 귀신들이 실제로 존재한다는 것과 그들이 사람들의 일상생활에 관여한다는 것, 그리고 무엇보다 중요한 것은 특정한 목적을 위해서 그들을 조종할 수 있다는 것이다.

마술 본문에서는 다양한 영적 존재들을 가리키는 데 많은 단어들과 이름들과 명칭들이 사용된다. 신약 성경 시대에 살던 사람들은 많은 종교적 전통들에서 차용한 다양한 어휘를 사용하여 영적 세계를 묘사했다. 통치자들과 권세들(principalities and powers, 악한 영들을 나타내는 전문적 용어-역주)을 나타내는 바울의 어휘들 가운데 많은 것이 마술 파피루스에 등장하지만, 아마도 바울은 더 근본적으로 1세기 유대교의 귀신론과 천사론에 속한 용어의 광대한 저수지에서 그 어휘들을 차용했을 것이다(본서 4장을 보라). 이교도 독자들은 유대교와 많은 동일한 용어들과 개념들을 공유했으므로 바울이 통치자들과 권세들을 언급할 때 그가 무엇을 말하고 있는지를 분명히 이해했을 것이다.

### 마술의 용도

마술은 종종 백(白)주술과 흑(黑)주술(또는 선의의 마술과 악의의 마술)이라는 용어로 표현된다. 데이비드 오운 교수는 그리스-로마 세계에서 사용된 마술의 종류를 그 목적에 따라서 네 가지로 분류한다. (1) 마귀를 쫓는 마술(특히 끔찍한 질병을 고치기 위한 마술), (2) 공격적이고 악의적인 마술, (3) 사랑의 마술 및 다른 사람에게 영향을 끼치는 능력을 얻기 위한 마술, (4) 마술적 예언이나 신탁.[7] 우리는 이 중에서 처음 세 가지 실례를 이미 앞에서 살펴보았고, 넷째 마술을 다음에 더 자세하게 다룰 것이다.

부적들과 주문들은 흔히 마귀를 쫓는 마술을 위해서 사용되었다. 당시에 사람들은 악한 영들의 해로운 행위를 효력 있는 부적으로 쫓아낼 수 있다고 믿었다.

오늘날 토끼의 발을 행운의 부적으로 가지고 다니는 것과 같이 고대 그리스-로마 세계에서 부적들은 행운을 불러오기 위해서도 사용되었다. 고대의 작가 두 사람은 올림픽 경기에 참가하려고 그리스 올림피아에 간 에베소 출신의 어떤 레슬링 선수에 관한 익살스러운 이야기를 남겼다. 그 레슬링 선수는 에베소 문자들을 새긴 부적을 자기 발목에 붙였다. 그것은 여섯 개의 마술적 이름들이었는데 아마도 여섯 명의 강력한 초자연적 존재들을 의미했을 것이다. 에베소의 그 레슬링 선수는 상대 선수들을 쉽게 이겼고, 심판이 그의 발목에 붙은 부적을 발견하기 전까지는 승승장구했다. 하지만 부적을 뗀 뒤에는 연속해서 세 경기에서 패했다.[8]

부적들은 가끔 (특별한 마술적 효력을 지닌 것으로 생각되는) 보석으로 만들기도 했지만, 파피루스, 도기 조각, 헝겊 조각, 아마포, 조개껍질과 같은 값싸고 구하기 쉬운 재료들을 더 자주 사용했다. 때때로 부적 제작과 관련해서 마술 비법은 하이에나 가죽과 같은 특별한 종류의 재료를 사용할 것을 요구했다. 부적들은 대개 반지나 목걸이처럼 몸에 지니고 다녔다. 실제로 수천 개 부적들이 지중해 연안의 모든 지역에서 발견되었다.

흑주술(공격적이고 악의적인 마술)에서는 글자를 새긴 얇은 납판이 자주 사용되었다. 이런 "저주 납판들"이 지중해 세계 전역에서 두려 1,100개 이상 발견되었는데, 이것들은 마술 파피루스들과 부적들과 함께 그리스-로마 세계에서 사용된 마술의 성격을 이해하는 데 매우 중요한 증거를 제공한다.

저주 납판에는 전형적인 저주를 담은 마술 문구가 새겨졌다. 대체로 저주 서판은 둥글게 말았고 희생자가 당할 '곤경'을 나타내기 위해서 못으로 구멍을 뚫었다. 그러고는 그것을 지하 세계와 쉽게 접촉할 수 있다고 생각되는 장소, 예를 들면 무덤이나 우물과 같은 곳에 가져다 두었다. 사람들은 이런 절차를 통해서 저주가 효력 있게 되며 초자연적인 수단들을 통해서 희생자가 저주를 받게 될 것이라고 믿었다. 로마에서 발견된 이런 저주 납판들 가운데 하나는 전차 경기의 경정자를 겨냥한 것이다.[9]

거룩한 존재들이여, 거룩한 이름들이여, 당신들에게 간청하오니 부디 오셔서 이 주문이 이루어지게 해 주십시오. 내일 로마에서 벌어질 경기에서 전차 경주 선수 유케리우스와 그의 말들을 홀리고, 방해하고, 가격하여 뒤엎어 주십시오. 계략을 꾸며 그를 파멸시키고, 죽이고, 꺾어 주십시오. 오전과 오후 경기에서 유케리우스가 장애물을 통과하지 못하게 해 주시고, 빨리 달리지 못하게 해 주시고, 다른 사람을 앞지르지 못하게 해 주십시오. 그가 경기장을 잘 돌지 못하게 해 주시고 상을 받지 못하게 해 주십시오. … 그의 뼈들이 부러지게 해 주십시오. 당신들의 강한 힘으로 그를 질질 끌고 가십시오. 지금 당장! 속히! 속히! 이루어 주십시오!

### 안내하는 영들(Spirit Guides)

어떤 사람들은 안내의 영이나 조력의 신(*daimōn*)을 받을 때 능력이 생긴다고 믿었기 때문에 마술에 이끌렸다. 이런 유형의 마술에서는 특별한 방식을 사용하여 신(또는 다이몬)의 도움을 요청했다. 이런 마술에서 행해지는 의식을 묘사한 어떤 마술 본문에는 "신이 돕는 자로 강림하셔서 모든 것을 너에게 분명히 알려 줄 것이고, 또한 그가 너의 동반자가 되어서 너와 함께 먹고 너와 함께 잘 것이다."라는 문구가 등장한다.[10] 조력의 영은 그 사람과 오랫동안 함께 거할 수도 있었다. 그래서 그 본문에는 "오늘부터 내 인생의 남은 모든 날 동안 나를 떠나지 말아 주십시오."라고 영에게 간청하는 문구도 등장한다.

아래 본문이 보여 주는 것처럼 그런 강력한 조력의 영은 온갖 방법을 동원하여 그 사람을 도와줄 것이다.

그는 신으로 인정되는 존재이며 네가 본 적이 있는 공중의 영이다. 네가 만일 그에게 간청하면 그가 즉시 이루어 줄 것이다. 그는 꿈을 꾸게 할 것이며, 마술적 물질을 사용하지 않고도 여자들과 남자들을 데려올 것이며, 그들을 죽이기도 하며 파멸시키기도 할 것이다. 그는 땅에서 바람이 일어나게 하며, 필요할 때마다 금과 은과 동을 네게 가져다줄 것이다. 또 그는 감옥에 갇혀 쇠사슬에 묶여 있는 사람을 풀어 주고 감옥의 문을 열어 줄 것이며 아무도 너를 볼 수 없게 만들 것이다. 그는 불을 가져오는 자이며 물과 포도주와 빵을 가져오는 자이다. … 그는 신속하게 [잔치를 위해서] 귀신들을 데려올 것이고 너를 위해서 종들을 장식 띠로 치장할 것이다. 그는 이 일을 신속하게 시행할 것이다. 네가 그에게 도움을 요청하는 즉시 그가 시행할 것이고, 그런 일뿐 아니라 다른 일들도 탁월하게 수행하는 것을 보게 될 것이다. 그는 선박들을 정지시키기도 하며 다시 출발하게 하기도 한다. 또한 매우 많은 악한 귀신들의 활동을 중지시키기도 한다.[11]

이 본문은 계속해서 조력의 영이 수행하는 다른 많은 일들을 나열하며, 그런 뒤에 다음과 같은 요약적인 진술과 함께 마법을 요구하는 것으로 결론을 내린다.

그는 네가 마음에 두고 있는 것이 무엇이든지 너를 위해서 적절하게 시행할 것이다. 오, 축복받은 신성한 마술의 입교자여, 공중을 지배하는 유일한 주인이기도 한 가장 강력한 조력의 영이 너를 위해서 그 일을 성취할 것이다. 그리고 그 신들은 모든 것에 동의할 것이다. 그가 없이는 아무 일도 일어나지 않을 것이다. 너는 이 위대한 비밀을 숨기고 아무에게도 말하지 말라. 신들의 지배자인 헬리오스가 그 비밀을 알 수 있는 가치 있는 존재로 너를 인정하셨다.

현대적인 용어를 사용하여 표현하면, 이런 유형의 마술에 입교한 사람은 귀신에 '들린' 것이 분명하다. 그러나 이런 종류의 마술을 사용하는 사람은 자기가 악한 영이 아니라 도움을 주는 선한 영을 받았다고 믿었다. 실제로 그 비법에서는 이런 영이 악한 귀신들을 쫓아낸다고 주장한다. 따라서 마술을 행하는 사람들은 어느 것이 악한 영이고, 어느 것이 선한 영인지 매우 신중하게 분별해야 한다고 믿었다.

## 점술

그리스-로마 시대에는 미래를 예언하는 많은 방법들이 있었다. 어떤 방법들은 등이나 그릇이나 접시를 사용했고 어떤 방법들은 간(肝)을 조사하거나 기형아 출생 또는 동물들의 기묘한 행태와 같은 이상한 자연 현상들을 관찰하기도 했다. 점성술도 예언과 관련해서 널리 사용되었다.

어떤 면에서 점술, 즉 계시적 마술의 한 측면은 오늘날 뉴에이지 운동과 매우 흡사한 점들이 있다.[12] 이런 형태의 마술에서는 미래에 관한 정보나 그 밖의 다른 것을 알려 주는 신적인 조력자의 출현을 간청한다. 적절한 방법들을 사용하면 초자연적 존재를 움직여서 온갖 종류의 비밀스러운 정보를 누설하게 만들 수 있었다.

이런 주문들 가운데 한 가지는 "뱀의 얼굴을 가진" 어떤 신과 관련이 있다. "큰 곤경에 처할 때, 중대하고 절박한 위기에 직면할 때, 위대한 이름에 호소하라. 만일 그렇게 하지 않는다면 후회하게 될 것이다. … 나는 당신들[마술적 이름 서른한 개]에게 부탁합니다. … 오, 주님이여, 오셔서 당신을 나타내십시오. 뱀의 얼굴을 가진 신이 와서 네게 답할 것이다. 그가 너를 떠날 때 뱀의 껍질을 제물로 바쳐라."[13] 이렇게 함으로써 간청하는 사람은 위기 상황을 극복할 수 있는 지혜와 통찰을 얻을 수 있었다.

여러 영들을 동시에 부를 수도 있었다. 아래 본문은 많은 강력한 악한 영들에게 호소하는 내용을 담고 있는데 주문은 다음과 같다.

나는 당신들, 즉 카오스와 에레보스[지하 세계]의 거주자들, 심연과 땅의 거주자들, 하늘과 어둠을 지키는 자들, 보이지 않는 것들의 지배자들, 비밀의 수호자들, 땅 아래 있는 자들의 지도자들, 무한한 것들을 관장하는 자들, 땅에 대해 권세를 휘두르는 자들, 깊은 구렁에 있는 종들, 몸서리치게 만드는 투사들, 두려운 대신들, 암흑의 에레보스의 거주자들, 위압적인 감시자들, 절벽의 지배자들, 악한 귀신들, 경혹한 자들[마술적 이름 일곱 개가 제시된다]에게 간청합니다.[14]

이 영적 권세들은 모두 "내가 생각하고 있는 문제들에 관한 비밀을 알려 달라."라는 간청을 받는다. 어떤 사람은 미래에 일어날 일에 대한 강한 호기심을 충족시키기 위해서뿐 아니라 미래를 통제하는 수단을 얻기 위한 방법으로 이런 주문들을 사용할 것이다. 마술에서 운명은 변화될 수 없는 그 무엇이 아니다. 사실상 마술의 목적 자체는 운명을 변화시키는 데 있다.

계시적 마술은 미래의 사건들에 대해서뿐 아니라 사람들이 알기를 바라는 것에 대한 통찰을 제공했으며, 따라서 그것은 권력과 영향력과 통제력을 얻는 수단이었다.

### 마술사 시몬: 사도행전 8장

사도행전에서 누가는 마술 사용과 관련이 있는 네 가지 사례를 기록한다. 이 사례들 가운데 세 가지 경우에 누가는 마술을 사탄 또는 귀신들의 일과 직접 관련시킨다.

사마리아에서 시몬이라는 마술사는 마술로 놀라운 일들을 행하여 많은 사람의 주목을 끌었다. 그의 마술에 크게 놀란 사마리아인들은 그를 "크다 일컫는 하나님의 능력"이라고 불렀다(행 8:10).

그러나 빌립의 복음 전도가 더 강력한 것으로 입증되었고 많은 사마리아인들이 예수 그리스도께 돌아왔으며 결국 시몬도 그 대열에 합류했다. 누가는 오늘날 선교학자들이 "능력 대결"이라고 부르는 것의 관점에서 빌립의 사역을 묘사한다. 비록 누가가 그것을 빌립과 시몬의 대결이라는 관점에서 묘사하지 않을지라도, 그는 빌립을 통해서 하나님의 능력이 나타난 결과 사람들이 그의 말을 들었다는 것을 분명하게 알려 준다. "무리가 빌립의 말도 듣고 행하는 표적도 보고 한마음으로 그가 하는 말을 따르더라"(행 8:6). 빌립이 행한 기적적인 표적들은 시몬의 표적을 완전히 압도했다. 빌립은 많은 사람들에게 붙어 있던 더러운 귀신들을 쫓아냈고 많은 중풍병자들과 앉은뱅이들을 고쳤다.

누가는 우리에게 단지 시몬이 개종했다고만 말할 뿐 시몬에게서 더러운 귀신들을 쫓아냈는지에 관해서는 자세히 말하지 않는다. 불행하게도 시몬은 주 예수에 대한 헌신보다 초자연적인 능력 받는 것을 더 중요하게 생각했으며 사람들에게 성령을 나눠 주는 능력을 돈 주고 사려고 했다. 베드로는 시몬의 악한 동기를 간파하고는 매우 강한 말로 그를 책망하고 악한 것을 회개하라고 명령했다. 베드로는 그가 "악독이 가득하며 불의에 매인 바" 된 것을 보았던 것이다(행 8:23).

후대의 일부 교회 전승에 의하면, 시몬이 계속해서 하나님의 능력을 구하다가 영지주의의 창시자가 되었다고 한다. 2세기 외경인 「베드로 행전」(Acts of Peter)은 로마에서 시몬이 사도 베드로와의 "능력 대결"에서 패한 것을 생생하게 그리고 있다. 소문에 의하면 시몬은 자신의 이단적인 가르침으로 많은 사람을 미혹시켰으며 베드로에게 대항하다가 로마의 공중으로 날아올라갔다. 그러나 베드로가 주께 기도하자 시몬은 땅으로 떨어졌고 다리 뼈 세 곳이 부러졌다고 한다.[15]

### 유대인 마술사이자 거짓 선지자 바예수: 사도행전 13장

누가는 독자들에게 바예수(예수의 아들) 또는 엘루마라는 이름을 가진 유대인 마술사를 소개하여 우리를 놀라게 한다(행 13:4-12). 실제로 나중에 우리는 많은 유대인들이 마술, 주술, 마법에 관여했다는 사실을 살펴볼 것이다(본서 4장). 사도 바울은 첫 번째 선교 여행 초기에 구브로(키프로스) 섬에서 유대인 마술사와 마주쳤다. 흥미롭게도 이 마술사는 공식적으로 그 섬의 가장 중요한 정치적 인물인 총독 서기오 바울의 측근이었다.

누가는 엘루마가 서기오 바울에게 어느 정도까지 영향을 미쳤는지에 관해서 자세히 설명하지 않는다. 정치적인 관원들이 종종 점성술사와 복술자에게 조언을 구했으므로 엘루마의 영향력이 총독의 통치 및 그가 책임지고 있던 구브로의 정치적·경제적 체계에까지 미쳤으리라고 추정할 수 있다. 그러나 바울에게 가장 중대한 것은 서기오 바울에게, 그리고 아마도 서기오 바울이 통치하던 지역에 효과적으로 복음 전하는 것을 그 마술사가 단호하게 반대한 일이었다.

누가는 이 마술사를 바울의 선교에 반대한 주요한 조대자로 제시한다. 바울은 그가 사탄의 통제를 직접 받고 있음을 간파하고는 그의 면전에서 그의 참모습을 적나라하게 폭로한다. "사울이 성령이 충만하여 그를 주목하고 이르되 모든 거짓과 악행이 가득한 자요 마귀의 자식이요 모든 의의 원수여 주의 바른 길을 굽게 하기를 그치지 아니하겠느냐"(행 13:9-10). 그리고 바울은 그 마술사에 대해서 확고한 조치를 취한다. 주 예수의 손이 그를 칠 것이고 그가 맹인이 될 것이라고 바울이 선언하자 그 즉시 엘루마는 시력을 잃는다. 또다시 이 "능력 대결"은 복음에 능력이 있음을 입증했고 총독은 그 일을 보고 주 예수 그리스도를 믿었다.

### 점치는 귀신: 사도행전 16장

바울이 빌립보에 있을 때 "점치는 귀신"에 들린 어린 여종이 매일 바울과 그의 동료들을 따라다니면서 그들을 심히 괴롭혔다. 그 여종은 "이 사람들은 지극히 높은 하나님의 종으로서 구원의 길을 너희에게 전하는 자라"라고 소리를 질렀다(행 16:17). 누가에 따르면 이 점치는 귀신은 문자적으로 "피톤(python)의 영"(헬라어, *pythōn*)이다. 이 귀신의 힘으로 여종은 미래 일을 예언할 수 있었다. 한편, 이익을 추구하는 어떤 사람들이 그 여종과 그녀의 초자연적 능력을 이용해서 돈을 벌었는데, 나중에 그들이 바울을 곤경에 빠뜨렸다(행 16:16-21).

피톤의 영은 그리스에 있는 델피의 신탁소와 관련이 있다. 델피는 아테네에서 북서쪽으로 약 128킬로미터 떨어진 곳에 있으며 그곳에는 피톤이라고 불리는 여자 예언자가 있었다. 고대 그리스 신화에서 피톤은 델피의 신탁소를 수호하는 뱀이었는데 아폴로 신에게 죽임을 당했다. 고대에 사람들은 조언을 구하려고 근동 전역에서 델피의 신탁소를 찾아왔다. 그곳은 지구의 중심이라고 널리 믿어졌다. 땅의 벌어진 틈에서 가스가 분출되었는데 델피의 여자 예언자는 예언적 통찰을 받기 위해서 그 가스를 마셨다. 그리고 그녀는 시의 형식으로 사람에게 정보를 전달했다. 조언을 얻은 사람은 그곳을 떠나면서 감사하는 마음으로 봉헌 예물과 값비싼 선물을 바쳤다.

많은 사람들은 피톤의 여자 예언자가 자신의 배 안에 살아 있는 신을 갖고 있다고 믿었다. 이런 믿음 때문에 사람들은 그녀를 "배로 말하는 사람"이라고 불렀다. 그녀는 예언을 할 때 자기 것이 아닌 다른 굵은 목소리로 말하기도 했다. 실제로 일부 고대 문헌에는 이런 제2의 목소리를 귀신의 것이라고 언급한다.

바울은 귀신이 그 여종을 조종하고 있다고 분명히 믿었으므로 여종의 속에 있는 귀신에게 명령했다. "예수 그리스도의 이름으로 내가 네게 명하노니 그에게서 나오라." 그러자 그 귀신은 아무 이의나 반발 없이 즉시 여종에게서 나갔다. 누가는 그 여종의 주인들이 바울의 행동에 격분한 것에 주의를 돌리고 여종에 관해서는 더 말하지 않는다. 성경에서 우리가 그 여종에 관해서 알 수 있는 것은 이 짧은 기사가 전부이다.

### 마술 책을 불사름: 사도행전 19장

또 누가는 바울이 에베소에서 사역하는 동안에 일어난 마술과 관련된 사건에 관해서 놀라운 기사를 제시한다(행 19:13-20). 이것은 에베소가 1세기에 마술 행위의 중심지였다는 주장을 강하게 뒷받침한다. 누가는 악한 귀신에 들려서 고통당하는 사람에게서 귀신을 쫓아내려고 예수의 이름을 이용한 떠돌이 유대인 마술사들에 관한 이야기를 들려준다. 그들은 비참하게도 귀신을 쫓아내는 일에 실패하여 귀신 들린 사람에게 공격을 받고는 "상하여 벗은 몸으로 그 집에서 도망"했다. 그 결과 에베소에서 마술을 행하던 많은 사람들이 마술 책들을 모아 가지고 와서 불에 태웠다. 누가는 불에 태운 책의 값어치가 노동자 한 사람이 오만 일 동안 일해서 받을 수 있는 임금에 해당한다고 밝힌다.

이 기사는 초기 기독교의 사회적·종교적 상황을 이해하는 데 매우 중요하다. 여기서 누가는 마술 책들을 불태운 사람들이 이미 그리스도인들이었다는 분명한 암시를 준다. 그는 이렇게 말한다. "믿은 사람들이 많이 와서 자복하여 행한 일을 알리며 또 마술을 행하던 많은 사람이 그 책을 모아 가지고 와서 모든 사람 앞에서 불사르니"(행 19:18-19). 이것은 초기 기독교 신자들이 과거에 행하던 일들, 특히 마술을 다시 행하고자 하는 유혹을 받을 가능성이 있음을 알려 준다.

### 요약

누가는 주 예수의 복음과 하나님의 능력이 그 반대 세력들보다 훨씬 강력하다는 것을 보여 주는 데 관심이 있다. 또한 그는 분명하게 마술 행위들과 점술을 사탄과 그의 세력들의 활동과 관련시킨다.[16] 그가 제시한 모든 사례에서 사람들을 통해서 나타난 마귀의 활동은 복음의 진보를 방해했다. 자신의 사자들을 통해서 역사하시는 하나님의 능력은 사탄의 반대에 직면할 때마다 그것을 극복할 필요가 있었다.

또한 사도행전에 기록된 이런 기사들은 사도 바울이 통치자들과 권세들(principalities and powers)에 관해서 말할 수밖에 없었던 내용을 더 잘 이해하는 것과 관련되는 주제들을 거론한다. 그 기사들은 바울의 서신을 받는 독자들의 절실한 필요들을 우리가 명확하게 이해하는 데 도움을 준다. 그들은 자신들이 살던 종교적·마술적 환경 속에서 기독교를 의미 있는 것으로 받아들이려고 할 때 자연히 많은 의문을 가졌을 것이다. 그들은 이런 질문을 제기했을 것이다. 오컬트와 심령술을 버리고 기독교로 개종한 사람들은 이제 자신이 새로 갖게 된 주 예수에 대한 믿음에 비추어서 어떻게 살아야 하는가? 그들은 한때 자신이 숭배했던 영적 세력들에 대해서, 그리고 자신이 두려워했던 영적 세력들에 대해서 어떤 관점을 가져야 하는가? 그들 중 어떤 것들은 여전히 선한 존재들로 간주해도 되고, 또 어떤 것들은 악한 존재들로 간주해야 하는가? 그리스도는 이런 영적 존재들과 초자연적 세력들과의 관계에서 어떤 위치에 있는가? 그리스도께 헌신한다고 하면서 보호용 부적을 몸에 지녀도 되는가? 교회는 심령술에 연루된 비그리스도인들에게 어떻게 대응해야 하는가?

우리가 만일 1세기에 살던 새 신자들이 마음에 품었을 질문들을 안다면, 바울이 통치자들과 권세들에 대해서 말한 것들과 관련해서 신약 성경을 더욱 생생하게 이해할 수 있을 것이다.

## 2. 그리스-로마와 동방의 종교들

오늘날 아테네를 찾는 관광객들은 고대 아크로폴리스 유적들 사이를 거닐면서 파르테논과 인근의 건축물들, 즉 아테나 니케의 사원, 디오니소스의 연극장, 올림피아 제우스 신전 및 다른 많은 장대한 건축물의 웅장함과 아름다움을 접하고 경외감에 사로잡힌다. 거의 이천 년 전에 바울이 아테네(아덴) 거리를 처음으로 거닐었을 때 그 역시 이 그리스 문명 중심지의 아름다움에 사로잡혔을 것이다. 하지만 누가는 아테네에서 바울이 격분했다고 말한다. 그 이유가 무엇인가? "그 성에 우상이 가득한 것을" 보았기 때문이다(행 17:16).

물론 그 당시에 아테네는 "우상이 가득한" 유일한 도시가 아니었다. 바울이 유년 시절을 보낸 다소를 포함해서 모든 도시에는 많은 신들에게 바쳐진 신전들과 제단들이 있었다. 바울은 아시아, 그리스, 이탈리아에 살고 있는 사람들에게 서신을 보냈는데 그 지역에서도 많은 같은 신들을 숭배하고 있었다. 더 중요한 사실은, 이방 종교에서 개종한 사람들이 기독교 신앙을 갖기 전에 가졌던 종교 체험들이 근본적인 많은 면에서 매우 유사했다는 점이다.

이교도들은 자신들이 섬기는 신들이 살아 있으며, 실제적인 방식으로 이 세상의 필요들을 채워 줄 수 있으며, 많은 경우에 그들에게 사후의 복된 삶을 가져다줄 것이라고 믿었다. 바울을 포함해서 초기 그리스도인들도 신들이 살아 있다고 보긴 했지만 다른 의미에서 그렇게 생각한 것이었다. 그들은 귀신들, 즉 사탄의 세력들이 이방 신들을 사주하고 영속시킨다고 믿었다. 바울은 그 우상들로 인해서 격분했다. 우상들은 그가 선포하는 복음에 반대하는 초자연적 영들에게 사주를 받는 적대 세력이었기 때문이다.

**종교의 도가니**

그리스도께서 세상에 오시기 3백여 년 전에 그리스인 알렉산더 대제가 유례없는 일련의 군사적 승리를 거두고 소아시아, 시리아, 팔레스타인, 이집트, 북아프리카, 중동, 인도의 일부에 이르는 동쪽 지역까지 자신의 통치 영역을 확장했다. 그는 사실상 역사의 흐름을 영구히 변화시킨 세계 공동체 시대를 열었다. 실제로 역사가들은 공통적으로 알렉산더의 통치 뒤에 이어진 3세기를 헬레니즘 시대라고 부른다.

그리스어가 만국 공통어가 되었을 뿐 아니라 그리스 문화가 이들 나라 전역에 퍼졌다. 하지만 종교와 관련해서는 그 영향이 쌍방향적이었다. 동방에서 숭배되던 신들과 여신들이 그리스와 로마 세계로 유입되었다. 동방에서 유입된 영적·종교적 이상들은 매우 강력하게 서방 사람들의 마음을 사로잡았다.[1] 신약 성경 시대가 시작될 무렵에는 지중해 세계 도시에서 엄청나게 많은 신들이 숭배되었다.

고린도가 좋은 예이다.[2] 이 도시에서 바울이 사역하던 시대까지 거슬러 올라가 보면, 그들이 전통적인 많은 헬라 신들—아폴로, 아테나, 아프로디테, 디오니소스, 아스클레피오스, 데메테르, 코레, 제우스, 포세이돈—을 숭배했음을 입증하는 문학적·고고학적 증거들이 있다. 또한 본래 이집트의 신들인 이시스와 사라피스가 고린도인들 사이에서 인기가 아주 높았다는 증거도 있다. 위대한 모신(母神)으로 알려진 소아시아 여신이 고린도에 있는 그 여신의 성소에서 숭배되기도 했다. 바울이 살아 있던 시기에 고린도에 회당을 세운 일단의 유대인들도 있었다. 이 도시에서는 헬라의 많은 신들과 동일시되는 경우에 로마의 신들도 숭배되었다. 그들은 로마의 신 주피터와 헬라의 신 제우스 경우처럼 로마식 이름이나 헬라식 이름 가운데 하나로 알려졌을 것이다.

바울이 사역하던 시기에 혼합주의가 새로운 정점에 이르고 있었다. 헬레니즘 시대의 그리스인들은 전적으로 그들 선조의 신들에게만 충성을 다하도록 강요당하지 않았다. 그들은 페르시아, 시리아, 이집트, 아시아의 신들을 숭배할 수 있었다. 그들은 오직 하나의 신만을 숭배해야 한다는 의무감을 느끼지 않았다. 실제로 상황은 정반대였다. 비록 탁월한 신이 한 분 있고 나머지 신들은 덜 강력한 신들이거나 귀신들(*daimones*)이라는 믿음을 갖는 경향이 점점 커지기는 했지만, 수많은 신들이 숭배를 받을 수 있었다.

### 개인적인 영적 관심의 발흥

전통적인 그리스와 로마의 신들이 여전히 숭배되고 있었지만 그 신들은 고대 그리스 시대와는 달리 이해되었다. 대다수 학자들은 과거의 제의들이 헬레니즘 시대에 근본적으로 변형되었다는 사실에 동의한다. 이런 변화는 부분적으로 그 신들이 헬라 세계 전역에 퍼진 것에서 비롯되었다. 과거의 신들은 새로운 지역의 상황에서 자주 재해석되었다. 그 신들이 과거에 가졌던 본래의 기능과 성격이 새로운 상황으로 인해서 변화되었던 것이다. 전통적인 그리스의 신들은 지역의 신들과 자주 동화되었다. 예를 들어, 최초로 에베소에 정착한 그리스인들은 명백하게 그 지역 풍요의 여신의 이름을 아르테미스(또는 로마식 이름인 다이애나)라고 바꾸어 불렀다. 이 두 여신은 출산, 야생 동물, 사냥의 여신이라는 공통점을 갖고 있었을지 모르나 그들의 제의적 이미지에는 사실상 유사점이 없었다. 그리스의 여신 아르테미스는 전형적으로 멋지게 늘어진 긴 의상을 입은 아름다운 여성으로 묘사되었고, 반면에 에베소의 아르테미스는 풍성하게 장식된 의상을 입은 채 꼿꼿하게 서 있는 자세로 묘사되었다.[3]

호머의 신화가 여전히 일부 전통적인 헬라 신들의 성격을 이해하는 데 필요한 근본적인 체계를 제공했으나, 그 신들은 점차적으로 일반 사람들에게서 멀리 떨어져 있지 않고 그들의 관심사에 더 많은 관심을 가진 것으로 인식되었다. 조나단 스미스는 다음과 같이 인식의 변화를 설명한다.

> 디아스포라 전통들은 자기 신전에 거주하는 신(god)보다 환상들, 신의 현현들, 또는 초월적 신에게로 가는 천상 여행을 성취하는 복잡한 기교들을 발전시켰다. 이것은 국가 번영의 종교에 대한 관심에서 개인 구원에 대한 관심으로의 변화, 특정한 인종 집단에 대한 초점에서 각 개인에 대한 관심으로의 변화로 이어졌다.[4]

학자들은 헬레니즘 시대를 "개인 종교"의 발흥이라는 관점에서 자주 설명한다. 각자 다른 상황에 처한 개인들에게 신이 중요했음을 보여 주는 기사들과 증언들이 매우 풍부하게 남아 있다. 역으로 이 시대는 "불안"의 시대로 특징지어진다. 당시에 사람들은 사후의 삶을 확보하고 운명의 영향과 악한 영들로부터 벗어나려고 신과의 개인적인 친교를 더 갈망했던 것으로 보인다.

헬레니즘 시대에 신과의 관계와 연합은, 고대 저자들이 가장 일반적으로 신들의 신비 의식 입교라고 묘사한 제의적 행위를 통해서 일어났다. 비록 모든 신들과 여신들이 이런 신비 의식들을 가졌던 것은 아닐지라도 이 제의들의 인기는 헬레니즘 시대 내내 높아졌고 로마 시대에도 계속해서 높아졌다. 바울이 복음을 전파하고 교회를 세운 모든 도시에서 많은 이교도의 제의들은 아마도 이런 신비적 입교식을 거행했을 것이다.

실제로 이런 신비 의식들의 형태와 내용에 관해서 우리가 아는 것은 아주 개략적이다. 신비 의식에 입교하는 자들은 비밀을 지키기로 맹세해야 했고 맹세를 어길 경우에는 엄한 처벌을 받아야 했다. 게다가 의식 절차는 문서로 기록되지 않았다. 신비 의식들은 시각적 상징들과 제의적 공연 형식으로 수행되었다. 사제들과 여(女)사제들은 입교자들이 지하 세계의 환상이나 심지어 천상 세계의 환상을 보도록 이끌 수 있었다. 잘 알려진 신비 종교들 가운데 두 가지 실례는 이런 의식들이 지닌 의미와 관련해서 더 분명한 그림을 보여 줄 것이다.

### 고대 그리스의 신비 종교: 코레를 납치한 하데스

고린도로 가는 도중에 아테네에서 서쪽으로 약 22.5킬로미터 떨어진 비옥한 농경 지대에 엘레우시스(Eleusis)라는 도시가 자리 잡고 있다. 그리스도께서 오시기 전 수백 년 동안 이 도시에서 신비 종교 제의들이 매년 거행되었다. 지하 세계의 신 하데스에게 세 달 동안 납치되었던 딸이 어머니 여신과 재결합한 것을 경축하기 위한 제의들이었다. 정보를 제공해 주는 신화에 따르면, 어머니 데메테르(Demeter)는 며칠 동안 자기 딸 코레(Kore, '페르세포네'로도 알려짐)를 찾아 헤매다가 마침내 엘레우시스에서 딸을 찾아낼 수 있었다. 데메테르가 엘레우시스에 있을 때, 최고 신 제우스가 그 일에 개입했고 매년 여덟 달 동안 코레가 어머니와 재결합할 수 있게 해 주겠다고 약속했다. 제우스는 하데스(로마 신 플루토)가 코레를 아내로 취하는 것에도 동의했다. 이런 타협은 딸의 남편이 될 하데스와 어머니 데메테르 사이에서 이루어졌다.[5]

엘레우시스에서 신비 종교 제의들이 해마다 거행되었는데 이 신화적 드라마의 많은 부분이 제의적 공연으로 진행되었다. 코레에게 경의를 표하는 "소(小)

신비 제의들"은 이른 봄에 거행되었고, 데메테르의 영예를 기리는 "대(大) 신비 제의들"은 여름이 시작될 무렵에 거행되었다. 이 신비 제의들은 다른 세상에서의 행복한 내세를 상징했으나, 동시에 매년 그 지역에서 이루어지는 풍성한 곡물 경작과도 밀접한 관련이 있었다. 이런 면에서 다음 두 가지 주제들이 매우 중요했다.

첫째, 자기 딸이 유괴된 사실을 다른 신을 통해서 알게 된 데메테르("곡물의 여신"으로도 알려짐)는 세상에 마름병을 일으켰고, 이것으로 제우스에게 압력을 가하여 자신의 일에 개입하게 만들었다. 마름병은 신이 초래한 우주적 부조화로 인해서 야기된 것인데 농작물 생산에 큰 피해를 입혔다. "대 신비 제의들"의 일부분은 궁극적으로 하늘(제우스), 땅(데메테르), 그리고 지하 세계(하데스) 사이에서 이루어진 우주적 조화를 경축한다. 이 조화는 지속적인 농경의 안정성을 확보하는 데 필수적인 것이었다.

둘째, 그 지역 사람들은 코레가 해마다 지하 세계를 오가는 것을 그 지역의 농작에 사용되는 곡식의 씨앗과 관련이 있는 것으로 생각했다. 코레가 일 년 중 네 달을 하데스와 함께 보내고 여덟 달을 데메테르와 함께 보내는 것처럼 엘레우시스에서 곡식의 씨앗은 지하 저장고에 네 달 동안 보관되고, 일 년의 나머지 기간 동안에 밭에 뿌려지고 경작되고 추수된다. 이 신들의 활동은 지역의 농경 질서와 밀접하게 뒤얽혀 있는 것으로 믿어졌다. 그러므로 매년 이러한 신비적 제의들을 거행하여 신들을 기쁘게 하는 것이 중요했다.

바울 시대에 엘레우시스에서 거행된 신비 종교 제의들에 부여된 더 깊은 영적 의의를 정확하게 아는 것은 어려운 일이다. 이 제의들은 각 시대의 종교적 필요들에 따라서 다양하게 해석되었다. 그리스인들에게 하데스가 악의 상징은 아니었을지라도, 그는 종종 "악을 행하는 자들을 냉혹하고 무자비하고 가혹하게 응징하는 자"로 묘사되었다.[6] 신비 종교의 제의들은 하데스의 해로운 영향들로부터 보호받는 것을 상징할 수 있었다. 지하 세계로 내려가는 것을 극으로 공연하는 것이 플루트니온(Plutonion), 즉 엘레우시스의 신전 바로 옆에 있는 지하 세계로 들어가는 열린 구멍과 관련해서 중요했는데, 그 이유는 아마도 보호에 대한 갈망 때문이었을 것이다. 신비 제의 입교식의 절정에서 새로운 입교자들은 여신 데메테르의 현현을 접하고 경외감에 사로잡혔을 것이다. 이때 데메테르는 새 입교자들에게 행복과 지하 세계에서의 복된 내세라는 소망을 주었을 것이다. 바울과 그의 서신을 받은 그리스의 모든 독자들은 의심의 여지 없이 이 유명한 신비 종교에 매우 친숙했을 것이다.

### 타우로볼리움: 키벨레 제의 입교식

에게해 건너편의 소아시아는 많은 교회들이 세워진 지역인데, 이곳에서는 대중적인 동방 종교가 어머니 신 키벨레(Cybele)의 영예를 기리는 신비적 제의들을 해마다 거행했다. "위대한 어머니" 또는 "신들의 어머니"로 알려진 이 아시아의 여신은 신약 성경 시대가 시작되기 전에 그리스에서, 심지어 로마에서도 숭배되었다.

이 여신의 신비적 제의에서 가장 잘 알려진 부분은 이른바 타우로볼리움(taurobolium)이라는 행사이다. 이 제의에서 입교자들은 한 부분이 나무 격자창으로 덮인 지하 구덩이로 내려간다. 키벨레의 사제들은 격자창 위에 서서 어린 수소를 도살하고 그 피를 나무 격자창 사이로 쏟아부어서 구덩이 안에 있는 입교자들이 피에 흠뻑 젖게 만든다. 라틴어를 사용한 기독교 저자 프루덴티우스는 이 의식을 다음과 같이 생생히 묘사한다.

> 수많은 나무 틈새를 통해서 피가 구덩이 속으로 흘러 들어간다. 초심자[입교자]의 머리에, 옷에, 몸에 피가 떨어진다. 초심자는 몸을 뒤로 젖혀서 뺨, 귀, 입술, 콧구멍까지 피에 젖게 만든다. 그는 두 눈에 피를 붓고 입술을 피로 적

신다. 그리고 피를 마심으로써 입천장에까지 피를 묻힌다.[7]

키벨레의 귀의자들에게 이 소름 끼치는 의식은 심오한 영적 의미로 충만한 것이었다. 이 피비린내 나는 "세례"는 입교자의 모든 잘못을 정화하는 것으로 생각되었다. 프란츠 퀴몽은 이 의식이 입교자에게 힘을 전달하는 물리적인 개념까지 포함하고 있었다고 주장한다. 그는 이렇게 말한다. "그 초심자는 자기 몸을 도살된 수송아지의 피로 적심으로써 송아지의 힘을 자기 사지에 스며들게 하고 있다고 믿었다."[8] 다른 신비 종교의 제의들에서처럼 키벨레 제의 입교식은 아마도 어느 정도 신과의 신비스러운 합일을 의미했을 것이다.

입교자는 이제 더 큰 안전과 평화를 누리면서 살 수 있을 것이다. 타우로볼리움은 입교자의 영적 갈망을 충족시켜 주고 그가 신에게 더 가까이 가게 만들었다. 황소의 피로 상징되는, 신의 우주적 능력에 대한 새로운 접근은 악하고 적대적인 영향을 극복하는 것, 그리고 불멸을 확보하는 것 같은 유익을 주었다.

### 아스클레피오스: 치유의 신

신약 성경 시대의 다른 종교들을 이해하는 가장 좋은 방법은 몇 가지 종교를 주의 깊게 살펴보는 것이다. 나는 바울 시대에 각기 다른 이유들로 인기가 높았던 세 신을 택했다. 틀림없이 에베소, 빌립보, 데살로니가, 고린도, 그리고 다른 도시들에서 바울을 통해 개종한 많은 사람들은 복음을 듣고 돌아오기 전에 이런 신들을 섬겼다. 이 세 신에 대한 상세한 묘사는 바울 서신의 많은 독자들이 기독교로 개종하기 전에 가졌던 종교적 배경에 대한 통찰을 우리에게 어느 정도 제공해 줄 것이다.

종종 "구원자"로 찬양을 받은 아스클레피오스(Asclepius) 신은 신약 성경 시대에 사람들에게 인기가 많은 신이었다.[9] 아스클레피오스는 지중해 세계 전역에서 병자를 치유하는 능력으로 인해 칭송을 받았다. 그를 나타내는 상징은 뱀이 휘감고 있는 지팡이였는데 이것은 오늘날 의사들을 나타내는 상징과 유사하다. 그 신은 사람들의 필요에 관심을 가진 호의적인 신으로 인식되었다. 그는 신인(神人)으로 믿어졌기 때문에 질병으로 고통당하는 사람들의 아픔을 동정했다. 실제로 많은 사람들은 아스클레피오스가 반신반인(半神半人)이라고 믿었다. 이것을 포함한 여러 가지 면에서 이 신은 그리스도와 유사했기 때문에 아스클레피오스 종교는 기독교의 가공할 만한 대적이었다.

버가모(Pergamum)와 에피다우로스(Epidaurus)는 아스클레피오스를 숭배하는 두 개의 주요한 중심지였으며 바울의 선교 사역의 전략 중심지인 에베소와 고린도에서 가까운 곳에 있었다. 바울은 서신들에서 아스클레피오스(또는 다른 이교도의 신)를 한 번도 언급하지 않았으나, 그의 개종자들 중에는 아스클레피오스 제의에 접촉했던 사람들이 많이 있었을 것이다.

헬라 세계의 모든 지역에서 병자들과 병약한 자들이 질병을 치유받으려고 아스클레피오스 숭배의 중심지로 몰려들었다. 많은 사람들이 그 신으로부터 환상적 현현을 체험하려고 신전의 경내에서 잠을 자면서 "부화" 의식(the rite of "incubation")을 거행하는 동안에 아스클레피오스에게 질병을 치유받은 것으로 알려졌다. 아스클레피오스가 병든 사람에게 현현할 때 그의 치유 능력이 임했고 그 병든 사람은 치유를 받았다. 그의 현현과 명백한 질병 치유는 아스클레피오스의 신적인 신비에 입문하는 의식의 정수이다. 그 신전에서 잠을 자기 전에 병자 개인은 일종의 정결 의식을 치르고 아스클레피오스에게 제사를 드려야 했다. 이 신의 치유 능력을 체험한 뒤에는 받아들여질 만한 적절한 감사 예물을 바치는 것이 중요했다. 이 의식은 종종 감사의 제사 형식을 취했다. 일반적으로 입교자는 그 신이 신전에 있을 때 예물을 바쳤다. 한 저자는 자신이 본 것을 이렇게 기록한다. "아스클레피오스의 제의에서 신과 인간 사이의 친교라는 고대의 제사 개념이 중요하게 유지된다."[10] 이러한 묘사는 신과의 친밀한 개인적인 관계 개념이 신약 성경 시대의 공통적인 독특한 특징이었음을 예증한다.

치유를 받은 사람들은 아스클레피오스가 그들을 위해서 한 일을 다른 사람들에게 공개적으로 알리도록 장려되었다. 그 결과 질병의 치유로 인해서 아스클레피오스를 찬양하는 사람들에 관한 이야기들이 오늘날까지 많이 전해진다. 한 파피루스 본문은 부화 의식을 하는 동안 끔찍한 내적 질병을 치유받은 일로 인해서 아스클레피오스를 찬양하는 어떤 남자에 관한 긴 이야기의 서론 부분을 담고 있는 것으로 보인다. 나머지 본문이 떨어져 나간 바로 앞부분에서 저자는 자신의 기록 목적을 이렇게 진술한다. "나는 지금 그의 기적적인 현현, 그의 능력의 위대함, 그의 유익한 선물에 관해서 말하고자 한다. 그 일의 자초지종은 이렇다.…"[11]

많은 초기 그리스도인들은 아스클레피오스의 제의와 관련해서 일어난 초자연적인 사건들에 대한 증거에 의문을 품지 않았다. 도리어 그들은 치유의 능력을 사탄과 그의 귀신들로부터 비롯된 것으로 간주했고, 그것이 지닌 중대한 위험을 지적했다. 교부들 가운데 유세비우스는 아스클레피오스를 "영혼을 치유하는 것이 아니라 파괴하는" 악한 영으로 간주했고, 락탄티우스(Lactantius)는 아스클레피오스를 "우두머리 귀신"이라고 불렀다.[12]

### 헤카테: 주술과 마법의 여신

여신 헤카테(Hekate, 때로 Hecate라고 표기함)는 어둠의 세력들에 대한 우리 연구와 관련해서 매우 중요하다. 헬라의 어떤 신들보다도 헤카테는 악한 영들, 이상한 유령들, 위험한 일들과 밀접한 관련이 있는 것으로 사람들 사이에 알려졌기 때문이다. 신약 성경 시대가 시작되기 오래전에 이 여신은 악한 영들(또는 귀신들)의 여왕으로 널리 간주되었다.[13] 알로이스 켈은 이렇게 말한다. "그리스-로마 문명사회에 속한 사람들은 헤카테를 무엇보다도 어둠과 공포와 죽은 자들과 귀신들고 마술의 지배자로 믿었다."¹⁴ 이 여신은 귀신들의 지배자로 믿어졌기 때문에 마법과 마술에서 자주 호소의 대상이 되었고, 악한 영들을 지배했기 때문에 마법을 효력 있게 만들었다.¹⁵ 또한 귀신들을 보내서 마술사의 소원을 이루어 주었으므로 이 여신의 이름이 마술 분문 전체에서 반복해서 나타난다.

헤카테는 지하 세계의 여신, 즉 죽은 자들이나 육체가 없는 영들의 세계를 지배하는 여신으로 널리 믿어졌다. 지하 세계의 다양한 영들을 지배하는 헤카테의 능력은 "열쇠를 가진 이"라는 칭호로 대변된다. 이 칭호는 헤카테가 하데스(Hades)의 성채 열쇠들을 소유하고 있음을 의미한다.¹⁶ 이 여신은 지하 세계로 들어가는 길을 통제했으므로 사람들이 죽은 자들과 소통하게 만들 수 있었다. 또한 하데스를 관리했으므로 마술사의 요청을 들어주려고 지상으로 올라가는 유령이나 영을 통제할 수 있었다.¹⁷

헤카테의 능력은 단지 지하 세계에만 국한된 것이 아니었다. 그 시대의 많은 다른 신들이 그러하듯이 이 여신도 우주적 능력을 가진 것으로 믿어졌다. 이 여신의 지배력은 하늘과 땅과 바다까지 확장되었다. 어떤 본문들은 헤카테가 달과도 관련이 있고 달의 여신 셀레네와 교분을 맺은 것으로 언급한다. 몇몇 고대 저술가들은 이 여신이 우주적 영혼의 역할을 했다고 강조하기도 한다.¹⁸

사람들은 헤카테를 숭배했고, 악에서 보호해 준 것 때문에 헤카테에게 제물을 바쳤다. 또 헤카테는 "십자로의 여신"이라고 불렸다. 일반적인 미신에서 두 길이 만나는 지점은 유령들이 출몰하는 곳으로 간주되었다. 따라서 헤카테의 신상은 일반적으로 십자로에 세워졌다. 악한 영향들을 막아 주는 이 여신의 기능은 "대문의 수호자"라는 그녀의 대중적인 칭호에 반영되어 있다.

헤카테는 로마 제국 전역에서 숭배되었지만 그 본거지는 특별히 소아시아였다. 사람들은 이 여신이 본래 소아시아에서 온 것으로 생각했다. 이 여신의 가장 중요한 숭배 중심지는 에베소에서 멀지 않은 라지나(Lagina)에 있었다.

헤카테는 에베소의 아르테미스 여신과 매우 밀접한 관련이 있어서 많은 면에서 두 여신의 차이점은 분명하지 않다.

로마 제국 전역을 여행하는 동안 사도 바울은 아마도 로마 도로에 세워진 헤카테 신상을 수없이 보았을 것이다. 헤카테는 일상생활에서 악한 영들로부터 사람들을 지켜 주는 가장 중요한 보호자로 인식되었기 때문에 바울의 개종자들이 그 여신을 영예롭게 하는 일을 완전히 중단하기는 어려웠을 것이다. 지하 세계로부터 사람들을 보호해 준다는 헤카테의 약속은 사후의 복된 삶을 약속하는 기독교의 복음에 심각한 도전이 되었다.

### 디오니소스: 관능적 쾌락의 신

현대 서구 사회에서 디오니소스는 최고의 "파티광(狂)"으로 보일지 모른다.[19] 대다수 학자들은 삼 일에서 오 일에 걸쳐 거행되는 디오니소스의 신비 제의를 "황홀경의 제의"라고 표현하는데, 이것은 술에 취해서 큰 소리로 떠들어 대는 열광적인 축하연이었다. 이 제의를 목격한 고대의 한 관찰자는 술을 마시고 흥청망청하는 이 제의를 이렇게 요약한다. "잘못된 것을 전혀 개의치 않는 것이 … 그들 사이에서 이루어지는 종교적 헌신의 최고 형태였다."[20] 또 다른 의미에서 디오니소스의 신비적 제의에는 진지한 영적인 측면이 있었는데, 그것은 사후의 세상에서 누릴 복된 삶을 약속하는 것이다.

디오니소스 신비 제의(또는 "주신제"[Bacchanalia]라고 함)는 기독교가 전파되기 시작할 무렵에 사람들 사이에 인기가 매우 높았으며, 그리스, 소아시아, 이집트는 물론 심지어 이탈리아 전역에까지 퍼져 있었다. 술을 마시고 흥청대는 이 신비 제의는 특히 하층 계급 사람들에게 매력이 있었지만 사회의 상층부에 속한 사람들도 이 제의에 참여했다. 디오니소스(로마식 이름은 바커스[Bacchus])의 신비 제의 축제는 모든 사람에게 일상생활의 단조로움과 지루함에서 벗어나는 기회를 제공했다.

기원전 186년에 로마 당국이 "모든 것을 허용하는" 이 종교를 규제했지만 그 지속적인 인기를 약화시키지는 못했다. 실제로 그리스도 탄생 이전에 로마의 고위층 인사 몇몇은 디오니소스의 제의를 두둔하기도 했다. 그리스도가 탄생할 무렵에 살았던 로마 역사가 리비우스(Livy)는 바커스 주신제의 성격에 관해서 다음과 같은 믿기 어려운 기록을 남겼다.

> 입교식은 처음에는 소수의 사람들에게만 알려졌지만 빠른 속도로 사람들 사이에 널리 퍼지기 시작했다. 추종자들을 많이 끌어들이려는 속셈에서 종교적 제의에 음주와 잔치의 쾌락이 가미되었다. 포도주가 사람들의 감정에 불을 붙이고 밤중에 남녀노소가 함께 뒤엉켜 어울리는 동안 모든 도덕적 판단력이 사라졌다. 그들은 저마다 태어나면서부터 갖고 있던 특정한 욕망을 충족시킬 수 있는 기회를 얻었으므로 마음 놓고 온갖 퇴폐 행위를 저지르기 시작했다. 퇴폐 행위는 한 가지 종류의 악, 즉 남녀 간의 난잡한 성행위에 국한되지 않았다. 그 제의는 또한 거짓 증언들, 위조된 문서와 유언, 조작된 증거를 제공하는 원천이었고, 제의에 열성적으로 헌신하는 사람들 사이에서 독약이 거래되고 대규모 무차별 살인이 일어나기도 했다. 때때로 매장할 시체들이 발견되지 않는 일도 있었다. 그러한 많은 불법 행위들은 음모를 통해서 이루어졌고, 더 많은 불법 행위들은 폭력을 통해서 이루어졌다. 하지만 그런 폭력 행위는 드러나지 않았다. 질펀하게 먹고 마시며 유혈이 낭자한 현장에서 시끄러운 소음, 북을 두드리는 소리, 심벌즈를 치는 소리에 가려져 도움을 구하는 희생자들의 외침이 들리지 않았기 때문이다.[21]

로마 총독에게 제출된 공식적인 증언도(이 증언 때문에 로마 당국은 기원전 186년에 디오니소스 제의를 규제하기 시작했다) 이 제의를 다음과 같이 폭로한다.

남녀가 뒤엉켜 문란하게 제의를 거행하고, 어둠 속에서 무슨 일이든지 할 수 있는 자유가 주어질 때부터 온갖 범죄와 부도덕한 행위들이 자행되었다. 음란한 행위들은 남녀 사이에서보다 남자들 사이에서 더 많이 행해졌다. 불법 행위를 거부하거나 범죄를 저지르기를 주저하는 사람은 누구나 희생 제물로 살해되었다. 이 사람들은 무슨 악이든지 금하지 않고 자행하는 것을 종교적 성취의 극치로 여겼다. 남자들은 제정신을 잃고 격렬하게 몸을 떨면서 예언을 하기도 했고, 여자들은 바커스 신의 여사제처럼 옷을 차려입고 머리를 풀어헤친 채 횃불을 들고 테베레 강으로 달려 내려갔다.[22]

술에 취하는 것이 바커스 신도들(디오니소스의 신비 제의를 거행하는 사람들)의 흥청망청한 제의의 특징이었다. 로마 시대에 포도주는 디오니소스를 나타내는 중요한 상징이었다. 디오니소스는 포도주와 술 취함의 신으로 알려졌고, 종종 포도송이들과 함께 묘사되었다. 바로 이런 이유 때문에 디오니소스의 제의는 난잡하고 무절제하며 열광적인 축하연이 되었다.

섹스와 관능적 쾌락도 주신제에서 매우 중요한 역할을 했다. 이 제의의 또 다른 중요한 상징은 과일이 가득 담긴, 버드나무 가지로 만든 바구니였는데 그 과일들 사이에 남자의 성기가 우뚝 솟아 있었다. 또 디오니소스의 제의를 경축하는 모든 행렬에서 음경 모양의 상을 앞세웠다. 이 신비 종교의 입교식에서 절정을 이루는 것은 남성 성기의 출현이었다. 남성 성기는 생명을 주는 능력의 상징이었으며 그 자체로 즐겁고 복된 사후의 삶에 대한 소망을 보장했을 것이다.[23] 하지만 남성의 성기가 단지 성의 신비 의식과 성적 희열을 상징했을 가능성도 있다.[24]

신비 제의를 거행한 뒤에 잔치를 벌이고 춤을 추고 흥청망청 먹고 마시는 시간이 이어졌다. 여기저기 흩어진 고대 문서들은 디오니소스의 제의에서 산 짐승을 잡아 제물로 바치는 일이 있었음을 알려 준다. 바커스 신도들은 피가 뚝뚝

떨어지는 그 짐승의 고기를 날것으로 먹었다. 앞에서 인용한 리비우스의 글은 신비 제의에서 사람을 죽여서 희생 제물로 바치는 일이 있었다는 인상을 준다.

로마 시대에 사람들은 사후의 삶에 점차 큰 관심을 갖게 되었는데, 이것 때문에 디오니소스 제의가 인기를 얻게 되었다. 디오니소스의 신비 제의에 입교하는 사람은 사후에 무서운 정벌을 주는 귀신들을 피할 수 있었다. 이 귀신들은 종종 날개가 달린 추한 여자 귀신들로 묘사되며 무시무시한 공포를 느끼게 만들었다. 입교한 사람들은 죽은 뒤에 부활하는 것이 아니라 다른 세상에서 지속적인 관능적 쾌락으로 충만한 복된 삶을 누릴 것을 기대했다(이것은 신비 제의를 통해서 예상된 것이다).

이 밖에도 신약 성경 시대에는 이시스(Isis)와 미트라(Mithras)를 포함한 매우 중요한 신들이 있었다. 여기서 그런 신들과 여신들을 더 소개할 수도 있다. 하지만 내 목적은 헬라 종교를 철저하게 개관하는 것이 아니라, 단지 주 예수 그리스도와 경쟁 관계에 있던 세 명의 신들과 관련된 의식과 신조를 간략하게 살펴보는 데 있다. 교부들은 사탄이 자신의 어둠의 세력들과 함께 그런 신들과 여신들에게 활력을 준다고 굳게 믿었다. 그들이 그런 종교들을 마귀적인 것으로 해석한 것은 부분적으로는 사도 바울에게서 시작되었다.

### 사도행전에 등장하는 신들과 여신들

바울의 서신에는 바울이 이방 신들의 종교와 접촉한 것을 분명하게 언급하는 부분이 거의 없지만, 누가가 기록한 사도행전에는 몇 가지 특별한 경우들이 등장한다.[25] 누가가 선별하여 기록한 첫 번째 접촉은 남부 갈라디아 지방 루스드라에서 일어났다(행 14:8-20). 바울이 앉은뱅이를 고쳐 주자 사람들은 바울과 바나바를 헤르메스와 제우스의 화신으로 생각했다. 흥미롭게도 그들은 바울을 헤르메스와 동일시한 반면에 바나바를 최고의 신인 제우스와 동일시했다. 당시에 헤르메스는 위대한 신들, 특히 제우스의 전령으로 알려졌다. 아마도 루스드라의 상황에서 바울이 주도적인 역할을 한 까닭에 사람들이 그를 제우스의 사자와 동일시했을 것이다. 바울과 바나바는 예상치 못한 반응을 접하고는 즉각 자신들과 이방 신들과의 관련성을 부인했다. 하지만 그들은 제우스와 헤르메스를 귀신으로 규탄하지 않고 "무가치한 것들"("worthless things", "헛된 일"[개역개정])이라고 말했는데, 이것은 유대인들이 이방 신을 가리키는 일반적인 표현이었다. 바울은 무리에게 "살아 계신 하나님"을 창조주이자 그들이 행복을 누릴 수 있도록 모든 것을 자비롭게 베풀어 주시는 분으로 소개했다.

아테네(아덴)에서 바울은 청중에게 하나님을 효과적으로 전할 수 있는 접촉점을 발견했다. 그것은 어떤 제단에 새겨진 "알지 못하는 신에게"라는 명문(銘文)이었다(행 17:16-34). 바울은 이 명문에 청중의 주의를 환기시키고 그들의 강한 종교심을 인정하면서 자연스럽게 그가 최고의 신으로 믿는 하나님께 주의를 돌리게 만들었다. 바울이 소개한 하나님은 사람이 새겨 만든 우상이 아니라 모든 것을 창조하시고 주관하시는 분이며, 세상을 심판하시는 분이며, 주 예수 그리스도를 죽은 자 가운데서 일으키신 분이다. 이렇게 복음을 전하는 상황에서 바울은 아테네의 신들을 사탄 및 그의 악한 영들과 관련시키는 것이 적절하지 않다고 생각했다. 그가 이렇게 생각한 일부 원인은 아마도 아테네 시민들이 귀신에 대한 유대인들의 견해를 알지 못한 데 있을 것이다. 또한 바울은 그들의 신들이 마귀에게서 비롯된 위조물이라고 고발하는 것은 복음 전도적인 측면에서 그다지 현명하지 않은 처사라고 생각했을 것이다. 하지만 우리는 그가 세운 교회들(특히 고린도 교회)에 보낸 서신을 통해서 실질적으로 그가 그리스도인들에게 이방 종교들과 마귀가 밀접한 관련이 있다고 가르쳤음을 알 수 있다.

바울이 이방 신을 숭배하는 사람들과 조우한 가장 극적인 경우인 소아시아 서부 지역에서 가장 중요한 항구 도시인 에베소에서 일어났다(행 19:23-41). 이 도시에서 바울은 성난 군중의 소동에 직면했는데, 그 소동은 에베소의 수호신인 아르테미스(아데미)의 신상 모형을 은으로 만들어 판매하는 은세공업자들이 선동한 것이었다. 기독교로 개종하는 사람들이 많았기 때문에 은세공업자들은 바울이 자신들의 사업뿐 아니라 자신들이 숭배하는 여신에게 무시할 수 없는 위협이 된다는 것을 알게 되었다. 그래서 그들은 사람들을 선동해서 에베소에 있는 아름다운 연극장에 모이게 만들었고, 거기서 사람들은 두 시간 동안이나 한목소리로 "크다 에베소 사람의 아데미여"라고 외쳐 댔다. 바울은 성난 무리 앞에 서서 말하려고 했으나, 동료 신자 몇 사람이 적극적으로 만류했다. 그런 위험에 직면한 바울은 다른 곳에서 사역을 계속하기 위해서 즉시 에베소를 떠났다. 에베소에서 바울이 3년 가까이 사역한 것을 누가가 묘사하면서 주로 이방 여신의 추종자들과의 갈등에 관해서 기록한 것은 의미심장하다. 본서 1장에서 언급한 것처럼 이 여신과 마술 행위(영들을 조종하는 것)의 관련성을 기억하는 것도 중요하다.

사도행전에서 누가는 이방 신들과 관련된 또 다른 사건을 기록한다. 이 경우에도 사람들은 바울을 신으로 간주하는 잘못을 범한다. 이런 일이 일어난 것은 멜리데 섬에서 바울이 독사에 물리고도 전혀 상하지 않고 목숨을 잃지 않았기 때문이다(행 28:6). 바울이 뱀에 물렸을 때 처음에 사람들은 그가 사람을 죽였기 때문에 여신 디케(Dike, 공의)가 그를 벌하는 것이라고 생각했다. 그러나 독사의 독이 바울에게 아무런 해를 입히지 않는 것을 보고 "[사람들은] 돌이켜 생각하여 말하되 그를 신이라" 했다(행 28:6). 이 부분에서 누가는 사건을 간략하게 기록하고 바울이 그들의 주장에 어떻게 반응했는지 말하지 않는다. 아마도 바울은 루스드라 상황에서 반응했던 것처럼 그들의 잘못된 찬사를 거부하고 살아 계신 한 분 하나님을 소개했을 것이다.

마지막으로 누가는 사도행전에서 이방 신들의 이름을 두 개 더 언급한다(행 28:11). 그들은 "쌍둥이 신"으로 알려지기도 한 카스토르(Castor)와 폴룩스(Pollux) 이다(개역개정 성경에서는 이 신들을 "디오스구로"라는 공동 이름으로 표기한다.-역주).

2. 그리스-로마와 동방의 종교들   59

이 신들의 형상이 바울이 탄 알렉산드리아(이집트) 화물선의 앞머리에 장식물로 부착되어 있었다. 누가는 이 신들을 언급하는 데 흥미를 갖지만 그 신들에 대한 바울의 반응을 제시하지는 않는다. 이 신들은 고대 세계에서 항해자들 사이에 인기가 있었다. 그 이유는 아마도 그들의 별자리인 쌍둥이자리가 폭풍이 몰아칠 때 행운의 상징으로 간주되었기 때문일 것이다.[26] 이 신들에 대한 언급은 신약 성경 세계에 다수의 신들이 등장한다는 사실과 그 신들이 당시 사람들의 일상생활에 깊이 관련되어 있었다는 사실을 상기시켜 준다.

사도행전은 복음이 팔레스타인에서 시작하여 지중해 연안 지역을 넘어 로마에까지 전해진 것을 기록한다. 누가는 이방 종교가 복음 전파에 반대한 것을 기록하는 데 관심을 보이기는 하지만 그것을 단지 피상적으로 기록한다. 그는 이방 종교를 자세하게 묘사하지 않는다. 또 그는 이방인 개종자들이 부활하신 그리스도에 대한 자신들의 새로운 충성과 이전의 종교적 관습을 조화시킬 때 겪는 어려움을 묘사하는 것에도 관심을 보이지 않는다. 하지만 바울은 이전에 다양한 신들과 여신들을 숭배했지만 지금은 그의 회중이 된 사람들을 바른 교훈으로 굳게 세우는 일에 관심이 있기 때문에 이 문제에 더 사려 깊게 접근한다. 바울은 이 신들과 그들의 제의적 숭배 체계가 악한 영들과 밀접한 관련이 있음을 분명히 믿는다.

## 3. 점성술

오늘날 점성(占星)을 위한 천궁도(天宮圖, horoscopes)가 매일 신문에 실린다. 많은 사람들이 이것을 결단을 내리는 근거로 생각하기보다 그저 재미를 얻으려고 읽지만 점차 그 동기가 바뀌고 있다. 서구 문화는 별들 및 별들의 영향력이 일상생활에서 어떻게 느껴지는지에 점점 더 매력을 느끼고 있다.

실제로 1세기에는 점성술의 주요한 교의를 의심하는 사람이 아무도 없었다. (로마 황제들을 포함해서) 사회의 최상층에서부터 최하층에 이르기까지 모든 사람들은 별들의 움직임과 별자리가 지상에서 일어나는 사건의 추이에 직접적으로 상응한다고 믿었다.

점성술의 신조와 의식은 유사 과학적 접근에서부터 별들에 대한 '정령 숭배적' 관점에 이르기까지 매우 다양했다. 별들에 대한 정령 숭배적 접근이란 별들이 영들, 신들, 초자연적 세력들을 대표하거나 실제로 그런 존재들이라고 보는 것이다. 그리스-로마 세계에서 대다수의 보통 사람들은 이런 믿음을 갖고 있었다.[1] 바울 서신 독자들의 배경을 이해하려면 이런 사실을 아는 것이 중요하다. 바울이 통치자들과 권세들(principalities and powers)을 가리키는 데 사용한 용어들과 그것들에 대해서 그가 말한 내용은 특히 하늘에 있는 별들이 신들이며 영들이라고 믿는 사람들에게 적절했다.

### 우주적 교감: 상응 체계

점성술은 고대에 널리 받아들여진 신앙이었다. 헬라인들은 박식한 점성술사들을 "수학자"라고 불렀다. 이들 전문 학자들은 자신들의 기술을 사용해서 매일 해, 달, 행성들, 별들의 위치에 관한 도표를 제작했다. 그들이 자료들을 기입한 복잡한 도표들은 천체의 상관적 위치들을 보여 주는 일종의 천체력이었다. 이런 정보에 근거해서 그들은 미래의 특정한 시점에 나타날 별들의 상대적 위치를 추정할 수 있었다. 사람들은 노련한 점성술사가 이런 도표를 사용해서 다음에 일어날 월식을 예고하는 것과 같은 정확성을 가지고 미래에 세상에서 일어날 사건들을 예언할 수 있다고 믿었다.

점성술은 천체의 움직임과 세상에서 일어나는 일들 사이에 깊은 관련이 있다고 가정한다는 점에서 천문학과 구별된다. 점성술은 우주를 통합된 전체로 보는 세계관에 근거해 있다. 한 부분에 영향을 미치는 것은 다른 부분에도 영향을 미친다. 이러한 '우주적 교감'으로 인해서 점성술사는 문의하는 사람들에게 자신들이 미래에 예상할 수 있는 것과 관련해서 상당히 자세한 통찰을 줄 수 있었다. 별들의 현상을 해석하고 그것을 사람들의 관심사와 상황들에 관련시키는 것은 점성술사가 하는 가장 중요한 일이었다.

얄궂게도 점성술의 다양한 고대(그리고 현대!)의 체계들은 실제로 우주에 관한 두 가지 그릇된 가정에 근거해 있었다. 첫째, 점성술은 지구가 우주의 중심이며, 공중에 매달린 채 움직이지 않는 지구의 둘레를 천상의 모든 것들이 돈다는 것(지구 중심의 우주)을 전제한다. 둘째, 고대인들은 우주에 대해서 그릇된

구면(spherical) 이해를 갖고 있었으며 혹성들과 별들이 모두 하나의 평면 위에서 움직이고 있다고 보았다. 우주에 대한 이러한 이해에 근거해서 그들은 하늘을 30도 간격으로 12개 궁으로 분할했는데, 이것이 12궁도(the zodiac)의 토대가 되었다. 각 궁을 다시 10도 간격으로 3개의 방으로 세분했고, 따라서 방이 모두 36개가 되었다. 민간 신앙에서 12개 궁들과 36개 방들은 모두 신격화되었으며 세상의 일들에 강력한 영향력을 미치는 것으로 간주되었다.

점성술의 모든 근본적인 신조들과 함께 12궁도는 매우 고대의 것으로, 그 기원은 그리스도의 시대가 시작되기 수 세기 전으로 거슬러 올라간다. 점성술은 고대 바빌로니아에서 번성했고, 그 뒤에 일어난 모든 문명과 세대에서 중요한 역할을 했다. 본래 갈대아(바빌로니아)에서 점성술은 종교적 신조들과 밀접한 관련이 있었다. 실제로 12궁도의 형상들은 바빌로니아 신들과 연결되어 있었다. 신약 성경 시대 무렵에 점성술은 의심할 여지 없이 로마 제국 전역에서 사람들이 가진 세계관의 필수적인 한 부분이 되었다.

### 무정한 운명의 맷돌

바울 시대에 좋은 교육을 받은 많은 지식인들 사이에서는 스토아학파의 철학적이며 종교적인 견해가 인기가 있었다. 제논(Zeno)이 기원전 3세기 초에 아테네에서 스토아 철학의 토대를 놓은 뒤에 로마의 위대한 철학자 세네카(Seneca)는 바울 시대에 이 철학을 해설했다. 스토아학파 철학자들은 단일한 신적 원리가 모든 삶에 스며들어 있다고 믿었다. 이 신적 원리는 종종 제우스와 동일시되었는데, 제우스는 한 부분이 다른 부분에 영향을 미치는 우주적 교감의 방식으로 모든 삶의 상호 관계를 지배하는 강력한 영이었다. 스토아 철학자들은 별들의 움직임이 지상에 있는 사람들의 운명에 직접적으로 영향을 미친다고 믿었다.

바울과 같은 시대에 살았던 스토아학파의 저자 마닐리우스는 점성술에 대한 확고한 믿음을 갖고 있었다. 자신의 저서에서 그는 별들의 움직임을 해석하는 방법을 깨달은 이집트 사람들을 찬미했다. 그는 다음과 같이 말한다.

그들[이집트 사제들]은 운명이 어떻게 방황하는 별들에 달려 있는지를 자신들의 기법을 통해서 최초로 깨달은 사람들이었다. 오랜 기간에 걸쳐서 그들은 시대와 관련된 사건들, 이를테면 어떤 사람의 생일, 그가 살아온 삶, 운명의 법칙에 대한 매 시간의 영향, 작은 움직임이 초래한 엄청난 차이를 매우 신중하게 각 시대와 관련시켰다. … 오랜 기간 동안 관찰하여 그들은 별들이 신비한 방식으로 세상 전체를 지배한다는 것, 세상 자체가 영원한 원리에 따라 움직인다는 것, 그리고 확실한 징조를 통해서 운명의 부침(浮沈)을 인식할 수 있다는 것을 알게 되었다.[2]

스토아학파 철학자들은 운명의 어떤 부분을 미리 알 수 있다고 믿었으며, 동시에 이런 유형의 사상을 신봉하는 사람들도 운명은 변경할 수 없는 것이라고 동일하게 믿었다. 운명이란 정해진 길을 가는 것이다. 그러므로 각 사람은 일어난 일을 받아들여야 하며 그것을 신비한 운명의 활동으로 보아야 한다. 인생에서 행복의 비결은 미래에 대한 걱정을 멈추는 데 있다. 마닐리우스는 이렇게 충고한다.

죽음을 피할 수 없는 인간들이여, 마음을 자유롭게 하십시오. 근심 걱정을 날려 버리고 모든 헛되고 공연한 안달복달에서 벗어나십시오. 운명이 세상을 지배하고 있습니다. 만사는 일정한 법칙들에 매여 있으며, 영원한 것들은 예정된 사건들로 봉인되어 있습니다. … 아무도 행운의 여신의 뜻과 어긋난 기도로는, 비록 행운의 여신이 가까이 다가올지라도, 그 여신을 잡을 수 없고, 그

여신에게서 벗어날 수도 없습니다. 모든 사람은 자기에게 정해진 몫을 받는 것입니다.³

어떤 점성술사는 자신이 사람들을 대하는 데 이중적인 역할, 즉 점성술사-심리 치료사와 같은 역할을 한다고 생각했다. 스토아학파의 점성술사 베티우스 발렌스는 대부분의 사람들이 정해진 자기 운명을 받아들이려 하지 않거나 그 운명을 받아들일 능력이 없다는 것을 알고는, 자신의 고객들에게 미래의 진리를 말해 주고 그들이 그것을 받아들이도록 도와야 할 책임이 자신에게 있다고 생각했다.⁴

### 운명을 바꾸려는 노력

비록 바울 시대에 살던 사람들이 과학과 종교를 구별하지 않았을지라도, 민간 신앙에서 점성술은 과학보다 종교에 더 가까웠다. 사람들이 천체를 신이거나 육체를 갖지 않은 영이라고 믿었다는 점에서 점성술은 종교에 더 가까웠다. 사람들에게 알려진 행성에는 신들의 이름이 붙여졌다. 실제로 우리는 지금도 행성을 로마식 이름으로 부른다. 예컨대 금성은 비너스(헬라식 이름: 아프로디테), 화성은 마르스(아레스), 수성은 머큐리(헤르메스)라고 부른다. 또한 사람들은 지상에서 죽은 영웅들의 영이 에테르(ether, 영기[靈氣]) 형태로 계속해서 존재한다고 믿었다. 이 영들은 하늘에 거주하며 함께 모여서 오늘날 우리가 은하수로 알고 있는 것을 형성한다. 행성들과 별들은 신들로 간주되었으므로 기도와 호소의 대상이 될 수 있었고 달래질 수 있고 심지어 조종될 수도 있었다. 자기 운명을 감수하고 받아들이는 스토아학파 철학자들과는 대조적으로 일반 사람들은 운명이 변경될 수 있다고 믿었다. 프란츠 퀴몽은 이러한 대중적인 신조에 대해 다음과 같이 명쾌하게 진술한다.

[일반 대중은] 점성술을 논리적인 관점에서 보기보다는 종교적인 관점에서 더 많이 보았다. 행성들과 성운들은 영구히 확정된 과정의 분기점에 따라서 그들의 호의적이거나 불길한 움직임이 더 약해지거나 더 강해지는 우주의 세력들이 아니었다. 그들은 보고 듣고 기뻐하고 슬퍼할 수 있는 신들이었다. 목소리와 성별이 있고, 자식을 낳을 수도 있고 낳지 못할 수도 있고, 온순하거나 잔혹하고, 비굴하거나 거만하기도 한 신들이었다. 따라서 그들의 진노는 누그러뜨릴 수 있고, 제의나 제물을 통해서 그들의 호의를 얻을 수도 있었다. 심지어 적대적인 별들의 진노를 누그러뜨릴 수도 있고 제사와 탄원을 통해서 설득할 수도 있었다.[5]

따라서 점성술은 신들에 대한 일반적인 헌신의 다른 형태들, 즉 신비적 제의들과 마술과 밀접하게 연결되었다. 12궁도 형상들이 많은 이교적 숭배의 조상들(statues)과 기념물에 나타나는 것은 신비 종교들과의 이러한 연관성을 확증한다. 예컨대, 기원후 2세기에 제작된 에베소 아르테미스 여신의 아름다운 대리석 신상은 12궁도 표상들로 목걸이를 하고 있는 여신의 형상을 보여 준다. 이런 예술적 표현은 아르테미스가 그런 별들의 활동을 제어하는 능력과 권세를 가진 존재임을 보여 주는 방식일 것이다. 아르테미스 여신은 자기를 숭배하는 자들의 유익을 위해서 그런 세력들에게 자신의 지배력을 호의적으로 사용할 수 있다고 믿어졌다.

마술은 천상의 영들을 조종하고 그들의 도움을 요청함으로써 아주 성공적으로 이용될 수 있었다. 따라서 마술은 단지 운명을 바꾸는 체계일 뿐 아니라, 마술사가 다양한 요청들을 성취하기 위해서 천상의 영들의 능력을 끌어내는 수단이기도 했다. 일부 파피루스에는 이런 마술의 많은 사례들이 기록되어 있다.[6] 한 파피루스 본문은 모든 마술의 효력이 12궁도의 다양한 궁들 안에서 달이 차지한 위치에 달려 있음을 보여 준다.

달의 궤도: 달이 처녀자리에 있을 때에는 무엇이든지 획득할 수 있다. 달이 저울자리에 있을 때에는 강신술이 효력이 있다. 달이 전갈자리에 있을 때에는 누구에게든 해를 입힐 수 있다. 달이 궁수자리에 있을 때에는 해와 달에 호소하는 것이나 비는 것이 효력이 있다. 달이 염소자리에 있을 때에는 무슨 소원이든지 빌면 그대로 이루어진다. 달이 물병자리에 있을 때에는 사랑의 주문이 이루어진다. 달이 물고기자리에 있을 때에는 예지를 얻을 수 있다. 달이 양자리에 있을 때에는 불 점(占)이나 사랑의 주문이 효력이 있다. 달이 황소자리에 있을 때에는 등불에 비는 것이 효력이 있다. 달이 쌍둥이자리에 있을 때에는 호의를 얻는 주문이 효력이 있다. 달이 게자리에 있을 때에는 부적이 효력이 있다. 달이 사자자리에 있을 때에는 주문을 되풀이해서 말하거나 주문을 거는 것이 효력이 있다.[7]

때때로 마술적 비법은 별, 예컨대 "아프로디테(비너스)의 별"에 직접 제물을 바치는 일에 관한 규정을 제시한다.[8] 하늘의 징조는 탄원의 대상인 신이 그 탄원을 들어주었음을 알려 줄 수 있다. 예를 들어, 여신 퀴테레(Kythere, 아마도 비너스/아프로디테)가 수행한 사랑의 주문은 탄원자에게 여신의 별을 주목하라고 가르친다. "만일 그 별이 지속적으로 빛나는 것을 본다면 그것은 그 여자(대상자)가 주문에 걸렸음을 보여 주는 증표이다. 만일 그 별이 등불의 불꽃처럼 길어진다면 그것은 그 여자가 그대에게 이미 넘어왔음을 의미한다."[9]

별들이나 성운들이 한데 모인 것은 종종 그것들과 유사하다고 생각되는 형상과 동일시된다. 이런 연관성은 게, 사자, 저울, 궁수 등과 같은 12개 형상을 갖고 있는 12궁도의 기원을 설명해 준다. 민간 신앙에서 그것들은 신들과 동일시되며 마술적인 목적을 위해서 호소할 수 있는 대상이었다. 12궁도의 일부는 아니지만 그럼에도 불구하고 민간 신앙에서 잘 알려진 별자리는 곰자리다. 마술 파피루스에서 곰자리는 자주 호소의 대상이 되었다. 다음의 마술 비법은 사람들의 간청을 이루어 주기 위해서 곰자리에 비는 주문의 사례를 보여 준다.

> 곰이여, 곰이여, 당신은 하늘과 별들과 온 세상을 다스리십니다. 당신은 강한 힘으로 지축을 돌게 하고 온 우주 체계를 다스리십니다. 나는 이것[간청의 내용을 기록하는 공간]을 해 주시길 당신에게 간청하고 탄원합니다. 당신의 신성이 기뻐하는 당신의 거룩한 이름들, 당신이 무시할 수 없는 이름들로 호소하니 부디 나의 청을 들어주십시오.[10]

신약 성경 시대에 어떤 사람들은 체념하고 운명이 펼쳐지는 대로 따랐지만, 어떤 사람들은 마술을 사용하거나 우주적 신들을 숭배함으로써 자기 운명을 바꾸려고 했다. 그러나 운명을 감수하는 사람들이든 운명을 바꾸려는 사람들이든 그들은 모두 점성술의 교의를 완전히 믿었다.

운명과 별들의 영향력을 걱정하는 것은 아마도 바울의 개종자들에게 지속적인 문제였을 것이다. 그러나 에베소서 1장에서 하나님의 선택과 예정에 관한 바울의 감동적이고 유려한 증언은 소아시아 서부 해안 지역에 사는 새로운 그리스도인들에게 상당한 위로를 주었을 것이다.

### 이 세상의 초보적인 영들

통치자들과 권세들을 나타내는 바울의 어휘에서 흥미를 자아내는 한 가지 측면은 이방인들과 유대인들이 별의 영들을 가리키는 데 동일한 표현을 사용했다는 점이다. "권세들"(*dynameis*)이라는 단어 자체는 점성술의 맥락에서 별의 영들을 가리킬 수 있다. 에베소서 6:12에 등장하는 "세상 주관자들"(*kosmokratores*)이라는 표현도 별의 신들을 가리키는 데 사용된다.[11]

바울은 별들과 관련이 있는 악한 영들을 나타내려고 또 다른 표현, 즉 "스토이케이아"(*stoicheia*)라는 단어를 사용한다. 이 용어는 바울의 두 서신에서 네 번 등장하는데, 두 서신은 모두 소아시아에 있는 교회들에게 보낸 것이다(골 2:8, 20; 갈 4:3, 9). 바울이 이 용어를 영적 존재들을 가리키려고 사용했는지에 관해서 학자들은 사실 합의점에 도달하지 못하고 있다. 이 논쟁의 상황은 여러 성경 번역본을 살펴볼 때 분명하게 드러난다.

'인격적인 존재들'로 번역한 성경
RSV/NEB: "the elemental spirits of the universe"(세계의 초보적인 영들)
TEV: "the ruling spirits of the universe"(세계의 지배적인 영들)

'비인격적인 실체들'로 번역한 성경
NIV: "basic principles of this world"(이 세상의 기본 원리들)
NASB: "elementary principles of the world"(세상의 초보적인 원리들)

바울의 두 서신에서 "스토이케이아"의 의미를 해석하기는 어렵다. 그 이유는 이 용어의 의미 영역이 넓기 때문이고, 또 이 용어의 여러 의미들이 각 문맥에 적절하게 들어맞을 수 있다고 학자들이 느껴 왔기 때문이다. 스토이케이아를 영적 존재들로 간주하지 않는 학자들은 이 용어의 가장 기본적인 의미가 (언어의 근본을 구성하는) 알파벳 문자들이거나, 또는 우주의 기본 "성분들"로 받아들여진 흙, 공기, 불, 물과 같은 "기본적 요소들"이라고 지적한다. 그들은 이 표현이 모든 종교의 공통적인 기본 원리들, 또는 바울의 "율법"과 "육신"의 개념들, 또는 심지어 실제적인 자연의 요소들로 해석될 수도 있다고 주장한다.

하지만 "스토이케이아"를 인격적인 영적 존재들로 해석하는 것이 가장 강력한 견해이다. 결과적으로 이 해석은 이 본문 해석의 역사에서 다수 주석가들의 동의를 얻었다.[12] 이 견해는 부분적으로 기원후 2세기와 3세기(그리고 아마도 그 이전)에 "스토이케이아"가 별의 영들을 가리키는 데 널리 사용된 사실에 근거한 것이다. 예컨대, 헬라의 마술 파피루스들에서 이 단어는 12궁도와 관련해서 사용되었다. "나는 하늘의 십이 스토이케이아와 이 세상의 이십사 스토이케이아에 의해서 당신에게 호소합니다. 부디 나를 헤라클레스에게 인도해 주십시오."[13]

이방인들이 이 단어를 영들을 가리키는 데 사용했을 뿐 아니라 유대인들도 이 단어를 같은 의미로 사용했음을 깨닫는 것이 중요하다. 로마 제국 시대에 기록된 유대인들의 문헌 「솔로몬의 유언서」(Testament of Solomon)에는 영적 존재들을 가리키는 스토이케이아가 다섯 차례 등장한다. 다음 본문에서 스토이케이아는 세상의 지배자를 가리키는 "코스모크라토레스"(Kosmokratores)와 관련되어 있다(참조. 엡 6:12).

> 나는 다른 귀신에게 내 앞에 나타날 것을 명령했다. 그러자 함께 손과 발을 묶은 멋지고 우아한 일곱 영들이 나타났다. 나 솔로몬은 그들을 보고 깜짝 놀랐다. "그대들의 정체는 무엇인가?"라고 묻자, "우리는 천체들[스토이케이아]이자 이 어둠의 세상의 지배자들[코스모크라토레스]이다."라고 대답했다. 첫째 영이 말했다. "나는 기만이다." 둘째가 말했다. "나는 투쟁이다." 셋째가 말했다. "나는 운명이다." 넷째가 말했다. "나는 낙심이다." 다섯째가 말했다. "나는 오류이다." 여섯째가 말했다. "나는 능력이다." 일곱째가 말했다. "나는 최악이다. 하늘에 있는 우리 별들은 작게 보이지만 우리는 신들과 같은 이름으로 불린다. 우리는 함께 우리의 자리를 바꾸고, 때로는 리디아에서, 때로는 올림푸스에서, 때로는 거대한 산 위에서 함께 산다."(솔로몬의 유언서 8:1-4).[14]

또한 이 용어들은 유대인들과 이방인들이 함께 사용하는, 영적 존재들을 나타내는 어휘군의 넓은 범위를 반영한다. 바울은 이 용어들을 자신의 독자들에게 매우 친숙한 용어의 저수지에서 끌어냈다. 하지만 그는 많은 별들에 대해서 자신이 믿는 것을 논의하는 데는 관심을 갖지 않았다. 그보다는, 여러 영들을 총괄해서 말했고 그리스도의 우월성을 확증했으며, 악한 영들이 과거에 자신의 독자들을 종으로 삼은 능력을 상기시킴으로써 영들의 악한 의도와 공격에 대비하도록 그들을 격려했다.

## 4. 유대교

사도 바울은 베냐민 지파에 속한 유대인이었다. 그는 유대인으로서 할례를 받았고 랍비에게 훈련을 받았으며 열성적인 바리새인, 곧 "히브리인 중의 히브리인"이 되었다. 부활하신 그리스도를 만난 뒤에는 유대 그리스도인들에게 양육을 받았다. 그는 이방인의 사도로 헌신했지만 "먼저는 유대인에게요 그리고 헬라인에게"라는 원리에 따라서 아시아와 그리스 전역에서 여전히 유대인들에게 그리스도를 전했다. 그는 많은 교회를 세웠고 그 교회들은 모두 지배적이지는 않더라도 강한 유대적인 요소들을 갖고 있었다.

그러므로 우리가 어둠의 세력들에 대해서 바울이 믿은 바를 이해하려면, 그리고 그 세력들에 대한 자신의 신학을 어떻게 초기 기독교 회중에게 적용했는지를 알려면, 1세기 유대교가 악한 영들에 관해서 믿은 바를 인식하는 법을 배워야 한다. 악한 영들에 관한 신조가 바울 시대 유대인들의 세계관에 어느 정도나 영향을 끼쳤는가? 이 질문에 대한 답은 우리가 바울의 종교 교육과 유대인들의 신조와의 연속성 및 대조의 관점에서 그의 견해를 더 뚜렷하게 그리는 데 도움을 줄 것이다. 바울은 구약 성경을 자신의 신학을 위한 권위 있는 정보의 원천으로 받아들였으므로 우리는 구약 성경에서 시작하는 것이 가장 좋을 것이다.

종종 사람들은 구약 성경에는 실질적으로 귀신론이 없으며, 단지 신약 성경에서만 이 주제에 관한 실질적인 가르침을 발견할 수 있다고 생각한다. 하지만 귀신이라는 주제가 신약 성경에 더 많이 등장하긴 하지만 구약 성경에도 귀신론이 등장한다. 구약 성경 기자들은 악의 우두머리와 많은 악한 영들의 존재를 전제한다. 그들은 이런 주제를 숙고하는 데 시간을 들이지 않는다. 사탄과 귀신들, 또는 악한 영들은 구약 성경 본문에서 때때로 하나님 백성의 악한 대적들로 불쑥불쑥 출현한다. 그러나 성경 기자들은 그들의 정체나 그들의 활동을 거의 묘사하지 않는다. 구약 성경 기자들은 이 존재들이 무엇인지 설명할 필요를 느끼지 않는 것처럼 보인다. 그들과 독자들은 이 영적 존재들의 독특한 특징들에 대해서 공통된 인식을 갖고 있는 것으로 보인다.

### 귀신들과 거짓 신들

이스라엘 주변 나라들은 많은 신들과 여신들을 숭배했다. 모든 시대에, 팔레스타인을 포함한 모든 지역에서, 유대인들은 다신적인 환경에서 살았다. 그들이 접했던 많은 신들 중에는 아시리아의 신들인 아누와 이스타르, 가나안 신들인 엘, 바알, 다곤 아낫, 아스다롯, 이집트의 신들인 레, 아탄, 아몬, 토트, 이시스, 오시리스가 있었다. 후대에는 페르시아, 그리스, 로마의 신들이 그들에게 소개되었다.

성경 기자들은 이러한 신들이 실제적이고 독립적으로 존재한다고 간주하지 않았다. 그 대신에 그들을 우상(idol)이라고 불렀는데, 이것은 숭배 대상(초점)으로서의 이 신들과 여신들의 형상을 가리키는 한 방식이다. 'idol'(우상)이라는 용어는 모방이나 형상을 의미하며 모든 이방 신들의 비실재성을 강조한다. 또한 이 표현은 모든 비유대적 종교들을 폄하하는 것이었다. 유대인들은 자신들이 예배하는 하나님만이 유일하고 참되고 실제적인 존재이며 그 나머지 모든 것은 가짜라고 주장했다.

그러나 이런 우상들은 언약 백성이 무관심해도 괜찮은, 아무런 해가 없는 석조 형상들이 아니었다. 이방의 제의들과 우상 숭배에는 실제적인 영적 차원이 있었다. 성경 기자들은 이방의 제의들을 귀신들의 역사로 묘사함으로써 거짓 신들에 대한 여호와의 태도를 분명하게 보여 주었다. 신명기 32:16-17에는 광야에서 이스라엘이 우상을 숭배하기 위해 여호와 하나님을 버린 일이 분명하게 다음과 같이 묘사되어 있다.

> 그들이 다른 신으로 그의 질투를 일으키며 가증한 것으로 그의 진노를 격발하였도다 그들은 하나님께 제사하지 아니하고 **귀신들에게** 하였으니 곧 그들이 알지 못하던 신들, 근래에 들어온 새로운 신들 너희의 조상들이 두려워하지 아니하던 것들이로다 (저자의 강조)

시편에도 같은 사상이 등장한다. 한 시편은 이스라엘이 가나안 땅에 들어간 것을 묘사하면서 하나님 백성이 가나안 풍습을 받아들이고 가나안 우상들을 숭배한 사실을 개탄한다. 또한 이스라엘 백성은 "그들의 자녀를 악귀들에게 희생 제물로 바쳤"다. 시편 기자는 이것을 그들이 "가나안의 우상들에게 제사하므로"라는 진술과 병행하여 기록한다(시 106:37-38). "만국의 모든 신들은 우상들이지만"이라는 시편 96:5의 히브리어 본문은 칠십인역에서 "만방의 모든 신들은 귀신들이요"라고 번역되었다. 여기서 칠십인역은 이방의 종교들을 귀신의 영역과 밀접하게 제휴되어 있는 것으로 간주하는 유대인의 신념을 반영한다. 이런 신조는 또한 사도 바울의 신념이 되었다(고전 10:19-21).

### 밤의 귀신 학(Hag), 그리고 다른 악한 영들

구약 성경은 또 다른 악한 영들의 이름들을 제시한다. 이사야서 34장에 등장하는 "릴리트"(Lilit; Night Hag[RSV], 올빼미[개역개정])는 에돔이 하나님의 심판을 받아서 황폐하게 된 뒤에 그곳에 거주하는 귀신이다(사 34:14).[1] 구약 성경에서는 릴리트가 단 한 번 언급되지만, 이 여신은 메소포타미아에서 잘 알려진 악한 영이었다. 또 이 여신은 후대의 비정경적 유대 문헌들, 예컨대 유대인들의 탈굼에서 두드러지게 나타나는데, 여기에는 이런 기도문이 실려 있다. "주께서 네 모든 일에 복을 주시고, 밤의 귀신들[릴리트]에게서, 너를 두렵게 하는 것들에서, 저녁과 아침의 귀신들에게서, 악한 영들과 유령들에게서 너를 지켜 주시길 원하노라."[2] 또한 릴리트는 아람어로 기록된 일부 주문 대접들(bowls)에서도 등장한다. 한 대접에 이런 말이 기록되어 있다. "자코이의 집에 출몰하는, 호리는 귀신 릴리트가 결박되길 원합니다."[3]

이사야 34:14에서 폐허가 된 무시무시한 곳은 들짐승들과 귀신들이 거주하는 장소로 묘사된다. 이 본문은 에돔이 자칼의 소굴과 하이에나의 처소가 될 것이라고 말한다. 그리고 계속해서 릴리트와 함께 "귀신들"(daimonia), "유령들", "염소의 영들"이 그곳에 거할 것이라고 말한다.[4]

이와 유사한 방식으로 바벨론 멸망에 관한 이사야의 예언은 바벨론이 "염소의 영들"과 여러 다른 종류의 귀신들의 처소가 될 것이라고 예고한다(사 13:21). 이사야서 34:14에서처럼 구약 성경을 그리스어로 번역한 칠십인역은 여기서도 들짐승들을 나타내는 일부 히브리어 단어들을 '다이모니아'(daimonia, "귀신들")라는 단어로 번역한다. 고대에는 들짐승들과 악한 영들 사이에 강한 연관성이 있었다. "염소 귀신"은 털북숭이 숫염소 모습을 하고 있는 것으로 생각되었다.[5]

구약 성경의 레위기에도 염소 귀신이 등장한다. 이스라엘 백성은 염소 우상에게 제물을 바치는 것이 금지되었다. 율법은 이렇게 규정한다. "그들은 전에 음란하게 섬기던 숫염소에게 다시 제사하지 말 것이니라"(레 17:7a). 여로보

암은 "여러 산당"을 세우고 "숫염소 우상과 자기가 만든 송아지 우상을 위하여 친히 제사장들을 세움"으로써 이 계명을 어겼다(대하 11:15). 이 두 본문에서 이방 제의에 귀신이 연루되어 있음을 다시 한 번 확인할 수 있다.

**영매, 마녀, 무당, 신접자**

마술 행위들은 이스라엘의 주변 국가들 사이에 널리 퍼져 있었고, 하나님 백성에게 큰 시험거리가 되었다.[6] 따라서 구약 성경 전체를 보면, 이스라엘은 모든 형태의 마술적 행위들을 멀리해야 한다는 수많은 명령과 훈계들이 나타난다. 토라는 구체적으로 "너희는 … 점을 치지 말며 술법을 행하지 말며"라고 명한다(레 19:26). 토라에는 가장 포괄적인 마술 행위 금지 목록이 다음과 같이 등장한다.

> 그의 아들이나 딸을 불 가운데로 지나게 하는 자나 점쟁이나 길흉을 말하는 자나 요술하는 자나 무당이나 진언자나 신접자나 박수나 초혼자를 너희 가운데에 용납하지 말라 이런 일을 행하는 모든 자를 여호와께서 가증히 여기시나니 이런 가증한 일로 말미암아 네 하나님 여호와께서 그들을 네 앞에서 쫓아내시느니라 (신 18:10-12)

구약 성경 전체에서 이런 종류의 마술 행위들은 종종 금지 명령 목록이나 중요한 인물의 죄들을 언급하는 역사적 기사에서 언급된다.

유다 왕인 므낫세는 역대기 기자가 보기에 마술 행위들을 금하는 토라의 규정을 범했다. 그는 가나안의 신들을 숭배했고 점성술, 또는 별들을 숭배하는 종교를 받아들였다("하늘의 일월성신을 위하여 제단들을 쌓고"). 또 그는 "힌놈의 아들 골짜기에서 그의 아들들을 불 가운데로 지나가게 하며 또 점치며 사술과 요술을 행하며 신접한 자와 박수를 신임"했다(대하 33:1-6). 역대기 기자는 이렇게 결론을 내린다. "[므낫세가] 여호와 보시기에 악을 많이 행하여 여호와를 진노하게 하였으며."

이와 유사하게 북 왕국의 마지막 왕 호세아는 이스라엘이 하나님께로부터 돌이켜 이방의 신들을 숭배하고 점성술을 포함한 마술 행위들을 하게 만들었다. 성경 본문은 그들이 신성한 돌들(목상[개역개정])과 아세라 상을 세우고 우상들을 숭배하고 또 사면 이방 사람들을 본받고 하늘의 별들을 숭배하며 바알을 섬기고, 또 자기 자녀들을 불에 태워 제물로 바치며 복술과 사술을 행했다고 말한다. 성경 기자는 그들의 행동을 "스스로 팔려 여호와 보시기에 악을 행하여 그를 격노하게 하였으므로"라고 해석한다. 그 결과 여호와께서 심히 노하사 이스라엘을 그의 앞에서 제거하셨다(왕하 17:17-18).

구약 성경은 이런 마술 행위들 가운데 그 어떤 것도 상세하게 묘사하지 않는다. 그 대신 그것들의 명칭만 목록에서 언급하며 단죄할 뿐이다. 여러 구약 성경 기자들은 자신들이 명칭만 언급하고 있는 것들을 독자들이 정확하게 이해할 것이라고 생각했다.

구약 성경의 역사에서 이방 제의의 일부로서 자녀들을 불태우는 일이 여러 차례 나타난다(렘 7:31; 19:5; 32:35; 미 6:7). 하지만 구약 성경을 제외하고는 자녀들을 희생 제물로 바치는 행위에 관한 기록이 거의 없다.

므낫세와 호세아에 관한 두 기사에서 살펴본 것처럼 그들의 시대에 점성술은 널리 행해졌다. 성경 기자들은 점성술을 "일월성신을 숭배하는 것"으로 묘사한다. 하지만 그들이 별들을 단지 물질적 대상으로만 보았다고 생각하는 것은 적절하지 않은 처사다. 고대 근동의 전체 역사에서 별들은 신성시되었고 다양한 신들과 여신들을 대표하는 것으로 생각되었다. 실제로 아모스서에는 이스라엘이 숭배한 아시리아의 별 신의 이름 두 개가 등장하는데, "너희 왕 식굿과 기윤"이 바로 그것이다(암 5:26). 예레미야는 "하늘의 여왕" 즉 이스타르 숭배를 언급한다(렘 7:18; 44:17-19). 그리고 후대의 그리스-로마 점성술에서와 마찬가지로 별들은 역사의 진행을 지배하는 것으로 믿어졌다. 이스라엘 주변의 모든 나라에서는 별을 숭배하는 것이 보편적인 현상이었음에도 불구하고, 율법은 이스라엘이 별을 숭배하는 일을 금한다(신 4:19).

고대 근동에서는 많은 형태의 복술을 행했다. 대중적인 유형들 가운데 하나는 간(肝)을 살펴보는 것이었다. 아마도 고대에는 간은 피가 만들어지는 기관이자 생명의 중심이라고 생각했으므로 민간 신앙에서도 미래사를 알아내는 데 도움을 주는 기관으로서 특별히 중요하게 취급했을 것이다. 그 밖에 잘 알려진 복술의 유형은 강신술, 즉 죽은 자를 불러올리는 것인데, 사울 왕이 엔돌의 무당을 찾아갔을 때 이런 일을 행했다(삼상 28:3-25). 성경 기자들은 복술이 온갖 유형의 마술들과 밀접하게 관련되어 있었기 때문에 그것을 정죄했다(레 19:26, 31을 보라).[7]

종교 역사를 살펴보면 모든 사회에서 마술, 요술, 마법이 일정한 역할을 한 것을 알 수 있다. 그것들의 주요한 특징은 언제 어디서나 동일하다. 우리 주제와 관련해서 특히 중요한 것은 이런 행위들이 선한 영들과 악한 영들의 존재에 대한 확고한 신념에 근거해 있다는 사실이다. 마술을 행하는 사람들은 초자연적 존재들을 조종하여 이득을 얻거나 타인에게 해를 끼칠 수 있다고 믿었다. 하나님의 언약 백성에게 이런 행위들은 여호와께서 보시기에 악하고 가증한 것으로 간주되었다.

### 악한 영들과 관련된 상황들

구약 성경에서 악한 영들의 활동을 묘사한 경우는 그리 많지 않다. 영들의 활동을 묘사하는 경우에 대체로 성경 기자는 그 영들을 주의 깊게 하나님의 주권적 통제 아래 종속시킨다. 사사 시대에 아비멜렉은 세겜 성을 포함한 북 왕국을 지배하려는 야심을 품었다(사사기 9장). 세겜 사람들의 지지를 얻은 뒤에 그는 왕위를 차지하려고 신속하게 (요담을 제외한) 자기 형제 칠십 명을 살해하여 모든 경쟁자를 제거한다. 아비멜렉이 자기 형제들을 포악하게 죽인 연고로 그가 이스라엘을 다스른 지 3년 만에 "하나님이 아비멜렉과 세겜 사람들 사이에 악한 영을 보내"셨다(삿 9:23).[8] 그 결과 백성들 사이에 큰 전쟁이 일어나서 많은 사람이 목숨을 잃었다.

또한 악신이 사울 왕을 괴롭게 했으므로 그의 신하들은 수금을 잘 탈 줄 아는 사람을 구하라고 청한다. 그들은 음악이 왕을 낫게 허 줄 것으로 믿었다(삼상 16:14-23). 사울의 신하가 재능을 지닌 다윗이라는 청년을 찾아냈고, 다윗은 왕의 부름을 받고 그를 섬기게 되었다. 악신이 사울 왕을 괴롭게 만들 때마다 다윗이 수금을 타서 왕을 낫게 했다. 성경 본문은 이렇게 말한다. "사울이 상쾌하여 낫고 악령이 그에게서 떠나더라"(삼상 16:23b). 다윗을 죽이도록 두 번이나 사울을 충동한 것도 동일한 악신이었다(삼상 18:10-11; 19:9-10).

또 다른 기사는 으한 영이 선지자 사백 인에게 역사하여 그들로 하여금 이스라엘 왕 아합에게 거짓 조언을 하게 만든 일을 전한다. 그때 아합은 아람 군대가 점령한 길르앗 라못을 탈환하기 위해서 전쟁을 해야 할지 말아야 할지를 선지자들에게 물었다(왕상 22:1-40). 성경 본문은 천상 회의 장면을 묘사하는데, 그 회의에서 여호와께서는 아합을 꾀어 그 도시를 급격하게 만들 수 있는 방책을 제안하라고 말씀하신다. 결국 악한 영들 가운데 하나가 자신이 나가서 "거짓말하는 영이 되어 그의 모든 선지자들의 입에 있겠나이다"라고 제안한다(왕상 22:21-22). 여호와의 선지자 미가야가 자신에게 계시된 대로 천상 회의의 계획을 왕에게 자세히 고했음에도 불구하고, 여호와의 허락을 받고 그 영은 왕을 미혹시키는 일에 성공한다. 선지자 미가야의 조언을 듣지 않고 아합은 길르앗 라못을 공격했고, 결국 전쟁이 계속되는 중에 전사한다. 일부 주석가들은 당시 사건을 이렇게 "영적으로 해석하게" 만든 요인이 무엇인지를 결정하는 데 큰 어려움을 겪는다. 하지만 이 사건은 사탄이 욥을 시험하게 해 달라고 여호와께 요청한 기사와 함께 고려되어야 한다(욥 1:6-12). 이 세 가지 기사들은 모두 하나님께서 궁극적으로 악한 영들의 세계를 지배하신다는 것을 강조할 뿐 아니라, 하나님께서 자신의 목적을 성취하기 위해서 이런 영적 존재들이 악한 행위를 하도록 허용하신다는 점을 알려 준다.

### 옛 뱀

요한계시록은 장차 마귀이자 사탄인 "옛 뱀"이 결박되어 무저갱에 던져지리라는 예언을 통해서 독자들에게 소망을 준다(계 20:2). 이것은 창세기의 창조 기사와 에덴동산에서 뱀이 아담과 하와를 미혹시킨 일을 상기시킨다(창 3:1-15). 바울도 고린도후서에서 이 사건을 언급하면서 뱀의 간교함과 사탄이 고린도 교인들을 속인 일을 비교한다(고후 11:3, 14-15). 비록 일부 학자들이 창세기 3장의 뱀을 사탄과 동일시하기를 주저할지라도 이것은 초기 기독교의(그리고 유대교의) 일치된 해석이다.

에덴동산의 사건은 유혹하는 자인 사탄의 전형적인 특성을 잘 보여 주는데, 이것은 신약 성경 전체에서, 특히 어둠의 세력을 언급하는 바울 서신에서 볼 수 있는 주제이다. 창세기 기사에서 마귀는 영이나 천사로 제시되지는 않지만, 뱀으로 하여금 말을 하게 만드는 것에서 그의 초자연적인 성격이 독자들에게 드러난다. 하나님의 율법에서 뱀은 "부정한 짐승의 원형"을 대표한다(레위기 11장과 신명기 14장을 보라).[9]

이 사건은 구원사의 시작을 보여 주며 타락으로 인해서 인류의 구속이 필요하다는 사실을 확증한다. 또한 마귀가 죄를 짓게 하고 하나님께 반역하게 만든다는 점을 지적하며, 따라서 하나님의 목적을 완성하려면 이 악한 존재를 제압해야 한다는 사실을 알려 준다(창 3:15).

구약 성경은 사탄이 어디서 기원했는지, 사탄이 언제 어떻게 하나님을 반역했는지를 분명하게 말하지 않는다. 하지만 두로 왕(겔 28장)과 바벨론 왕(사 14장)에 관한 예언에서 사탄의 본래 상태와 타락을 짐작해 볼 수 있다.[10] 이런 관련성은 초기 유대인 해석자들이 이 구절들을 어떻게 해석했는지를 알려 준다. 하지만 이 본문들은 다니엘서 10:13에 등장하는 영적 존재인 "페르시아의 군주"("바사 왕국의 군주"[개역개정])의 경우처럼 두로와 바벨론과 관련된 천상의 영적 존재들을 가리킬 수도 있다.

창세기를 제외하면 사탄은 구약 성경에서는 세 곳에서만 언급된다(욥 1-2장; 슥 3:1-2; 대상 21:1). 이 본문들에서 사탄은 하나님과 인류 모두의 초자연적 대적자로 등장한다. 욥기에서 사탄은 고발하는 자와 고통을 주는 자로 등장한다. 사탄은 하나님께서 풍성한 복을 내리셨기 때문에 욥이 하나님을 경외하는 것이라고 주장하면서 욥의 의로움과 하나님께 대한 헌신의 진정성에 이의를 제기한다(욥 1:6-11). 하나님은 사탄이 욥을 시험하도록 주권적으로 허락하신다. 그러자 사탄은 욥에게서 재산을 빼앗고 고통스러운 병에 걸리게 만들며, 또 그의 자녀들을 모두 죽이고 그의 아내마저 등 돌리게 만든다. 하지만 욥은 이러한 혹독한 시련들을 묵묵히 감내하면서 죄를 범하지 않고 하나님을 떠나지도 않는다. 이 본문은 주 여호와께서 사탄에게 얼마나 강력한 권한을 주셔서 이 세상에서, 그리고 심지어 당신의 백성에게 그 권한을 행사하도록 허용하셨는지를 보여 준다. 사탄은 고소자로 행동할 뿐 아니라, 하나님은 그에게 질병, 강탈, 죽음을 초래하는 자연 재해까지 통제할 수 있는 권한을 주신다.[11]

역대기 기자는 사탄이 유혹자로 활동하는 것을 이렇게 묘사한다. "사탄이 일어나 이스라엘을 대적하고 다윗을 충동하여 이스라엘을 계수하게 하니라"(대상 21:1). 이 구절에서 사탄은 또한 이스라엘의 대적자로 등장하는데, 이 역할은 '마귀'를 가리키는 헬라어 단어 '디아볼로스'(*diabolos*)의 의미에 상응하는 것이다. 구약 성경을 헬라어로 번역한 사람들은 이 단어를 채택하여 '사탄'

이라는 히브리어 단어를 번역했다.

마지막으로, 스가랴가 본 환상에서 사탄은 대제사장 여호수아가 과거에 죄를 범한 것을 고발한다. 그가 이렇게 하는 목적은 여호수아에게서 직분을 빼앗기 위한 것이다(슥 3:1-2). 사탄의 고소하는 역할은 히브리어 단어 '사탄'(satan)의 확장된 사용례와 더 일치한다. 구약 성경의 다른 곳에서 이 용어는 '고소자' 또는 '대적자'라는 단순한 의미로 사용된다. 예컨대, 다윗이 블레셋 땅으로 망명했을 때 블레셋 사람들은 전장에서 다윗이 자신들의 대적[satan]이 될까 염려하여 그가 전투에 참가하는 것을 반대했다고 사무엘서 기자는 기록한다(삼상 29:4).

그러므로 사탄은 고소자이며 하나님 백성을 대적하는 강력한 원수다. 그는 하나님의 백성들이 하나님의 명백한 뜻을 거역하게 만들고, 또 그들에게 파멸과 고통과 불행을 가져다줌으로써 자신의 적대적인 기능을 수행한다. 사탄의 강력한 적대적인 활동에도 불구하고 하나님의 백성은 계속해서 주께 온전히 헌신해야 한다.

## 나라들을 다스리는 천사 같은 존재들

그러나 동시에 구약 성경은 모든 나라들과 밀접하게 관련된 초자연적 존재들이 있음을 언급함으로써 영들과 천사들의 보이지 않는 영역에 대한 또 다른 통찰을 제공한다. 이러한 사상은 신명기 32:8-9에 처음으로 나타난다. "지극히 높으신 자가 민족들에게 기업을 주실 때에, 인종을 나누실 때에 이스라엘 자손의 수효대로 백성들의 경계를 정하셨도다 여호와의 분깃은 자기 백성이라 야곱은 그가 택하신 기업이로다." 구약 성경의 헬라어 역에서는 이 본문의 "이스라엘 자손"(the sons of God[RSV])이라는 표현을 "천사들"이라고 번역하며, 따라서 이 본문의 중심 구절을 "그가 자기 천사들의 수효대로 백성들의 경계를 정하셨도다"라고 번역한다.[12] 이 구절에 대한 가장 타당한 해석은, "지상

의 모든 나라들이 천사 같은 존재들의 능력의 통제 아래 있다."라는 사실을 가르친다고 보는 것이다.[13]

구약 성경 전체에는 이런 사상을 언급하는 부분이 많지 않지만, 그중에서 다니엘서가 이에 대한 유다인들의 신조를 가장 분명하게 보여 준다. 이 책은 하나님께서 선지자 다니엘에게 주신 환상을 자세하게 알려 주는데, 그 환상을 통해서 다니엘은 페르시아, 그리스, 심지어 이스라엘까지 통제하는 천사들의 활동에 관해서 깨닫게 된다. 실제로 한 천사가 다니엘에게 그 환상을 전해 준다. 다니엘에게 나타난 그 천사는 세마포 옷을 입고 눈부신 형상을 지닌 사람으로 묘사된다. 그 환상의 첫째 부분은 천사들의 전쟁과 투쟁에 관한 것이다. 하지만 이러한 천상의 투쟁은 나라들과 백성들의 운명과 밀접한 관련이 있다. 페르시아 왕 고레스 제3년에 받은 이 환상은 이스라엘의 지위를 페르시아와 헬라 제국들과의 관계에서 묘사한다. 그 천사는 다음과 같이 말한다.

> 그런데 바사 왕국의 **군주**(國君, prince)가 이십일 일 동안 나를 막았으므로 내가 거기 바사 왕국의 왕들과 함께 머물러 있더니 **가장 높은 군주**(chief princes) 중 하나인 미가엘이 와서 나를 도와주므로 이제 내가 마지막 날에 네 백성이 당할 일을 네게 깨닫게 하려 왔노라 이는 이 환상이 오랜 후의 일임이라 하더라 / 그가 이르되 내가 어찌하여 네게 왔는지 네가 아느냐 이제 내가 돌아가서 바사 **군주**(prince)와 싸우려니와 내가 나간 후에는 헬라의 **군주**(prince)가 이를 것이라 오직 내가 먼저 진리의 글에 기록된 것으로 네게 보이리라 나를 도와서 그들을 대항할 자는 너희의 **군주**(prince) 미가엘뿐이니라 (단 10:13-14, 20-21, 저자의 강조)

위의 본문에서 "군주"(prince)라는 표현은 천사 같은 존재들을 가리킨다. 권력을 나타내는 이 명칭은 다양한 천사 같은 군주들이 천사 같은 무리를 지휘

하여 전쟁을 수행하게 한다는 사실을 알려 준다. 여기서 "군주"라는 단어는 다니엘서의 그리스어 역들 가운데 하나에 등장하는 "아르콘"(*archōn*)을 번역한 것이다.[14] "아르콘"은 사복음서 기자들과 바울이 사탄이나 악한 영들을 나타내는 데 사용한 단어이다.

    천사들의 전쟁의 결과는 그것에 상응하는 나라들의 운명과 직접 일치하는 것으로 보인다. 이 환상의 목적은 다니엘로 하여금 삶을 숙명적인 것으로 받아들이고 체념하게 만드는 것이 아니었다. 실제로 다니엘 자신은 보이지 않는 천사 같은 존재들에게 영향력을 행사할 수 있었다. 다니엘에게 나타난 천사는 그의 경건함과 기도에 대한 응답으로 그를 찾아온 것이다. 그 천사는 다니엘에게 이렇게 말한다. "네가 깨달으려 하여 네 하나님 앞에 스스로 겸비하게 하기로 결심하던 첫날부터 네 말이 응답받았으므로 내가 네 말로 말미암아 왔느니라"(단 10:12). 이 환상은 다니엘에게 미래 사건들에 관한 정보와 소망을 주는 기능을 할 뿐 아니라 계속해서 경건함을 유지하고 기도를 하도록 자극하는 역할을 한다. 하나님은 자기 백성의 기도를 들으시고 천사들에게 지시하신다.

    미가엘은 이 본문에서 이름이 밝혀진 유일한 천사이며, 이스라엘의 군주(10:21), 즉 이스라엘을 보호하는 자로 등장한다(12:1). 다니엘서는 천사들이 나라들을 어떻게 지배하는지를 정확하게 묘사하지 않지만, 후대 유대 전승에서는 더 분명하게 나타난다. 이스라엘 이외에 다른 나라들을 지배하는 천사들은 속이는 천사들이다. 한 유대 문헌의 본문은 이렇게 가르친다. "세상에 존재하는 많은 나라들과 백성들은 모두 그분[하나님]에게 속해 있다. 그러나 하나님은 영들이 그들 모두를 다스리게 하셨다. 그것은 그 영들이 나라들과 백성들을 미혹시켜 하나님을 떠나게 만들기 위함이다."(희년서 15:31).

### 영적 세계에 대한 유대인들의 관심

예수께서 오시기 직전 두 세기 동안 천사들, 영들, 구신들의 세계에 대한 관심이 급격하게 높아졌음을 유대 문헌에서 확인할 수 있다. 영들의 세계에 몰두하는 현상은 실지로 구약 외경들(특히 토비트서), 쿰란 문헌, 위경에 속한 유언 문헌, 그리고 특별히 묵시 문헌 등 모든 형태의 유대 문헌에서 찾아볼 수 있다.

이 시기의 유대인들은 구약 성경에서 계시된 것을 훨씬 넘어서서 많은 천사들 및 그들의 이름들과 계급 체계에 관해서 상세히 설명한다. 구약 성경에서는 악한 천사들의 반역에 대해서 침묵하지만 제2성전 시기의 유대 문헌들은 이에 관한 상세한 기사를 제공한다. 개인들의 일상생활은 물론 나라들의 운명에 천사들이 행사하는 영향력의 성격에 관한 많은 논의를 담고 있기도 하다.

영적 세계에 대한 이러한 새로운 호기심의 많은 부분은 하나님이 인간의 일상생활에 직접 연루되는 것을 막으려는 경향이 점점 커진 탓일 수 있다. 하나님의 초월성을 인식한 결과 많은 유대인들은 중간자로서의 천사들의 역할을 상정하기 시작했다. 하나님은 여전히 만물을 통치하고 계시며 마침내 악을 멸하시고 역사를 완성하실 것이지만, 세상을 관리하는 일은 천사들에게 위임하셨다는 것이다. 그런데 천사들 가운데 많은 수가 타락했다. 이러한 신조를 통해서 이 시기의 유대인들은 자신들이 당하는 고난의 문제를 설명할 수 있는 관점을 갖게 되었다.[15] 로마의 침략자들이 팔레스타인을 불법적으로 지배하고 있는 것은 악마론적인 관점에서 설명할 수 있었다. 즉, 사탄의 왕국이 잠시 득세하고 있는 것이다.

사해 사본들을 필사한 쿰란 공동체도 그런 용어들로 당시의 지배적인 정치적 상황을 설명했다. 이 공동체는 오늘날 「전쟁 두루마리」(1QM)로 알려진 문헌에서 "빛의 아들들"과 "어둠의 아들들" 사이에 벌어질 임박한 전쟁을 묘사했다. 한 차원에서 "어둠의 아들들"은 로마인들(깃딤)로 규정되지만, 다른 영적 차원에서는 사탄과 그의 왕국의 악한 영적 세력들과 동일시된다(1QM 13.4-5).

전쟁이 일어나면 하나님께서 직접 개입하실 것이며 자기 손을 들어 "사탄과 그의 왕국의 모든 군대를 가격하여 영구히 멸망시킬 것이다"(1QM 18.1). 이 두 루마리는 그 전쟁이 두 차원에서 일어날 것이라고 보는데, 한 차원에서는 사람들과 사람들이 전쟁을 하고 다른 차원에서는 천사들과 천사들이 전쟁을 한다. 한편 선한 천사들은 하나님의 백성을 돕고 사탄의 군대는 로마 군인들을 돕는 상황이 벌어지기도 한다.[16]

유대 문헌의 다른 부분들은 악한 영들이 개인의 일상생활에 끼치는 영향을 폭로하는 데 더 큰 관심을 보인다. 「열두 족장의 유언서들」(Testaments of the Twelve Patriarchs)은 대중적인 신조를 반영하여 심각한 도덕적인 악의 뿌리가 마귀에게 있음을 보여 준다. 즉 사람들이 종종 악한 영들의 유혹에 넘어간다는 것이다.

이러한 유대 문헌들은 예수님이 계시던 시대와 바울이 사역하던 시대의 유대교에 대한 그림을 제시하기 때문에 신약 성경을 다룰 때 매우 중요하다. 또 사탄의 왕국에 대한 예수님과 바울의 가르침을 새롭고도 생생하게 이해하는 데 도움을 준다. 유대인의 귀신론은, 많은 교부들이 인식한 것처럼, 초기 기독교의 천사론과 귀신론 발전에 의미심장한 영향을 미쳤다는 점에서 중요하다.

### 천사들의 타락

이 시기의 유대 문헌에서 가장 두드러진 주제는 천사들과 인간들의 부적절한 성 접촉의 결과로 귀신들이 세상에 존재하게 되었다는 것이다. 이 신조는 다음 창세기 6:1-2, 4에 대한 해석에 근거한 것이다.

> 사람이 땅 위에 번성하기 시작할 때에 그들에게서 딸들이 나니 하나님의 아들들이 사람의 딸들의 아름다움을 보고 자기들이 좋아하는 모든 여자를 아내

로 삼는지라 / 당시에 땅에는 네피림이 있었고 그 후에도 하나님의 아들들이 사람의 딸들에게로 들어와 자식을 낳았으니 그들은 용사라 고대에 명성이 있는 사람들이었더라

많은 유대인 저자들은 이 본문에 등장하는 "하나님의 아들들"이라는 표현을 하나님을 반역한 ("맡보는 자들"이라고 불리는) 천사들로 해석했다. 이러한 부적절한 성관계가 초래한 비참한 결과로 귀신들과 악한 영들의 근원인 네피림이 태어난 것이다. 유대 도시 문헌 「에녹 1서」는 무려 31장을 할애하여 천사들의 타락을 설명한다(6-36장). 이 기사에 따르면, 이백 명의 천사들이 땅 위 여자들의 육체적 아름다움에 사로잡힌 나머지 세미야자(Semyaza)의 지휘 아래 하나님께서 정하신 경계를 넘어서 그 여자들과 성행위를 한다. 그들은 땅 위에서 지내는 동안 연금술, 점성술, 마법, 전쟁을 포함한 많은 악한 기술들을 사람들에게 가르쳤다. 이 초자연적인 존재들과 성 접촉을 하여 임신한 여자들은 기형적인 거인들을 낳았다. 이 거인들은 수많은 흉악한 일들을 저질렀고 결국 죽지만, 만연한 악이 그들의 죽음으로 종식되지는 않았다. 그들로부터 귀신들이 세상에 나왔기 때문이다.

그러나 지금 영들과 인간의 결합을 통해서 태어난 그 거인들은 땅 위에서 악한 영들이라고 불릴 것이다. 그들의 거처가 땅 위와 땅속에 있기 때문이다. 악한 영들은 거인들의 육체에서 나왔다. … 그 거인들의 영들은 서로 억압하고 부패하고 타락하고 흥분하여 세상으로 내려올 것이고 불행한 일들을 일으킬 것이다. 그들은 음식을 먹지 않고 갈증을 느끼지 않으며 아무런 방해도 받지 않는다. 그리고 이 영들은 사람들의 자녀들과 여자들에게서 나왔으므로 그들을 대적할 것이다. (에녹 1서 15:8-12)

사람들은 거인들에게서 나온 이 악한 영들이, 하나님께서 그들의 적대 행위를 종식시키고 그들을 심판하시는 최후의 날까지 계속해서, 인류를 타락하게 만들 것이라고 믿었다. 유대 문헌에서는 이 반역으로 인해서 귀신들이 존재하게 되었다고 수없이 말한다. 한편, 선한 천사들인 라파엘과 미가엘은 여자들과 더불어 죄를 범한 악한 천사들을 땅 아래 가두었으며 그 악한 천사들은 심판을 받을 때까지 그곳에 갇혀 있을 것이다(에녹 1서 10:1-14; 참조. 유 6; 벧전 3:19-20; 벧후 2:4:).

우리는 특히 뱀이 하와를 유혹한 창세기 기사 때문에 천사들의 반역이 일어나기 이전 시기에 호기심을 갖는다. 유대인들은 이 사건 이전에 일부 천사들의 반역이 일어났다고 믿는가? 동일한 유대 문헌에는 인류의 타락 이전에 악한 천사들이 존재했으며 그들이 악한 일들을 했다는 분명한 기록이 있다.[17] 그러나 사탄과 그를 추종하는 천사들의 무리가 언제, 어떻게 출현하게 되었는지를 논하는 부분은 사실상 없다. 이 문헌은 "사탄"이라고 하는 악의 우두머리, 즉 "사탄들"이라고도 하는 천사들의 지도자를 언급한다. 이 사탄들은 사람들을 고소하고 그들을 타락하게 만든다. 흥미롭게도 「에녹 1서」에 따르면 에덴동산에서 하와를 유혹한 것은 이들 사탄적인 사자들 가운데 하나인 가데렐이다(에녹 1서 69:6). 유대인들은 이 사탄과 그의 적대적인 세력들의 악한 성격과 기능을 설명하기 위해서 아담 이전에 모종의 타락이 일어났음을 분명히 가정했다(에녹 1서 40:7; 53:3; 54:6을 보라).

### 계급들과 이름들

아스모대우스, 세미야자, 아자젤, 마스테마, 벨리알, 사탄, 삼마엘, 사타나일은 바울 시대에 유대교에서 악한 천사 같은 존재들을 가리키는 이름들이었다. 이런 존재들의 특별한 기능들과 관련하여 어느 정도의 다양성이 존재하지만, 사탄이 그들의 우두머리라는 것은 매우 보편적인 신조였다. 이 악한 천사 같은 존재들은 구조적인 계급 체계 안에서 상당한 정도의 권세를 가진 것으로 제시된다. 예컨대, 세미야자는 여자들과 성관계를 가진 천사들의 우두머리이다. 그와 함께 세상으로 내려온 이백 명의 천사들은 열 개의 집단으로 나뉘었고, 아라켑, 라메엘, 타멜 등이 각 집단을 감독했다.

악한 천사들에게 이름을 붙이고 그들을 기능에 따라 분류하는 것은 많은 유대 문헌들에 나타나는 전형적인 현상이다. 이와 동일하게 하나님의 보좌 둘레에 있는 선한 천사들을 분류하고 그들에게 이름을 붙이는 현상도 두드러지게 나타난다.

신약 성경 시대 이후에도 오랫동안 이러한 영적 세계에 대한 유대인들의 깊은 관심은 사라지지 않는다. 랍비 문헌은 악한 천사들과 영들에 관해 자주 언급하고, 더 많은 악한 영들의 정체를 밝히고 그들을 묘사한다. 실제로 한 학자는 랍비 문헌에서 상이한 귀신들의 이름을 123개나 찾아냈다![18]

### 개인에 대한 영적 세력들의 영향

하나님의 목적에 적대적인 악한 영들은 초자연적인 영향력을 행사하여 사람들을 하나님의 계시된 뜻에서 벗어나게 만드는 것으로 믿어졌다. 그 영들은 사람들이 온갖 종류의 부도덕한 일을 하게 만든다. 이런 이유 때문에 쿰란 공동체는 이런 악한 영들을 가리켜서 "흑암의 무리"라고 불렀다. 쿰란 공동체의 「전쟁 두루마리」는 사탄과 그 추종 세력들의 활동을 다음과 같이 묘사한다.

> 악의의 천사인 사탄은 무저갱을 위해서 창조되었다. 그의 통치는 흑암 속에 있고 그의 목적은 악과 불법을 초래하는 것이다. 그와 함께하는 모든 영들, 즉 파멸의 천사들은 흑암의 교훈들에 따라 행한다. 그들의 [성향]은 악과 불법을 지향한다. (1QM 13,11-12)

「열두 족장의 유언서들」은 어둠의 세력들의 이런 활동을 폭넓게 설명하며, 유대인의 신조를 이해하는 데 유용한 정보를 제공한다는 점에서 매우 중요하다. 이 문헌들은 야곱의 열두 아들의 최후 유언으로 알려져 있고 대략 기원전 1세기나 2세기의 것이다.[19] 이 문헌들의 저자는 주로 윤리적인 문제에 관심을 갖고 있으며 유대인 독자들에게 고결한 행위들을 장려하려고 한다. 또한 악한 영들이 사람의 일상생활에 영향을 미치는 방식에 대한 유대인들의 공통된 생각을 제시한다. 이런 이유에서 이 문헌들은 특히 악한 영들에 관한 바울의 논의를 이해하는 데 가치가 있다.

이 문서에 따르면 모든 개인은 마귀나 벨리알의 지배를 받는 악한 영들의 유혹과 싸워야 한다. 그들은 악한 목적을 달성하려고 인간의 본능적 욕구와 약점들을 이용한다.

특히 음행은 악한 영들이 부추기는 죄악들 가운데 하나로 지목된다.「르우벤의 유언서」(Testament of Reuben)에서 성적인 죄는 "벨리알의 재앙"으로 언급되는데, 이것은 "본성과 감각 속에 거주하는 음행의 영"이 불러일으키는 것이다(6:3; 3:3). 하지만 이 유언서는 사람이 성적인 죄를 범하는 것에 대한 모든 책임을 마귀와 그의 세력들에게 돌리지 않는다. 인간의 마음과 감각에도 동일한 정도의 책임을 부과한다. 르우벤이 아버지의 첩인 빌하와 성적인 죄를 범한 일(창 35:22)을 다루면서 이 유언서는 르우벤 자신의 욕망과 감각적인 자극에 더 큰 책임이 있다고 말한다. "만일 빌하가 숙소에서 목욕하는 것을 목격하지 않았다면 나는 그 큰 죄에 빠지지 않았을 것이다. 그녀의 벌거벗은 몸을 보고 제정신을 잃은 나머지 나는 그 구역질나는 일을 하지 않고는 도무지 잠을 이룰 수 없었다."(3:11-12). 이 유감스러운 경험에 근거하여 르우벤이 자손들에게 주는 조언은 마음을 다스리는 것에 초점을 맞춘다. "나의 자녀들아, 여자의 아름다움에 주의를 기울이지 말거라. 너희 마음이 여자들의 행동에 사로잡히지 않게 하거라. 주께서 너희에게 그가 원하는 배필을 주실 때까지 주를 경외하면서 정결한 마음으로 살도록 하거라. 그렇게 하면 나처럼 고통을 겪지 않게 될 것이다."(4:1). 그럼에도 불구하고 르우벤은 그 사건을 통해서 자신이 얻은 교훈을 계속해서 말하면서 마귀가 그 일에 관련되어 있음을 지적한다. "음행 탓에 많은 사람이 망하고 말았다. 그 사람이 나이가 들었든지, 좋은 집안에서 태어났든지, 부하든지 가난하든지, 그는 스스로 사람들 사이에서 수치를 당하고 그가 죄를 짓게 부추길 수 있는 기회를 벨리알에게 제공했다."(4:7).

잘못을 저지르게 만드는 악한 영들은 또한 인간의 타락한 시기심을 이용한다. 「시므온의 유언서」(Testament of Simeon)는 형제들이 요셉을 팔 때 시므온이 한 일(창 37:12-36)을 회고한다. 시므온은 요셉에게 가졌던 자신의 시기심을 강력한 영이 어떻게 이용했는지를 다음과 같이 말한다.

> 유년 시절에 나는 요셉을 시기했는데, 그 이유는 아버지가 우리보다 요셉을 더 사랑했기 때문이다. 나는 마음속으로 그를 없애 버리기로 결심했다. 그것은 오류[또는 "기만"]의 군주(archōn)가 내 마음을 어둡게 만들어서 요셉을 형제로 생각하지 않게 하고 아버지 야곱을 배려하지 않게 한 탓이었다. (2:6-7)

그래서 시므온은 자기 자녀들에게 "거짓과 시기의 영을 조심하라"라고 충고한다(3:1). 만일 그런 영의 영향력을 감지할 경우에는 즉시 주께로 돌아가야 한다. 시므온은 "만일 주께로 피하면 악한 영이 속히 너를 떠날 것이고 마음이 편해질 것이다."라고 말한다(3:5). 또 그는 요셉을 긍정적인 모범으로 제시한다. 요셉은 형들이 자기를 팔았음에도 불구하고 그들을 사랑할 수 있었다. 그에게 "하나님의 영"이 있었기 때문이다(4:4).

이 두 가지 실례는 1세기 유대인들이 일상생활, 특히 개인의 도덕적 행위와 관련해서 악한 영들의 역할을 어떻게 이해했는지를 알려 준다. 이런 유언서들에 포함된 악한 영들에 관한 유대인들 사상의 일부는 사도 바울의 서신에도 반영되어 있다.

### 사회에 대한 영적 세력들의 영향: 이방 종교

유대인 저자들은 모든 이방 종교를 악한 영적 세력들의 영향 탓에 생겨난 것으로 본다. 노아 홍수 이후에 일어난 인간의 문명에 끼친 영적 세력들의 영향을 논하면서 기원전 2세기 문헌인 「희년서」(Jubilees)는 우상 숭배가 시작된 상황을 이렇게 언급한다. 갈대아 우르 거민들이 "자신들을 위해서 주상(鑄像)을 만들었고, 그들이 주상으로 만든 그 우상을 모든 사람들이 숭배했다. 또 그들은 조각상을 만들기 시작했고 형상들을 더럽혔다. 잔혹한 영들이 그들을 도왔으며 그들을 타락시켜서 죄를 짓게 하고 더러운 일을 하게 만들었다. 영들의 지배자인 마스테마가 이 모든 것을 행하도록 강력하게 역사했다."(11:4-5). 이와 유사하게 묵시 문헌인 「에녹 1서」도 우상 숭배가 귀신들에게서 비롯된 것으로 말한다. "그 천사들의 영들이 … 사람들을 더럽혔으며, 또 사람들을 잘못에 빠지게 하여 신들에게 하는 것처럼 귀신들에게도 제물을 바치게 만들 것이다. 심판을 받아 멸망하게 될 최후 심판의 날이 올 때까지 그 영들은 그렇게 할 것이다."(19:1).

비록 구약 성경이 우상 숭배의 기원에 악한 영적 세력들이 연루된 것을 분명히 말하지 않을지라도, 우상에게 제사하는 것은 곧 마귀에게 제사하는 것과 다름없다고 단언한다(신 32:16-17). 우상 숭배에 대한 이런 태도는 신약 성경에도 나타난다(계 9:20). 무엇보다 중요한 것은 마귀가 이방 종교들과 관련이 있다고 보는 관점이 사도 바울의 신조를 특징짓는다는 사실이다. 바울은 자신의 그런 관점을 고린도 교회에 전한다(고전 10:19-21).

유대교에 속한 다른 많은 집단들도 오컬트적인 행위들(occultic practices)을 마귀와 그의 세력들의 활동이라고 믿었다. 「에녹 1서」에 따르면 타락한 천사들은 사람들에게 마술, 마법, 연금술, 점성술을 가르쳤다(7-8; 또한 희년서 11:1-8을 보라).

## 사회에 대한 영적 세력들의 영향: 전쟁과 국가

심지어 국가들 사이에서 일어나는 사회적 불안정과 이스라엘에 대한 주변 국가들의 적대감도 악한 영적 세력들의 교활한 활동의 결과로 보았다. 「희년서」는 사람들 가운데 나타나는 살인의 성향이 사탄과 같은 악한 천사 마스테마의 영향에서 비롯된다고 말한다. "그리고 [마스테마]는 다른 영들을 자신의 지배를 받는 사람들에게 보냈다. 그리하여 그들이 온갖 잘못과 죄를 범하고 파괴하고 망하게 하고 땅에 피를 쏟게 만들었다."(11:5). 온갖 전쟁 무기들도 타락한 천사들이 만들게 한 것으로 본다. "그리고 아자젤은 사람들에게 칼과 방패와 갑옷을 만드는 기술을 가르쳤다."(에녹 1서 8:1).

또 「희년서」는 이스라엘, 특히 모세에 대한 이집트의 적대감이 악한 마스테마의 초자연적 적대에서 비롯된 것으로 해석한다. 모세를 죽이려고 이집트 왕 바로를 이용한 것도 실제로 마스테마였고, 이집트 술객들로 하여금 모세에 대항하여 놀라운 기적을 행하게 만든 것도 마스테마였다. 게다가 이집트 사람들에게 악한 영향력을 행사하여 이스라엘을 바다까지 추격하게 만든 것도 마스테마였다(희년서 48).

앞에서 살펴본 대로, 사해 사본들을 남긴 유대 쿰란 공동체도 사회에 대한 이해와 관련해서 마귀의 세력이 사회에 상당한 영향력을 행사한다고 믿었다. 쿰란의 「전쟁 두루마리」(1QM)에 따르면 로마 침략자들의 배후에 사탄과 그의 세력들이 자리 잡고 있었다. "전쟁을 하려고 [준비한] 모든 사람들은 진군하여 깃딤[로마] 왕 앞에, 그리고 [신원의] 날에 하나님의 칼이 망하기 위해서 집결한 사탄의 모든 군대 앞에 막사를 세울 것이다."(1QM 15.2-3).

따라서 신약 성경 시대 무렵에 사회에 대한 유대인들의 일반적인 이해에서 마귀의 세력이 중요한 역할을 한 것이 분명하다. 사회 정의에 대한 유대인들의 초기 이론에서 삶의 영적·초자연적 차원이 중요한 지위를 차지했다. 「희년서」 기자는 마스테마의 강력한 악마적 적대감을 극복하지 않고서는 이스라엘이 억압으로부터의 자유와 정의를 획득하는 것이 불가능하다고 보았다. 여호와께서 자기 백성을 구속하시려는 계획 아래 자기의 종 모세를 통해서 역사하신 덕분에 이스라엘 백성은 가공할 만한 억압적 상황에서 벗어나 자유를 얻을 수 있었다. 또한 쿰란 공동체도 "하나님의 강력한 손"이 직접 개입하여 "사탄과 그의 왕국의 모든 군대"를 치시고 마침내 그들을 영구히 멸망시킬 것을 고대했다.

### 유대인들의 마술

유대인들이 마술에 연루되었음을 보여 주는 광범위한 증거 자료들이 존재하는데 아마도 이것들이야말로 귀신들과 영들 및 악한 영적 세력들에 대한 유대인들의 민간 신앙을 가장 분명하게 반영할 것이다. 마술을 금하는 구약 성경과 유대교의 공식적인 입장과는 달리, 지중해 세계 전역에 걸쳐서 많은 유대인들이 주변 이방인들의 마술 제의를 받아들였고, 심지어 그것들을 한층 더 발전시키기도 했다. 실제로 유대인의 마술은 고대 세계에서 명성을 얻었다. 민간 신앙을 조명하는 것이 중요하다는 점을 알렉산더가 다음과 같이 옳게 강조했다.

> [유대적] 마술과 마술 책들은 … 공식적인 문헌들에서 종종 부적절하게 제시되고, 결과적으로 역사가들이 자주 무시해 온 대중 종교의 세계를 보여 준다. 부한 자와 가난한 자, 많이 배운 사람과 못 배운 사람을 막론하고 많은 사람들이 살고 호흡하던 당시의 영적 분위기를 알려 주는 자료들로서 유대적 마술과 마술 책들의 중요성은 아무리 강조해도 지나치지 않다.[20]

신약 성경에서 유대인 마술사 두 사람의 이름, 곧 시몬(행 8:9)과 바예수(또는 엘루마, 행 13:6-12)를 구체적으로 언급한 것은 당시에 유대인들이 마술에 관심을 가졌다는 사실을 확증해 준다. 또한 누가는 돌아다니며 귀신을 쫓아내는 유대인들에 관해서 기록하는데, 그들은 자신이 가진 마술적 이름들의 목록에 예수의 이름을 첨가했다(행 19:13-20). 지난 세기에 고고학자들은 유대인들이 사용한 수많은 마술 주문들과 부적들을 발굴했다. 유대인 학자 구디너프는 이들 가운데 많은 것을 모아서 그리스-로마 시대의 유대 상징물에 관한 훌륭한 열두 권짜리 저작의 일부로 출판했다.[21] 구디너프는 발견된 자료들을 분석해서 고대 세계에서 많은 유대인들이 마술(그리고 아마도 신비 종교)과 관련이 있었다는 사실에 학자들이 주목하도록 촉구하는 데 기여했다. 마술 부적의 한쪽 면에는 일부 유대 상징물의 형상(촛대나 솔로몬의 초상 같은 것)이 있고 다른 면에는 마술적 표현들이나 이름들(사보아트, 천사의 이름들, 족장들의 이름, 그리고 종종 이방 신들의 이름 같은 것)이 적혀 있다. 이 부적들은 여러 가지 목적을 위해서 사용되었으나 가장 일반적으로는 악한 영을 막기 위한 것이었다.

또한 유대인들이 사용한 마술 문헌들도 많이 있다. 칼 프라이젠단츠가 편찬한 헬라 마술 파피루스들의 표준 모음집에는 전형적인 유대 마술 본문들이 포함되어 있다. 유대교는 마술 전통 전체에 상당한 영향을 끼쳤다. 많은 학자들은 어느 정도 유대적인 요소들이 포함되지 않은 고대 헬라 마술 본문이 거의 없다는 점에 동의한다.[22] 유대인들은 도움을 요청하는 대상으로서 새로운 마술적 이름들, 즉 "야오"(Iao, 'Yahweh'[여호와]의 헬라어 형태) 및 능력을 가진 것으로 생각되는 많은 다른 이름들을 헬라인들에게 제공했다. 대다수 학자들은 유대적 마술과 이교적 마술을 분명하게 구별하는 데 관심이 없다. 마술은 모든 종교의 경계를 넘나들고, 필요한 것들을 모든 종교로부터 차용했기 때문이다.

유대적 마술에서 솔로몬이 유명하다는 사실은 주목할 만하다. 솔로몬의 생애를 기록한 성경 기사에 따르면, 솔로몬은 전무후무한 큰 지혜를 하나님께 받는다(왕상 3:12). 후대 유대교는 이 은사에 영의 세계를 다루는 지혜와 전문 기술이 포함된 것으로 이해했다. 탁월한 유대인 역사가 요세푸스는 이 전승을 믿고 『유대 고대사』(Antiquities 8.2.5)에서 다음과 같이 말한다.

또 하나님은 그[솔로몬]에게 귀신을 쫓아내는 비법을 배울 수 있게 해 주셨는데, 이것은 사람들의 질병을 치유하는 데 매우 유용한 것이었다. 그는 질병의 고통을 완화하는 주문을 만들기도 했고 귀신을 쫓아내는 비법을 후대에 전해주기도 했다. 이 비법으로 귀신들을 쫓아내면 귀신들은 결코 다시 돌아오지 않는다. 이런 치유 방법은 오늘날까지 큰 효력을 발휘하고 있다. 나는 우리 동족 가운데 한 사람, 즉 엘레아자르라는 이름을 가진 사람이 베스파시안 장군과 그의 아들들, 그의 지휘관들, 그의 군대 전체가 지켜보는 가운데 귀신 들린 사람들을 치유하는 것을 본 적이 있다.

이어서 요세푸스는 엘레아자르가 마술 반지를 사용하고 솔로몬이 만든 주문을 소리 내어 외우면서 귀신들을 쫓아낸 것을 매우 상세하게 기록한다. 이러한 솔로몬의 많은 마술 전승들은 「솔로몬의 유언서」로 알려진 문서의 형태로 보존되었다. 비록 이 문서가 신약 성경 시대 이후에 기록된 것일지라도, 많은 학자들은 이 문서에 포함된 자료들이 1세기에 수집되었을 것이라는 점에 동의한다. 이 문서는 초기 유대교의 귀신론을 이해하는 데 도움을 주는 주요 자료이다.[23] 이 유언서는 마술에 관한 진지한 유대 저작인 동시에 귀신론에 관한 일종의 백과사전 같은 기능을 한다. 이 저작은 솔로몬의 예루살렘 성전 건축에 관한 것이지만 특별히 그가 직면했던 마귀의 반대와 악한 세력들을 좌절시키고 그 세력들을 조종하여 실제로 성전 건축을 돕게 만든 그의 능력에 초점을 맞춘다! 이 유언서에 따르면 천사장 미가엘이 마술 인장 반지를 솔로몬에게 주었는데, 솔로몬은 그것을 사용하여 악한 영적 세력들을 심문했고 그들의 이름과 그들이 하는 일을 알아낼 수 있었다. 또한 그들을 좌절시키는 방법을 누설하게 만들 수 있었다. 따라서 이 문서는 솔로몬이 귀신들을 심문하고 그들을 조종한 방법에 관한 기사들로 가득하다.

솔로몬에 관한 이런 전승들은 악한 영들을 두려워하여 방어 수단을 찾고자 한 유대인들에게 엄청나게 중요했을 것이다. 많은 초기 기독교 저자들은 솔로몬의 전승을 잘 알고 있었고 솔로몬의 주문을 사용하여 귀신을 쫓아낸 일들을 언급한다. 「솔로몬의 유언서」는 우리에게 귀신들 및 지중해 세계 전역의 대중적 문화에서, 특히 유대교에서 번성한 마술 사용에 관한 또 다른 그림을 제시해 주기 때문에 우리의 연구에도 중요하다. 또한 이 문서에는 사도 바울이 어둠의 세력들을 가리킬 때 사용한 많은 용어들이 등장한다. 물론 이것은 이 유언서에서 언급된 모든 것에 바울이 동의했음을 의미하지 않는다. 그러나 그것은 바울이 (존재하는 것으로 믿었던) 이러한 악한 세력들에 관한 관점, 그리스도 사건에 근거를 둔 관점을 제시하는 데 관심이 있었음을 보여 준다.

마지막으로 1세기 유대교와 관련해서 한 가지 요점을 더 제시할 필요가 있다. 그것은 많은 일반 유대인들이 점성술을 굳건하게 믿었다는 점이다. 「솔로몬의 유언서」 자체는 점성술에 대한 유대인들의 이런 관심을 증언한다(마술과 점성술이 상당한 정도로 중첩되었기 때문이다). 지난 50년 동안 새로운 고고학적 자료들과 새로 발견된 문헌들이 점성술에 대한 이런 관심을 확증해 주었고 더 구체적으로 보여 주었다. 예컨대, 사해 사본들 가운데 쿰란 공동체 신조들의 일부를 반영하는 것으로 보이는 점성술 관련 문헌(12궁도의 각각을 포함하는 별자리)이 있었다. 이 문헌도 점성술적 신조들이 일부 유대인 현인들에게까지 전해졌음을 구체적으로 예증한다.[24]

이러한 논의는 유대인의 역사 전체에서 그들이 어둠의 세력들의 존재에 대한 강한 믿음을 가지고 있었고 그 믿음이 예수님의 탄생 무렵에 강화되었다는 것이 사실임을 입증한다. 게다가 마술과 점성술을 금하는 구약 성경의 규정을 무시하는 경향이 로마 시대의 유대교에 만연해 있었음을 보여 준다. 이런 마술과 점성술은 어둠의 세력들의 무시무시한 위협을 극복하는 일반적인 방법이 되었다.

## 5. 예수님의 가르침

먼지투성이 길을 걸어 시리아의 다마스커스를 향해서 먼 길을 가던 다소의 바울은 자신의 삶의 여정을 영구히 변화시킨 한 사람을 만났다. 그가 핍박하고 있던 그리스도인들의 부활하신 주님을 만난 것이다. 바울에게 나타나신 예수 그리스도는 자신의 죽음과 부활을 이방인들에게 선포하게 하시려고 그를 부르셨다. 그 후에 예수님의 인격과 교훈은 바울의 사고와 저작에 가장 큰 영향을 끼친 중요한 요인이 되었다.

예수님은 악한 영들의 세계에 대해서 결코 침묵하지 않으셨다. 도리어 어둠의 세력들과 예수님의 싸움은 예수님의 사역을 기록한 복음서에 등장하는 모든 기사의 중요한 주제가 되었다. 사탄의 시험을 물리치신 뒤에도 예수님은 계속해서 많은 악한 영들을 공격하셨다. 또 그는 자신의 사명과 고난의 의미를 마귀와 어둠의 세력들과의 관계에서 깊이 묵상하셨다. 악한 세력들에 관한 예수님의 가르침은 사도 바울에게 커다란 영향을 끼쳤고, 따라서 예수님의 가르침을 고려하는 것은 매우 중요하다.

### 예수께서 공격받으심: 마귀의 시험

세 공관 복음서에서 모두 사탄은 예수님의 초자연적 유혹자로 처음 등장한다(마 4:1-11; 막 1:12-13; 눅 4:1-13). 예수님이 하나님의 아들이라는 것을 알고도 마귀는 그에게 접근하여 하나님께서 의도하신 구속 사역을 하지 못하게 만들려는 대담한 시도를 한다.

그러나 마귀의 공격은 성공을 거두지 못했고, 그 공격은 하나님의 주권적 계획 밖에 있는 것도 아니었다. 각 복음서는 성령께서 예수님을 광야로 이끌어 가셨다고 말한다. 광야에서 예수님은 사십 일 동안 금식하셨고, 마귀는 예수님의 육체적인 연약한 상태를 이용하여 하나님의 계획에 반하는 행동을 하도록 유혹했다. 그는 메시아적 소명에 대한 예수님의 헌신을 시험한 것이다.

첫째, 마귀는 예수님이 극히 연약할 때, 즉 굶주린 상태에 있을 때 그를 시험했다. 그는 예수님이 신적 능력을 자신의 굶주림을 해결하는 데 사용하길 원했다. 금식한 뒤에 정상적인 방법으로 음식을 구할 때까지 예수님이 기다리지 않기를 바랐던 것이다. 그러나 예수님은 자신이 삶의 더 중요한 문제에 헌신했음을 반영하는 구약 성경 말씀을 인용하심으로써 마귀의 공격을 물리치셨다. 그것은 "사람이 떡으로만 사는 것이 아니요"라는 말씀이었다(신 8:3). 굶주림을 겪는 가운데 예수님은 하나님께서 이런 중요한 교훈을 자신에게 가르치셨음을 깨달았던 것이다.[1]

둘째, 마귀는 예수님을 교만하게 만들기 위해서, 그리고 세상을 지배하는 권력을 갈망하게 만들기 위해서 예수님을 시험했다. 궁극적으로 이것은 하나님 아버지에 대한 예수님의 충성을 시험하는 것이었다. 마귀는 예수께 세상 나라들과 그 영광을 보여 주면서 자기에게 복종하고 경배하면 그 모든 것을 주겠노라고 약속했다. 이스라엘은 거듭거듭 이런 유혹에 굴복하여 하나님을 버리고 이방 신을 숭배했다. 이와 대조적으로 예수님은 마귀의 유혹에 굴하지 않으셨다. 그는 모세 율법의 한 부분, 즉 "네 하나님 여호와를 경외하며 그를 섬기며"(신 6:13)라는 말씀을 인용하면서 하나님 한 분께 대한 강한 헌신을 사탄에게 보여 주셨다.

마지막으로, 그 유혹자는 하나님이 정말 예수님을 사랑하는지를 시험하여 마음에 남아 있을 수 있는 의심을 가라앉히라고 예수님을 부추겼다. 마귀는 예수님이 높은 곳에서 뛰어내리면 하나님께서 그를 구하실 것이라고 유혹했다. 그는 예수님을 속이려는 술책으로 하나님께서 사자들을 명하여 그를 지키실 것이라고 하신 약속을 상기시키기까지 했다. 그러나 예수님은 하나님의 뜻을 기록한 성경 말씀에 근거하여 결단코 하나님을 시험하지 않겠다는 자신의 의지를 밝히심으로써 마귀의 유혹을 완전히 물리치셨다. 예수님은 신명기 6:16에 기록된, "너희의 하나님 여호와를 시험하지 말고"라는 하나님의 명령을 인용하셨다.² 리처드 프란스가 말한 대로, "하나님의 아들은 하나님을 시험할 필요가 전혀 없는 신뢰의 관계 안에서만 살 수 있다."³

이때 마귀는 예수님에게 전혀 영향을 끼치지 못한 채, 그리고 예수님을 통해서 이루시려는 하나님의 목적을 좌절시키지 못한 채 예수님을 떠난다. 예수께서 마귀에게 승리를 거두신 것이다. 이런 이유 때문에 나중에 예수님은 제자들에게 이렇게 말씀하셨다. "그[이 세상 임금]는 내게 관계할 것이 없으니 오직 내가 아버지를 사랑하는 것과 아버지께서 명하신 대로 행하는 것을 세상이 알게 하려 함이로라"(요 14:30-31).

예수께서 성경을 사용하신 것은 마귀의 시험을 성공적으로 물리치는 데 결정적인 요인이었다. 실제로 예수님이 마귀에게 시험을 받으시는 장면에서 복음서 기자들이 기록한 예수님의 말씀은 신명기에서 인용한 세 본문들이다. 나중에 살펴보겠지만 바울도 하나님 말씀("성령의 검")의 중요한 역할에 대해서 그리스도인들에게 조언한다(엡 6:17). 그러나 악령을 쫓아내기 위해서 십자가상을 들어 올리는 것과 같은 모종의 마술적인 방식으로 예수께서 성경을 사용하지 않으셨다는 사실을 인식하는 것이 중요하다. 예수께서 인용하신 성경 본문들은 그가 받으신 시험의 성격에 적절했을 뿐 아니라, 또한 성부 하나님께 대한 성자 예수님의 헌신을 정확하게 반영한 것이기도 했다. 그 본문들은 성자 예수님의 목적과 성부 하나님의 목적이 일치한다는 사실을 알려 준다.

예수께서 마귀의 초자연적인 시험을 물리칠 수 있었던 두 번째 요인으로 그의 삶에서 역사하신 성령을 언급할 수 있다. 누가는 예수께서 광야로 나가실 때 그가 "성령으로 충만"했다는 사실을 강조한다(눅 4:1). 또 예수께서 마귀에게 시험을 받으신 사건 이전에 그가 요한에게 세례를 받으신 사건이 등장하는데, 이때 성령께서 비둘기 형상으로 예수님 위에 강림하셨다(막 1:9-11; 마 3:13-17; 눅 3:21-22; 요 1:29-34). 사도 바울도 악한 영적 세력들의 공격에 대항하는 전제 조건으로서 성령으로 충만하게 되는 체험을 강조한다(엡 5:18; 6:10-20).

예수께서 마귀에게 시험받으신 것은 전적으로 개인적인 체험이다. 그가 유대 광야에서 마귀에게 시험을 받으실 때 그의 곁에는 아무도 없었다. 따라서 만일 예수께서 마귀에게 시험받으신 일을 제자들에게 말씀하지 않으셨다면 우리는 그것에 관해서 알지 못했을 것이다. 다행스럽게도 예수님은 자신과 마귀의 싸움에 관한 기사, 즉 영적 전쟁에 관한 사도 바울의 가르침에 영향을 끼쳤을 뿐 아니라 오늘날의 교회를 위해서도 적절한 모델이 될 수 있는 기사를 우리에게 제공해 주셨다.

출애굽 후에 광야에서 시험을 받았으나 실패한 이스라엘 백성과 달리 예수님은 승리하셨다. 에덴동산에서 마귀의 유혹에 굴복한 아담과 달리 예수님은 마귀의 시험을 물리치셨다. 그는 우리의 속죄를 위해서, 그리고 우리와 성부 하나님의 화해를 이루기 위해서 십자가에서 죽으시는 그 순간까지 계속해서 마귀의 시험에 저항하셨다.

### 예수께서 공격하심: 귀신들을 쫓아내심

예수님과 관련해서 당시 사람들이 크게 놀란 일은 그가 악한 귀신들을 쫓아내신 것이었다. 복음서 기자들은 기사의 상당 부분을 예수께서 악한 영들을 쫓아내신 사건을 기록하는 데 할애했다. 따라서 예수님의 이런 의미심장한 활동이 지닌 의미를 파악하는 것은 매우 중요하다.

공적 사역을 시작하실 때 예수님은 자신이 이사야 61:1-2에 기록된 예언을 성취하신다고 말씀하셨다.

> 주의 성령이 내게 임하셨으니 이는 가난한 자에게 복음을 전하게 하시려고 내게 기름을 부으시고 **나를 보내사 포로 된 자에게 자유를**, 눈먼 자에게 다시 보게 함을 전파하며 눌린 자를 자유롭게 하고 주의 은혜의 해를 전파하게 하려 하심이라 하였더라 (눅 4:18-19, 저자의 강조)

하나님 아버지께서는 예수를 보내어 해방의 메시지를 선포하게 하셨다. 그 해방은 죄의 노예가 되어 있고 사탄 왕국의 결박과 억압에 사로잡혀 있는 사람들을 위한 것이었다. 예수님은 이사야 본문에 등장하는 "포로 된 자"를 자기가 지은 죄 때문에 사슬에 매여서 형을 살고 있는, 문자적 의미의 죄수들(예컨대, 감옥에 갇힌 채무자들)로 해석하지 않으셨다. 예수님은 죄에 매여 있는 모든 사람들, 즉 사탄의 죄수들을 자유롭게 하려고 오신 것이다.

누가는 자신의 전체 복음서를 위한 무대를 마련하려고 이사야 본문을 사용했지만,[4] 사탄 및 그의 악한 세력들과 예수님의 싸움은 모든 복음서에서 주요한 부분을 차지하고 있다. 많은 주석가들은 죄 사함을 위한 예수님의 해방의 메시지가 지닌 의미를 설명해 왔다. 그러나 놀랍게도 이 해방의 영적인 차원, 즉 사탄의 왕국에 속박된 상태에서 자유를 얻는다는 점을 분명히 밝힌 주석가는 거의 없었다.

의미심장하게도 누가복음에는 예수께서 나사렛 회당에서 설교하신 직후에 가버나움 회당에서 귀신 들린 사람을 자유롭게 하신 사건이 등장한다(눅 4:31-37; 막 1:23-28). 이 사건은 최초로 악한 영들에게 공격을 행하시는 예수님의 모습을 보여 준다. 예수님은 신적 능력을 행사하여 그 사람을 악한 영의 압제적인 권세에서 자유롭게 하셨다.

당시에 귀신을 쫓아내는 축귀사들이 사용한 정교한 방법들과는 극히 대조적으로 예수님은 그저 간단하게 "잠잠하고 그 사람에게서 나오라"라고 명령하셨을 뿐이다. 유대인들과 헬라인들이 사용한 전형적인 축귀 방법은 여러 신들의 이름을 부르고, 마술적 이름들(뜻을 알 수 없는 문자들의 조합들)을 사용하고, 몇 가지 종류의 마술 도구들(보석이나 납 조각과 같은 것)을 사용하고, 종종 모종의 특정한 제의를 행하는 것으로 구성되었다. 하지만 예수님은 단지 자신의 권위로만 귀신들을 쫓아내셨는데, 이 때문에 가버나움 회당의 지도자들과 무리가 크게 놀랐다.

이처럼 놀라운 능력이 나타나자 백성들 사이에서 예수님의 인기가 높아졌고 예수님은 이것을 신속히 억제하셔야 했다. 그럼에도 불구하고 예수님은 귀신 들려 고통당하는 많은 사람들을 고쳐 주셨다. 복음서에서는, 귀신을 쫓아내신 특정한 기사들뿐 아니라 많은 요약적인 진술들도 예수께서 사탄의 왕국을 정면 공격하신 것을 언급한다. 예컨대, 마가복음은 가버나움에서 일어난 일을 이렇게 요약해서 진술한다. "온 동네가 그 문 앞에 모였더라 예수께서 각종 병이 든 많은 사람을 고치시며 많은 귀신을 내쫓으시되 귀신이 자기를 알므로 그 말하는 것을 허락하지 아니하시니라"(막 1:33-34). 귀신을 쫓아내는 일은 예수님의 지상 사역의 중요한 부분이었다.

공관 복음서에는 귀신을 쫓아내는 의미를 예수님 자신이 친히 비유적으로 설명하신 내용이 기록되어 있다(막 3:20-30; 마 12:22-30; 눅 11:14-23). 예수님의 설명은 예루살렘에서 온 관원들의 신랄한 비난에 대한 답변으로 제시된다. 그들은 예수님이 바알세불(사탄의 다른 이름)에 힘입어 귀신을 쫓아낸다고 비난했고,

예수님은 그들에게 두 가지를 말씀하셨다. 첫째, 사탄이 자신의 군대와 싸우는 것은 자신의 목적에 역행하는 어리석은 짓이다. 만일 그가 그렇게 한다면 그는 망하고 말 것이다! 둘째, 예수님은 이런 비유를 말씀하신다. "사람이 먼저 강한 자를 결박하지 않고는 그 강한 자의 집에 들어가 세간을 강탈하지 못하리니 결박한 후에야 그 집을 강탈하리라"(막 3:27; 참조. 마 12:29; 눅 11:21-22). 예수님 말씀의 맥락에 비추어 보면 여기서 "강한 자"란 사탄을 가리키는 표현이고, "집"은 그의 왕국을 가리킨다. "세간"은 사탄이 소유한 가장 가치 있는 보물로서 물질이 아니라 사람들을 가리킨다. 사탄은 믿지 않는 사람들을 자기 종으로 삼는다. 그리스도는 이 "강한 자"와 싸우시고 그의 집에 들어가서 세간을 늑탈하시려고, 즉 사탄의 왕국에 사로잡혀 있는 사람들을 자유롭게 하시려고 오신 것이다.

따라서 이 구절은 예수님의 사명에 대한 매우 중요한 증언이며, 속죄의 성격에 대한 부가적인 설명이다. 예수님은 단지 세상에서 죄의 문제만을 해결하려고 오신 것이 아니라 하나님의 초자연적인 우두머리 대적, 즉 사탄을 패배시키려고 오신 것이다!

예수께서 귀신을 쫓아내신 많은 사례는 그가 악한 사탄을 제압하는 권세를 갖고 있음을 분명하게 입증한다. 또한 그 사례들은 사탄을 "결박하고" "그의 세간을 강탈하는" 예수님의 능력을 보여 준다. 수많은 귀신에 들려서 고통을 당하는 거라사 광인에 관한 마가복음 기사에서 "이제는 아무도 그를 쇠사슬로도 맬 수 없게 되었으니"라는 표현은 매우 의미심장하다(막 5:1-20, 특히 3절). 그런데 예수님은 단지 "더러운 귀신아 그 사람에게서 나오라"라는 짧은 명령만으로 그 사람을 무시무시한 귀신의 세력에서 벗어나게 해 주셨다.

그러나 귀신을 쫓아내는 것 자체는 마귀와 그의 세력들을 결정적으로 제압하는 것, 즉 "그를 결박하는 것"은 아니다. 그것은 더 큰 중요성을 지닌 사건을 예고한다. 초기 기독교 전승은 한결같이 십자가/부활 사건을 악한 영적 세력들에 대한 예수님의 싸움에서 가장 근본적인 것으로 보았다(요 12:31-33; 행

2:34-35; 엡 1:20-22; 골 2:15; 빌 2:9-11; 히 2:14; 요일 3:8). 바르 이 사건을 통해서 사탄과 그의 군대들은 결정타를 맞았으며 결국 최종적으로 파멸하게 될 것이다. "강한 자"가 패배한 것이다.[5]

사탄을 패배시킨 그리스도는 교회의 복음 전파를 통해서 사탄의 왕국을 강탈하신다. 따라서 예수께서 말씀하신 '강한 자를 결박하는 비유'는 아마도 초기 교회의 복음 전파 사역을 크게 격려했을 것이다. 어떤 의미에서 사탄은 십자가에서 "결박당했으므로" (그리스도의 일꾼인) 교회는 이제 "그의 세간을 강탈할" 수 있는 것이다.

귀신들이 예수께 "우리를 결하러 왔나이까"라고 말한 것을 보면(막 1:24), 그들은 그리스도의 사명의 의미를 알고 있었던 것으로 보인다. 이 진술은 그들이 십자가에서 패배할 것은 물론이고, 그것을 넘어서 그리스도께서 재림하실 때 그들의 궁극적인 종말론적 파멸이 있을 것을 암시한다. 참으로 그 강한 자는 십자가에서 패배했다. 하지만 그는 지금도 여전히 활동하고 있으며 강력하다. 그는 그리스도와 하나님의 나라를 이길 곳세가 없다. 이것은 십자가에서 확정된 것이다. 하지만 하나님 나라가 완전히 도래할 때까지 사탄은 자기 왕국을 확장하려고 계속해서 하나님 백성을 공격할 것이다. 따라서 교회는 깨어서 기도하며 복음을 선포해야 한다.

마태와 누가는 예수께서 귀신을 쫓아내신 일이 하나님 나라가 임했음을 보여 주는 표징이라는 것을 분명히 알려 준다. 예수님은 자신을 고소하는 사람들에게 이렇게 말씀하신 적이 있다. "그러나 나가 하나님의 성령을 힘입어 귀신을 쫓아내는 것이면 하나님의 나라가 이미 너희에게 임하였느니라"(마 12:28; 눅 11:20에는 "하나님의 손을 힘입어"로 기록됨-역주). 에델베르트 슈타우퍼는 이 구절의 의미를 이렇게 설명한다. "하나님의 나라는 대적자의 통치가 전복되는 곳에 임한다."[6] 물론 이 진술은 하나님 나라의 의미를 완전하게 설명한 것은 아니지만, 사탄의 역사와 관련해서 하나님 나라가 지닌 의미를 적절하게 강조한다. 또 수전 개릿은 이렇게 말한다. "사탄의 왕국이 약해지는 것에 비례하여 하나님의 나라는 강성해진다. … 치유, 축귀, 죽은 자들 중에서의 부활은 모두 사탄에게는 손실이지만 하나님께는 이득이다."7

### 사탄의 권세 아래 있는 세상

사탄은 광범위하게 역사하는 강력한 능력과 권세를 갖고 있기 때문에 "강한 자"라고 불린다. 그는 악한 영들의 무리를 지배하는 왕(archōn)으로서(막 3:22) 세상 모든 나라를 지배하는 권세를 갖고 있다(마 4:8-9; 눅 4:6). 요한 문헌은 "지배자"인 사탄에 관해서 많은 것을 말한다. 요한복음은 세 번에 걸쳐 사탄을 "이 세상의 임금(archōn)"이라고 말한다(12:31; 14:30; 16:11). 자신의 첫 번째 서신에서 요한은 이 개념을 가장 강력하게 진술한다. "또 아는 것은 우리는 하나님께 속하고 온 세상은 악한 자 안에 처한 것이며"(요일 5:19).

사탄이 세상을 지배한다는 것은, 온 세상이 사탄을 숭배하거나 추잡하고 부도덕한 짓을 일삼는다는 것을 의미하지 않는다. 그것은 세상이 하나님을 떠나 마귀와 제휴하고 있음을 의미한다. 예수님의 가르침(그리고 그 뒤에 나오는 요한의 가르침)에 따르면 오직 두 주(主)가 있는데, 곧 하나님과 사탄이다. 그리스도를 믿지 않는 사람들은 여전히 사탄 왕국의 한 부분을 구성한다. 요한은 예수님이 자신을 거부한 유대 종교 지도자들에게 하신 말씀을 이렇게 기록한다. "하나님이 너희 아버지였으면 너희가 나를 사랑하였으리니 이는 내가 하나님께로부터 나와서 왔음이라 / 너희는 너희 아비 마귀에게서 났으니 너희 아비의 욕심대로 너희도 행하고자 하느니라"(요 8:42, 44). 이와 유사한 사상은 예수님의 가라지 비유에도 등장하는데, 이 비유에서 가라지는 "악한 자의 아들들"을 뜻한다(마 13:24-30, 36-43). 알곡과 가라지를 구별하여 알곡은 거두고 가라지는 불에 태우는 시대의 끝이 올 때까지 마귀가 뿌린 가라지들은 밀("천국의 아들들")과 나란히 자란다.

요한복음은 "이 세상의 임금"이라는 사탄의 직함의 의미를 설명하지 않는다. "임금"이라고 번역한 "아르콘"(*archōn*)은 그리스-로마 세계에서 한 도시나 한 지역의 최고 공직자를 가리키는 용어로 널리 사용되었다. 심지어 그리스어 역 구약 성경에서도 아르콘은 국가, 지역, 또는 종족의 지도자를 나타내는 데 사용되었다. 이러한 일반적인 정치적 용어는 다니엘서에서 처음으로 초자연적 세계의 계급 체계에 적용되었는데, 여기서 이 용어는 천사들의 우두머리나 지도자를 가리킨다(단 10:13, 20-21; 12:1). 공관 복음서에서 마귀는 귀신들의 "왕"(*archōn*)으로 묘사된다(마 9:34; 12:24; 막 3:22; 눅 11:15). 요한복음에서 마귀의 통치권은 온 세상으로 확장된다. 요한에게 있어서 "세상"은 하나님을 대항하는 조직적인 반대 세력이라는 의미에서 인간 사회를 가리킨다. 사탄의 영향과 통치는 주로 사람들을 향한 것이지만 그것은 인간 사회의 기관들과 조직체들, 사회적·정치적 질서로도 확장된다.

### 십자가에서 거둔 승리

세 공관 복음서에 모두 기록된 '강한 자 비유'에서 살펴본 대로, 그리스도의 죽음과 부활은 사탄의 결정적인 패배를 명시한다. 요한복음도 사탄과 관련해서 십자가가 지닌 탁월한 의의에 주목한다. 예수님의 수난 예고에 관한 요한의 기록에서 예수님은 이렇게 말씀하신다. "이제 이 세상에 대한 심판이 이르렀으니 이 세상의 임금이 쫓겨나리라"(요 12:31). 같은 복음서에서 나중에 예수님은 심판과 관련해서 성령께서 세상을 정죄하실 것을 말씀하시는데 그 이유는 "이 세상 임금이 심판을 받았"기 때문이다(요 16:11). 자신의 서신에서 요한은 십자가 죽음과 부활에서 정점에 이른 예수님의 사명을 이렇게 요약한다. "하나님의 아들이 나타나신 것은 마귀의 일을 멸하려 하심이라"(요일 3:8b).

십자가 사건의 결과로 마귀가 "쫓겨난" 사실을 말하면서 요한은 예수님을 세상에 존재하는 악을 인식하지 못하는 무력한 낭만주의자로 제시하지 않는다. 예수님의 말은 사탄이 하늘에서 추방된 것(참조. 계 12:7-9)을 가리키는 것으로 해석되어서는 안 된다. 오히려 예수님은 사탄이 세상에 대한 권세를 결정적으로 상실한 것에 관해서 말씀하신다.[8] 그리스도인들은 그리스도께서 십자가에서 이룩하신 사역을 받아들임으로써 이미 사탄을 이겼으나(참조. 요일 2:13-14), 현재 이 악한 시대에 세상에서 사는 동안에는 계속해서 사탄과 싸워야 하는 독특한 긴장을 경험한다. 신약 성경 학자들은 이 역설을 "종말론적 긴장", 즉 그리스도인의 삶의 "지금"(now)과 "아직 아니"(not yet)로 묘사한다. 새 시대가 시작되었고 하나님 나라가 도래했으나 단지 부분적으로 그러할 뿐이다. 또 사탄이 계속해서 적대적인 활동을 하고 있으나 그리스도 안에서 자신의 새로운 정체를 소유한 사람들에 대해서는 힘도 권세도 통제력도 갖지 못한다. 따라서 예수님은 제자들에게 가지가 포도나무에 붙어 있는 것처럼 "내 안에 거하라"라고 권고하신다(요 15:1-8).

사탄이 "쫓겨났으므로" 그리스도께서는 자기 교회를 세우실 수 있다. 요한복음 12장에서 예수님은 이렇게 말씀하신다. "내가 땅에서 들리면 모든 사람을 내게로 이끌겠노라"(요 12:32). 예수님은 지금 세상에 대해서 정치적인 주권이 아니라 구원을 위한 주권을 행사하고 계신다.

또한 십자가는 사탄을 심판했다(요 16:11). 장차 사탄은 궁극적으로 심판을 받을 것인데 그것은 십자가에 근거하여 이루어질 것이다. 레이먼드 브라운은 이렇게 말한다. "예수께서 성부 앞에서 옳다 함을 받은 바로 그 사실은 사탄이 심판을 받았으며 세상에 대한 그의 권력을 상실했음을 의미한다."[9] 예수님의 죽음은 그의 적들에 대한 결정적인 승리였으며 놀라운 결과를 초래했다. 예수께서 부활하셨고, 구속이 획득되었으며, 사탄은 심판을 받았다. 게다가 예수님은 십자가 죽음 이후에도 여전히 보혜사 성령을 통해 임재하신다(요 16:7). 귀신을 쫓아내는 것을 통해서 예수님은 마귀의 권능 아래 결박된 소수의 사람들을 자유롭게 하셨으나 십자가와 부활을 통해서는 온 세상 사람들을 자유롭게 하셨다. 따라서 이제 예수 그리스도를 믿고 그 안에 "거하는" 사람들은 누구나 사탄과 어둠의 세력들에 대한 그의 승리에 동참할 수 있다.

### 제자들의 사역

예수님은 십자가 죽음을 통해서 그를 믿는 모든 사람들의 구속을 이루셨다. 이제 그는 세상에 대한 자신의 구속 사역을 교회라는 매체를 통해서 계속 수행하신다.

그는 열두 제자가 제한된 범위의 예비적 사역을 하도록 보내심으로써 이런 선포의 사명을 감당하도록 그들을 준비시키셨다(마 10:1-16; 막 6:7-11; 눅 9:1-6). 그는 그들에게 하나님 나라의 도래를 선포하는 사명을 맡기셨고, 또한 치유의 능력은 물론 귀신들을 제어하는 권세를 주셨다.[10] 이런 일들은 오순절 이후에 열두 제자가 수행할 사역을 미리 보여 준다.[11] 이 기사들에 포함된 특정한 교훈들 가운데 일부는 특정한 상황과 시대에 국한된 것이라는 인상을 준다. 하지만 "마가와 다른 복음서 기자들이 이를 보존한 것은 그 안에 포함된 기본 원리들이 교회를 위해서 지속적인 가치를 지닌 것으로 간주되었음을 알려 준다."[12]

나중에 누가는 이와 비슷한 사역을 감당하도록 예수께서 제자 칠십이 인에게 사명을 맡기신 또 다른 경우를 기록한다(눅 10:1-23; 개역개정에서는 "칠십 인"으로 번역했다.-역주). 이 경우에도 제자들은 하나님 나라가 가까이 왔음을 선포하라는 명령과 함께 귀신을 제어하는 권세를 받는다. 누가는 제자들이 사명을 마치고 돌아온 것을 기록하면서, 자신들을 통해서 나타난 초자연적 권세에 매우 흥분하여 제자들이 이렇게 말한 것을 강조한다. "주여 주의 이름이면 귀신들도 우리에게 항복하더이다"(눅 10:17).

예수님은 제자들의 보고를 들으시고 삼중적인 응답을 하셨다. 첫째, 제자들이 사역을 수행할 때 사탄이 "하늘로부터 번개같이 떨어지는 것"을 보셨다고 그들에게 말씀하셨다(눅 10:18). 사탄이 추락하는 이런 광경은 과거에 일어났거나(사탄의 최초 반역) 또는 미래에 일어날(예수님의 십자가 사건이나 그의 재림 때 일어날) 사탄의 몰락에 관해서 예수께서 목격하신 신비한 환상을 가리키지 않는다. 예수님은 제자들이 하나님 나라의 복음을 전하고 귀신을 쫓아내면서 사탄의 왕국을 공격했을 때 어떻게 그들이 사탄의 권세와 영향력에 대해서 승리를 거두었는지를 말씀하고 계신 것이다.[13] 예수님의 제자들이 승리하자 사탄은 크게 분노하여 하늘에서 사납게 날뛰었다.

둘째, 예수님은 귀신들의 영역을 제어하는 제자들의 권세를 재차 확증하신다. 그는 제자들에게 뱀과 전갈(두 표현 모두 귀신을 상징함[14])을 밟으며 "원수의 모든 능력을 제어할" 권세(exousia, authority)를 주셨음을 그들에게 말씀하신다(눅 10:19, 개역한글). 그들이 그리스도의 권세를 소유했으므로 악한 자의 권세가 그들에게 해를 입힐 수 없었다. 이 구절을 주석하면서 에델베르트 슈타우퍼는 이렇게 말한다. "성부께서 성자에게 대적자를 제어하는 권세를 주신 것처럼 성자는 그 권세를 제자들에게 주신다."[15] 동일한 권세는 예수님의 부활 이후에 사명을 받은 모든 제자에게도 주어진다. 예수님은 제자들에게 이렇게 말씀하셨다. "하늘과 땅의 모든 권세(exousia)를 내게 주셨으니 그러므로 너희는 가서 모든 민족을 제자로 삼아 아버지와 아들과 성령의 이름으로 세례를 베풀고"(마 28:18-19). 최고 대적자와 모든 어둠의 세력들을 제어할 그들의 권세를 보장하는 것은, 그들이 복음 전도의 사명을 수행할 때 예수님 자신이 그들과 함께하시겠다는 약속이다(마 28:20). 누가가 기록한 사도행전도 제자들을 능력 있게 하여 세상에 복음을 전하게 하시는 성령의 역할을 강조한다(특히 행 1:8을 보라).

확실히 제자들이 종종 적대적인 청중에게 복음을 선포하기 위해서는 담대함과 열심을 부여해 주시는 하나님의 능력이 필요했다. 하지만 초자연적 능력과 권세의 필요성은 복음을 알리는 단순한 육체적인 차원을 훨씬 넘어선다.

복음 전파를 막기 위해서 가능한 모든 방법을 동원하는 초자연적으로 강력한 적대자가 초기 교회를 대적하고 있었다. 따라서 교회가 이런 초지상적 적대자와 맞서려면 반드시 하나님의 능력이 필요했다. 빌립이 마술사 시몬을 조우한 것에서부터 바울이 마술사 엘루마 및 에베소에서 교회에 커다란 영향력을 행사하던 마술사와 대결한 것에 이르기까지 사도행전은 이러한 강력한 많은 적대 세력들에 관한 생생한 증언을 들려준다.

사역을 마치고 돌아온 제자 칠십이 인에게 예수께서 제시한 마지막 응답은 새로운 권세에 대한 그들의 열광적인 마음을 식히고 그것을 적절한 관점에서 보게 하시려는 것이다. 예수님은 이렇게 말씀하신다. "그러나 귀신들이 너희에게 항복하는 것으로 기뻐하지 말고 너희 이름이 하늘에 기록된 것으로 기뻐하라"(눅 10:20). 조세프 피츠마이어는 이 구절을 이렇게 적절하게 설명한다. "예수님은 제자들이 놀라운 성공에 주의를 기울이기보다 자신들이 얻은 천상의 지위를 생각하게 만드신다."[16] 귀신을 쫓아내는 권세를 소유한 것 자체가 그리스도인이라는 사실을 보증하지 않는다. 산상수훈에서 예수님은 심판 날에 많은 사람이 "주여 주여 우리가 주의 이름으로 선지자 노릇 하며 주의 이름으로 귀신을 쫓아내며 주의 이름으로 많은 권능을 행하지 아니하였나이까"라고 말할 것이라고 언급하셨다. 예수님은 그들에게 "내가 너희를 도무지 알지 못하니 불법을 행하는 자들아 내게서 떠나가라"라고 답하실 것이다(마 7:22-23). 에베소에서 활동하던 유대인 축귀사들은 예수님을 믿지 않으면서도 그의 이름으로 귀신을 쫓아내는 자의 실례를 보여 준다(행 19:13-16). 이와 유사한 실례는 헬라 마술 파피루스에서도 발견할 수 있다. 하지만 무엇보다도 중요한 문제는 우리가 참된 제자인가 하는 것이며 우리의 이름이 생명책에 기록되어 있는가 하는 것이다.

열두 제자들의 사역과 칠십이 제자들의 사역이 어느 정도까지 교회의 사역을 예시하는지, 그리고 그들의 사역이 어느 정도까지 오늘날 그리스도인들에게 규범적인지에 대해서 종종 성경 해석자들의 견해가 일치하지 않는다. 두 사역의 여러 측면들은 분명히 상황적이며 그 시대에 국한된 독특한 것들이다 (예를 들면 마태의 기사에서, 이방인들에게 가지 말라는 예수님의 명령). 하지만 적어도 이 파송 강화의 두 가지 중요한 부분, 즉 제자들이 하나님 나라의 복음을 선포하는 사명과 귀신들을 제어하는 권세를 받았다는 사실이 실제로 모든 세대를 위한 교회의 사역을 예시한다는 것에는 의심의 여지가 있을 수 없다.[17]

사도행전과 신약 성경의 서신들은 이 두 가지 점을 예증하며 그것을 확증한다. 예수님의 지상 사역 기간에 제자들은 하나님 나라가 가까이 왔다는 메시지를 선포하는 사명을 받았다. 그 후에 예수님의 죽음과 부활은 하나님 나라에 관한 "복음"의 내용을 성취했다. 예수께서 부활하신 뒤에, 그리고 그가 사십일 동안 제자들에게 하나님 나라에 관해서 말씀하신 뒤에(행 1:3) 제자들은 "하나님 나라의 복음과 예수 그리스도의 이름"을 선포했다(행 8:12; 14:22; 19:8; 20:25; 28:23). 실제로 사도행전은 로마에서 "하나님의 나라를 전파하며 주 예수 그리스도에 관한 모든 것을 담대하게 거침없이" 가르친 사도 바울과 함께 끝난다(행 28:31).

또한 사도행전에서 누가는 복음 전파를 방해하는 사탄의 적대 행위를 극복한, 성령으로 충만한 많은 사람에 관한 기사를 독자에게 제시한다. 서신서 기자들은 이를 보완하는 방식으로 그리스도 안에 있는 신자들이 어둠의 세력들을 제어하는 권세를 갖고 있음을 확증하는 데 많은 노력을 기울인다.

오늘날에도 믿는 자들은 계속해서 열정적으로 복음을 선포하는 사명을 완수하며, 그들과 함께하시는 그리스도의 임재 덕분에 능력과 권세를 소유한다.

### 그리스도와 그의 백성의 궁극적 승리

복음서 기자들은 예수께서 영광 중에 다시 오실 것을 선포하신 사실을 기록한다. 마가는 "그때에 인자가 구름을 타고 큰 권능과 영광으로 오는 것을 사람들이 보리라"라고 기록한다(막 13:26; 또한 마 24:30; 눅 24:27을 보라). 예수께서 다시 오실 때 우주적 차원에서 일련의 사건들이 일어날 것이다. 주님은 온 세상에서 자기 백성을 고으실 것이며 모든 악을 심판하시고 유죄 판결을 내리실 것이다(특히 마 25:31-46을 보라). 특별히 예수님은 마귀와 그의 사자들이 그들을 위하여 예비된 영원한 불에 들어가서 고통을 당할 것이라고 말씀하신다(마 25:41).

예수께서 다른 곳에서는 어둠의 세력들의 최종적인 파멸에 관해서 거의 말씀하지 않으셨지만 요한계시록은 이 주제를 발전시킨다. 요한은 그리스도의 천 년 통치가 끝날 때 일어날 사탄의 파멸에 관한 환상을 본다. 마침내 마귀는 "불과 유황 못"에 던져질 것이고(이른바 "둘째 사망"), 거기서 영원토록 벌을 받을 것이다(계 20:10).

이런 소망의 메시지는 그리스도를 아는 모든 사람을 위한 것이다. 마귀와 그의 어둠의 세력들로 인해서 이 세상에서 고통스럽게 지속되는 악은 머지않아 종식을 고할 것이다.

## 제2부

―

영적 세력들에 관한 바울의 가르침

어둠의 세력들에 관한 사도 바울의 가르침은 그리스도인들의 생각을 형성하는 데 매우 중요하다. 바울 서신이 믿음과 삶을 위한 규범적인 신학을 포함하고 있다고 생각하는 우리에게는, 영적 세력들에 관한 바울의 가르침이 우리의 세계관을 형성하고 바로잡아 준다. 그러므로 이 주제에 관한 그의 가르침을 주의 깊게 평가하는 것은 반드시 필요한 일이다. 특히 현대 세계관이 악한 영들에 관한 성경의 교훈과 종종 맞지 않는 것으로 보이기 때문에 더욱 그러하다.

이 문제와 관련해서 우리는 바울을 어떻게 이해해야 하는가? 바울은 악한 영이 존재하지 않는다는 오늘날 널리 받아들여지는 문화적 전제에 동의하지 않는가? 그는 악한 영이 인간의 일에 영향을 끼치며 하나님의 구원 계획에 반대한다는 개념을 어떻게 생각하는가? 그는 자신의 교회들에게 그러한 영적 세력들에 대해서 어떻게 반응하라고 가르치는가?

바울과 그의 서신들을 1세기 종교적·문화적 상황에서 읽을 때 이러한 질문들에 가장 잘 답할 수 있을 것이다. 또한 바울의 가르침의 출처와 초기 그리스도인들에 대한 그의 반응을 당시 상황에 비추어 살펴보면, 그의 가르침이 악한 영들에 관한 일반적인 개념들과 어느 정도까지 일치하고, 어떤 부분에서 일치하지 않는지를 분명하게 밝힐 수 있을 것이다. 무엇보다도 중요한 것은 우리가 바울의 관점에서 바라볼 때 비로소 신자들이 그리스도와 자신들의 관계에 비추어서 어둠의 세력들의 세계를 어떻게 이해해야 하는지를 알 수 있다는 것이다.

## 6. 영적 세력들이란 무엇인가?

계몽주의 시대 이래 많은 성경학자들은 악한 영을 언급하는 성경의 진술들을 현대의 삶과 관련시키려고 어둠의 세력들을 "비신화화"해(demythologized) 왔다. 그런 학자들에게 귀신의 개념이란 개인이나 부패한 사회 제도의 악한 생각과 행동을 나타내는 문화적·신화적 방식에 지나지 않는다. 또 통치자들과 권세들(principalities and powers)은 바울 서신에 나오는 다른 적대적 세력들, 특히 죄, 율법, 육체, 죽음의 세력들과 동일한 것이라고 그들은 주장한다.

그러면 실제로 바울이 생각하고 있는 것은 정확히 무엇인가? 그는 그 세력들을 독립적으로 존재하는 영으로 인식했는가? 아니면 단지 인격적·집합적·정치적 악이라는 추상적인 개념의 투영으로 간주했는가?

### 악한 영은 실제적 존재이다!

이 문제와 관련해서 바울은 확실히 당대의 사람이었다. 당시 일반적인 유대 사상과 이방 사상과 마찬가지로, 바울 역시 인간에게 적대적인 악한 영들이 이 세상에 가득하다는 것을 전제했다. 그는 영적 세력들의 존재를 의심하기는커녕 이러한 강력한 초자연적 대적들이 존재하는 세상에서 어떻게 살아야 하고 목회해야 하는지를 교회들에게 가르쳤다.

하지만 우리는 이 문제에 대해서 더 정확을 기해야 한다. 바울이 악한 영들의 존재를 믿었다는 사실을 관찰하는 것만으로는 충분하지 않다. 우리는 그 악한 영들에 관해서 그가 참으로 어떻게 생각했는지를 살펴보아야 한다. 그러므로 그가 당시 사람들의 믿음을 어느 정도까지 받아들였으며, 또 어떤 부분들을 거부했는지를 분별하는 것이 중요하다. 이 질문에 대한 답변의 일부는 어둠의 세력들을 나타내기 위해서 그가 사용한 다양한 용어들을 살펴본 뒤에 제시할 수 있을 것이다.

### 악한 세력들에 관해 바울이 사용한 용어들의 출처

우리가 해결해야 할 중요한 문제들 가운데 하나는, 바울이 근본적으로 유대인들의 귀신론에 의존했는가, 아니면 이방인들의 민간 신앙에 뿌리를 둔 악한 영들에 대한 이해에 의존했는가 하는 것이다. 바울이 사용한 일부 용어들이 그리스어 역 구약 성경(칠십인역)에 등장하는 것이 사실이긴 하나, 그렇다고 해서 그가 악한 영들을 나타내는 용어를 전적으로 구약 성경에서만 끌어왔다고 말하는 것은 적절하지 않다. "사탄"과 "마귀"라는 용어들은 구약 성경에 자주 등장하는 반면에 "벨리알"이라는 이름은 전혀 등장하지 않는다(고후 6:15를 보라). 또 "능력들"(*dynameis*)이라고 번역한 단어는 그리스어 역 구약 성경에 매우 자주 등장하지만, 능력들을 나타내는 바울의 가장 일반적인 표현인 "아르카이"(*archai*)와 "엑수시아이"(*exousiai*)는 전혀 나타나지 않는다.[1]

대다수 학자들은 영적 세력들을 나타내는 바울의 어휘가 당시 유대인들의 귀신론을 반영한다고 믿는다. 영적 세력들을 표현하기 위해서 바울이 사용한 모든 용어는 그리스-로마 시대에 기록된 유대 문헌에서 찾아볼 수 있다. 바울 시대의 유대교에는 매우 발전된 천사론이 있었다. 이것은 바울이 사용한 것과 동일한 용어들이 많이 등장하는 유대 문헌에서 인용한 다음 구절들을 통해서 입증된다.

> 그리고 그[하나님]는 하늘의 모든 능력들[*dynameis*]과 위에 있는 모든 거룩한 자들, 그리고 주님의 서력들인 케루빔, 세라핌, 오프님, 다스리는 모든 천사들[*archai*], 택하신 자, 또 땅 위와 물 위에 있는 다른 권세들[*exousiai*]을 부르실 것이다. (에녹 1서 61:10)[2]

> 그리고 나는 거기서[일곱째 하늘에서] 엄청나게 강한 빛과 위대한 천사장들의 불같은 군대들, 그리고 육체가 없는 능력들[*dynameis*]과 주권들[*kyriotētes*], 근원들[*archai*], 권세들[*exousiai*], 그리고 케루빔과 세라핌과 많은 눈을 가진 보좌들[*thronoi*]을 보았다. (에녹 2서 20:1)[3]

> 그[하나님]와 함께 보좌들[*thronoi*]과 권세들[*exousiai*]이 있어서 하나님께 영원토록 찬양을 돌리더라. (레위의 유언서[Testament of Levi] 3:8)

이 세 본문은 모두 하나님의 보좌 둘레에 있는 천사들의 계급 체계를 언급한다. 유대인들은 악의 왕국에도 그와 동일한 계급 체계가 존재한다고 믿었다. 게다가 이 용어들 가운데 많은 것은 일반적으로 정부 조직 내 인간 지도자들의 다양한 지위들을 나타내는 데도 사용되었다. 천사들의 세계는 지상의 국가들과 유사한 방식으로 조직되어 있다고 널리 믿어졌다. 사도 바울은 천사 같은 영적 존재들을 언급하면서 유대교에 알려진 용어들을 많이 사용했다. 그렇다고 해서 이방인들이 어둠의 세력들에 관해서 그가 말한 내용을 이해할 수 없었던 것은 아니다. "통치자들"(archai)과 "권세들"(exousiai)은 보이지 않는 영적 세계를 나타내는 유대인들만의 독특한 표현인 것으로 보인다. 하지만 이방인들도 바울이 사용한 다른 많은 용어들을 영들과 보이지 않는 세력들의 세계를 가리키는 데 사용했다. 예컨대, "능력들"(dynameis), "주권들"(kyriotētes), "보좌들"(thronoi), "천사들"(angeloi), "세상 주관자들"(kosmokratores), "귀신들"(daimonia), "초보적 영들"(stoicheia), "지배자들"(archontes) 같은 용어들은 이방인들에게도 알려졌으며, 마술과 점성술 문헌들이 입증하는 것처럼 그들도 그런 용어들을 사용했다.[4]

영적 세력들의 문제와 관련해서 1세기 동안 많은 지역에서 유대인들과 이방인들의 종교적 믿음의 차이가 거의 없었음을 상기하는 것이 매우 중요하다. 한편, 많은 유대인들은 마법을 행했고 점성술을 믿었으며, 주변의 이방 제의들로부터 종교적 개념들을 차용했다. 다른 한편, 이방인들은 유대교에서 많은 종교적 사상들과 제의적 용어들을 받아들였다. 이것은 헬라 마술 파피루스에서 가장 분명하게 나타나는데, 이런 파피루스에 기록된 마술 비책에는 여호와, 솔로몬, 유대적 천사들의 이름이 헤카테, 헤리오스, 세라피스, 그리고 다른 많은 헬라와 동방의 신들의 이름과 함께 언급된다. 따라서 선한 영들과 악한 영들의 주제를 다룰 때 "유대적"인 것과 "헬레니즘적"인 것을 분리하기가 매우 어렵다. 어떤 면에서 그 둘을 분리하는 것은 시대정신(Zeitgeist) 때문에 불필요한 시도가 되고 만다. 모든 사람은 선한 영과 악한 영의 존재를 믿었고 그 존재를 나타내는 기본적인 어휘를 공유했다.

결정적으로 중요한 문제는 이런 영적 세계와 관련해서 바울이 참이라고 믿은 것이 무엇인가 하는 것이다. 이 분야에서 바울은 자신의 유대적 유산과 예수님의 가르침에 철저히 빚지고 있다.

### 악한 영들과 영지주의(Gnosticism)

소수의 학자들은 바울 서신에 나오는 통치자들, 세력들, 권세들이 영지주의의 신앙 체계에서 일곱 행성의 영역들을 다스리는 천상의 지배자들을 의미하는 것으로 해석했다. 그들은 바울과 영지주의의 어휘가 놀라울 만큼 유사하다는 사실을 발견하고 바울이 이러한 용어들을 영지주의에서 빌려왔다고 가정한다. 이것을 포함한 몇 가지 이유들 때문에 이 해석자들은 바울 서신의 독자들이 영지주의의 영향력과 싸우고 있었다고 주장한다. 따라서 바울은 교회에 침입한 이런 위험한 가르침을 물리치기 위해서 서신들을 썼다고 한다. 이런 주장은 특히 에베소서와 골로새서 해석의 역사에서 많이 제기되었다. 때때로 학자들은 에베소서와 골로새서를 영지주의에 반대한 바울의 가르침으로 간주하기도 한다. 소수이긴 하지만 일부 학자들의 해석에 따르면, 이 서신들의 저자(종종 바울이 저자가 아니라고 주장함)는 자신이 받은 영지주의의 영향을 드러낸다!

이런 영지주의적 해석이 갖는 문제점은 기독교 출현 이전에 영지주의가 존재했음을 입증하는 명확한 증거가 없다는 것이다. 복음주의 진영에 속한 학자 에드윈 야마우치는 영지주의가 기원후 70년까지, 그리고 아마도 기원후 135년까지는 통일성 있는 사상 체계로서는 존재하지 않았을 것이라는 매우 설득력 있는 사례를 제시했다.[5] 많은 학자들이 이 두 가지 년도(1차 유대 전쟁과 2차 유대 전쟁의 년도-역주)를 지적하는 이유는, 영지주의가 실제로 유대교 안에서 일어났으며, 두 번에 걸쳐 발발한 유대 전쟁에서 로마군에 결정적으로 패함으로써 메시아 대망 사상에 실망한 데서 영지주의가 발생하게 되었다고 확신하기 때문이다.[6]

그러나 영지주의의 기원을 기원후 2세기로 본다고 해서 발전된 영지주의의 사상 체계(기원후 2세기에서 4세기의 사상 체계)에서 발견되는 많은 개념들이 1세기에는 존재하지 않았음을 의미하지는 않는다.[7] 영지주의는 전적으로 새로운 개념들이 축적되어 출현한 것이 아니라 매우 다양한 종교들의 전통에서 비롯되었다. 따라서 영지주의는 대단한 절충주의, 또는 폭넓게 다양한 사상들을 차용한 행태를 보여 준다. 그것은 중심 개념들과 사상들을 많은 그리스-로마 종교들, 점성술, 마술, 페르시아와 이란의 종교, 유대교, 그리고 심지어는 기독교에서도 많은 부분을 채택했다. 영지주의에서 천상의 세력들에 관한 용어는 아마도 실질적으로 모든 종교 전통들이 공유한 영들, 천사들, 귀신들, 신들을 나타내는 용어의 저수지에서 빌려왔을 것이다. 하지만 영지주의에서 이런 세력들은 상승하는 행성의 영역들을 지배하는 자들로서 잘 규정된 기능을 갖고 있었다. 이것은 종교 역사에 대한 영지주의의 독특한 기여로 보인다. 이 점에서 영지주의는 미트라(Mithras) 종교에서 강한 영향을 받았다. 그러므로 영지주의는, 일부 학자들이 가정하는 것처럼, 통치자들, 능력들, 권세들에 관한 바울의 진술들을 이해하는 데 적절하지 않다.

## 악한 영들과 사탄의 왕국

영적 세력들에 관한 바울의 가르침을 접한 많은 이방인 개종자들은 자신들의 사고방식을 크게 바꾸어야 했다. 민간 신앙에서, 그리고 특히 마술과 관련해서 그들은 '선한' 영들과 '악한' 영들이 존재한다는 생각에 익숙해 있었다. 마술에서는 그들이 도움을 요청할 수 있고 악한 영들로부터 그들을 보호해 줄 수 있는 선하고 유익한 영들의 이름을 아는 것이 중요했다.

바울은 '악한 영적 세력들'을 지배하는 하나의 탁월한 악의 우두머리, 즉 사탄의 존재를 가르쳤는데, 이것은 구약 성경, 유대교, 그리고 예수님의 가르침과 일치하는 것이었다. 따라서 바울은 이방인 개종자들이 기독교 신앙을 갖기 전에 선한 영들과 악한 영들을 구분한 것을 받아들이지 않았을 것이다. 마술과 점성술과 이방인들의 제의에서 도움을 요청받는 대상이자 숭배를 받는 영들은 모두 악할 뿐 아니라 '마귀적인' 존재들이기 때문이다.

사탄 또는 마귀는 "이 세상의 신"이다(고후 4:4). 하나님은 존재하는 모든 것의 창조주일 뿐 아니라 그 모든 것을 다스리는 궁극적인 주권적 통치자이기도 하다. 반면에 사탄은 지상에서 많은 악한 활동을 하도록 하나님께 허락받은 존재에 지나지 않는다. 요한은 예수께서 마귀를 "이 세상의 임금(*archōn*)"이라고 부르시면서 그의 현재적 권세에 주의를 기울이게 하신 것을 기록한다(요 14:30; 16:11). 사탄의 권세는 절대적인 것이 아니지만 그렇다고 시시한 것도 아니다. 사탄은 인간 삶의 모든 차원에서 온갖 종류의 파괴적인 영향력을 행사하며, 주 예수 그리스도 안에서, 그리고 그리스도를 통해서 실현하시는 하나님의 구속 목적에 대하여 가장 적대적인 권세를 휘두른다.

바울에 따르면, 사탄은 믿지 않는 사람들을 자기 종으로 사로잡고 있다. 사탄은 "믿지 아니하는 자들의 마음을 혼미하게 하여 그리스도의 영광의 복음의 광채가 비치지 못하게" 한다(고후 4:4). 사도로서의 사역을 마칠 무렵에도 바울의 이런 확신은 바뀌지 않았다. 그는 복음 사역에 반대하는 자들을 "자기의 뜻을 좇게 하려고 그들을 사로잡은" 마귀의 올무에 빠진 것으로 간주한다(딤후 2:26, 개역개정은 이 구절을 "그들로 깨어 마귀의 올무에서 벗어나 하나님께 사로잡힌 바 되어 그 뜻을 따르게 하실까 함이라"라고 번역한다.-역주). 다른 곳에서 바울은 사탄이 믿지 않는 자들을 "종으로 삼았다"고 말한다. 하나님께서 구속 사역을 이루시기 전에 갈라디아 사람들은 "이 세상의 초보적 영들(*stoicheia*, 이 세상의 초등학문[개역개정]) 아래에 있어서 종노릇"했다(갈 4:3). 여기서 바울은 그들의 지도자 사탄이 가진 것과 동일한 악한 목적들을 이루려고 활동하는 강력한 영적 존재들의 모습을 보여 준다. 또 에베소서에서는 믿지 않는 자들이 허물과 죄로 "죽어" 있었다는 관점에서 그들이 종노릇한 것을 묘사하는데, 그때 그들은 "공중의 권세 잡은 자"를 따랐다(엡 2:1-2).

사탄과 그의 세력들은 사람들을 포로로 잡아 결박하고 종으로 만들어서 죽음의 영역에 머물러 있게 하며, 그리스도 안에서 사랑하고 화해하며 생명을 주시는 하나님의 목적을 전면적으로 거스른다. 사탄은 사람들이 그리스도인이 된 이후에도 수많은 궤계를 동원하여 그들을 속이고 착취한다(고후 2:11; 엡 6:11). 그는 어둡고 악한 특성을 갖고 있지만 사람들을 더 잘 속이려고 종종 자신을 광명의 천사로 가장하기도 한다(고후 11:14).

### 악한 영들과 세계의 종교들

기독교로 개종한 이방인들은 매우 중요한 문제에 직면했는데, 그것은 이전에 그들이 섬기던 신들과 여신들에 대해서 어떤 관점을 가져야 하는가 하는 것이었다. 예컨대, 디오니소스 숭배자들은 그리스도인이 된 지금 그 신을 어떻게 보아야 하는가? 디오니소스는 유일한 하나님보다 다소 지위가 떨어지기는 하지만 참으로 존재하는 신인가? 아니면 신적 존재가 아니라 그저 석조 우상에 지나지 않는가?

바울은 고린도전서에서 이 문제를 구체적으로 다룬다(고전 8장과 10장).[8] 당시에 고린도 교회는 특별히 두 가지 문제를 안고 있었다. 첫째, 지역의 이방 신전에서 식사를 할 수 있는가? 둘째, 신이나 여신에게 바쳤던 고기를 먹을 수 있는가? 바울은 이 문제에 답변을 제시한다.

고린도 교회의 신자들은 이 두 문제에 대해서 의견이 일치하지 않았다. 더 강한 믿음을 가진 사람들은 우상이 실제적인 존재가 아니라는 것을 알고(8:4) 우상의 신전에서 식사하는 것을 꺼리지 않았다(8:10).[9] 하지만 그런 행동은 다른 그리스도인들을 영적으로 망하게 만드는 결과를 초래했다. 더 강한 믿음을 가진 동료 신자들이 자유롭게 행동하는 것을 보고, 믿음이 "더 약한" 그리스도인들도 용기를 내어 같은 일을 했고 신에게 제물로 바쳤던 고기를 먹었다(아마도 신전 안에서). 그 결과 믿음이 약한 그리스도인들은 양심의 가책으로 괴로워했고 그들 가운데 일부는 다시 우상 숭배를 시작했다. 이것은 문제가 일어나기 전에 바울이 미리 해결책을 제시하려 한 잠재적인 상황이 아니라 실제적인 상황이었음이 분명하다. 즉, 그린도 교회의 신자 몇 사람이 과거에 하던 우상 숭배를 실제로 다시 시작한 상황이었다는 것이다.

바울은 귀중한 신자 몇 사람을 망하게 만드는 이런 상황(8:11)을 크게 염려했다. 그래서 그는 고린도 교인들에게 이방 신전들과의 관계를 완전히 정리해야 하며,[10] 믿음이 강한 신자들은 믿음이 약한 동료 그리스도인들의 양심을 민감하게 고려하여 우상에 바쳤던 고기를 먹을 수 있는 권리를 기꺼이 포기해야 한다는 긴 논증을 제시한다.

바울 논증의 중심적인 특징 하나는, 비기독교적 종교는 마귀적인 성격을 갖고 있다는 것이다. 그는 우상이 전혀 실제적이지도 않고 독자적으로 존재하지도 않는다는 지식을 가진 고린도 교인들과 생각을 같이한다(8:4). 또 그는 그리스도인들에게는 참되신 한 분 하나님을 제외하고는 다른 신이 없다는 것에도 동의한다. 아폴로, 이시스, 사라피스 및 다른 모든 이방 신들은 소위 "신"이라고 불리는 존재에 불과하다. 그럼에도 불구하고 바울은 계속해서 이들 신들이 어떤 방식으로든 실제로 존재한다는 것을 긍정하면서 "많은 '신'과 많은 '주'가 있"다고 말한다(8:5). 어떤 의미에서 그는 다른 "신들"과 "주들"의 존재를 믿은 것이다. 그러나 그런 존재들을 숭배하는 사람들과는 질적으로 다른 방식으로 믿었다. 나중에 바울은 우상들이란 귀신들을 나타내는 것일 뿐(10:20-21) 참된 신들이 아니라고 주장한다. 우상들을 유일하신 하나님과 동일한 차원에 있는 것으로 생각해서는 안 된다. 하지만 우상을 숭배하는 자들이 주관적으로 그렇게 믿었다는 점에서 그 우상들은 실제적인 신이며 주라고 할 수 있다.[11] 우상을 숭배하는 자들에게 우상은 '실제적인' 것이기 때문이다. 고린도 교회의 '약한' 그리스도인들에게도 이 신들은 그들의 '양심'에서, 또는 그들의 '인식'에서 여전히 실제적인 존재들이었다. "그들은 하나님 한 분만이 존재한다는 것을 믿는 자신들의 지적인 확신을 정서적인 차원에서는 완전히 받아들이지 않았던 것이다."[12] 다시 말해서, 그들은 자신들이 지적으로 이해한 것을 마음으로는 확신하지 못했다. 우리는 많은 신들의 존재를 믿는 것에 익숙한 사람들이 오랫동안 깊이 구축해 온 종교적 확신을 버리고 유일신론의 체계로 전향하는 것이 극히 어렵다는 사실을 과소평가해서는 안 된다. 또 이방 신들이 참으로 '아무것'도 아니긴 하지만, 그렇다고 해서 그 신들을 덜 위험한 것으로 생각해서도 안 된다.

나중에 바울은 우상 숭배와 귀신의 활동 사이에 밀접한 관련이 있다고 주장한다. 그는 이렇게 말한다. "그런즉 내가 무엇을 말하느냐 우상의 제물은 무엇이며 우상은 무엇이냐 무릇 이방인이 제사하는 것은 귀신에게 하는 것이요 하나님께 제사하는 것이 아니니 나는 너희가 귀신과 교제하는 자가 되기를 원하지 아니하노라"(10:19-20). 바울은 실제로 우상 숭배와 관련된 초자연적인 존재들이 있다고 생각했는데, 어둠의 세력들이 바로 그들이다! 두 절에서 그는 "귀신"(demon)이라는 용어를 네 번이나 사용한다. 그는 귀신들이야말로 제물로 바쳐진 고기를 실제로 받는 존재들이라고 생각한다(10:20). 이방 신전에서 먹고 마심으로써 고린도 교회 교인들은 "귀신의 잔"을 마시고 "귀신의 상"에서 먹고 있는 것이다(10:21). 본질적으로 그것은 귀신들과 "교제"하는 것이다. 하지만 교제는 오직 그리스도와의 관계에서만 이루어져야 한다(1:9). 그리스도의 상에서 이루어지는 주 예수와의 연합이 귀신의 상에 참여하는 것을 완전히 대체해야 한다. 요컨대, 바울이 볼 때 일반적으로 이방 종교들은 강한 마귀적인 특성을 지니고 있다.

바울에게 이런 입장은 전혀 새로운 것이 아니다. 그것은 이미 확립된 유대교의 입장을 대변하기 때문이다. 하나님을 찬양하는 모세의 노래는 이스라엘 백성이 광야에 있을 때 행한 우상 숭배를 반영하는데, 이 노래에서 모세는 이렇게 선포한다. "그들이 다른 신으로 그의 질투를 일으키며 가증한 것으로 그의 진노를 격발하였도다 그들은 하나님께 제사하지 아니하고 귀신들에게 하였으니"(신 32:16-17). 우상들에 대한 이런 태도는 구약 성경의 다른 곳과 신약 성경 시대의 유대교에도 반영되어 있다.[13] 바울 시대와 더 가까운 유대인의 신조는 기원전 2세기 유대 문헌에 잘 나타나 있다. 이 문헌은 노아의 아들들의 우상 숭배에 관해서 다음과 같이 언급한다.

> 그리고 그들은 자신들을 위해서 주상(鑄像)을 만들었고, 그들이 주상으로 만든 그 우상을 모든 사람들이 숭배했다. 또 그들은 조각상을 만들기 시작했고 형상들을 더럽혔다. 잔혹한 영들이 그들을 도왔으며 그들을 타락시켜서 죄를 짓게 하고 더러운 일들을 하게 만들었다. [이 귀신들의] 지배자인 마스테마가 이 모든 것을 행하도록 강력하게 역사했다. 또 그는 자신의 지배 아래 있는 사람들에게 다른 영들을 보냈다. 그리하여 그들이 온갖 잘못과 죄를 범하고 파괴하며 망하게 하고 땅에 피를 쏟게 만들었다 (희년서 11:4-5)[14]

그리스도께서 세상에 오시기 바로 직전에 기록된 또 다른 유대 문헌은 우상 숭배를 마법과 귀신과 관련시킨다. "나의 자녀들아, 나는 너희가 무당들과 점쟁이들과 속이는 귀신들을 좇아 그 나라에 반하여 행한 음행과 마법들과 우상 숭배 탓에 크게 근심하고 있구나."(납달리의 유언서 23:1).[15] 「납달리의 유언서」(Testament of Naphtali)는 이방인들이 주님을 섬기다가 우상을 숭배하게 된 것에 관해서 말하는데, 그것 역시 귀신과 관련이 있다. "이방인들은 그들의 질서를 바꾸었고 타락했으며 주님을 버렸다. 그들은 돌과 막대기들을 따라갔고 거짓의 영들을 따라갔다."(납달리의 유언서 3:1).[16]

이와 유사하게 바울도 로마 성도들에게 보낸 편지에서 이방인들이 하나님 섬기는 것을 거짓 것으로 바꾸었다고 말한다. 그가 보기에 이방인들은 "썩어지지 아니하는 하나님의 영광을 썩어질 사람과 새와 짐승과 기어 다니는 동물 모양의 우상으로 바꾸었"다(롬 1:23). 그가 고린도 교회 성도들에게 말한 것은 로마 교회 성도들에게 말한 것과 충돌을 일으키지 않는다. 바울은 이방 신을 생명이 없는 우상이라고 말하는 것 이상으로 사탄과 그의 어둠의 세력들이 사람들을 노예 상태로 붙잡아 두려고 비기독교적인 종교들을 이용했다고 단언한다.

바울이 고린도 교회 성도들에게 "우상 숭배하는 일을 피하라"(10:14)라고 촉구한 이유는 더할 나위 없이 분명하다. 어떤 식으로든지 이방 신전에 연루된다면 고린도 교회 신자들은 강력한 귀신의 활동에 노출되고, 유일하신 참된 하나님께 대한 그들의 충성은 손상될 것이다. 실제로 이방 신전에 연루된 어떤 사람들은 망하는 길로 가고 있다(8:11). 고린도 교회 성도들 가운데 "지식"이 있는 사람들이 비기독교적 종교들과 밀접한 관련이 있는 적대적인 어둠의 세력들의 극히 위험한 영향력을 고려하지 못하고 있었다. 그들은 이미 세례를 받았고 주의 상에 참여하고 있었지만, 그렇다고 해서 귀신의 세력들의 위험한 활동에 대해서 면역력을 갖고 있는 것은 아니다. 이와 비슷하게 이스라엘 백성도 상징적으로 "세례를 받고" "영적 음식"을 먹고 "영적 음료"를 마셨음에도 불구하고 우상 숭배의 치명적인 영향에서 자유롭지 못했다(10:1-12).

바울은 이방 신전에서 먹는 일(우상 숭배에 참여하는 것으로 간주함)과 신에게 바쳐졌던 음식을 개인의 집에서 먹는 일을 구별한다(10:23-33). 후자의 경우에 믿음이 강한 그리스도인들은 믿음이 약한 그리스도인들을 민감하게 고려해야 한다. 이 경우에는 우상 숭배가 더 이상 쟁점이 아니다. 바울은 그들에게 "무릇 시장에서 파는 것은 양심을 위하여 묻지 말고 먹으라"라고 충고한다(10:25). 그러나 동시에 불신자의 집에서 다른 (약한) 그리스도인들이 지켜보는 자리에서 고기를 먹다가 그들의 양심을 상하게 할 경우에는 그들을 고려하여 고기를 먹지 말라고 촉구한다(10:27-29).

고린도 교회의 이런 상황은 오늘날 교회에 참으로 적절하다. 따라서 우리는 이런 상황을 다루는 바울의 방식을 통해서 많은 것을 배울 수 있다. 특별히 이것은 다양한 형태의 이방 종교에서 기독교로 개종한 사람들을 대상으로 사역할 때 적절하다. 고든 피는 이 본문의 적실성을 다음과 같이 매우 적절하게 묘사한다.

예컨대, 마약 중독자들과 매춘에 빠진 사람들, 또는 부두교(voodoo)와 다양한 형태의 귀신 숭배에 연루된 사람들을 건져 내는 일을 해 온 사역자들은 다른 사람들이 거의 인식할 수 없는 실존적인 방식으로 이 본문을 이해한다. 대개 그런 사람들은 복음 전도를 위해서 그들이 과거에 자주 가던 곳으로 돌아가서는 안 될 뿐만 아니라 과거의 교제 모임과도 영구히 격리되어야 한다. 그것은 그들의 이전 삶이 매우 집요하게 그들을 붙들기 때문이다. 바울은 귀신의 세력을 매우 심각하게 여긴다. 그래서 그는 여전 우상 숭배자가 다시 우상 숭배를 함으로써 멸망하게 될 것, 즉 이전 삶의 방식으로 돌아가서 그것에 더 철저하게 붙들려서 결국 영원히 망하게 될 것을 염려한다.[17]

고린도 교회의 상황에 대해서 바울이 이렇게 반응하도록 이끈 주요한 신조들 가운데 하나는, 귀신들이 우상 숭배를 불러일으킨다는 확신이었다. 바울의 관점에서 볼 때 우상 숭배란 사람의 손으로 만든 조상(彫像)을 숭배하는 것이며, 유일하신 참된 하나님 이외에 다른 것을 숭배하고 섬기는 것을 포함한다. 또한 우상 숭배에 참여하는 것은 신들을 섬기고 숭배하는 것과 관련된 온갖 일을 행하는 것이다. 고린도 교회 성도들에게 있어서 우상 숭배는 이방 신전에서 먹는 것을 포함한다.

이것을 확장해서 이해한다면 오늘날 우리에게 효력 있는 원리를 끌어낼 수 있다. 즉, 모든 다양한 비기독교적인 종교들은 사람들을 속여서 유일하신 참된 하나님으로부터 주의를 돌리게 만드는 어둠의 세력들의 활동이 특별하게 현현한 것에 지나지 않는다는 것이다.

## 바울이 언급하지 않은 것

바울은 어둠의 세력들에 관해서 많은 것을 말했지만, 또한 말하지 않고 지나친 것들도 적지 않다. 특히 그의 서신들을 당시의 유대교라는 배경에 비추어서 읽을 때 더욱 그러하다. 어둠의 세력들과 관련된 몇 가지 문제들에 대해서 바울의 대답을 듣는 것은 확실히 도움이 된다. 우리는 악한 영들에 관한 바울의 생각을 완전하게 알지 못하더라도 그것으로 만족해야 할 것이다. 다음은 바울이 침묵을 지키는 몇 가지 분야이다.

1. **천사들의 반역과 타락**: 많은 전승들은 에스겔 28장에 등장하는 두로 왕과 이사야 14장에 등장하는 바벨론 왕에 대한 하나님의 심판이, 특정한 왕들의 역사적 상황에 대한 단순한 묘사 이상으로, 우리에게 사탄과 그를 추종하는 많은 천사들의 반역에 대한 통찰을 제공한다고 지적한다. 그리스-로마 시대에 유대교의 많은 전승들은 창세기 6장과 "하나님의 아들들"(천사로 해석됨)이 사람의 딸들과 동침하여 어둠의 세력들의 근원인 악한 영들이 된 네피림을 낳은 기사를 언급한다(예컨대, 에녹 1서 6-11장을 보라). 바울은 악한 영들의 기원에 관한 이 전승들(또는 다른 전승들)을 결코 지지하지 않으며 언급하지도 않는다. 그는 단지 이 세상에 하나님과 교회에 적대적이고 악한 초자연적 영들이 존재한다는 것을 전제할 뿐이다. 그 이유는 무엇인가? "그 이유는 기원에 관한 이러한 문제들이 실제 생활에서 직면하는 마귀의 책략이라는 매우 절박하고 현실적인 질문들로 인해서 뒤로 밀려났기 때문이다."[18]

2. **천사 같은 영적 세력들의 이름**: 우리는 바울 시대의 많은 유대 문헌(특히 묵시 문헌)이 루악스, 바르사파엘, 아르토사엘, 벨벨 등의 이름들로 천사 같은 영적 세력들의 정체를 밝히는 데 초점을 맞추고 있음을 살펴보았다. 바울은 사탄을 벨리알이라고 부른 단 한 번의 경우(고후 6:15)를 제외하고는 영들의 이름을 제시하는 데 관심을 보이지 않는다. 그 영들은 모두 그리스도의 권세에 굴복할 것이므로 그들의 이름을 제시하는 것은 바울이 보기에 무가치한 일이었을 것이다.

3. **천사들의 계급 체계 내에서의 서열**: 바울은 유대 묵시 문헌의 본문들에서 발견되는 천사 같은 존재들에 관한 많은 범주들을 차용하지만, 통치자들, 세력

들, 권세들의 상대적인 지위에 관해서는 아무것도 언급하지 않는다. 유대 문헌인 「아담의 유언서」(Testament of Adam)는 천사 같은 세력들의 목록을 가장 낮은 것에서부터 가장 높은 것까지 다양한 서열에 따라 제시하고 그들 각자에게 기능을 부여한다. 이 유언서는 가장 낮은 서열에 속한 천사들, 천사장들, 지배자들, 권세들, 세력들, 주권들을 제시하고, 이어서 가장 높은 서열에 속한 보좌들, 세라핌과 케루빔을 제시한다. 반면에 세력들에 대한 바울의 다양한 언급들은 그들 각자의 지위나 서열에 전혀 관심을 보이지 않는다. 바울은 우선적으로 그들의 기능에 관심을 갖는다. 즉, 그는 그리스도인들을 공격하는 강력한 천사 같은 존재들이 존재한다는 것과 그 영들을 대적할 준비를 해야 한다는 것을 그의 교회들이 알기를 원한다.

**4. 일부 귀신들의 활동과 그들을 좌절시키는 방법**: 어떤 형태의 유대교에서는 악한 영들이 사람들에 대해 갖고 있는 권세와 그 영들을 물리칠 수 있는 방법을 아는 것을 중요하게 생각했다. 예컨대, "럭스 테트락스"라는 이름을 가진 악한 영은 불일치를 조장하고 화재를 일으키는 것으로 믿어졌다. 오직 선한 천사장 아자엘의 활동과 권세를 통해서만 럭스 테트락스의 악한 활동을 좌절시킬 수 있었다(솔로몬의 유언서 7:1-8). 이와 대조적으로 사도 바울은 어둠의 세력들을 제어하는 신자의 권세의 원천으로서 오직 주 예수 그리스도 한 분만을 언급한다. 그는 결코 천사들에게 호소할 필요성이나 다양한 악한 영들의 기능에 관한 특별한 지식을 가져야 할 필요성을 언급하지 않는다.

**5. 악한 천사들이 지배하는 지역**: 다니엘서는 선한 천사들과 악한 천사들이 특정한 나라들을 지배하고 있음을 알려 준다. 구체적으로 다니엘은 악한 천사들이 페르시아와 그리스에 영향력을 행사하는 반면에 선한 천사 미가엘은 이스라엘을 위해서 이 악한 천사들과 싸운다고 말한다. 어둠의 세력들을 나타내는 용어들과 개념들("아르콘"이라는 용어를 포함하여)과 관련해서 바울은 상당한 정도로 다니엘서에 의존하지만 그 세력들을 특정한 나라나 지역과 관련시키

지는 않는다. 예컨대, 그는 로마를 지배하는 천사 같은 지배자를 좌절시켜 달라고, 또는 고린도를 지배하는 마귀 같은 지배자를 결박해 달라고 하나님께 간청하지 않는다. 이것은 부분적으로 바울이 어둠의 세력들을 언급할 때 대체로 포괄적인 관점에서 말했다는 사실을 통해서 설명할 수 있다. 예컨대, 그는 그 영적 세력들을 모두 한데 포함하여 총괄적으로 취급했고 그 세력들을 제어하는 그리스도의 탁월성이나 신자의 권세에 관해서 말했다. 바울의 관점에서 볼 때, 귀신의 계급 조직에 있어서 한 지역을 지배하는 최고 권세를 행사하는 악한 천사의 정체를 정확하게 밝히는 것은 신자에게 그다지 중요한 일이 아니었을 것이다. 바울은 교회를 공격하고 교회 사역을 방해하는 강력한 마귀의 세력들이 존재한다는 것과 오직 하나님의 능력을 의지하여 그들을 이길 수 있다는 것을 인식해야 한다는 점을 강조했다.

# 7. 십자가에서 일어난 영적 세력들의 패배

그리스도의 십자가는 구원 역사의 중심축이다. 이것은 그리스도께서 자기 피로 속죄를 이루셨다는 의미에서뿐 아니라, 그가 악한 세력들에게 결정적인 승리를 거두셨다는 의미에서도 그러하다.

### 창조주의 궁극적연 주권

그리스도와 교회가 신약 성경 전체에서 악한 영적 세력들과 투쟁하고 있는 것으로 제시되지만 이러한 적대 세력들은 결코 하나님의 절대적인 주권에서 자유롭거나 독립적이지 않다. 하나님은 창조주이시므로 주권을 행사하신다. 바울은 기도할 때 하나님을 "하늘과 땅에 있는 각 족속에게 이름을 주신" 아버지라고 부른다(엡 3:14-15). 천사들의 계급 조직에서 각 쿠서에 속한 모든 존재들은 그 정체와 권세가 하나님께로부터 비롯되었다는 의미에서 하나님께 "이름을 받은" 것이다. 천사 같은 존재들의 계급 조직에서 선한 천사들과 악한 천사들은 모두 그 생명과 존재 자체를 하나님 아버지께 부여받는다. 하나님은 참으로 모든 생명의 근원이라는 점에서 아버지이시다.

바울 서신에서 영적 세력들과 관련해서 창조주의 주권을 가장 분명하고 강력하게 제시하는 본문은 골로새서 1:15-20이다. 이 구절에서 창조주의 모든 기능은 "하나님께서 모든 충만으로 그 안에 거하게 하기를 기뻐하신" 그리스도에게 돌려진다. 우주 만물을 창조하시고, 우주적 화해가 완성될 성취의 때를 향해서 만물을 움직이게 하실 뿐 아니라 만물을 유지하시는 것으로 인해서 그리스도께서 찬양을 받으신다. 바울은 영적 세력들을 지배하시는 그리스도의 주권을 합당하게 찬양하는데, 그 이유는 그리스도께서 그들 모두를 창조하셨기 때문이다.

바울은 창조주가 피조물에 대한 지배권을 상실한다는 것을 상상조차 하지 않는다. 또 그는 어둠의 세력들이 하나님의 섭리와 권세를 찬탈하려고 위협하는 것을 생각조차 하지 않는다. 하나님은 언제나 만물을 다스리시며 역사 속에서 자기 목적을 이루어 가시는 동안에 계속해서 주권을 행사하신다. 바울에게 있어서 그분은 "모든 일을 그의 뜻의 결정대로 일하시는" 하나님이시다(엡 1:11). 일반적으로 인간의 운명을 지배한다고 믿어진 별들이든지 별의 영들이든지 그 무엇도 하나님의 계획을 좌절시킬 수 없다. 오직 창세전에 한 백성을 자기의 것으로 선택하시고 구속하신 하나님만이 역사와 인간의 운명을 지배하신다.

### 하나님의 구원 계획을 좌절시키려는 시도(고전 2:6-8)

바울은 악한 영적 세력들이 하나님의 구원 목적을 영구히 좌절시켰다고 생각한 순간에 대한 간략한 그림을 제공한다. 또 다른 성경 기자인 사도 요한은 사탄이 유다에게 들어가서 그리스도를 관원들에게 넘겨주게 함으로써 그리스도의 십자가행을 촉진시키려고 했음을 보여 준다(요 13:27).[1] 바울은 어둠의 세력들이 그리스도의 죽음을 재촉함으로써 하나님의 목적을 무력하게 만들 수 있다고 확신했다는 것을 폭로하면서 사탄의 의도에 대한 요한의 기사가 옳다는 것을 확증한다. 바울은 고린도전서 2:6-8에서 다음과 같이 말한다.

> 그러나 우리가 온전한 자들 중에서는 지혜를 말하노니 이는 이 세상의 지혜가 아니요 또 이 세상에서 없어질 통치자들의 지혜도 아니요 오직 은밀한 가운데 있는 하나님의 지혜를 말하는 것으로서 곧 감추어졌던 것인데 하나님이 우리의 영광을 위하여 만세 전에 미리 정하신 것이라 이 지혜는 이 세대의 통치자들이 한 사람도 알지 못하였나니 만일 알았더라면 영광의 주를 십자가에 못 박지 아니하였으리라

이 본문은 우리가 영적 세력들을 이해하는 것과 관련해서 중요한 세 가지 통찰을 제시한다. 첫째, 하나님의 목적에 대한 그들의 지식은 제한적이다. 그 세력들은 하나님께서 어떻게 그리스도를 통해서 자신의 구속 방법을 시작하셨는지를 정확하게 알지 못했다. 바울은 이것을 "이 세대의 통치자들이 한 사람도 알지 못하였나니"라고 분명하게 진술한다. 하나님은 초자연적인 존재들에게 이 "비밀스러운 지혜"(문자적으로는 "은밀한 가운데 있는 하나님의 지혜")를 알려 주지 않으셨다. 구원 계획의 복잡함은 인간들뿐 아니라 천사들도 알지 못하도록 감추어져 있었다. 따라서 사탄의 세력들은 순진하게도 예수를 처형하는 것이 하나님 아버지의 뜻을 성취하고 그 나라를 도래하게 하려고 세상에 온 하나님의 아들을 제거하는 길이라고 믿었다.

둘째, 악한 영적 지배자들은 임박한 멸망에 직면해 있다(고전 2:6). 바울은 이 세대의 관원들이 "없어지고 있다"(NIV), "사라지고 있다"(NASB), "망하고 있다"(NEB)라고 주장한다. 여기서 바울은 "카타르게오"(*katargeō*)라는 강한 단어를 사용하는데, 이 단어는 일반적으로 "무력하게 하다", "폐지하다", "일소하다"를 의미한다.[2] 그리스도의 십자가를 통해서 악한 영적 세력들이 결정적으로

패배했으므로 이것은 그 영적 세력들에게 해당한다. 비록 그들이 계속해서 교회를 공격하는 동안에 잠시 승리를 맛볼지라도 그들의 궁극적인 멸망은 확실하다. 바울은 고린도전서에서 나중에 "나라를 아버지 하나님께 바칠 때" 모든 적대적인 세력들이 멸망할 것이라고 말하면서 같은 단어 "카타르게오"를 사용한다(고전 15:24). 또한 바울은 악한 영적 세력들을 "이 세대에" 속한 것이라고 말한다. 유대인들의 전통적인 종말론에 따라서 바울은 두 세대, 즉 '이 세대'와 '앞으로 올 세대'가 있음을 안다. 악한 영적 세력들은 하나님께서 자기 백성을 건져 내신 현재의 이 악한 세대의 일부분이다(갈 1:4를 보라). 그리스도의 재림이 "이 세대"의 마지막을 명시할 것이므로 그 세력들의 멸망은 더욱더 확실하다. 그리고 앞으로 올 세대에서는 더 이상 무서운 세력을 가진 악한 영적 지배자들과 싸우는 일이 없이 생명의 모든 충만을 경험하게 될 것이다.

셋째, 악한 영적 지배자들은 사람 안에서, 그리고 사람을 통해서 역사함으로써 세상일에 깊이 관여한다. 복음서 기사들을 통해서 우리는 사람들, 즉 본디오 빌라도 총독의 명령을 받은 로마 군인들이 예수님을 십자가에 못 박았다는 것을 분명히 안다. 장로들, 대제사장들, 율법사들로 구성되고 대제사장 안나스와 가야바가 주도한 유대 공회가 예수님을 십자가에 못 박도록 빌라도에게 넘겨주었다. 게다가 유월절을 위해서 모인 무리는 빌라도에게 예수를 십자가에 못 박으라고 소리쳤다. 이런 사람들 모두가 예수의 죽음에 대해서 책임을 져야 할 것으로 보인다. 하지만 이 본문에서 바울은 악한 영들이 예수님의 죽음에 책임이 있다고 지적한다. 이 본문을 해석하는 사람들이 모두 이렇게 생각하는 것은 아니다. 어떤 사람들은 바울이 단지 인간 관원들, 즉 대체로 안나스, 가야바, 빌라도가 예수님의 죽음에 책임이 있는 것으로 생각한다고 본다.[3] 하지만 독자들이 이 구절을 읽을 때 악한 영적 지배자들을 생각하도록 바울이 의도했다고 믿을 만한 타당한 근거들이 많이 있다. 첫째, 바울은 "지배자"(*archōn*)라는 용어를 사용하는데, 이 용어가 다른 곳에서는 사탄을 가리킨다. 예컨대, 에베소서 2:2에서 바울은 사탄을 "공중의 권세 잡은 자(*archōn*)"로 묘사한다. 또 다른 경우에 그는 인간 관원들을 가리키는 데 이 단어를 사용한다(롬 13:3). 그러나 여기서 확정할 수 있는 중요한 점은 이 단어가 악한 영적 존재들을 가리키는 데 사용한 바울의 어휘의 일부라는 것이다.

둘째, 인간 관원들보다는 악한 영적 지배자들이 "일소되고"(*katargeō*) 있다고 해석하는 것이 더 자연스럽다. 같은 서신의 뒷부분에서 바울은 그리스도께서 나라를 하나님 아버지께 바치실 때 어둠의 세력들("모든 통치와 모든 권세와 능력")을 멸하실(*katargeō*) 것이라고 말한다(고전 15:24). 또한 그는 그리스도께서 종말에 닥칠 큰 환난의 때에 사탄의 사주를 받는 "불법한 자"를 죽이실 것이라고 말하면서 이 단어를 사용한다(살후 2:8). 하지만 믿지 않는 사람들의 궁극적인 멸망을 나타낼 때에는 결코 이 단어를 사용하지 않는다. 또한 히브리서 기자가 악한 영적 존재들과 관련해서 이 단어를 사용한 것은 의미심장하다. 그는 그리스도께서 자신의 죽음으로 마귀를 "멸하"셨다고 말한다(히 2:14).

셋째, 이런 해석은 본문에 제시된 바울의 논증을 가장 잘 설명한다. 더 큰 문맥에서 바울은 하나님의 측량할 수 없는 지혜에 환호한다. 이 지혜는 바울 메시지의 핵심이며, 성령의 계시를 통해서 신자들에게 주어진다. 그는 하나님의 방법을 이해하는 데 인간의 지혜가 무익하다고 주장한다. 이어서 그는 심지어 천사 같은 영적 존재들도 하나님의 비밀스러운 지혜를 이해할 수 없었다고 말하면서 자신의 논증을 발전시킨다.

넷째, 바울이 "지배자(관원)"라는 용어를 악한 천사들을 가리키는 데 사용한 것은 아마도 이 용어가 당시 유대 전통에서 악한 영들을 나타내는 넓은 용어군(群)에 속해 있었기 때문일 것이다. 게다가 이 단어는 악한 영들의 계급 조직에서 특별한 세력과 권세를 뜻하는 함축적 의미를 갖고 있기도 하다. 이것은 특히 이 단어가 사탄의 칭호로 사용된 것을 보면 알 수 있다. 유대교에서 이 단어가 악한 천사들을 가리키는 데 사용된 사례는 기원전 2세기 문헌인 「시므온의 유언서」에서 발견할 수 있다. 이 문헌에서 시므온은 자신이 동생 요셉을 시기하고 미워한 이유를 다음과 같이 밝힌다.

> 유년 시절에 나는 요셉을 시기했는데, 그 이유는 아버지가 우리보다 요셉을 더 사랑했기 때문이다. 나는 마음속으로 그를 없애 버리기로 결심했다. 그것은 오류[또는 "기만"]의 군주(archōn)가 내 마음을 어둡게 만들어서 요셉을 형제로 생각하지 않게 하고 아버지 야곱을 배려하지 않게 한 탓이었다. (2:6-7)[4]

이 본문도 과거에 일어난 사건들에 사탄이 연루되어 있음을 보여 주면서 족장들의 역사를 다시 기술하는 후기 유대교의 경향을 보여 준다.

마지막으로 "지배자"(archōn)라는 단어는 초기 기독교에서 사탄의 세력들을 나타내는 데 사용한 어휘의 일부였다. "이 세상 임금(archōn)"은 요한복음에서 마귀를 나타내는 일반적인 표현들 가운데 하나였다(요 12:31; 14:30; 16:11을 보라). 사도 교부들이 이 용어를 사용한 실례는 1세기 후반 문헌인 「바나바 서신」(Epistle of Barnabas)에서 발견할 수 있다.

> 교훈과 권세에는 두 가지가 있는데, 하나는 빛에 속한 것이며 다른 하나는 어둠에 속한 것이다. … 그 하나에는 빛을 주는 하나님의 천사들이 거하고, 다른 하나에는 사탄의 사자들이 거한다. 그리고 그 한 분은 영원부터 영원까지 존재하시는 주님이며, 다른 하나는 현존하는 불법의 시대의 주(archōn)이다.[5]

바울은 악한 영적 지배자들에게 그리스도의 죽음의 책임을 돌린다. 그는 이 사탄의 세력들이 고난 주간에 사건들의 배후에서 역사하면서 그 모든 과정을 조종하고 있었음을 전제한다. 이러한 악한 영적 지배자들이 어떻게 역사했는지를 정확하게 설명하는 것은 바울의 목적이 아니었다. 최소한 우리는 그들이 교활한 영향력을 유다, 빌라도, 안나스, 가야바를 통해서 행사하고 무리를 충동함으로써 그 일에 깊이 연루되어 있었을 것이라고 상상할 수 있다.[6]

그리스도를 죽임으로써 하나님의 계획을 좌절시키려는 사탄의 책략은 결국 실패하고 말았다. 그 악한 세력들은 하나님의 지혜, 즉 하나님 아버지께서 어떻게 그리스도의 죽음을 통해서 죄를 속하시며, 어떻게 그를 죽은 자들 가운데서 일으키시며, 어떻게 교회를 창조하시는지를 온전히 이해하지 못했다. 그들은 자신들의 패배를 전혀 예상하지 못했던 것이다!

### 악한 세력들에 대한 그리스도의 승리(골 2:15)

골로새서 2:15는 신약 성경 전체에서 어둠의 세력들에게 거두신 그리스도의 승리를 가장 완전하게 표현한 구절이다. 이 본문에서 바울은 이렇게 진술한다. "그리고 그분은 십자가로 통치자들과 권세들의 무장을 해제하시고 그들을 승리의 개선 행진 가운데 끌고 가시면서 공개적인 구경거리로 삼으셨다"(저자의 번역, "통치자들과 권세들을 무력화하여 드러내어 구경거리로 삼으시고 십자가로 그들을 이기셨느니라"[개역개정]). 그리스도의 죽음과 부활은 악한 영들의 멸망이 시작되었음을 보여 준다. 그리스도는 영적 세력들에게 단번에 결정적인 승리를 거두셨으며 그 승리는 영구히 영향을 미치는 것이다. 바울의 이 진술은 조목조목 상세히 살펴볼 가치가 있다.

**하나님께서 악한 영들의 무장을 해제하셨다.** 그리스도는 자신과 자신의 몸인 교회 지체들을 대적하는 악한 세력들의 유효한 권능을 자신의 죽음과 부활을 통해서 박탈하셨다. 십자가 사건 이전에 그 영적 세력들은 자신의 왕국을 유지하고 사람들을 종으로 삼았지만 그리스도의 사역으로 인해서 그 모든 것이 변화되었다. 그리스도께서 자신의 것이라고 주장하시는 사람들에게 더 이상 영적 세력들은 자신의 강력한 영향력을 행사할 수 없다. 그리스도는 악한 세력들의 무장을 해제하셨으므로 사탄에게 종노릇하는 사람들을 구속하여 그들을 자유롭게 하실 수 있게 되었다.

어떻게 그리스도의 죽음과 부활이 이러한 악한 세력들의 무장을 해제했는가? 그 이유는 바로 악한 세력들이 그리스도께서 속죄를 이루시는 것을 저지할 수 없었기 때문이다. 자기 생명을 희생 제물로 바치고 피를 흘리심으로써 그리스도는 자기 백성에게 죄 사함을 베푸실 수 있었다. 따라서 다음 구절이 보여 주는 대로, 악한 영적 세력들은 사람들을 종으로 묶어 두는 자신들의 주요한 기제를 상실했다. "허물과 죄로 죽었던 너희를 살리셨도다 그때에 너희는 그 가운데서 행하여 … 공중의 권세 잡은 자를 따랐으니"(엡 2:1-2). 하나님의 진노가 풀렸고 따라서 죄에 대한 분노는 그의 앞에서 영구히 사라졌다. 그리스도의 사역으로 인해서 신자들은 하나님께 자유롭게 나아갈 수 있게 되었고 하나님께로부터 새로운 본성을 부여받고 하나님의 권세 있는 능력으로 충만하게 될 수 있다.

그리스도의 부활은 죽음조차도 그리스도를 이길 수 없다는 것을 입증했다. 사탄이 가진 무기들 중에서 가장 강력한 무기인 죽음으로도 결코 그리스도를 제압할 수 없다. 죽음은 결국 그리스도의 백성을 멸망시키기에도 충분하지 않다는 것이 입증될 것이다.

그러나 바울은 그리스도의 십자가 사역으로 인해서 사탄의 능력이나 권세가 어느 정도 약화되었다고는 생각하지 않는 것 같다. 강력한 영들로 구성된 군대와 함께 사탄은 계속해서 강한 원수로 남아 있다. 그리스도 및 그리스도 안에 소속된 사람들과 관련해서만 영적 세력들의 무장이 해제된 것이다. 사탄은 자신의 권능과 지혜로 결코 그리스도를 이길 수 없다는 것이 드러났다. 이것에서부터 바울은 둘째 주장을 제시한다.

**하나님께서 악한 세력들을 구경거리로 만드셨다.** 그리스도의 십자가는 악한 영적 세력들의 상대적인 무력함을 '폭로했다.' 여기서 바울이 채택한 단어는 '본보기로 징계하다', '망신시키다', '조롱하다'로 번역할 수 있다. 이 단어는 간음죄를 범한 사람의 죄를 폭로하고 그를 망신시키는 것을 나타내는 데 널리 사용되었던 것으로 보인다. 신약 성경에서 이런 용례는 마태복음 1:19에서 한 번 더 나타나는데, 이 구절에서 요셉은 마리아를 '망신시키지' 않으려고 한다. 즉, 그는 마리아가 범했을지도 모르는 간음죄를 공개적으로 '폭로하지' 않으려 한다. 어느 고대 저자는 "간음을 행한 여자는 그 머리카락을 자르고 지역 주민들에게 창피를 당해야 한다."라는 키프로스의 법을 언급한다.[7]

악한 영적 세력들은 그리스도의 십자가 처형이 임박하자 마침내 하나님의 아들을 죽이고 하나님의 자비로운 구원 목적을 좌절시킬 수 있으리라고 생각했다(고전 2:6-8). 그러나 그리스도의 죽음과 부활은 그들 책략의 어리석음을 폭로했다. E. F. 스콧은 에베소서 3:10을 주석하면서 이러한 '폭로'를 다음과 같이 생생하게 설명한다.

> 적대적인 세력들은 하나님의 일을 좌절시키려고 애를 썼고, 그리스도를 죽이려고 음모를 꾸몄다. 마침내 그리스도를 십자가에 죽게 만들었을 때 그들은 자신들이 성공을 거두었다고 굳게 믿었다. 하지만 그들은 자신도 모르는 사이에 하나님의 손에 붙들린 도구가 되었다. 사실상 그리스도의 죽음은 하나님께서 자신의 계획을 완수하기 위해서 고안하신 수단이었다. 그래서 적대적인 세력들이 잠시 동안 승리감에 도취되었지만 결국 꿈에도 생각하지 못했던 하나님의 지혜를 감지하게 되었다고 이 구절은 선언하는 것이다. 그들은 그리스도의 죽음의 결과로서 교회가 출현하는 것을 돋도했다. 그들이 때늦게 감지한 하나님의 숨겨진 목적이 실제로 이루어지고 있었던 것이다.[8]

그리스도를 파멸시킬 수 있다고 생각했던 악한 영들은 그리스도가 죽은 자들 가운데서 부활하여 그와 연합한 사람들로 구성된 새로운 몸을 다스리는 "머리"의 지위를 받은 것을 알고는 경악했다. 이제 그 악한 영들의 책략이 완전히 무익한 것이었음이 모든 이들에게 드러난 것이다. 갈라디아서 4:9에서 바울이 "초보적인 영들"을 가리켜서 "약하고 천하다"라고 말한 충분한 이유가 있다.

**하나님께서 악한 영들을 승리의 개선 행진 가운데로 끌고 가셨다.** 이제 바울은 "승리의 개선 행진"이라는 관점에서 악한 영들의 패배를 묘사함으로써 악한 영들을 공개적으로 폭로했다는 개념을 더 진전시킨다. 여기서 그가 채용한 표현은 로마 군대의 승리를 묘사하는 맥락에서 널리 사용된 것이다. 로마 장군이 적의 군대를 물리치고 승리를 거두었을 때 그 승리를 축하하기 위해서 "승리의 개선 행진"을 했다. 전쟁에서 승리한 장군은 앞에서 개선 행진을 이끌고, 그의 뒤를 따르는 군대가 승리의 찬가를 부르면서 그들이 거둔 승리를 크게 기뻐한다. 또한 개선 행진에는 전쟁에서 패한 왕과 그의 살아남은 장수들도 끌려나온다. 전쟁에서 포로가 된 낙담한 적들은 공개적인 구경거리가 되어 조롱을 당한다. 그들의 부하들도 행진에 끌려 나와서 모든 시민의 구경거리가 된다.[9] 이와 유사한 방식으로 하나님은 통치자들과 권세들을 공개적인 구경거리로 만드시고 그리스도 앞에서 그들의 무력함을 폭로하신다. 신약 성경 학자 에두아르트 로제는 이렇게 말한다. "그들의 철저한 패배가 온 세상에 드러날 때 그리스도의 무한한 탁월성이 입증된다."[10]

따라서 그리스도의 죽음과 부활은 어둠의 세력들에게 거둔 그리스도의 결정적인 승리를 나타낸다. 이 진리는 신약 성경의 다른 곳에서도 강력하게 입증된다. 히브리서 기자는 영적 세력들의 지배자, 사탄에게 초점을 맞추면서 이 사실을 분명하게 언급한다. "그[그리스도]도 또한 같은 모양으로 혈과 육을 함께 지니심은 죽음을 통하여 죽음의 세력을 잡은 자 곧 마귀를 멸하시며"(히 2:14). 요한도 자신의 서신에서 이렇게 단언한다. "하나님의 아들이 '나타나신 것은 마귀의 일을 멸하려 하심이라"(요일 3:8).

비록 십자가가 그리스도와 악한 영들의 싸움의 절정을 나타낸다고 할지라도, 그리스도께서 십자가에 달리셨을 때 악한 영들과 그리스도 사이에 일종의 가시적인 전투가 벌어졌다고 상상하는 것은 본문 안에 너무 많은 내용을 넣어서 읽는 것이다. 세상의 구원을 이루실 그리스도를 파멸시키는 것은 악한 영들의 절체절명의 시도였다. 실제로 그들은 예수를 죽이는 일에는 성공을 거두었다. 그러나 하나님의 무한한 지혜에 있어서 예수의 죽음은 모든 믿는 사람들의 구원을 이루기 위한 그분의 방법이었다. 악한 영들은 예수가 죽은 자들 가운데서 부활하리라는 것을 전혀 알지 못했던 것이다.

### 그리스도의 절대적 우월성(엡 1:15-23)

예수 그리스도는 부활 후에 곧 높여지셨다. 하나님은 그를 "하늘에서 자기의 오른편에 앉히사 모든 통치와 권세와 능력과 주권 … 위에 뛰어나게 하시고" 권능의 지위를 부여하셨다(엡 1:20-21).[11] 그리스도께서 높아지시고 비할 데 없는 능력과 권세를 지닌 지위를 부여받았다는 사실을 바울은 아무 주저함 없이 언급한다. 그런 지위는 그리스도께서 자신의 주권을 행사하시는 근거가 된다. 그리스도의 지배권에 위협이 될 수 있는 악한 영적 지배자는 아무도 없다.

에베소서 1:21에 등장하는, "주어질 수 있는 모든 '직함'[문자적으로는, '이름']"("일컫는 모든 이름"[개역개정])이라는 어구는 에베소 교회의 성도들처럼 과거에 마술 행위에 관련되었던 사람들에게 특히 강력한 방식으로 메시지를 전달했을 것이다. 마술 행위에서 신들의 바른 이름을 알고 가장 강력한 신의 이름을 부르는 것은 매우 중요한 것이었다. 바울은 매우 명확하게 그리스도의 탁월성을 주장했다. 그리스도의 지배를 받지 않는 신, 여신, 세력, 영이나 귀신은 전혀 없다. 오직 그리스도만이 탁월하다. 오직 그분만이 경배를 받으실 자격이 있다.

또 바울은 하나님께서 "만물을 그의 발아래에 복종하게" 하셨다고 단언한다(엡 1:22). 이제 어둠의 세력들을 포함한 만물이 그리스도의 권세 아래 있다는 것이다. 바울은 이것을 시편 8:6("주의 손으로 만드신 것을 다스리게 하시고 만물을 그의 발아래 두셨으니")과 시편 110:1("여호와께서 내 주에게 말씀하시기를 내가 네 원수들로 네 발판이 되게 하기까지 너는 내 오른쪽에 앉아 있으라 하셨도다")이 메시아적으로 성취된 것으로 보았다. 사람에게 자연 세계를 지배하는 권세를 주신 것처럼(시 8:6) 이제 부활과 높아짐을 인하여 그리스도에게 영들과 천사들의 세계를 다스리는 권세를 주신 것이다. 그러나 그리스도의 지배권은 영의 세계를 넘어서 모든 피조물을 포함하는 데까지 확대될 것이다. 현재 문맥에서 바울은 천사들의 세계를 다스리는 그리스도의 직접적인 지배권을 강조한다.

시편 110:1은 신약 성경 기자들이 자주 인용한 구약 성경 본문이다. 이 본문은 하나님께서 그리스도를 자기 오른편에 앉게 하신 것을 해석하는 데 사용되었다. 이 시편의 "원수"는 항상 그리스도께서 패배시키고 굴복시킨 불가시적 영들과 동일시되었다.[12] 이 시편을 해석하면서 바울은 그리스도께서 정복하신 영적 존재들의 대표적인 목록을 제시했다. 그러므로 그리스도께서 악한 영들을 굴복시킨 사건은 구약 성경이 예상한 것을 성취한 것이다.

바울은 그리스도의 우주적 지배권에 관해서 더 설명한다. 그는 하나님께서 교회를 위하여 그리스도를 만물을 다스리는 "머리"로 세우셨다고 말한다(엡 1:22-23). 비록 악한 영들이 아직도 그리스도의 '머리 되심'과 우월하심을 인정하려 들지 않고 계속해서 적대적인 활동을 할지라도, 그럼에도 불구하고 그들은 결국 그리스도에게 굴복하고 그분을 자신의 지배자이자 주님으로 인정해야 할 것이다(엡 1:10; 빌 2:10).

악한 영들의 계속적인 적대 활동을 두려워하던 소아시아 서부 지역의 그리스도인들에게 이 본문은 매우 적절했을 뿐 아니라 큰 위안을 주었을 것이다. 매우 다양한 형태로 나타나는 마귀와 그의 세력들의 악한 활동의 영향을 분별할 수 있는 충분한 통찰력을 가진 오늘날의 그리스도인들에게 이 본문은 격려가 되고 담대함을 준다.

### 그리스도의 포로인 악한 영들(엡 4:8-10)

시편 68:18을 인용하면서 바울은 어둠의 세력들 위에 뛰어난 그리스도의 우월성에 관한 자신의 주장을 더 발전시킨다. 그는 악한 영들을 전쟁에서 패한 포로들로 해석한다. 또 이 시편을 사용해서 그리스도께서 교회에 세우신 은사 받은 사람들에 관한 논의를 시작한다. 에베소서 4:8에서 바울이 인용한 대로 보면, 그 시편 본문은 "그가 위로 올라가실 때에 사로잡혔던 자들을 사로잡으시고 사람들에게 선물을 주셨다"이다. 바울이 이 시편을 인용한 중요한 목적은 은사를 받은 사람들에 관한 논의를 소개하는 것이다. 그럼에도 불구하고 그리스도께서 포로를 끌고 높은 곳으로 올라가셨다는 바울의 말은 단순히 부차적인 것이 아니다.

시편을 설명하면서 바울은 그리스도께서 위로 올라가기 전에 "땅의 더 낮은 곳"(TEV)으로 내려가셨다고 말한다(엡 4:9-10). 이 진술은 아마도 그리스도께서 지하 세계로 내려가신 것을 가리키는 것 같다. 이것에 관한 더 충분한 진술을 제시하는 베드로전서 3:18-22에서는[13] 그리스도께서 모든 타락한 천사들과 영들에게 자신의 승리를 선포하시고 그들에게 임박한 멸망을 예고하시는 것으로 보인다. 따라서 에베소서 본문은 그리스도의 우주적 주권에 대한 더 진전된 증거를 제시한다.

이 본문은 특히 지하 세계를 두려워하고 지하 세계의 신들을 숭배한 1세기 사람들에게 의미가 있었을 것이다.[14] 당시에 사람들은 다르테미스, 헤카테, 셀레네 같은 여신들이 지하 세계를 지배하는 권세를 갖고 있다고 믿었다. 많은 마술 파피루스에서는 헤카테가 "하데스의 열쇠"를 가진 것으로 언급되는데, 요한계시록 1:18에서 이것은 오직 그리스도만이 가지신 기능이다.

이 본문에서 그리스도는 지하 세계가 대표하는 모든 것보다 훨씬 강력한 분으로 등장하신다. 그리스도의 우주적 지상권을 찬미하는 빌립보서 2:10에서 바울은 같은 사상을 이렇게 진술한다. "이러므로 하나님이 그를 지극히 높여 모든 이름 위에 뛰어난 이름을 주사 하늘에 있는 자들과 땅에 있는 자들과 **땅 아래**에 있는 자들로 모든 무릎을 예수의 이름에 꿇게 하시고 모든 입으로 예수 그리스도를 주라 시인하여 하나님 아버지께 영광을 돌리게 하셨느니라"(빌 2:9-11, 저자의 강조).

비록 그리스도가 창조주로서 항상 주권을 행사할지라도 그는 여전히 반역하는 영적 세력들을 제압하셔야 한다. 그리스도의 십자가, 부활과 높아짐은 악한 영들에 대한 그의 승리를 위한 근거이다. 다음 장에서 논의하겠지만, 영적 세력들에 대한 우리의 승리도 그리스도의 십자가, 부활, 높아짐에 근거를 둔 것이다.

## 8. 새 나라와 신자의 정체성

몇 년 전에 고속도로를 주행하다가 앞차의 범퍼에 붙은 스티커를 유심히 본 적이 있다. 내 주의를 끈 그 스티커에는 "그리스도인은 완전하지 않습니다. 용서를 받았을 뿐입니다."라는 글귀가 적혀 있었다. 한동안 이 경구는 그리스도인들 사이에 상당한 인기가 있었다. 이것은 죄 사함이라는 근본적인 교리적 진리를 전달하는 동시에 교회가 위선적이라는 외부인들의 비난에 답을 제시하는 것 같다(그리고 아마도 속도 제한을 어기고 있다는 그리스도인의 죄책감을 달래 줄 것이다!)

나는 이 범퍼 스티커가 전하는 메시지에 반대하지 않지만 그런 진술이 초래할 수 있는 회심에 대한 극히 단순한 태도에는 찬성하지 않는다. 그리스도인들은 참으로 죄 사함을 받은 사람들이다. 그러나 회심할 때 그 배후에서 더 많은 일이 일어난다. 진정으로 그리스도인이 되는 사람은 전적으로 새로운 사람이 되며 전능하신 사랑의 주님과 더불어 새 나라의 일원이 된다. 새 신자는 악한 초자연적 세력들이 지배하는 왕국에서 종노릇하던 상태에서 구원을 받는다. 그리고 이것보다 더 많은 일이 일어난다. 단순히 그리스도를 위해서 결단을 하는 것 이상으로, 그리스도인이 되는 것은 하나님께서 이루시는 강력한 구속의 역사(役事)다.

그리스도인들에게는 새로운 정체성이 주어진다. 그들의 새로운 지위는 세상에서 그들의 삶의 방식을 새롭게 하는 토대이다. 한 탁월한 신약 성경 학자는 기독교적 삶을 사는 것을 "네 자신이 되는 것"이라고 말한 적이 있다. 어떤 의미에서 그리스도인들은 실제로 완전하지 않으며, 단지 완전해지는 과정에 있다. 그러나 그와 동시에 그들을 의롭다고 선언하시는 하나님의 임재 안에서 그리스도인들은 완전하다.

신자로서 우리는 현재 자신이 누구인지 알아야 한다. 즉 우리는 그리스도와의 관계 안에서 획득한 우리의 새로운 정체성을 알아야 한다는 것이다. 이것을 아는 것이야말로 우리의 행동을 위한, 그리고 초자연적인 어둠의 세력들을 대적하기 위한 굳건한 토대이다.

### 어둠의 왕국에서 구원받음

하나님께서 이스라엘을 이집트에서 종노릇하던 상태에서 건져 내신 것처럼 그리스도는 신자들을 사탄과 그의 악한 세력들로부터 구출하셨다. 골로새 교회 성도들에게 바울은 이렇게 말한다. "그가 우리를 흑암의 권세에서 건져 내사 그의 사랑의 아들의 나라로 옮기셨으니 그 아들 안에서 우리가 속량 곧 죄 사함을 얻었도다"(골 1:13-14). 이 진술의 배후에는 유익한 구원의 유형으로서 출애굽 사건이 있다. 이 본문에서 바울이 사용한 '건지다'라는 단어는 이집트에서 종노릇하던 상태로부터 이스라엘이 구원받은 것을 묘사하기 위해서 그리스어 역 구약 성경 전체에서 반복해서 사용한 단어와 같은 것이다(예컨대, 출 6:6; 14:30을 보라).

사탄의 왕국에서 종노릇하던 상태에서 건짐받는 것은 또한 '구속'이라는 바울의 개념의 중심에 있다.¹ 다시 바울은 이스라엘의 구원을 묘사하기 위해서 출애굽기 기사에서 사용된 것과 동일한 용어를 사용한다. 출애굽기 6:6에 이 단어가 등장한다. "내가 애굽 사람의 무거운 짐 밑에서 너희를 빼어 내며 그 고역에서 너희를 건지며 편 팔과 큰 재앙으로 너희를 **구속하여**"(개역한글, 저자의 강조). 이 구절에 나타나는 구속의 개념은, 그리스도께서 십자가에서 이루신 사역의 두 가지 결과—사탄의 왕국에서 건짐을 받은 것과 죄를 사함받은 것—의 간격을 이어 준다. 바울에게 있어서 구속의 개념은 이 두 가지 결과를 포함할 정도로 넓으며, 예수님의 죽음에 대한 그의 이해와 관련해서도 매우 중요하다(예컨대, 롬 3:24; 딤전 2:6을 보라). 유대교의 어떤 분파들은 메시아가 오셔서 마귀의 왕국에서 자신들을 건져 주실 것을 갈망했다. 예를 들어, 기원전 2세기의 한 문서에는 이런 진술이 있다. "그가 포로로 잡힌 사람들의 아들들을 벨리알로부터 해방하실[또는 '구속하실'] 것이고, 모든 오류의 영들을 밟으실 것이다."(스불론의 유언서[Testament of Zebulun] 9:8). 그리스도는 십자가에서 이루신 사역으로 인해서 "우리에게 … 구원함[구속함]"이 되셨다(고전 1:30). 십자가에서 그리스도는 죗값을 지불하셨을 뿐 아니라 악한 영적 세력들의 영향력을 분쇄하셨다(골 2:14-15).

이 골로새서 본문에서 사탄은 "흑암의 권세"로 묘사된다. 이 표현은 어떤 영역에 대한 지배권을 강조하는데, 그 영역은 골로새서의 나머지 모든 부분에서 언급된 다양한 어둠의 세력들—능력들, 권세들, 초보적 영들, 보좌들 등—을 포함한다. 또한 그 영역은 사탄의 포로들, 즉 그리스도의 나라에 속하지 않는 모든 사람을 포함한다.

어둠과 빛은 서로 대립하는 두 나라의 성격을 묘사하기 위해서 바울이 채택한 대조적 은유들이다. 바울은 서로 충돌하는 두 나라를 묘사하기 위해서 다른 곳에서 이 이미지를 사용했다. 고린도후서에서 그는 이렇게 말한다. "빛과 어둠이 어찌 사귀며 그리스도와 벨리알이 어찌 조화되며"(고후 6:14-15).

신자들은 한 영역에서 뽑혀 다른 곳으로 옮겨 심어진 존재들이다. 하나님께서 우리를 그가 사랑하시는 아들의 나라로 "옮기셨다"고 말할 때 바울은 유대인 독자들에게 정치적인 국외 추방과 식민지화를 생각나게 하는 용어를 사용한다. 유대 역사가 요세푸스에 따르면 기원전 2세기에 안티오쿠스가 유대인 수천 명을 소아시아로 "이주시켰다."²

그리스도를 따르는 사람들은 참으로 새로운 시민권을 갖고 있다. 우리는 어둠의 세력의 가혹한 지배로부터 구출된 것이다. 무대 뒤에서 일어나는 이런 사건은 회심할 때 일어나는 것이며 세례 의식으로 상징된다. 그리스도께로 돌아가는 것은 우리를 위한 하나님의 강력한 역사와 관련된다. 어떤 사람들에게 회심은 단지 개인의 결단처럼 느껴지겠지만 영적인 세계에서는 눈에 보이지 않는 구출 사건이 일어난다.

우리는 단지 마술 행위와 사탄 숭배에 연루된 사람들만을 "어둠의 지배"에 속한 종들이라고 생각해서는 안 된다. 바울은 믿지 않는 사람들(즉 그리스도의 나라에 속하지 않은 사람들)이 모두 악한 영들의 세력에 속박되어 있음을 분명히 밝힌다. 이런 개념은 특히 서구인들이 이해하기가 어렵다. 그럼에도 불구하고 이것은 사실이다. 도덕적인 사람들, 국법을 준수하고 사회에 공헌하는 사람들도, 만일 신자가 아니라면, 사탄의 왕국에 예속되어 있다.

바울은 그리스도의 나라에 속한 사람들의 새로운 정체성을 여러 가지 방식으로 설명한다. 이러한 새로운 신분에 대한 이해는 계속해서 적대적인 영향력을 행사하는 옛 왕국의 악한 영들을 대적하고 하나님 나라의 새로운 윤리적 기준을 따라 사는 데 본질적인 것이다. 우리는 그리스도 안에 있는 새로운 삶의 의미에 대한 바울의 개념 몇 가지를 살펴볼 것이다. 이것들은 특히 우리가 직면한 어둠의 세력들의 적대 행위에 비추어서 기독교적 삶에 대한 바른 관점을 얻는 데 적절하다.

**그리스도 안에**

신자의 지위를 설명하기 위해서 바울이 가장 즐겨 사용하는 표현은 "그리스도 안에"라는 전치사구이다. 이 어구(그리고 동족 어구들)는 바울의 저작들에서 이백 번 이상 등장한다. 이것은 그리스도의 구속받은 백성인 우리의 정체성을 이해하는 데 깊은 의미를 갖는다. 또 이 어구는 종종 신자 자신이 승리하신 주님과 밀접하게 연결되어 있음을 깨닫기 바라는 바울의 열망을 강조한다.

우리는 이 어구가 뜻하지 않는 바를 묘사함으로써 이 어구에 대한 설명을 시작할 수 있다. 즉 "그리스도 안에서" 사는 것은 '어둠 안에서', '죄 안에서', '세상 안에서', '아담 안에서', 그리고 '육신 안에서' 사는 것과 구별된다. 바울이 기독교인이 되기 이전의 삶을 결코 '사탄 안에서' 또는 '마귀 안에서' 사는 것이라고 말하지 않은 점은 주목할 만하다. 이것은 비신자와 마귀의 관계와 비교해서 신자와 그리스도 사이에 이루어진 질적으로 다른 관계를 강조한다.

"그리스도 안에" 있는 사람은 이미 근본적인 변화를 체험했다. 바울은 이렇게 말한다. "그런즉 누구든지 그리스도 안에 있으면 **새로운 피조물**(a new creation)이라 이전 것은 지나갔으니 보라 새것이 되었도다"(고후 5:17, 저자의 강조). 하나님의 창조 행위가 그리스도인이 되는 사람의 삶 안에서 일어난다. 도널드 거스리는 이 구절이 "적대적인 영적 세력들이 통치하던 옛 창조의 죽음과 모든 것이 그리스도 중심적인 새 창조의 출현"을 가리킨다고 설명한다.[3]

또한 "그리스도 안에" 있다는 것은 새 시대 안으로 진입하는 것을 반영한다. 그리스도의 죽음과 부활로 인해서 생명, 의, 평화, 희락으로 이루어진 '앞으로 올 세대'(the age to come)가 시작되었다. 이와 대조적으로 아담은 현 시대의 삶을 대표하는 자인데 그를 통해서 죄, 정죄, 죽음이 세상 안으로 들어왔다(롬 5:12-14). 그래서 바울은 이렇게 말할 수 있었던 것이다. "아담 안에서 모든 사람이 죽은 것같이 그리스도 안에서 모든 사람이 삶을 얻으리라"(고전 15:22).

"그리스도 안에" 있음이라는 바울의 개념은 범신론적으로 인식된 신에게 흡

수됨으로써 결과적으로 마치 바다에 떨어진 물방울같이 자아의 개체성을 상실하는 신비주의적인 개념이 아니다. 그리스도 안에서 신자의 자아는 유지된다. 그리스도 안에 있음이 지니는 중요한 특성은 능력을 주며 삶을 인도하는 지도자와의 연합과 친밀한 관계이다. 이 진리는 신자를 "그리스도의 몸"의 지체로 간주하는 바울의 개념에서 가장 분명하게 드러난다.

### 그리스도와의 연합, 다른 신자들과의 연합

신자의 새로운 정체성은 바울이 "그리스도의 몸"이라고 표현한 것과 관련해서 이해해야 한다. 모든 새 신자들은 회심할 때 성령의 사역을 통해서 그리스도의 몸에 참여한다(고전 12:13). "몸"이라는 이미지는 신자들의 연대성과 그리스도와의 밀접한 관계를 묘사하는 바울의 방식들 가운데 하나다. 바울은 몸에 속한 다양한 지체들의 상호 의존을 강조한다. 이것은 하나님께서 다른 사람들을 섬기도록 각 사람에게 특별한 능력(성령의 은사)을 부여하셨기 때문이다(고전 12:1-30).

에베소 교회 성도들과 골로새 교회 성도들에게 보낸 서신에서 바울은 이 이미지를 한 단계 더 발전시켜서 그리스도를 그 몸의 "머리"라고 말한다(엡 1:22-23; 골 1:18). "머리"라는 말로 바울은 그리스도께서 지도하는 지위에 있을 뿐 아니라, "영감을 주며, 다스리며, 인도하며, 결합시키며, 유지시키는 능력, 그리고 그 몸의 활동의 원천, 그 몸의 연합의 중심, 그 몸의 생명의 자리"로서 기능하신다는 것을 암시한다.[4] 강력한 마귀의 적대적인 활동에도 불구하고, 머리는 참으로 몸을 활력 있게 만들고 그 사명을 완수하게 만든다. 하나님께서 그리스도를 높이시고 모든 악한 마귀의 세력들을 그의 발 아래 두셨기 때문에(엡 1:22) 머리이신 그리스도는 참으로 이 일을 성취하실 수 있다. 우리 신자들은 머리이신 그리스도의 다스림에 응해야 하며 그가 주시는 능력을 받아야 한다.

이와 같은 사상은 교회를 그리스도의 신부로 보는 바울의 표상에도 나타난다(엡 5:22-23). 이 표상은 무엇보다도 그리스도께서 자기 백성과 맺기를 바라시는 밀접하며 친밀한 관계를 강조한다. 그리스도는 자기 백성을 사랑하시고 그들을 위해서 자기 목숨을 버리셨을 뿐 아니라 그들을 "먹이고 돌보신다"(엡 5:29). 그는 자신의 신적 자원들을 가지고 자기 백성에게 생명과 경건함에 필요한 모든 것을 주신다.

### 죽고 부활하고 높아짐

악한 영적 세력들은 죽음의 영역을 지배하지만, 그리스도를 아는 모든 사람에게는 생명이 주어졌다. 하나님은 오직 그리스도의 사역, 특히 그의 죽음과 부활을 받아들여서 자기의 것으로 삼는 사람들에게 생명을 부여하신다. 세례는 그리스도와의 이러한 연합을 상징한다. 바울은 로마서에서 이렇게 설명한다. "그러므로 우리가 그의 죽으심과 합하여 세례를 받음으로 그와 함께 장사되었나니 이는 아버지의 영광으로 말미암아 그리스도를 죽은 자 가운데서 살리심과 같이 우리로 또한 새 생명 가운데서 행하게 하려 함이라"(롬 6:4).

참된 자유, 즉 죄로부터의 자유, 죽음으로부터의 자유, 통치자들과 권세들의 지배로부터의 자유는 예수의 죽음과 연합하는 것을 통해서 온다. 이 자유는 '앞으로 올 세대'를 위해 우리가 존재하는 한 최종적이고 절대적인 것이지만, 여전히 현재 시대에서 우리가 부패하는 몸을 입고 살고 있는 한 그 자유를 우리의 것으로 만들어야 할 필요가 있다. 따라서 바울은 자신의 독자들이 죄에 대해서 죽었다는 사실을 그들에게 확신시키려고 애쓰며 그들을 권고하는 것이 필요하다고 생각한다. 그는 로마 교회 성도들에게 이렇게 촉구한다. "너희 자신을 죄에 대하여는 죽은 자요 그리스도 예수 안에서 하나님께 대하여는 살아 있는 자로 여길지어다"(롬 6:11). 그 이유는 "그가 죽으심은 죄에 대하여 단번에 죽으심이요 그가 살아 계심은 하나님께 대하여 살아 계심"이기 때문이다

(롬 6:10). 죄는 신자들인 우리에게 더 이상 강제적인 영향력을 행사하지 못한다. 그러므로 우리는 죄를 짓는 일을 거부할 수 있다.

이와 유사하게 악한 영적 세력들과 관련해서도 그리스도인들은 자신이 참으로 그들의 영향력에 굴복해서는 안 된다는 것을 믿어야 한다. 바울은 골로새 교회 그리스도인들에게 그들이 악한 영적 세력들에 대해서 죽었다는 사실을 상기시켜야 했다. 그는 이렇게 말한다. "너희가 '세상의 초보적인 영들에 대해서'('세상의 초등 학문에서'[개역개정]) 그리스도와 함께 죽었거든 어찌하여 세상에 사는 것과 같이 의문에 순종하느냐?"(골 2:20, RSV). 골로새 교회 그리스도인들은 거짓 교훈의 교의를 따르도록 유혹을 받았는데, 바울은 그 교훈이 악한 영적 세력들에게서 비롯되었다고 믿었다. 악한 영들이 그들의 영향력을 어떤 식으로 행사하든지 신자들은 그것에 저항할 힘을 갖고 있다. 그 힘은 그리스도의 죽음을 받아들여서 자신의 것으로 삼는 데서 온다. 그리스도께서 십자가에서 죄, 죽음, 어둠의 세력들을 이기셨기 때문이다.

그러나 악한 세력의 영향력을 분별하는 것은 어려운 일이다. 골로새 교회 그리스도인들은 자신들에게 제시된 거짓 교훈을 영성에 유익하다고 생각해서 무비판적으로 수용하려고 했다. 하지만 바울은 그들에게 보낸 서신에서 그 교훈의 마귀적인 성격을 폭로한다. 모든 교훈의 성격을 비판적으로 분별할 수 있으려면 우리에게도 하나님의 지혜가 필요하다.

악한 영들에 대한 신자의 권세는 그리스도의 부활과 높아지심을 자신의 것으로 받아들이는 데서 비롯된다. 이 권세는 에베소서, 즉 바울이 악한 영들의 문제에 관심을 갖고 있는 서신에서 가장 분명하게 설명된다. 에베소서 1장에서 바울은 하나님의 비길 데 없이 위대한 능력을 찬미한다. 하나님은 자신의 능력을 행사하여 그리스도를 살리시고 그를 어둠의 세력들의 서열에 있어서 모든 지위보다 "훨씬 뛰어난" 위치로 높이셨다(엡 1:19-22). 에베소서 2장에서 바울은 이 고양된 기독론을 직접 신자들에게 적용한다. 그는 하나님께서 우리를 그와 함께 일으켜서 그리스도 예수 안에서 그와 함께 하늘에 앉히셨다고 말한다(엡 2:6). 악한 영들과 관련해서 이것이 신자들에게 주는 의미는 문맥을 살펴볼 때 분명하게 드러난다. 그리스도께서 악한 영들에 대해서 우월한 지위를 가지신 것처럼 신자들도 마귀의 세력들에 대해서 우월한 지위와 권세를 갖고 있다는 것이다. 예수를 죽은 자들로부터 일으키신 하나님의 능력은 지금 신자들 가운데서 역사하고 있는 것과 동일한 능력이다. 따라서 바울은 에베소 교회 성도들이 이 신적인 자원들을 더 온전히 인식할 수 있도록 기도할 필요성을 느끼고 그들을 위해서 이렇게 기도한다. "너희 마음의 눈을 밝히사 … 그의 힘의 위력으로 역사하심을 따라 믿는 우리에게 베푸신 능력의 지극히 크심이 어떠한 것을 너희로 알게 하시기를 구하노라"(엡 1:18-19). 이 진리는 특히 에베소서의 더 넓은 문맥에서 살펴볼 때 중요한 의미를 갖는데, 그 이유는 나중에 바울이 6:10-20에서 다룰 영적 전쟁을 위한 교리적인 토대가 되기 때문이다.

또한 그는 동일한 진리를 어둠의 세력들의 영향력에 맞서 싸우고 있는 골로새 교회 성도들에게도 천명한다. 그는 골로새 교회 성도들이 그리스도와 함께 장사되었고 하나님의 능력을 믿음으로 말미암아 그와 함께 일으키심을 받았다는 사실을 상기시킨다(골 2:12). 이러한 그리스도의 사역과의 동일시에 근거하여 바울은 그들에게 자신들을 악한 영들에 대해서는 죽은 것으로(골 2:20), 그리스도에 대해서는 살아 있는 것으로 여기라고 권고한다. 그들은 그리스도와 함께 다시 살리심을 받았기 때문이다(골 3:1). 바울은 신약 성경에서 발견할 수 있는 가장 큰 위로가 되는 약속 한 가지를 그들에게 제시한다. "이는 너희가 죽었고 너희 생명이 그리스도와 함께 하나님 안에 감추어졌음이라"(골 3:3). 이 약속의 의미를 실제적인 말로 설명한다면, 골로새 교회 성도들은 그리스도와의 관계 안에서 불건전한 거짓 교훈의 영향에 저항할 수 있고, 하나님의 뜻에 따라 살 수 있는 능력을 소유하고 있다는 것이다. 그들이 회심하기 전에 두려워했고 그리스도인이 아닌 친구들과 이웃들이 지금도 계속해서 두려워하고 있는 악한 영들의 영향력을 그들은 더 이상 두려워해서는 안 된다.

그리스도의 죽음과 부활과 관련해서 자신을 그리스도와 동일시하는 것은 삶의 현장에서 악한 영들의 영향력에 맞서 싸우는 모든 사람에게 놀라울 만큼 중요한 진리다. 그리스도인이 된다는 것은, 어둠의 세계를 제어하는 막강한 권세를 행사하시는 강력한 주님과 연결되는 것을 의미한다.

### 능력과 권세로 충만해짐

바울은 골로새 교회 성도들에게 하나님께서 그리스도를 자신의 모든 "충만"(plērōma)으로 채우셨다고 가르친다(골 1:19). 그는 골로새서에서 이것을 한 번 더 언급한다. "그 안에는 신성의 모든 충만이 육체로 거하시고"(골 2:9). 그가 이렇게 말하는 까닭은 그것을 골로새 교회 성도들과 관련시키려 하기 때문이다. 즉, 그것은 전능하신 그리스도에 관한 또 다른 상찬할 만한 진리일 뿐 아니라 신자의 일상생활에 큰 의미를 지닌 것이다. 그래서 바울은 계속해서 이렇게 말한다. "너희도 그 안에서 충만하여졌으니 그는 모든 통치자와 권세의 머리시라"(골 2:10).

이 구절에서 바울은 골로새 교회 성도들이 소유한 신적 "충만"(plērōma)을 악한 영적 세력들에 대한 그리스도의 우월성과 관련시키는데, 이것은 주목할 만하다. 그가 이렇게 하는 이유는 무엇인가? 마귀의 영역을 제어하는 그리스도의 능력과 권세가 골로새 교회 성도들에게도 주어졌음을 확신시키려 하기 때문이다. 바울은 이 진술을 쉽게 생략할 수 있었지만 그렇게 하지 않는다. 그는 골로새 교회 성도들이 하나님의 자원들로 충만해진 사실을 악한 세력들과 그들의 싸움에 적용하려 했다.

여기서 바울이 사용한 동사는 헬라어 완료 시제로 "너희에게 충만이 주어졌다"라고 번역할 수 있다. 이 경우에 바울은 골로새 교회 신자들이 그리스도를 믿을 때 충만을 부여받았다는 것을 그들에게 말하고 있는 것이다. 그러나 더 중요한 것은 사탄의 세계에 대항하여 계속해서 투쟁하는 그들이 이 신적인 "충만"을 하나님의 자원으로 지속적으로 활용할 수 있다는 사실이다.

"충만"이라는 단어는 어둠의 세력들을 제어하는 권능과 권세 이외에 훨씬 많은 것을 지시한다. 대다수 학자들은 이것이 하나님의 능력, 본질, 영광, 임재, 사랑을 포함해서 하나님께 속한 많은 것을 가리킨다고 믿는다. 아마도 이것의 배경은 구약 성경의 쉐키나(Shekinah) 개념일 것이다. 이 개념을 가장 잘 보여 주는 성경 구절은 "내가 보니 여호와의 영광이 여호와의 성전에 가득한지라"(겔 44:4)이다. 쉐키나 개념은 신자들을 충만케 하시는 성령의 사역과 겹치는 개념이다.[5]

신자들은 이 "충만"을 받아 누리고 활용해야 한다. 그래서 바울은 에베소 교회 성도들이 "하나님의 모든 충만의 정도까지 충만케" 되도록 기도해야 할 필요성을 느꼈다(엡 3:19). 하나님의 충만은 신자들이 사용할 수 있는 것이지만 반드시 그것을 받아야 하고 활용해야 한다. 이러한 하나님의 자원들을 자기 것으로 만드는 데 믿음과 기도는 매우 중요한 요소이다.

### 성령과 은사들

기독교적인 삶의 중요한 특징은 성령을 받은 것이다. 성령을 소유했는지는 그리스도인과 비그리스도인을 구별해 주는 것이다(고전 2:10-14). "바울에게 있어서 성령을 소유함은 그리스도인의 삶에 필수 불가결한 것이다."[6] 따라서 성령은 신자의 새로운 정체성을 위한 토대이다.

바울 시대에 살던 사람들은 개개인의 삶에 들어와서 행동을 변화시키는 다수의 영적 존재들을 믿었다. 이와 대조적으로 바울은 반복해서 하나의 특별한 신적인 영에 관해서만 말하며 오로지 그분의 내주만을 선호한다. 이 신적인 영은 헬라의 종교들과 마술에서 사람들이 알고 있던 영들과는 질적으로 다른 성격을 갖고 있다. 이 유일한 "성령"은 유일한 하나님과 그리스도와 밀접한 관련이 있다. 실제로 성령은 "하나님의 영"(롬 8:14)이며 "그리스도의 영"(롬 8:9)이다. 성령은 하나님의 보내심을 받았으며(고전 2:12; 갈 4:6), 하나님의 깊은 것들을 통달하기 때문에(고전 2:10-11) 우리에게 하나님을 계시한다. 이 성령은 신자 안에 거주하신다고 바울이 말한 유일한 영이다.

대중적인 마술에서 사람들은 자신의 소원을 이루어 달라고 초자연적인 영("신적 조력자")에게 빌었지만, 바울은 성령이 이스라엘에게 자신을 "거룩한" 하나님으로 계시하신 유일하신 하나님의 뜻과 목적만을 이루려고 오신 분이라고 보았다. 하나님은 자기 백성에게 "너희는 거룩하라 이는 나 여호와 너희 하나님이 거룩함이니라"라고 말씀하셨다(레 19:2). 이와 유사하게 하나님의 영은 "거룩하신" 분이며 신자들 안에 거하시면서 그들 사이에 거룩함을 증진시키신다. 성령은 사랑, 희락, 화평, 자비와 같은 덕목을 북돋우고, 신자들이 자신의 삶의 일부인 더러운 것들을 벗어 버릴 수 있게 만드신다(갈 5:16-26). 사실상 성령은 그리스도인들을 능력 있게 만들어서 "몸의 행실을 죽이도록" 하나님께서 그들에게 주신 분이다(롬 8:13).

성령은 신자들의 집합적인 연대성의 상황에서 역사하신다. 성령은 우리를 하나님께로 이끄시며 그리스도의 몸에 속하게 하여 다른 신자들과 밀접한 유대를 갖게 하신다. 그리스도의 몸 안에서 이루어진 신자들의 연합과 관련해서 바울은 이렇게 말한다. "우리가 유대인이나 헬라인이나 종이나 자유인이나 다 한 성령으로 세례를 받아 한 몸이 되었고 또 다 한 성령을 마시게 하셨느니라"(고전 12:13). 누구든지 그리스도인이 될 때 성령을 받는데, 성령은 그 사람이 기독교 공동체에 속하게 만드신다. 이 구절에서 "세례를 받는 것"과 "마시는 것"이라는 인상적인 은유적 표현들은 하나님의 은사의 실체와 범위를 강조하는데, 그것은 곧 "성령 안에 잠기는 것과 성령으로 가득 채워지기까지 마시는 것"이다.⁷ 이러한 공동의 성령 체험은 모든 그리스도인을 위한 연합의 토대를 구성하며, 모든 신자가 그리스도의 한 몸에 속하게 만든다.

신자들의 상호 관계는 하나님께서 의도하신 것이다. 그리스도인들은 결코 개인주의적인 존재가 될 수 없다. 신자 한 명이 성령의 모든 은사를 소유할 수 없다. 그 대신에 성령은 다른 신자들이 기독교적인 삶에서 성장할 수 있게 돕는 은사를 각 신자에게 독특하게 부여하신다(고전 12장). 교회의 지체들이 성령께서 주신 은사들(charismata)을 정상적으로 활용하는 것은 그리스도의 몸에 속한 모든 지체의 지속적인 영적 진보에 지극히 중요하다.

바울의 관점에서 볼 때 능력을 주시고 감동시키시는 성령의 임재를 어느 한 순간에 완전히 소유할 수는 없다. 바울은 신자들에게 성령의 임재와 역사를 지속적으로 구하라고 촉구한다(엡 5:18). 그는 신자들이 지속적으로 성령으로 '충만해지길' 바란다. 성령 충만은 공동체 예배의 질적 변화에서 느껴질 것이다. 성령으로 충만해지면 "시와 찬송과 신령한 노래들로 서로 화답하며 너희의 마음으로 주께 노래하며 찬송"할 것이다(엡 5:19). 또한 성령으로 충만해지면, 다른 신자들을 세워 주는 성령의 은사들을 계속해서 활용할 수 있고 기독교적 덕목을 함양하는 일을 강화할 수 있다. 이 모든 것은 에베소 교회 성도들이 과거에 속해 있던 세계와 강한 대조를 이룬다. 여기서 바울은 성령에 관한 모든 진술을 "술 취하지 말라"라는 권면으로 시작한다. 이 진술의 일반적인 문화적 배경을 이루는 것은 포도주의 신 디오니소스의 제의에서 술에 취해 벌이는 열광적인 잔치였을 가능성이 있다.⁸ 1세기 독자들은 술에 취해서 다른 영이나 (디오니소스 같은) 신에게 감화를 받는 것에서 돌아서서 (그들을) 전적으로 하나님의 성령께 드리라는 요청을 받는다. 그들은 하나님의 영으로 완전히 충만해져야 하며 하나님 아버지께 감사해야 한다. 오직 성령만이 우리의 기운을 북돋우고 기쁨을 주실 수 있다. 성령의 임재 때문에 우리는 "마음으로 주께 노래하며 찬송할" 수 있다!

**안전과 보호**

바울은 모든 적대적인 세력에도 불구하고 "그리스도 안에" 있는 모든 사람들이 안전하다는 것을 설득력 있게 입증한다. 신자들은 안전을 누리는 것에서 그치지 않고 사랑의 하나님의 팔에 안겨서 영원히 보호를 받으며 영원히 소중히 여김을 받는다.

바울은 성령 안에 있는 삶의 성격을 다룬 단락의 말미에서 독자들이 그리스도 안에 있는 하나님의 사랑과 능력에 주목하게 만든다. 그는 다음과 같이 말한다.

> 내가 확신하노니 사망이나 생명이나 천사들이나 권세자들[통치자들, principalities]이나 현재 일이나 장래 일이나 능력이나 높음이나 깊음이나 다른 어떤 피조물이라도 우리를 우리 주 그리스도 예수 안에 있는 하나님의 사랑에서 끊을 수 없으리라 (롬 8:38-39)

로마서 전체에서 바울은 우선적으로 신자에 대한 죄와 율법과 육체와 죽음의 영향에 관해서 언급했으나, 여기서는 신자들을 하나님에게서 분리시킬 수 있는 영적 세력들에 대한 포괄적인 목록을 제시한다. 그는 우선적으로 신자들이 대항하여 싸우고 있는 적대적인 영들과 천사 같은 세력들에 초점을 맞춘다. 이것은 그가 특별히 "천사들", "권세자들[통치자들, principalities]", "능력"을 언급하는 것을 통해서 알 수 있다. 또 이 본문에서 "높음"과 "깊음"이라는 표현들도 적대적인 영을 가리킬 가능성이 매우 높다.

"통치자들"(principalities)과 "능력들"(powers)은 바울 서신 전체에서 하나님께 적대적인 영적 존재로 나타난다. 현재 문맥에서는 "천사들"도 통치자들과 능력들과 유사한 방식으로 활동하는 반역한 악한 천사들로 간주되어야 한다. 바울은 "천사"라는 단어를 다른 곳에서도 이런 의미로 사용한다(고후 12:7과 골 2:18을 보라). 그리고 유대교에서도 '천사'라는 단어는 사탄과 결탁한 초자연적 존재들을 묘사하는 데 널리 사용되었다.

바울은 "높음"과 "깊음"이라는 용어를 인간의 운명을 주관하는 것으로 널리 믿어진 모든 별의 영들(astral spirits)을 가리키는 포괄적인 방식으로 사용했을 수 있다. 점성술 문헌에서 이 두 단어는 전문적인 용어로 등장한다. 그것들은 별들의 천정(天頂)과 천저(天底), 즉 천체가 도달할 수 있는 가장 높은 지점과 가장 낮은 지점을 가리키는 데 사용되었다. 이 두 단어 바로 다음에서 바울이 문자적으로 "다른 어떤 피조물이라도"라는 표현을 사용한 것은 의도적일 수 있다. 일부 주석가들은 이 표현에 근거해서 바울이 "높음"과 "낮음"이라는 용어를 별의 영들을 가리키는 데 사용하고 있음이 분명하다고 생각해 왔다. 제임스 던은 이 두 용어에 관해서 이렇게 주석한다. "바울은 신중하게 당시의 점성술 용어들을 사용하여 사람의 눈에 보이는, 그리고 보이지 않는 하늘의 모든 영역을 나타낸다. 결국 이것들은 당시 사람들에게 알려지거나 알려지지 않은 모든 별의 세력들을 의미하며, 이 세력들은 인간의 운명을 결정하고 주관하는 것으로 생각되었다."[9]

그 무엇도 우리를 그리스도 예수 안에서 우리에게 베푸신 하나님의 부요한 사랑에서 끊을 수 없다. 어둠의 세력들이 어떻게 인식되든지 간에 그들은 하나님과 그의 백성을 갈라놓을 능력이 없다. 이것은 통치자들과 능력들이 그런 시도를 하지 않으리라는 것을 뜻하지 않는다. 그들과 우리 사이의 싸움은 계속될지라도, 우리는 그리스도 안에서 우리를 유지해 주는 풍성한 하나님의 능력과 사랑을 지속적으로 공급받는다.

데살로니가후서에서 바울은 하나님의 보호에 대한 약속을 더 단순한 방식으로 확증한다. 사탄의 사주를 받는 "불법한 자"가 나타날 것에 대해서 경고하는(살후 2:8-9) 이 서신에서 하나님의 보호에 대한 바울의 확신이 신자들에게 특별한 위로를 준다는 것은 의심할 여지가 없다. 그들에게 바울은 "주는 미쁘사 너희를 굳건하게 하시고 악한 자에게서 지키시리라"라고 말한다(살후 3:3).

이 약속은 이미 새 신자인 데살로니가 교회 성도들의 체험에서 사실로 입증되었다. 데살로니가전서에서 바울은 그들의 믿음의 진보를 알기 위해 디모데를 보냈다고 언급했는데, 그 이유는 "혹 시험하는 자가 너희를 시험하여 우리 수고를 헛되게 할까" 염려했기 때문이다(살전 3:5). 그의 염려와는 정반대로 바울은 데살로니가 교회 성도들이 핍박에도 불구하고 믿음 안에서 성장하고 있으며 적극적으로 복음 메시지를 전하고 있다는 사실을 알게 되었다. 주님은 그들에게 참으로 신실한 분으로 나타나셨다. 주님은 실제로 그들을 강하게 만드셨으며 그들을 악한 자로부터 지키셨다.

악한 영들로부터 보호를 받는 것은 1세기에 살던 사람들에게 커다란 관심사였다. '보호하다'라는 말은, 특히 부적으로 사용된 마술 파피루스에서 거듭 반복해서 등장하는데, 이 마술 부적은 그것을 사용하는 사람들을 보호해 주려는 의도로 만들어진 것이다. 일반적으로 이런 종류의 마술을 '마귀를 쫓아내는'(apotropaic) 마술이라고 하는데, 문자적으로는 '격퇴한다'는 뜻을 갖는다. 이런 마술은 악한 영들로부터 사람들을 보호하는 효력이 있는 것으로 간주되었다. 그러나 바울은 유일하신 참 하나님만이 사람들을 '보호하신다'고 믿었다. 하나님은 신자들을 사탄 자신을 포함해서 모든 어둠의 세력들의 지배로부터 보호하실 수 있는 분이다.

비록 하나님께서 우리를 보호하신다고 할지라도, 우리가 그리스도인이 되는 것이 자동적으로 마귀의 세계에 대한 면역력을 얻는 것을 뜻하지는 않는다. 신자들은 그리스도 안에 있는 자신의 새로운 지위에 대해서 배울 필요가 있다. 바로 이런 이유 때문에 그리스도인의 삶을 위해서 성경과 신학을 연구하는 것이 매우 중요하다. 사탄은 속이는 자이며 고소하는 자이므로 그리스도 안에서 우리가 어떤 존재인지에 관한 진리를 알아야 한다. 우리의 새로운 정체성의 실체를 깊이 이해하고 인식해야 할 필요가 있는 것이다. 그렇게 할 때 비로소 우리는 어둠의 세력들에게 종노릇하던 상태에서 구출된 자유로운 사람처럼 살 수 있다.

그러나 사람들이 이런 진리를 이해하고 받아들이는 것은 쉬운 일이 아니다. 그래서 바울은 성령께서 에베소 교회 성도들이 그 진리에 대해 마음을 열 수 있게끔 인도해 달라고 기도해야 할 필요성을 느꼈다(엡 1:17-18). 확실히 에베소에 있던 바울의 독자들 가운데 상당수는 예배와 교육을 위해서 함께 모일 때마다 교사들에게 동일한 진리들에 관해서 많이 들었을 것이다. 바울은 에베소에서 3년 가까이 사역하면서 그 지역 교회들의 지도자들과 교사들에게 기독교 교리를 직접 가르쳤다. 하지만 에베소서 독자들 가운데 많은 사람들은 여전히 확신에 이를 필요가 있었다. 오늘날 우리도 우리에게 성령의 조명을 주셔서 우리를 위해서 이루신 그리스도의 사역의 충만한 의미와 그리스도 안에 있는 우리의 새로운 정체성을 이해할 수 있게 해 달라고 하나님께 기도해야 한다.

그리스도 안에 있는 우리의 새로운 정체성에 관한 진리를 이해한 뒤에는 우리의 삶을 그 진리와 일치시켜야 한다. 우리는 예수 그리스도와의 활력이 넘치는 연합을 통해서 하나님의 자원을 끌어내어 우리의 것으로 삼는 방법을 배워야 한다. 우리는 이 세상에서 매일의 삶을 슬기 위해서 성령 충만을 받아야 한다. 이제 우리는 '영적 전쟁'에 관해서 말해야 한다.

## 9. 신자들에 대한 영적 세력들의 영향

오늘날 우리는 악한 사탄이 지속적으로 파괴적인 영향을 끼치고 있음을 세계 도처에서 느끼고 있다. 전쟁의 공포, 빈곤, 경제적 착취, 인종 차별이 명백하게 전 세계에서 일어나고 있다. 그리스도인들도 악에 대한 사탄의 유혹에서 자유롭지 못하다. 실제로 많은 신자들이 사탄의 유혹에 무력하게 굴복한다. 간음, 재정 관련 부정, 위선, 분열과 같은 일들이 현대 교회 안에서도 자주 일어난다. 많은 목회 상담자들은 그리스도인들이 삶에서 마귀의 직접적인 활동으로 인해서 고통당하는 수많은 사례들을 보고한다.

### 사탄, 패배했으나 여전히 활동 중인 원수

우리는 삶의 경험을 통해서 사탄과 그의 세력들이 매우 적극적으로 악의에 찬 활동을 계속하고 있음을 분명하게 인지할 수 있다. 그의 서신 전체에서 바울은 사탄이 계속해서 하나님의 백성을 강력하게 대적하고 있다는 사실을 전제하고, 그러한 악에 대응하기 위해서 교회들과 함께 일한다. 그러나 그와 동시에 바울은 그리스도께서 죽음과 부활을 통해서 어둠의 세력을 패배시키고 무장을 해제시키셨다는 것을 확신한다(골 2:15). 서로 모순되는 것처럼 보이는 이 두 가지 관점을 우리는 어떻게 이해해야 하는가?

첫째, 그리스도께서는 십자가를 통해서 영적 세력들에게 결정적인 승리를 거두셨다. 자신의 죽음과 부활로 인해서 그리스도는 인간에 대한 악한 영들의 강력한 지배를 분쇄하시고 사탄의 영역으로부터 사람들을 구출하여 그분 나라의 백성으로 삼으셨다. 악한 세력들은 그리스도에 대해서 아무런 능력도 권세도 갖지 못하므로, 그분 몸의 지체들에 대해서도 아무런 능력이나 권세를 갖지 못한다. 신자들은 그리스도 안에서 자신들에게 주어진 하나님의 자원들에 의지하지 않을 경우에만 악한 세력의 영향에 끌려간다. 그리스도와의 연합을 통해서 확보할 수 있는 하나님의 능력을 소유할 때 신자들은 죄짓게 만드는 사탄의 유혹에 능히 저항할 수 있다.

둘째, 결정적인 싸움은 전쟁의 결과를 확실하게 결정짓는다. 십자가에서 거두신 그리스도의 승리는 어둠의 세력들에 대한 그리스도의 싸움의 결과를 영구히 결정지었다. 전쟁은 계속되지만 그리스도의 죽음과 부활을 통해서 승리한 싸움에 비교하면, 그 이후의 모든 전투는 상대적으로 규모가 작은 충돌에 불과하다. 오스카 쿨만은 영적 세력들과 그리스도 사이의 싸움에 대한 유익한 유비를 제2차 세계 대전의 두 가지 주요한 사건, 즉 노르망디 공격 개시일(D-Day)과 유럽 전승일(VE-Day)에서 끌어냈다.[1] 제2차 세계 대전의 결과가 1944년 6월 6일 연합군이 노르망디에 상륙하던 날 결정되었다는 사실을 의심하는 사람은 아무도 없을 것이다. 하지만 유럽 전승일, 즉 최종적인 승리의 날은 그로부터 거의 1년이 지난 1945년 5월 8일이었다. 수많은 전투를 해야 했고 많은 사상자들이 발생했지만, 연합군이 결정적인 전투에서 승리를 거둔 이후에 독일군은 연합군의 성공적인 진격을 막아 낼 수 없었다. 또 다른 학자도 이것을 그리스도와 그의 교회가 악한 세력들에 대항하는 싸움과 관련시킨다.

공격 개시일(D-Day)은 승리의 날(V-Day), 곧 그리스도의 날, 재림 때에 그리스도 안에서 이루어질 하나님의 최종적인 승리의 날의 전주곡이었다. 전투가 계속되고 승리의 날, 최종적인 영광의 날이 여전히 눈에 보이지 않을지 몰라도 공격 개시일은 이미 끝났고 악의 세력들은 결코 회복할 수 없을 정도로 치명타를 맞았다.[2]

교회는 계속해서 이런 '소탕전이 벌어지는' 기간에 살고 있다. 최종적인 승리는 확실하지만 지금도 여전히 위험한 때이며 아직도 많은 전투를 해야 한다. 사탄과 그의 세력들은 계속해서 교회를 공격하고 믿지 않는 사람들을 종으로 잡아 둔 채 세상에서 온갖 종류의 악을 조장한다. 신자들은 어둠의 세력들이 불러일으킨 대규모 악의 고통스러운 결과, 즉 전쟁, 도덕적으로 개탄스러운 공공 정책들, 범죄, 갱단의 폭력, 그리고 이와 유사한 것들로 인해서 계속 고통을 당한다. 그러나 그 영적 세력들은 더는 우리를 종으로 삼을 수 없고 우리를 하나님으로부터 끊을 수 없으며 계속해서 죄를 짓게 만들 수 없다. 우리는 그리스도 안에서 자유롭다. 우리는 선포해야 할 구속과 자유의 메시지를 갖고 있다.

### 세 가지 악한 세력의 영향

본서에서 통치자들과 권세들이라는 주제에 초점을 맞춘 탓에 독자들은 바울이 모든 악을 마귀에게서 비롯된 것으로 간주한다고 믿을 수도 있을 것이다. 하지만 이것은 사실이 아니다. 사람들에게 끼치는 악한 세력의 성격에 대한 바울의 견해는 매우 균형 잡힌 것이다.

에베소서 2:1-3에서 바울은 죄의 행위를 세 가지 강력한 세력에서 비롯된 것으로 묘사하는데, 이는 마치 함께 꼬여서 굵고 튼튼한 밧줄을 구성하는 세 가닥 줄처럼 보인다. 이 굵은 밧줄은 불신자들을 꼼짝 못하게 동여매서 어둠의 왕국에 종노릇하게 만든다. 이 세 가지 악한 영향의 원천을 다음과 같이 묘사하는 것이 도움을 줄 것이다.

1. **세상**: "이 세상의 방식들"("이 세상 풍조"[개역개정])
2. **마귀**: "공중의 권세 잡은 자" "불순종의 아들들 가운데서 역사하는 영"
3. **육체**: "우리 육체의 욕심 … 육체와 마음의 원하는 것"

우리는 이 세 가지 세력을 가장 단순한 용어들을 사용해서 "세상, 마귀, 육체"로 분류할 수 있다. 하지만 우리는 바울이 달한 것을 더 자세히 살펴볼 필요가 있다.

이 구절에서 바울은 독자들이 그리스도께로 돌아오기 전에 살았던 삶의 성격을 폭로한다. 여기서 일련의 지배적인 원리들을 통해서 우리는 바울이 그리스도인들과 비그리스도인들을 포함해서 모든 사람에게 영향을 끼치는 악을 어떻게 인식했는지를 이해하는 데 도움을 얻는다. 그리스도인들도 여전히 동일한 악의 영향력의 근원들에 맞서 싸워야 하지만, 그들은 그리스도의 능력을 통해서 이 영향력을 극복할 수 있는 새로운 수단을 갖고 있다. 그리스도인이 아닌 사람들은 그리스도와 분리되어 있기에 이러한 영향력에 예속되어 있으며 도피할 능력이나 힘이 없다.

이 본문에서 바울이 "이 세상의 방식들"이라고 말할 때, 그는 하나님의 거룩함의 기준과 맞지 않는 사회 활동의 태도와 관습과 선호도의 강력한 영향을 염두에 두고 있다. 문자적으로 이 구절은 "이 세상의 세대"의 특성을 고발한다. '이 세대'와 '앞으로 올 세대'의 특성은 완전히 대조적이다. 존 스토트는 "이 세상의 세대"의 성격을 다음과 같이 적절하게 묘사한다.

"세대"(age)와 "세상"(world)이라는 두 단어는 모두 하나님을 떠난 사회 전체의 가치 체계를 나타낸다. 그것은 비기독교적 사회에 스며들어 있고 실제로 그 사회를 지배하며, 사람들을 노예 상태로 잡아 둔다. 정치적 억압이나 관료적인 독재 정치로 인해서, 세속적이며(하나님을 거부하는) 비도덕적이고(절대적인 것을 거부하는) 물질주의적인(소비 시장을 찬양하는) 사고방식으로 인해서, 가난이나 굶주림이나 실직으로 인해서, 인종 차별로 인해서, 또는 여러 가지 형태의 부정한 일들로 인해서 인간이 비인간화되고 있는 곳이면 어디서나 우리는 "이 세대"와 "이 세상"의 인간답지 못한 가치들을 발견할 수 있다.³

이 영향력은 한 사람이 태어날 때 부모와 확대 가족으로부터 전해진 가치들과 더불어 시작된다. 그것은 인생 전체에 걸쳐서 동료들의 압력은 물론 교육 체계와 언론 매체를 통해서 공식적으로, 그리고 비공식적으로 강화된다. 그것은 사고 유형들, 전통들, 관습들, 그리고 심지어 기관들을 통해서 계속해서 전달된다. 이것은 사회에 속한 모든 것이 악하다는 말이 아니다. 하지만 사회에는 하나님을 떠난 것들이 많다.⁴

바울이 제시하는 두 번째 악한 영향력인 "공중의 권세 잡은 자"는 전체 악한 영들의 무리를 지배하는 강력한 초자연적 존재이다. 고대인들은 이 영적 존재가 공중에 거주한다고 종종 생각했다. 이 지배자는 더 정확하게 말하자면 '영'(spirit)이다. 바울은 이 영의 활동을 즉각적이며 직접적인 것으로 묘사한다. 즉, 그 영은 "지금 불순종의 아들들 가운데서 역사한다." 하나님께 불순종하는 모든 사람이 악한 영에 '붙잡혀' 있다고 말하는 것은 옳지 않을 것이다. 하지만 바울은 이 악한 지배자와 그의 사자들이 매우 직접적이고 인격적인 영향력을 개인에게 행사하고 있다는 것을 분명히 한다. 비록 많은 영어 성경들이 이것을 제대로 번역하지 못했을지라도 이 영은 강력하고 강제적인 영향력을 행사한다. 이 악한 지배자가 "역사하고 있다"라고 바울이 말할 때 그는 능력을 나타내는 어휘 군(群)에 속한 단어를 사용한다. 우리는 이 표현을 "지금 … 가운데서 강력하게(powerfully) 역사하고 있다"라고 번역할 수 있다. 영어 성경 GNB는 이 어구를 "the spirit who now controls the people"(사람들을 지금 지배하는 영)이라고 번역한다. 여기서 바울이 제도가 아니라 사람들 안에서 악한 영이 역사하고 있음을 강조하는 것에 주목하라.

바울이 주의를 기울이는 세 번째 악한 영향력은 그가 "육체"라고 부르는 것이다. 이것은 하나님의 의의 기준에서 벗어난 방식으로 행동하려는 인간의 내적 충동을 나타내려고 바울이 즐겨 사용하는 표현이다. 이것은 성적인 범죄와 같은 육체와 관련된 행위들 뒤에 있는 내적 동기뿐 아니라, 시기와 분노 같은 정신 활동의 여러 측면들도 가리킨다. 이러한 악을 행하려는 내적 욕구는 하나님의 선물인 성령을 통해서 제공된 도덕적 고결함을 따라 살려는 새로운 욕구와 대조를 이룬다(갈 5:19-23을 보라).

그러므로 바울은 악한 영향력의 특성을 이 세 가지 요소들의 현현으로 제시한다. 악한 경향들의 근원은 초자연적인 것이기도 하지만 동시에 사람의 내부에도 있으며 외부에도 있다. 각 개인은 자기 안에 악에 대한 내적 성향을 갖고 있으며, 또한 그들의 외부 환경(동료들, 언론 매체, 사회적 규범 등)도 그들에게 강한 영향을 미친다. "세상, 육체, 마귀"의 범주를 관련시키는 그러한 관점은 야고보(약 3:15)와 요한(요일 2:15-17; 3:7-10)에게도 필수적인 것이었으며, 아마도 이것은 초기 교회가 공유한 관점이었을 것이다.

바울의 가르침은 우리의 행동을 인간의 본성이나 세상의 영향력의 관점에서만 설명할 수 없음을 알려 준다. 이와 유사하게 인간의 비정상적인 행동을 전적으로 마귀에게서 비롯된다고 설명하는 것도 지나치게 근시안적이다. 우리는 인간의 잘못된 행동을 인간의 본성과 환경과 마귀, 이 세 가지 요소를 동시에 고려해서 설명해야 한다. 한 가지 요소가 지배적인 역할을 할 수도 있지만 세 가지 요소 모두를 고려해야 하는 것이다. 이 지점에서 바울의 신학은 상담 사역에 종사하는 사람들에게 중요한 함의를 갖는다. 그와 동시에 그의 신학은 우리의 교회 생활에도 극히 적절한 것으로 간주되어야 한다.

에베소서와 골로새서에서 마귀적인 요소가 크게 강조되는 반면에, 로마서와 갈라디아서에서는 육체가 더 두드러진다. 이런 특별한 강조점의 차이는 각 서신을 받는 독자들의 일반적인 상황과 관련이 있다. 에베소서와 골로새서의 독자들의 경우에는 그들이 과거에 연루되었던 마술 행위들을 다루는 일에 도움이 필요했을 것이다. 바로 이런 사실 때문에 바울은 이 두 서신에서 마귀적인 요소를 더 많이 강조했을 것이다.

그러나 최종적인 분석에서 바울은 사탄을 그리스도와 그의 나라의 가장 주요한 대적자로 간주했다. 인간의 악한 행동을 마귀적인 차원에서 설명할 경우에 우리는 모든 악한 영향을 동시에 고려해야 한다. 실제로 사탄은 육체의 타락한 성향을 이용해서 사회적 질서의 모든 차원에 상당한 지배력을 행사한다.

그리스도의 십자가를 통해서 그리스도인들은 이러한 강제적이며 그들을 노예로 만드는 영향력들에서 자유로워진다. 그리스도의 죽음과 부활의 결과로 '앞으로 올 세대'가 현재의 세대 안으로 뚫고 들어왔다. 이제 신자들은 앞으로 올 세대의 많은 복과 자원을 공유한다. 그리스도의 십자가를 통해서 우리의 육체는 십자가에 못 박혔고, 우리는 우리를 능력 있게 하시는 성령의 인도하심 아래 살 수 있다. 마지막으로 그리스도의 십자가는 하나님께서 악의 세력들에게 거두신 결정적인 승리를 보여 준다. 그리스도와의 연합을 통해서 신자들은 사탄을 대적할 수 있고 그의 왕국을 이길 수 있다.

### 악한 세력들이 신자들에게 영향을 끼치는 방식

바울은 우선적으로 교회들의 영적 건강과 복지에 관심을 가졌다. 따라서 그는 세상에 대한 악한 세력들의 영향을 깊이 생각하는 데는 거의 시간을 보내지 않았다. 예를 들어, 그는 어둠의 세력들이 로마 황제나 경제나 로마 제국의 여러 속주들 사이의 외교 관계에 어떻게 지배력을 행사하는지를 설명하지 않는다. 이것은 영적 세력들에 관한 바울의 가르침이 사회적·정치적·경제적 구조에 대한 그 세력들의 영향을 이해하는 데 적절성이 전혀 없음을 의미하지 않는다. 실제로 바울의 사상은 그런 구조들을 이해하고 그것들에 반응하는 데 중요한 함의를 갖는다. 하지만 우리를 위해서 보존되어 온 것은 여러 교회들, 즉 다양한 내적 갈등과 지속적인 죄의 영향들에 직면한 교회들에게 보낸 그의 서신들뿐이다. 바울은 교회들에게 세상에 관여하라고 촉구했다. 하지만 세상에 대한 그들의 관여는 주로 그리스도의 복음의 선포를 통해서 표현되어야 했다.

분명히 바울은 그리스도인들이 악한 영들의 유해한 영향을 쉽게 받을 수 있다고 생각했다. 그리스도인이 된 뒤에 우리가 맞서 싸워야 하는 것은 단지 육체의 시험과 세상의 유혹만이 아니다. 마귀와 그의 세력들의 강력한 초자연적 활동은 그리스도인 개인과 교회 전체에 적대적이다. 그 악한 영적 세력들이 인간의 육체를 이용하고 세계의 체제에 영향력을 행사한다는 사실은 그들 영향력의 범위가 매우 넓다는 것을 알려 준다.

바울의 서신들은 악한 영적 세력들과 관련해서 그리스도께서 행하신 일이 갖는 함축적인 의미를 끌어낼 뿐 아니라, 신자들에게 미치는 악한 세력들의 영향력의 성격을 설명하는 데 관심을 갖는다. 다음 부분에서는 어둠의 세력들이 그리스도인들에게 그들의 지배력을 행사하려고 시도하는 특별한 방식 몇 가지를 논의할 것이다.

### 시험

사탄과 그의 세력들의 활동 중에서 가장 잘 알려진 것은 시험(temptation)이다. 바울은 사탄에게 "시험하는 자"라는 명칭을 붙이기까지 한다(살전 3:5). 사탄은 하나님의 백성을 유혹하여 하나님의 뜻과 반대되는 방식으로 행동하게 만든다. 그렇게 함으로써 사탄은 그들을 자기 왕국에서 다시 종으로 만들려고 한다(갈 4:8-9).

아쉽게도 바울은 우리에게 시험의 심리학에 대한 완벽한 그림을 제시하지 않는다. 그는 사탄이 어떻게 신자들을 시험하는지를 정확한 방식으로 묘사하지 않는다. 비록 그런 정보가 우리의 호기심을 충족시킬 만큼 주어지지는 않을지라도, 바울은 자기 독자들이 그 세력들의 악한 영향력에 대항하는 데 필요한 실제적인 정보를 모두 제공했다고 생각한 것으로 보인다.

바울 서신 전체의 취지와 특히 에베소서 2:1-3에 대한 우리의 논의에 근거하여 판단하자면, 사탄과 그의 세력들은 사람들에게 영향을 끼치는 내적이며 외적인 요인들 안에서, 그리고 그 요인들을 통해서 활동한다고 바울은 보았던 것 같다. 즉 사탄은 "육체"와 "세상"을 이용한다는 것이다. 바울은 고린도전서에서 부부 관계에 관해서 말하면서 남편과 아내는 일정한 기간 이상 분방해서는 안 된다고 경고한다. 그는 그들이 절제하지 못하여 사탄의 유혹을 받고 다른 사람과 관계를 가짐으로써 부부간의 정절을 더럽히지 않을까 염려한다(고전 7:5). 다른 곳에서 그는 음행을 "육체"의 일로 묘사한다(갈 5:19). 바울은 사탄이 육체적 만족을 얻으려는 인간의 욕망을 강렬하게 불러일으킨다고 생각한다. 육체의 만족에 대한 욕망은 그 자체만으로도 큰 유혹이다. 그런데 강력하고 강제적이며 초자연적인 어둠의 세력들의 활동으로 인해서 그 육체의 욕망은 더욱 강렬해진다. 이런 욕망을 극복하는 절제는 오직 성령의 역사를 통해서 온다(갈 5:23, 16-18).

또한 사탄은 "이 세상 신"이며(고후 4:4) 그의 부하들은 "이 세상의" 초보적인 영들이기 때문에(갈 4:3; 골 2:8, 20) 매우 다양한 외부적인 영향들("세상")을 통해서 신자들을 시험한다. 따라서 어둠의 지배자는 종교를 포함해서, 존재하는 모든 구조에 엄청난 영향력을 행사할 수 있다. 바울의 교회들이 "세상"과 싸우는 한 가지 방식은, 종종 교회 밖의 집단들로부터 (또한 내부의 타락한 영향들로부터) 오는 다양한 형태의 거짓 교훈들에 맞서 싸우는 것이었다. 모든 경우에 이들 초기 그리스도인들은 비기독교적인 종교 전통들, 대체로 주변 종교들의 행위와 신조를 따르라는 압력을 받았다.

## 마귀에게 틈을 주기

복음서에서 매우 자주 나타나는 "귀신 들림"(종종 "귀신에게 사로잡힘"으로 묘사됨)이라는 단어를 바울은 그의 서신에서는 한 번도 사용하지 않는다. 바울 서신에서 "귀신에게 사로잡힘"이라는 표현과 가장 가까운 것은 에베소서 4:27에서 볼 수 있는 "마귀에게 틈을 줌"이라는 개념이다. 바울은 에베소 교회 성도들에게 "마귀에게 틈을 주지 말라"라고 경고한다.

이 본문에 등장하는 "토포스"(*topos*)라는 헬라어 단어를 영어 성경 NIV에서는 "발판"(foothold)이라고 번역한다. 이 단어는 "기회"("opportunity"[NASB, RSV]; "chance"[TEV])라고 번역할 수도 있다(NEB는 "허술한 구멍"[loop-hole]이라고 번역한다). 따라서 이 구절을 "영향력을 행사할 수 있는 기회를 마귀에게 주지 말라"라고 번역할 수 있다.[5] 로마서 12:19에서 바울은 이 단어를 유사한 의미로 사용해서 이렇게 말한다. "내 사랑하는 자들아 너희가 친히 원수를 갚지 말고 하나님의 진노하심에 '맡기라'(문자적으로는 '자리를 주다', 또는 '기회를 주다')."

마귀에게 기회를 주지 말라는 이런 진술은 바울 서신에서 단 한 번 등장한다. 바울은 마귀가 신자의 삶에서 어떤 종류의 "발판"을 확보할 수 있다고 믿는지, 또는 신자가 준 "기회"를 마귀가 어떻게 이용하는지에 대해서 더 설명하지 않는다. J. A. 로빈슨은 이 구절을 "악한 영이 침입할 수 있는 기회"를 가리키는 것으로 해석했다.[6] 나는 유대교 전통에서 이런 주장을 분명하게 지지하는 증거를 발견할 수 없었다. 하지만 하나님의 백성이 마귀(벨리알)에게 자신의 삶을 지배할 수 있는 기회를 허용한다는 개념을 보여 주는 많은 사례들이 있다. 그리스도께서 오시기 직전 시대에 기록된 「열두 족장의 유언서들」은 하나님의 백성에 대한 마귀와 그의 영들의 잠재적인 영향력에 관해서 많은 것을 말한다. 특히 한 본문은 에베소서 4:27의 문맥에서처럼 절제되지 않은 분노를 마귀가 발판을 확보하는 것과 연결시킨다. 「단의 유언서」(Testament of Dan) 4:7은 이렇게 진술한다. "분노와 어리석음은 둘 다 양편에 날이 선 악이며, 둘 다 이성을 어지럽게 만든다. 영혼이 계속해서 혼란해지면 주께서 떠나시고 벨리알이 영혼을 지배한다."[7] 이런 유대인의 전통에 비추어 보면 바울이 무절제한 분노를 마귀에게 자기 삶의 통제권을 양도하는 경우로 간주한 것은 그다지 놀랍지 않다.

바울은 신자가 마귀에게 통제력을 행사할 수 있는 기회를 주는 방식에 대해서 분명하게 언급한다. 그는 마귀에게 발판을 내주는 것을 경고하기에 앞서, "분을 내어도 죄를 짓지 말며 해가 지도록 분을 품지 말고"라고 권면한다(엡 4:26). 여기서 그는 무절제한 분노를 사탄이 신자의 삶에 침입하는 한 가지 수단으로 간주한다. 아마도 그는 이 특정한 악을 마귀에게 이용당하기 쉬운 유일한 약점으로 생각하지는 않았을 것이다. 바울은 이 구절이 속한 넓은 문맥에서 거짓말, 도둑질, 더러운 말, 악독, 악의를 포함한 많은 악덕을 언급한다. 신자가 성령의 능력으로 다루지 않는 죄는 어떤 것이든 마귀가 이용하여 신자의 삶을 지배하는 수단으로 삼을 수 있다. 그러므로 그리스도인은 마귀를 대적해야 한다.

바울에게 있어서 중간 지대란 없다. 유명무실한 기독교도 있을 수 없다. 신자들이 할 수 있는 것은, 육체와 세상을 통해서 역사하는 악한 자의 영향에 저항하든지 아니면 자신들의 삶에 대한 통제권을 어둠의 세력들에게 양도하는 편을 택하는 것뿐이다.

이런 이유 때문에 신자들이 악의를 품는 것, 불평을 터뜨리거나 직장에서 도둑질을 하는 것 따위는 극히 위험하다. 물론 이것은 몇 가지 예만 열거한 것에 불과하다. 그런 유혹에 몸을 내맡기는 것은 단지 육체의 나약함을 확증하는 것에 불과한 것이 아니라, 신자 자신의 삶의 통제권을 마귀와 그의 세력들에게 내주는 것이다.

### 사탄의 종들에게 기만당함(고후 10-13장)

에덴동산에서 아담과 하와를 속인 이래로 사탄은 기만이라는 악마적 방법을 계속 사용해서 사람들로 하여금 거짓을 믿게 만들어 왔다. 이것은 특히 거짓 교훈의 확산과 거짓 교사들의 기만적인 활동과 관련해서 바울의 교회들의 경우에도 해당된다. 갈라디아 교회, 고린도 교회, 골로사 교회에 보낸 서신에서 바울은 거짓 가르침의 영향에 대해서 경고한다. 이 세 가지 경우에 그는 거짓 교훈들이 사탄과 그의 세력들의 활동과 관련이 있음을 분명하게 밝힌다. 또한 본질적으로 사탄에게 사로잡힌 에베소의 거짓 교사들을 다루는 방법에 관해서 바울은 디모데에게 교훈한다. 이런 형태의 거짓 교훈들은 모두 복음의 참된 성격과 주 예수 그리스도의 인격을 공격하며, 언제나 그릇된 생활양식과 행동으로 이어지는 특징을 갖고 있다.

고린도 교회 성도들은 사도와 복음의 일꾼으로 가장한 (일단의) 세련된 변론가 무리를 믿고 추종했다(고후 11:13). 그 변론가들은 공개적으로 바울을 멸시했으며, 고린도 교회 성도들에 대해서 자신들이 바울보다 더 높은 수준의 영적 권위를 가진 것으로 제시하려고 했다. 그들은 예루살렘의 사도들에게 권위를 받았다고 주장한 것으로 보인다. 그러나 바울은 자신이 고린도 교회 성도들에게 전한 것과는 다른 예수와 다른 복음을 그들이 전파하고 있다고 지적했다(고후 11:4). 또 그들을 가리켜서 "거짓 사도요 속이는 일꾼이니 자기를 그리스도의 사도로 가장하는 자들"이라고 비난했다(고후 11:13). 여기서 바울은 그들의 진정한 정체를 폭로하고 있다. 곧 그들은 그리스도의 사도로 가장한 사탄의 일꾼들이다. 바울은 사탄을 가장과 기만의 명수로 간주하며, 사탄이 심지어 광명의 천사로 가장할 수도 있다고 말한다(고후 11:14). 일부 유대인 전통에서도 실제로 사탄이 에덴동산에서 하와를 유혹할 때 광명의 천사로 가장했다고 믿었다.[8]

바울은 이들 사탄의 일꾼들이 고린도 교회 성도들을 오도하여 그들로 하여금 잘못된 복음을 믿게 만들 것을 염려했다. 그래서 그는 이렇게 말한다. "뱀이 그 간계로 하와를 미혹한 것같이 너희 마음이 그리스도를 향하는 진실함과 깨끗함에서 떠나 부패할까 두려워하노라"(고후 11:3). 바울은 이런 상황에 대응하여 "견고한 진을 파하려고" 애를 썼다. 즉, 그는 그의 대적자들이 자신과 고린도 교회의 개종자들 사이에 세운 적대감의 장벽을 무너뜨리고자 했다(고후 10:4). 게다가 거짓 교훈의 "견고한 진"은 복음의 진리에 반대되는 것이기 때문에 그들 가운데서 제거될 필요가 있었다. 랠프 마틴은 이렇게 주석한다. "바울은 외부에서 고린도 교회에 침입한 거짓 교사들의 마귀적인 활동(11:13-15)을 뒤집어엎고 무력하게 만들기를 원했으며, 따라서 그들을 고린도 교회 신자들과 구별했다. 그는 고린도 교회 신자들이 일탈과 유혹의 덫에서 벗어날 수 있다는 낙관적인 희망을 가졌다."[9] 그래서 바울은 고린도 교회 성도들에게 거짓 교사들이 가르친 새로운 교훈의 사탄적 성격을 폭로하고 벨리알의 멍에를 꺾으라고 요청한 것이다(고후 6:14-7:1을 보라). 그는 주 예수 그리스도의 합법적인 사도로서 그가 선포한 참된 복음에 그들이 다시 헌신하길 원했다. 그 복음은 자기 백성을 위해서 고난당하시고 약함 가운데서 하나님의 능력을 드러내도록 자기 백성을 부르시는 그리스도의 복음이다.

바울은 귀신들이 불러일으킨 또 다른 종류의 거짓 교훈들을 폭로하는데, 그 교훈들은 골로새 교회와 갈라디아 지역의 교회들 사이에서 그리스도의 복음을 훼손했다. 바울은 골로새의 새로운 교훈이 사람들을 통해서 교회 안에 들어왔지만, 실제로는 "세상의 초보적인 영들"(골 2:8)이 불러일으킨 것으로 묘사한다. 그 교훈은 골로새 교회 신자들을 위한 그리스도의 완전한 충족성을 의심했다.

### 초보적인 영들에게 종노릇함(갈라디아서)

갈라디아 교회를 위협한 새 교훈은 복음의 핵심을 강타했다(갈 1:6-9). 유대에서 온 어떤 열정적인 사람들이 갈라디아 성도들에게 구원을 받으려면 모세의 규례를 따라 할례를 받아야 한다고 (그리고 율법의 다른 요구 사항들을 준수해야 한다고) 가르치고 있었음이 분명하다. 바울이 볼 때 이런 요구는 구원이란 율법의 행위들 없이 주어지는 것, 곧 오직 은혜로 받는 것이라는 복음 메시지의 본질을 손상하는 것이었다.

또 바울은 갈라디아 교회 성도들이 "날과 달과 절기와 해를 삼가 지키니"라고 말한다(갈 4:10). 그는 그리스도인들이 그런 문제에 관해서 개인적인 확신을 갖는 것을 문제로 생각하지 않았지만(롬 14:5), (할례를 포함해서) 규정들을 준수하는 것을 종교적인 의무로 보거나 복음 메시지에 대한 필수적인 반응의 일부로 보는 것에는 반대한다. 바울은 그런 식으로 할례를 받고 율법의 조항을 준수하는 것은 종노릇하는 상태로 다시 돌아가는 것과 같다고 생각한다. 그것은 통치자들과 권세들(스토이케이아, 갈 4:9)에게 종노릇하는 것이다!

바울은 유대인들과 이방인들이 회심하기 전에 어둠의 세력들에게 매여 종노릇하고 있었다고 본다. 먼저 그는 구속받지 못한 유대인들이 세상의 초보적인 영들의 종이라고 설명한다(갈 4:3).[10] 이 적대적인 세력들은 명백하게 율법을 도구로 사용하여, 믿지 않는 유대인들을 종으로 만들었다. 그리스도를 통한 하나님의 구속은 자유, 곧 율법으로부터의 자유와 영적 세력들에게 종노릇하는 상태로부터의 자유를 가져다준다(갈 4:3-5).

이와 마찬가지로 이방인들은 회심하기 전에 "본질상 하나님이 아닌 자들에게 종노릇"했다(갈 4:8). 이방 종교에 머물러 있던 과거에 그들은 실제로 존재하는 신들과 여신들을 숭배한다고 생각했다. 그러나 곧 그것들이 우상, 즉 마귀와 그에게 속한 어둠의 세력들의 도구에 지나지 않는다는 것을 깨닫게 되었다. 갈라디아 성도들은 자신들의 이방 신들에게서 등을 돌렸다. 하지만 이제 그들은 바울이 전해 준 그리스도의 순전한 복음에 유대인의 율법적 요구 조건들을 첨가하려는 유혹에 직면해 있다. 바울이 보기에 이것은 영적 세력들에게 종노릇하던 행태를 다른 것에 종노릇하는 행태로 바꾸는 것과 다름없다.

F. F. 브루스에 따르면, 여기서 바울은 자신의 논점을 이렇게 제시한다. "스토이케이아(*stoicheia*)는 율법 아래 있는 유대인들의 삶의 방식을 규정했을 뿐 아니라 하나님이 아닌 자를 섬기는 이방인들의 삶의 방식도 규정했다. … 유대교와 이방 종교는 둘 사이의 모든 근본적인 상이점에도 불구하고 동일한 초보적 세력에 예속되어 있었다."[11] 브루스는 계속해서 이렇게 덧붙인다. "기독교의 자유를 얻지 못한 사람들에게 스토이케이아(초보적인 영들)는 사람들을 종으로 만드는 '통치자들과 권세들'이었다."[12] 복음은 참으로 자유의 메시지이다. 그리스도인의 삶의 원리로서 율법주의는 어떤 형태건 복음에 반대되는 것이다.

여기서 이방인의 종교와 유대인의 율법은 사탄과 그의 세력들이 비신자들을 종으로 삼고 또한 신자들을 다시 종노릇하게 만드는 데 이용하는 두 가지 체계로 드러난다. 그 자체로 이 두 체계는 세상에 속한, 또는 "현재의 악한 세대"에 속한 두 양상들로 기능하며 악한 세력들이 세상과 관련하여 어떻게 활동하는지를 예증한다.

본래는 선한 율법이 사탄으로 인해서 왜곡되고 사탄의 목적을 이루는 데 이용될 수 있다는 사실이 놀랍기만 하다. 이 악한 영향은 믿을 만하고 신임할 만하게 보이는 사람들이 전해 준 새 교훈의 형태로 갈라디아 교회 성도들에게 다가왔다. 겉보기에 그 새 교훈은 참된 것처럼 보였고 갈라디아 성도들에게 매력적인 것처럼 보였다. 우리는 이런 사실로부터 악한 세력들의 영향은 미묘한 방식으로 다가온다는 일반적인 진리를 발견할 수 있을 것이다. 영적인 분별력이 있어야 이런 미묘한 영향을 알아차릴 수 있다. 고린도 교회의 상황과 갈라디아 교회의 상황에서 배울 수 있는 한 가지 교훈은, 신자들은 누구나 건전한 교리, 특별히 건전한 기독론에 깊이 뿌리를 내리는 것이 중요하다는 점이다. 사탄은 지속적으로 우리를 미혹시켜서 그리스도와 그의 구속 사역에 관한 자신의 거짓된 가르침을 믿게 하려고 한다.

사탄이 사주한 이런 거짓 교훈의 사례들에 비추어 볼 때 바울이 생애 말기에 디모데에게 이렇게 경고한 것은 전혀 놀랍지 않다. "성령이 밝히 말씀하시기를 후일에 어떤 사람들이 믿음에서 떠나 미혹하는 영과 귀신의 가르침을 따르리라 하셨으니"(딤전 4:1). 바울은 교회를 멸망시키기 위한 사탄의 이런 미묘하면서도 효력 있는 방법의 위험성을 점점 더 분명하게 알아차렸던 것이다.

바울은 그런 거짓 교훈을 전하는 자들을 가리켜서 "그 뜻을 따르게 하려고 그들을 사로잡은 마귀의 올무"에 떨어진 사람들이라고 묘사한다(딤후 2:26). 이 진술은 거짓 교사들의 성격에 대한 유용한 통찰을 제공한다. 즉, 본질적으로 그들은 사탄의 도구이다. 사탄과 그의 세력들은 이런 인간 대리자들을 통해서 교회를 미혹시켜 타락하게 만든다. 그렇다고 해서 모든 상황이 절망적인 것은 아니다. 심지어 사탄의 일꾼들에게도 희망은 있다. 하나님은 여전히 "그들에게 회개함을 주사 진리를 알게 하실" 수 있기 때문이다(딤후 2:25). 만일 그들이 마음을 열고 교회 지도자들의 가르침에 귀를 기울인다면 이런 일이 일어날 것이다. 그래서 바울은 교회 지도자들에게 그런 사람들을 징계할 때 온유한 자세를 갖고 언제나 그들의 회개에 주의를 기울이라고 촉구한다.

### 육체적 질병의 직접적이면서도 즉각적인 영향

성경은 악한 천사가 그리스도인에게 특정한 육체적 질병을 일으키도록 하나님께서 허용하시는 독특하고 특별한 사례를 제시한다. 이 경우에 귀신이 일으킨 질병은 신자가 범한 죄와 아무 관계가 없다. 도리어 그것은 자기 종으로 하여금 더욱 하나님을 의지하게 만드시려는 하나님의 섭리의 일부분이다.

사도 바울 자신이 이런 질병으로 고통을 겪었다. 그는 고린도 교회 성도들에게 이렇게 말한다. "여러 계시를 받은 것이 지극히 크므로 너무 자만하지 않게 하시려고 내 육체에 가시 곧 사탄의 사자를 주셨으니 이는 나를 쳐서 너무 자만하지 않게 하려 하심이라"(고후 12:7). 이 본문에서 "육체의 가시"가 실제로 무엇을 가리키는지를 정확하게 알 수 있는 사람은 아무도 없다. 그것은 일종의 육체적 질병처럼 보인다.[13] 안질, 반복되는 말라리아 열병, 신경 질환, 언어 장애, 심지어 간질에 이르기까지 많은 견해들이 제시되었다.

이 본문에서 분명한 것은 "사탄의 사자", 문자적으로는 "사탄의 천사"가 그것을 일으켰다는 것이다. 이것은 사탄의 유별난 활동이 아니다. 랠프 마틴은 성경에 사탄을 육체의 질병과 관련시키는 전통이 있음을 지적한다.[14] 하나님은 사탄이 욥을 질병으로 시험하도록 허락하셨고(욥 2:5), 예수님은 한 여자를 십팔 년 동안 불구로 만든 것이 사탄이라고 말씀하셨다(눅 13:16). 성경의 전통 밖에서도 사람들은 악한 영들이 질병을 일으킨다고 믿었다.

바울은 자신의 "가시"를 제거해 달라고 주께 세 번 간구했지만 하나님은 그의 가시를 없애 주지 않으셨다고 말한다. 도리어 하나님은 사탄의 사자가 계속 바울을 괴롭히도록 허용하셨다. 그것은 바울이 자기 자신의 능력이 아니라 그리스도의 능력을 의지하게 하기 위함이었다. 하나님은 그에게 "내 은혜가 네게 족하도다 이는 내 능력이 약한 데서 온전하여짐이라"라고 말씀하셨다(고후 12:9). 바울은 자신이 하나님으로부터 독립을 주장하거나 너무 자만하지 않게 하시려고 하나님께서 이것을 허용하셨다는 점을 강조한다. 그는 하나님께서 주신 엄청난 계시 때문에 특별히 교만해질 가능성이 높다고 느꼈다(고후 12:1-6).

이런 바울의 실례는 하나님께서 자기 종들이 겸손해지길 원하신다는 점을 강하게 강조한다. 교만하고 오만하며 자기 마음대로 하는 성품은 하나님께서 바라시는 것과 철저하게 반대되는 것이므로 하나님께서는 사탄의 사자가 우리를 괴롭히도록 허용하신다. 또한 이런 실례는 모든 질병이 낫는 것이 반드시 하나님의 뜻은 아니라는 것을 알려 준다. 하나님은 계속해서 우리를 겸손하게 만들고 그분을 의지하게 만드시려고 질병을 허용하실 수 있다.

### 하나님의 권징의 도구

하나님께서 주권적으로 사탄의 세력을 사용하시는 두 번째 긍정적인 방식이 있다. 사도 바울이 올바른 자세를 갖게 하시려고 사탄의 사자를 사용하신 것처럼, 또한 하나님은 잘못을 범한 그리스도인들을 회복시키기 위해서 어둠의 세력들을 사용하실 수 있다.

고린도전서에서 바울은 성도가 자기 계모와 동침한 것을 고린도 교회가 묵인하고 있는 통탄할 만한 상황에 단호하게 대처한다(고전 5:1-13). 바울은 고린도 교회가 그런 뻔뻔스럽기 짝이 없는 부도덕한 일을 보고도 못 본 체하는 것과 그런 상황에도 불구하고 교만한 것을 책망한다. 그는 그들에게 그 사람을 교회에서 쫓아내라고 촉구한다. 바울은 고린도 교회 성도들에게 "육신은 멸하고 영은 주 예수의 날에 구원을 얻도록 이런 자를 사탄에게 내주라"라고 말한다(고전 5:5, RSV).

그런 행동의 궁극적인 목적이 회복에 있다는 것에 주목하라. 이것은 "귀찮은 것을 제거하는" 행위가 아니라, 도리어 그 사람의 궁극적인 복지를 위해서 의도된 징계 수단이다. 징계의 의도는 그 사람이 그리스도 재림의 때에 구원을 얻게 하는 데 있다. 하지만 바울은 그가 회복되기 전에 반드시 기독교 공동체가 그의 회개를 분명히 확인해야 한다는 것을 말하고자 했다.

바울은 그 사람의 출교를 그의 육신을 멸하기 위해서 그를 사탄에게 내주는 관점에서 규정한다. 하지만 바울이 그 사람을 실제로 사탄에게 내주는 것, 즉 사탄을 불러내서 그를 사탄에게 넘겨주는 것을 생각했을 것 같지는 않다. 바울이 본문에서 이야기하는 것은 아마도 출교의 최종적인 결과일 것이다. 고든 피는 이런 행위를 다음과 같이 적절하게 설명한다.

서로 세워 주는 은사들과 서로 돌아보는 사랑의 관심 속에서 성령과 주 예수의 능력을 체험한 신자들이 함께 모인 공동체와는 대조적으로, 사탄과 그의 "통치자들과 능력들"이 여전히 사람들의 삶을 파괴하려고 권세를 휘두르는 세상으로 이 사람을 내보내야 한다.[15]

이 사람은 더는 그리스도의 몸 안에서 서로 돌아보는 사랑의 유익을 얻지 못할 것이다. 따라서 사탄과 그의 세력들이 무시무시한 영향력을 행사하여 그에게 고통을 가할 수 있을 것이다.

바울은 이런 과정을 통해서 "그의 육신의 파멸"이 일어날 것이라고 생각했다. 많은 주석가들은 이것이 그 사람의 육신적인 죽음을 뜻한다고 해석하지만, 영어 성경 NIV의 번역자들처럼 이 구절을 "그 결과 **죄의 본성**이 멸망당하도록"이라고 해석하는 것이 더 나을 것이다(저자의 강조).[16] 이것은 육체의 질병이나 죽음까지 포함할 수 있지만 바울이 사용한 언어가 반드시 이런 함의를 갖는 것은 아니다. 아쉽게도 바울은 이 사람의 육체의 파멸이 어떻게 일어나는지를 구체적으로 설명하지 않는다. 하지만 그는 이런 일이 일어나리라는 것에 낙관적인 태도를 취한다.

이와 유사한 방식으로 바울은 또 다른 두 사람, 후메내오와 알렉산더를 "사탄에게 내"주었다고 말한다(딤전 1:20). 이 경우에 바울은 그들을 교회에서 쫓아낸 목적을 더 구체적으로 밝힌다. 즉, "그들로 훈계를 받아 신성을 모독하지 못하게 하려" 함이었다. 바울은 사탄과 그의 악한 세력들이 이 두 사람에게 어떤 일을 할 것이라고 생각했는지를 우리에게 알려 주지 않는다. 하지만 그는 이런 과정이 긍정적인 가치를 지니고 있다고 보았음에 분명하다.

이 두 본문에 비추어서 교회의 권징에 대한 우리의 생각을 바로잡는 것이 중요하다. 교회의 권징은 단지 사회적인 행위에 불과한 것이 아니라 영적인 행위이다. 그것은 신자를 성령께서 역사하시는 우선적인 영역인 그리스도의 몸에서 내보내는 것을 포함한다. 또한 이런 실례들은 하나님의 백성이 함께 모이는 정기적인 모임이 영적으로 얼마나 중요한지를 우리에게 상기시킨다.

### 교회의 선교를 방해함

또한 사탄이 그리스도인들의 복음 전도 노력을 방해하려 한다는 것은 놀라운 일이 아니다. 복음 전도 활동은 사탄의 왕국을 정면으로 공격하는 것이기 때문이다. 참으로 사탄은 복음의 구속 메시지를 전하려고 애쓰는 그리스도인들을 좌절시키려고 온갖 노력을 기울인다.

사탄은 "믿지 아니하는 자들의 마음을 혼미하게 하여 그리스도의 영광의 복음의 광채가 비치지 못하게" 하는 "이 세상의 신"이다(고후 4:4). 교회의 선교는 눈먼 사람들에게 시력을 회복시켜 주는 것이다. 복음은 성령의 능력으로 선포되어야 한다. 그 이유는 교회가 초자연적인 능력을 가진 원수, 즉 그리스도의 나라의 확장을 막으려고 하는 악한 영적 세력들의 무리를 지배하는 자를 대적해야 하기 때문이다.

바울은 데살로니가 사람들에게 복음을 전할 때 자신이 경험한 사탄의 적대 행위를 보여 주는 한 가지 사례를 제시한다. 사도행전에 기록된 누가의 기사에 따르면, 바울은 겨우 삼 주 동안 데살로니가 사람들에게 복음을 전했다(행 17:1-9). 그는 데살로니가에서 일어난 핍박 때문에 급히 그곳을 떠나야 했다. 그리스도인이 된 데살로니가 사람들의 영적 상태를 염려한 바울은 그곳으로 돌아가서 그들과 함께 지내기를 간절히 소망했다. 그는 데살로니가전서에서 자신과 동료들이 그들에게 가려고 거듭거듭 시도했지만 "사탄이 우리를 막았도다"라고 말한다(살전 2:18).

바울은 사탄이 그의 노력을 어떻게 좌절시켰는지를 구체적으로 말하지 않는다. 그러나 확실히 바울은 자신이 데살로니가로 돌아가지 못하도록 막은 일련의 사정들을, 성령을 통해서 그의 계획을 바꾸시는 하나님의 섭리가 아니라 사탄의 강력한 역사로 인식했다(행 16:6-10과 비교하라). 주석가들은 사탄이 바울의 노력을 어떻게 좌절시켰는지에 관해서 많은 제안을 했다. 사탄은 바울의 "육체의 가시"를 통해서, 유대인들의 반대를 통해서, 또는 데살로니가 관원들의 금지 조치를 통해서 역사했을 가능성이 있다. 사탄이 사용한 방법이 무엇이든 간에 바울은 그 배후에 사탄의 손이 있음을 인식했다.

바울은 교회가 복음을 전할 때 강력한 마귀의 반대에 직면하게 될 것이라고 가르쳤다. 따라서 교회가 복음을 효과적으로 알리기 위해서는 하나님의 능력에 의지하는 것이 필요하다. 이렇게 하나님을 의지하는 것은 본질적으로 "영적 전쟁"의 공격적인 측면에 해당된다(엡 6:10-20).

바울은 사탄이 실제로 교회에 해를 끼치려고 올무를 놓으며 궁극적으로 세상에서 교회의 선교를 방해한다고 가르친다. 감독의 자격 조건들 가운데 하나는 비그리스도인들에게도 좋은 평판을 듣는 것이다. 그래야 교회 지도자가 비방을 받지 않을 것이며 교회가 수치를 당하지 않을 것이다(딤전 3:7). 바울은 교회가 수치를 당하는 것을 "마귀의 올무"에 빠지는 것으로 묘사한다. 고든 피에 따르면, "교회 지도자들의 잘못된 행실로 인해서 교회 밖의 사람들이 복음을 들으려 하지 않을 때, 그것은 마귀가 놓은 올무다."[17]

복음이 이렇게 수치를 당하는 일은 교회 지도자들을 통해서뿐 아니라 일반 성도를 통해서도 생긴다. 바울은 젊은 과부들이 빈둥거리며 험담을 하고 남의 일에 참견할 때 사탄에게 교회를 비방할 기회를 주게 된다고 보았다(딤전 5:13-16). 그래서 그는 젊은 과부들에게 시집가서 아이를 낳고 가정을 다스리라고 권고했다.

디모데전서의 이 두 본문에서 배워야 할 분명한 교훈이 있다. 교회의 지체들이 제멋대로 행동하며 죄를 짓는 것은, 지역 공동체에 그리스도의 복음을 전하는 교회의 능력을 무디게 만든다는 것이다. 신자들이 자신의 영적인 유익을 위해서뿐만 아니라 교회의 효과적인 복음 전도를 위해서도 하나님을 노하게 만드는 사탄의 충동에 저항하는 것이 중요하다. 우리가 선포하는 복음을 우리 자신의 삶을 통해서 더 매력 있게 만들어야 한다.

## 10. 오직 그리스도

아프리카에서 그리스도께로 돌아온 부족민들에게 반복해서 일어나는 문제는 그들의 조상이 숭배한 가족 신들과 관련이 있다. 그들은 가족 신들을 버리고 그들의 제의적 초상들과 장구들을 모두 파괴해야 하는가? 아니면 부족의 신들을 계속 의지하면서 그 신들과 함께 그리스도를 예배해도 되는가? 부족의 추장이 이런 문제를 결정하는 것은 엄청나게 어려운 일이다. 조상들이 숭배하던 신들을 버리는 것은 자신과 부족에게 심각한 문제가 생길 수 있음을, 심지어 죽을 수도 있음을 의미하기 때문이다.

바울 시대에도 그리스도인들은 이와 동일한 문제로 어려움을 겪었다. 새로운 개종자들은 분명히 이런 의문을 가졌을 것이다. 키벨레나 디오니소스의 신비 제의에 계속해서 참가하면 왜 안 되는가? 악한 영들로부터 지켜 달라고 신들이나 천사들에게 호소하는 주문을 담은 부적을 몸에 지니고 다니면 왜 안 되는가? 별의 영들이나 위험한 야생 동물의 영들로부터 보호해 주는 헤카테나 셀레네 여신을 숭배하면 왜 안 되는가? 데메테르의 신비 제의들을 수행하거나 아르테미스나 여호와의 거룩한 날들을 함께 지키면 영성이 더 깊어지는 것이 아닌가?

특별히 골로새 교회 성도들이 이런 문제들을 마음에 품고 있었다는 것은 분명한 사실이다. 에베소에서 내륙으로 약 160킬로미터 들어간, 그리고 라오디게아에서는 겨우 18킬로미터 떨어진 계곡에 위치한 골로새의 신생 교회는 다른 종교적 전통들의 영향에 대항하느라고 어려움을 겪고 있었다. 혼합주의를 생활의 한 부분으로 받아들이는 영적 환경 속에서 골로새 그리스도인들은 오직 그리스도 한 분에 대한 자신의 충정을 손상시킬 유혹에 직면해 있었다.

자신의 신앙에 다른 것을 혼합하려는 유혹을 받고 있는 모든 그리스도인에게 바울은 골로새서에서 매우 분명한 대답을 제시한다. 여호와는 여전히 질투하시는 하나님이다. 그분은 모든 신자들이 전심으로 자신과 자신의 사랑하는 아들 주 예수 그리스도에게 온전히 헌신하길 바라신다.

### 골로새의 문제: 그리스도에게 다른 무언가를 더하기

바울은 위험한 가르침이 골로새 교회의 영적 건강과 안정을 위협하고 있다는 것을 알았다.[1] 골로새 교회가 처한 비정상적인 상태의 세부적인 요소들을 확실하게 해석하기란 매우 어려운 일이다. 하지만 골로새 교회의 일부 교인들이 동료 교인들에게 기독교 전통이나 사도들의 가르침에 속하지 않는 여러 가지 의식을 받아들여야 한다고 주장했던 것으로 보인다. 이런 의식들은 신비주의 종교의 입교식, 유대교의 제의적 의식들, 마술 의식들이 복음과 혼합된 일종의 기독교적 혼합주의에서 비롯되었을 것이다. 골로새서에서 바울은 이 거짓 가르침과 그것에 수반된 의식들이 지닌 마귀적인 성격을 폭로한다. 그는 골로새 교회에 다시 순전한 복음에 헌신하라고 요청한다.

바울 당시에 지중해 세계의 다른 모든 도시들과 마찬가지로 골로새에서도 많은 신들과 여신들을 숭배하고 있었다.[2] 고고학자들이 이 고대 도시를 한 번도 발굴한 적이 없으므로 우리는 비문들이나 신전들이나 제의적 신상들로부터 이 종교들에 관한 정보를 입수할 수는 없다. 다행스럽게도 골로새에서 많은 동전들이 발견되었는데, 그 동전들에는 그 도시에서 숭배하던 몇몇 신들과 여신들의 초상이 새겨져 있다. 그 초상들 중에는 이시스, 사라피스, 에베소의 아르테미스, 라오디게아의 제우스, 데메테르, 멘, 셀레네, 헬리오스 등이 있다. 우리는 마술 의식들과 점성술적 신조들이 골로새 시민들의 영적인 사고방식의 일부를 형성했다고 전제할 수 있다. 왜냐하면 그 의식들과 신조들은 소아시아의 해안 도시들에 깊이 뿌리내리고 있었기 때문이다. 또한 골로새 및 그 주변 도시 라오디게아와 히에라볼리에 상당히 많은 유대인들이 살고 있었다는 증거가 있다. 따라서 아마도 골로새 시내나 가까운 곳에 유대인 회당이 있었을 것이다.

또한 거짓 가르침이 신비 종교들의 입교식과 관련이 있음을 명백하게 보여주는 증거가 있다. 이런 연관성은 골로새서에서 바울이 논쟁의 일부로서 거짓 가르침의 성격을 설명하는 대목에서 볼 수 있다. 불행하게도 많은 현대 영어 성경 번역에서는 이 연관성이 분명하지 않다. 골로새서 2:18에서 바울은 골로새의 그리스도인들에게 이렇게 경고한다.

> 아무도 거짓 겸손과 천사들의 예배를 기뻐하면서 상을 받을 자격을 너희에게서 박탈하지 못하게 하라. **그런 사람은 자기가 본 것을 자세히 설명하고** 세속적인 마음으로 인하여 무익한 생각들을 가지고 우쭐거린다. (NIV, 저자의 강조)

여러 해 전에 소아시아의 지리와 종교의 탁월한 권위자인 윌리엄 램지 경은 이 본문에서 내가 강조한 부분을 "그가 [신비 종교의] 더 높은 단계의 제의를 행할 때 본 것"이라고 번역하는 편이 더 정확하다고 제안했다.[3]

다양한 번역본들은 이 본문에 등장하는 매우 중요한 단어 하나의 해석에서 큰 차이를 보인다. 이 단어는 신약 성경 전체에서 오직 이곳에서 한 번 등장하는데 다른 헬라 문헌에서도 매우 희귀하다. 번역자들은 모두 본문의 문맥에서 이 단어가 지닌 정확한 의미를 파악하는 데 어려움을 겪는다. 문자적으로 이 어구는 "들어가면서, 그가 본 것"(what he had seen, entering)이다. 일부 번역자들은 "들어가면서"(entering)라는 단어의 의미를 "조사하면서", 또는 "설명하면서"라고 해석했다. 램지 경은 여러 해 전에 한 신전에서 발견된 일련의 종교 비문들에 이 단어가 나온다는 사실에 근거하여 해석을 시도했다. 그 비문들에서 자주 나오는 단어는 소아시아의 서부 해안 도시 클라로스(Claros)에 있는 아폴로 신전에서 거행된 신비 제의의 입교식 절정을 가리키는 것으로 보인다. 이 비문을 발견한 것이 골로새서를 해석하는 데 매우 중요하다. 그 이유는 아폴로 신전을 방문한 무리 가운데 한 사람이 골로새의 가장 가까운 이웃 도시 라오디게아에서 왔다는 사실 때문이다.

이 모든 것은 골로새 교회에 주어진 거짓 가르침이 신비 제의 종교들의 입교식 제의와 매우 밀접한 관련이 있다는 사실을 지적하는 듯하다. 골로새 교회 안에서 한 집단이 다른 교인들에게 그 지역에서 숭배하던 신의 신비 제의에 함께 참여하거나 아마도 기독교적 신비 제의적 입교식을 수립하자고 제안했을 가능성이 있다. 램지 경은 골로새의 회중 안에서 한 파당의 지도자가 과거에 자신이 신봉하던 신비 제의 종교들의 신조에서 취한 사상들을 소개하면서 신비적 형태의 기독교를 만들려 했다고 제안한다.

또한 골로새에 있었던 위험한 가르침은 마술 제의들과도 밀접한 연관이 있다. "천사들의 예배"(골 2:18, "천사 숭배"[개역개정])라는 표현은 이런 연관성을 입증하는 증거다. 여기서 바울이 천사들에게 호소하는 마술 제의를 비난하고 있을 가능성이 매우 높다.[4] 우리는 여호와의 보좌 둘레에 있는 선한 천사들만을 생각할 필요가 없다. 그리스도인들과 유대인들만이 초자연적 존재나 영들을 가리키는 데 '천사'라는 단어를 사용했던 것은 아니다. 이교도들도 자신들의 신들이나 여신들(헤카테 같은 여신)을 가리킬 때, 그리고 중간 단계의 영들을 가리킬 때 "천사"라는 단어를 사용했다. "천사들의 예배"라는 표현을 이런 의미로 이해하면, 바울은 보호를 받기 위해서 다른 신들이나 초자연적 존재들의 이름을 부르거나 그와 유사한 일을 하지 말라고 골로새 교회 성도들에게 경고하고 있는 것이다. 바울에게 있어서 그런 행동은 다른 신을 숭배하는 것이나 다름없다. 오직 그리스도만이 그들의 예배를 받을 자격이 있다.[5]

골로새 교회에서 분열을 일으키는 파당은 자신들의 가르침을 "철학"으로 제시했다(골 2:8). 이 단어가 반드시 특정한 헬라 철학자나 철학 학파의 사상을 뜻하는 것은 아니다. '철학'이라는 단어는 매우 폭넓게 사용되었으며, 심지어 마술적 제의를 가리키기도 했다. 바울은 그들의 가르침에 분명하게 반대했으며, 그것을 "교묘한 말"(2:4)이자 "헛된 속임수"(2:4, 8)라고 했다.

그들의 가르침은 일상생활 방식과 무관하게 지적인 차원에만 머물지 않았다. 이 가르침의 특징을 언급하면서 바울은 매우 많은 금욕적 행위들을 암시한다. 그들의 금욕적 행위는 "몸을 괴롭게 하는 것"(2:23)을 포함하는데 아마도 이것은 몸의 일부를 훼손하는 것을 뜻할 것이다. 자신을 채찍질하는 것은 소아시아에 존재한 것으로 알려진 키벨레와 아티스의 제의를 신봉하는 사람들의 전형적인 행위였다. 음식법과 의식법을 준수하는 것도 이 "철학"에서 중요한 역할을 했다. 바울은 아무도 먹고 마시는 것과 종교적 절기나 초하루나 안식일과 관련된 의식법 준수를 요구하지 못하게 하라고 골로새 교회 성도들에게 경고한다(2:16). 또 그는 이 가르침을 신봉하는 자들이 인용한 것으로 보이는 "붙잡지도 말고 맛보지도 말고 만지지도 말라!"라는 금지 어구를 조롱한다(2:21).

따라서 이 가르침은 신비 종교들과 마술적 제의들, 그리고 심지어 유대교의 신조들(안식일)에서 끌어온 요소들을 포함한 것으로 보인다. 분명히 그것은 기독교에다가 다른 것들을 섞은 혼합주의적 "철학"이었다.

## 거짓 교훈과 영적 세력들과의 연관성

에베소서를 제외하면 골로새서가 바울 서신 중에서 통치자들과 권세들에 대한 언급이 가장 많이 등장하는 서신이다. 골로새서에서 바울은 영적 존재들을 나타내는 데 "보좌들", "주권들", "통치자들", "권세들", "초보적인 영들", "천사들" 같은 다양한 용어를 사용한다. 몇몇 학자들은 이 영적 세력들의 일부, 특히 골로새서 1:16에서 언급된 것들을 선한 천사들로 해석하려고 애를 쓰지만, 이 서신의 더 넓은 문맥은 그 존재들을 상당히 안 좋은 쪽으로 묘사한다. 골로새서 1:16에서 언급된 동일한 "통치자들"(archai)과 "권세들"(exousiai)은 2:15에서 패배한 원수들로 그려지는데, 그리스도가 그들의 머리이시다(2:10). 골로새서에서 바울은 영-능력들에 대한 자신의 모든 언급을 독자들이 어둠의 악한 세력들로 이해하도록 의도했을 것이다.

바울의 분석에 따르면, 골르새 교회를 위협하는 종교적 "철학"은 궁극적으로 "초보적인 영들"(stoicheia)의 사주에서 비롯된 것일 수 있다. 골로새서 2:8에서 바울은 이렇게 말한다. "누가 철학과 헛된 속임수로 너희를 사로잡을까 주의하라 이것은 [1] 사람의 전통과 [2] '세상의 초보적인 영들'(the elemental spirits of the universe, RSV)을 따름이요 그리스도를 따름이 아니니라."

이 구절의 첫 부분에서 바울은 인간의 전통을 따르는 잘못된 교훈을 전파하는 데 관련된 명백한 인간적 요인을 고발한다. 둘째 부분에서는 인격적이며 영적 의미에서 이 교훈의 진정한 기원을 지적한다. 즉, 악한 "초보적인 영들"이 이 교훈을 고취시켰다는 것이다. 따라서 그는 고린도전서 10:20-21에서 이방 종교들이 일반적으로 마귀적인 성격을 갖고 있다고 한 것과 매우 유사한 방식으로 이 거짓 교훈을 마귀의 일과 결부시킨다. 디모데전서 4:1에서도 유사한 사례를 볼 수 있는데, 여기서 신자들은 귀신이 부추긴 교훈을 조심하라는 경고를 받는다. "그러나 성령이 밝히 말씀하시기를 후일에 어떤 사람들이 믿음에서 떠나 미혹하는 영과 귀신의 가르침을 따르리라 하셨으니." 이 가르침을 전파하는 사람들은 "외식함으로 거짓말하는 자들"로 묘사되는데, 이것은 자신이 그리스도인이라고 주장하지만 사실은 사탄의 옹호자들임을 의미한다.

골로새가 들은 거짓 교훈은 위험하다. 그 이유는 그리스도께서 십자가의 죽음을 통해서 패배시킨 초자연적 대적자가 그것을 불러일으켰기 때문이다. 그래서 바울은 나중에 이렇게 말한다. "만일 너희가 세상의 초보적인 영들에 대해서 그리스도와 함께 죽었다면 어찌하여 여전히 세상에 속한 것과 같이 사느냐?"(RSV). 그리스도와의 연합을 통해서, 그리고 그리스도의 자원들을 자기 것으로 사용함으로써 신자들은 사탄과 그의 세력들의 악하고 다양한 영향들에 저항할 수 있다. 골로새 교회 성도들에게 있어서 이 악한 영향은 특히 교회 내부에 있는 사람들이 전파한 교훈을 통해서 온 것이다.

### 그리스도의 절대적 탁월성

바울은 골로새에서 그의 대적자들의 교훈이 직접적으로 그리스도의 절대적 주권에 도전하고 있음을 알았다. "철학"을 믿음으로써 그들은 그리스도께 대한 충성을 철회하고 통치자들과 권세들에게 충성을 바치고 있었다. 그들은 악한 초자연적 세계에 대한 두려움 때문에 그렇게 행동했다. 그들은 일상생활에서 그들에게 해를 입힐 수 있는 지상의 영들, 그들의 운명을 지배하는 별의 영들, 사후에 그들에게 고통을 가할 수 있는 지하의 영들의 영향을 계속해서 두려워하고 있었던 것이다. 그리스도는 참으로 우리를 그런 영들로부터 지켜 줄 수 있는가? 이렇게 그들은 의심하고 걱정했다. 그래서 그들은 "가장 안전한" 길, 즉 그리스도와 다른 신들을 함께 숭배하는 길을 택한 것이다.

주 예수에 대한 그들의 믿음을 회복시키려고 바울은 서신을 쓰기 시작하면서 성경 전체에서 가장 감동적이고 설득력 있는 그리스도 찬송시를 제시한다. 골로새서 1:15-20은 그리스도의 유일한 탁월성을 감동적으로 증언한다.[6] 시적 배열, 단어 선택, 미려한 표현 때문에 많은 학자들은 이것을 초기 기독교 찬송이라고 주장한다. 골로새 교회와 소아시아의 다른 교회들이 알고 있었고 예배 중에 부르던 찬송을 바울이 인용했을 가능성이 있다. 또 바울이 이 찬송시를 특별히 골로새 교회 성도들을 위해서 직접 지었을 가능성도 있다. 하지만 만일 그가 이미 존재하던 찬송을 인용했다면 그의 논증의 수사적 효과가 한층 더 높아졌을 것이다. 사실상 골로새 교회 성도들은 자신들이 읽고 부르는 것을 내면화하지 못하는 잘못을 범하고 있는 것이다!

바울은 이 찬송을 인용하기에 앞서 그들이 더는 사탄의 세계에 예속되어 있지 않다는 사실을 확증한다. 그는 이렇게 말한다. "그가 우리를 흑암의 권세에서 건져 내사 그의 사랑의 아들의 나라로 옮기셨으니"(골 1:13). 이어서 찬송은 그리스도의 성격을 두 가지 방식으로 제시한다. 즉 그리스도는 창조의 주님이시며 화해의 주님이시다.

창조의 주님으로서 그리스도는 보이지 아니하시는 유일한 하나님과 독특한 관계를 가진 분으로 묘사된다. 그리스도 자신은 천사 같은 중간적 존재가 아니며 많은 천사들 가운데 하나도 아니다. 그는 모든 피조물보다 먼저 나신 분이며, 하나님의 "형상"이자 맏아들의 모든 권리를 소유하신 분으로서 하나님과 독특한 관계를 맺고 있다. 또한 그리스도는 창조주이시므로 모든 피조물의 주님이기도 하다. 특별한 수고를 기울여서 바울은 그리스도가 지상과 하늘에 있는 모든 것의 창조주일 뿐 아니라 특별히 골로새 교회 성도들이 가장 두려워하는 영역, 즉 눈에 보이지 않는 영역에 속한 존재들까지도 창조하신 분이라는 사실을 지적한다. 즉, 그리스도는 "왕권들이나 주권들이나 통치자들이나 권세들이나" 눈에 보이지 않는 것들을 창조하셨다(1:16). 그리스도께서는 모든 피조물을 유지하시는 분이므로, 실제로 이런 영적 세력들은 자신의 존재를 그리스도께 빚지고 있는 것이다(1:17).

찬송의 둘째 부분에서 그리스도는 화해의 주님으로서 모든 피조물에게 궁극적인 조화를 가져다주시는 분으로 묘사된다. 하나님의 목적에 도전함으로써 모든 피조물은 손상을 입었으며, 타락하게 만드는 악의 영향으로 인해서 계속되는 격변과 재난으로 고통을 당한다. 하지만 그리스도의 사역은 미래에 대한 소망의 근거를 제공한다. 완성의 때에 만물은 그리스도를 통해서 하나님과 화해하게 될 것이다. 다시 바울은 "만물"이 하늘의 실체들, 즉 통치자들과 권세들을 포함한다는 것을 강조한다.

이 찬송은 통치자들과 권세들에 대한 그리스도의 주 되심을 탁월하게 증언한다. 골로새 교회 성도들이 과거에 숭배했고 지금도 여전히 두려워하는 영적 세력들보다 그리스도가 우월하시다는 사실을 재차 확인하는 것은 분명히 그들에게 큰 위로가 되었을 것이다. 그리스도는 그것들을 창조하셨을 뿐 아니라 그것들에게 생명을 주시며 유지하시는 분이다. 그리스도께서 역사를 지배하고 계시며, 마침내 권세들은 그리스도께 완전히 무릎을 꿇게 될 것이다.

바울은 골로새서에서 나중에 그리스도가 "모든 통치자와 권세의 머리"(2:10)라고 선언하면서 그리스도의 탁월성에 관한 자신의 주장을 계속해서 개진한다. 이 진술은 "그 안에는 신성의 모든 충만이 육체로 거하시고"(2:9)라는 사실에 근거한 것이다. 또 이것은 찬송시에도 분명히 나타난다. "하나님께서는 그리스도 안에 모든 충만함을 머물게 하시기를 기뻐하시고"(1:19, 표준새번역). 다시 그리스도는 이스라엘의 하나님과 독특하고 친밀하게 연합하신 분으로 묘사된다. 이것과 관련해서 톰 라이트는 그리스도의 성육신은 "과거에 예시된 모든 것들, 즉 하나님께서 자기 백성과 함께 거하시겠다고 하신 과거의 모든 약속들이 그 안에서 성취된 '확실한 실체'이다."라고 설명한다.[7] 지금 하나님은 참으로 자기 백성과 함께하신다. 그들의 삶 속에 거하시면서 그들을 인도하시고 그들에게 능력을 주신다. 10절은 영적 세력들을 지배하시는 그리스도의 권세의 확실성을 강조한다. 그리스도의 주권 영역 밖에 있는 악한 천사의 세력은 하나도 없다. 지금 신자들은 이 권세를 그리스도와 공유한다.

악한 세력들을 지배하시는 그리스도의 탁월성을 주장하는 바울의 중요한 논점이 골로새서 2:15에 나타난다. 통치자들과 권세들은 십자가에서 패했다. 악한 영적 세력들의 멸망의 표징은 결정적이다. 그들은 신자들을 제어할 수 있는 강력한 영향력을 빼앗겼다. 지금 그들은 가죽끈이 묶여 있는 더러운 개와 같다. 비록 그들이 여전히 활동하면서 계속 파괴를 일삼고 악을 조장한다 하더라도 그들은 더 강력한 분의 지배와 권세 아래 있으며 결국 그분에게 완전히 복종하게 될 것이다.

그리스도는 천사 계급 체계의 어떤 단계에 속한 많은 영적 세력들 가운데 하나가 아니다. 그는 최고 지위를 가진 가장 탁월한 분이다. 다른 종교들의 주장에도 불구하고, 또 마술에서 주장하는 것들에 반대하여, 골로새 교회 성도들은 참으로 그리스도만을 탁월한 분으로 예배해야 한다. 이에 대한 바울의 감동적이고 강력한 주장에도 불구하고 우리는 골로새 교회 성도들이 그들 의식의 가장 깊은 곳에서 이 진리를 믿기가 어려웠다는 점을 가볍게 여길 수 없다. 많은 신들과 영들을 믿었고 그 신들을 달래는 방법을 배웠는데, 그것은 그리스도 한 분만을 신뢰하는 것과는 매우 다르다. 더구나 그리스도는 그들이 섬기던 신들과는 전적으로 다른 분이 아닌가.

### 그리스도의 완전한 충족성

바울은 그리스도의 절대적 탁월성에 관한 자신의 가르침을 골로새 교회의 상황에 적용한다. 그가 바라는 것은 오직 골로새 교회 성도들이 그들 삶의 중심이신 그리스도와 더불어 사는 것이다. 그는 이렇게 말한다. "그러므로 너희가 그리스도 예수를 주로 받았으니 그 안에서 행하되 그 안에 뿌리를 박으며 세움을 받아 교훈을 받은 대로 믿음에 굳게 서서 감사함을 넘치게 하라"(골 2:6-7). 바울은 그들에게 필요한 모든 자원을 그리스도 안에서 그들이 갖고 있다는 것을 확신시킨다. 하나님께서 그리스도에게 자신의 모든 신적인 충만을 부여하신 것처럼, 그리스도는 신자들에게 악의 영향력에 대항하고 하나님의 뜻에 따라 살 수 있도록 능력과 사랑과 은혜를 주신다. 바울은 분명한 어조로 "너희도 그 안에서 충만하여졌으니"라고 말한다(골 2:10). 바로 다음 진술에서 그가 그리스도를 "모든 통치자와 권세의 머리"(골 2:10)로 묘사한 것은 전혀 잘못이 아니다. 이 구절의 분명한 의미는, 그리스도께서 신자들에게 부여하시는 신적 자원 가운데 악한 세력을 제어하시는 그의 권세가 포함되어 있다는 것이다.

그리스도께서 자신의 충만을 신자들에게 나누어 주실 수 있는 것은, 세례 의식으로 상징되는 그들과 그리스도의 독특한 관계 때문이다. 그들은 그리스도의 죽음과 부활에서 그리스도와 동일시됨으로써 그리스도와 함께 살아났다(골 2:12-13). 그들은 그리스도와 함께 죽음으로써 사실상 초보적인 영들의 강력한 영향에 대해서 죽었다(골 2:20). 오직 그리스도만이 그들을 악한 영들로부터 온전히 지켜 주신다. 부적은 전혀 필요하지 않다. 특별히 영적으로 교화되는 데 필수적인 것으로 알려진 신비적 입교식도 필요하지 않다. 그리스도가 "하나님의 비밀"이며 그분 안에 "지혜와 지식(*gnōsis*)의 모든 보화가 감추어져 있기" 때문이다(골 2:2-3).

이 신자들의 소망과 힘은 그리스도가 실제로 그들의 삶 속에 거하신다는 사실에 있다(골 1:27). 이것을 신비적으로 신과 합일한다는 의미로 이해해서는 안 된다. 그리스도는 인격적으로 그들의 삶에 거하시고 그들에게 자신의 능력을 주시며 그의 사랑으로 채워 주시고 미래에 대한 복된 소망을 주신다. 이것이 바로 기독교적 "비밀"의 본질이다.

기독교의 핵심 특성은 그리스도와의 관계이다. 그리스도는 절대적인 주권과 완전한 충족성을 소유하신 분이므로, 골로새 교회 성도들이 자신의 신앙을 다른 것과 혼합할 합법적인 이유가 있을 수 없다. 그리스도만이 그들에게 필요한 전부이다!

## 그리스도 안에서 자원을 자기 것으로 삼아 이용함

그리스도에 관한 바른 개념을 갖는 것만으로는 충분하지 않다. 신조나 신앙의 진술에 동의하는 것이 승리의 삶을 보장하지 않는다. 실제로 신학은 윤리와 분리되기 쉬우며, 우리가 그리스도에 대해서 믿는 것이 반드시 우리 삶의 방식에 영향을 끼치는 것도 아니다. 기독론은 삶을 변화시키는 함축적 의미를 지니고 있으며 전적인 응답과 헌신을 요구한다.

골로새 교회 성도들은 그리스도에 대한 올바른 개념을 가질 필요가 있었고, 일상생활을 위해서 그리스도께서 제공하시는 자원들에 의지하라는 권고를 받을 필요가 있었다. 바울은 그들을 이렇게 책망한다. "(너희가) 머리를 붙들지 아니하는지라 온몸이 머리로 말미암아 마디와 힘줄로 공급함을 받고 연합하여 하나님이 자라게 하시므로 자라느니라"(골 2:19). 몸의 "머리"인 그리스도께서 그들에게 필요한 것을 공급하시므로 그들은 그리스도가 공급하시는 양분을 구해야 하며 마땅히 그것을 받아야 한다. 또한 그들은 자신들이 받은 하늘의 새로운 생명의 특성과 일치하는 방식으로 살려고 열심히 노력해야 한다. 그들은 두 나라의 시민들이다. 그들은 현재의 악한 세대에서 삶의 한계와 문제에만 주의를 기울이라는 유혹에 노출되어 있다. 그래서 바울은 그들이 새로운 생명의 특성과 그것이 가져다주는 모든 영적인 복, 안전, 신적인 자산에 주목해야 한다고 강력하게 주장한다. 바울에게 있어서 이런 것들에 초점을 맞추는 것이야말로 지금 여기서 직면하는 삶의 장애를 극복하는 비밀이며, 또한 이것이 기독교 윤리의 토대이다. 신약 성경 학자들은 이것을 바울의 "종말론적 긴장", 즉 "이미"와 "아직 아니" 사이의 긴장이라고 부른다. 이것이 바울 신학의 중심에 자리를 잡고 있다.

이 새로운 생명의 복을 소유한 골로새 교회 성도들은 자신의 마음과 생각을 "위의 것"에 맞추어야 한다(골 3:1-2). 여기서 "위"는 그리스도께서 하나님의 오른편에 앉아 계신 곳이다. 또한 그곳은 골로새 교회 성도들의 생명이 "지금 그리스도와 함께 하나님 안에 감추어져" 있는 곳이다(골 3:3). 그 이유는 그들이 그리스도의 죽음과 합하여 죽었기 때문이다. 하늘의 생명은 부분적으로 그리스도의 가르침에 깊이 잠기는 것을 통해서 추구할 수 있다. 그래서 바울은 그들에게 "그리스도의 말씀이 너희 속에 풍성히 거하"게 하라고 권고한다(골 3:16). 그것은 또한 하나님께 대한 믿음의 표현이자 하나님과 의사소통하는 통로이며 자신의 필요를 하나님께 전하는 통로인 기도를 포함한다. 그러므로 바울은 "기도를 계속하고 기도에 감사함으로 깨어 있으라"라고 골로새 교회 성도들에게 권고한다(골 4:2). 또 그는 자신도 하나님의 힘과 능력이 필요하다는 것을 인식하고 자신을 위해서 기도해 달라고 요청한다(골 4:3-4).

골로새에서 그리스도인들이 직면한 혼합주의의 위협은 상당히 강했다. 특별히 많은 신들을 숭배해 온 그들 삶의 방식으로 인해서 그 위협이 강화되었기 때문이다. 외부에서 오는 압력도 마찬가지로 강력했다. 골로새 사회의 사람들은 그리스도에 관한 절대적인 주장들을 이해하지 못했을 것이다. 골로새의 거짓 교훈은 매력적인 방식으로 포장된 상태로 골로새 교회 성도들에게 제시되었음이 분명하다. 그러나 사도 바울이 보기에 그 교훈은 잘못된 것이었다. 악한 영들이 그 교훈을 불러일으킨 것이므로, 그리고 예수 그리스도의 탁월하며 완전한 주 되심을 손상하는 것이므로 그 교훈은 잘못된 것이었다.

## 11. 영적 전쟁

"우리의 씨름은 혈과 육을 상대하는 것이 아니요 통치자들과 권세들과 이 어둠의 세상 주관자들과 하늘에 있는 악의 영들을 상대함이라"(엡 6:12). 이것은 성경 전체에서 잘 알려진 구절들 가운데 하나지만 그와 동시에 가장 잘못 이해되고 곡해되는, 그리고 실제로 많이 무시되고 있는 구절이기도 하다. 악한 영들이 존재하지 않는다고 생각하는 문화에 젖어 있는 탓에 서구 그리스도인들은 영적 전쟁을 시작하는 것에서부터 어려움을 느낀다. 우리는 영적 존재들에게 어떻게 대응해야 하는지를 알려고 하기보다는 귀신의 존재를 믿어야 할지 말아야 할지를 이해하면서 더 많은 시간을 보낸다.

이 주제와 관련해서 우리 가운데 어떤 사람들은 두 마음을 품고 있다. 머리로는 악한 영들의 존재 가능성에 동의하면서도 실제로 일상생활에서는 그와 관련해서 아무런 행동을 취하지 않는다. 질병이나 우울증 같은 개인의 문제를 다룰 때 의술이나 심리적 치료만을 유일한 방법으로 고려한다. 영적인 측면은 거의 고려하지 않는다. 기독교 사역에서도 영적인 차원이 종종 무시된다. 예컨대, 전도가 실효를 거두지 못하는 것을 마귀가 강력하게 방해했다기보다는 종종 훈련이 부족하거나 설득하는 기술이 결여된 탓이라고 생각한다.

어떤 기독교 집단에서는 귀신의 존재를 진지하게 취급한다. 그들은 영적 차원에 직면하려고 시도한다. 하지만 불행하게도 이런 집단들 중에서 일부는 도가 지나쳐서 때때로 다른 집단들의 가르침과 실천의 건강한 측면을 그늘지게 만든다. 부당하게도 이들은 에베소서 6:10-20을 축귀 선언서 정도로 간주한다. 또 모든 문제의 배후에 실제로 귀신들이 있다고 생각한다. 이들이 극단적인 입장을 취하는 탓에 다른 기독교 집단들은 통탄스럽게도 귀신들에 대한 그들의 유용한 관점을 고려의 대상에서 제외한다.

그 어느 때보다 우리는 영적 전쟁에 대한 바른 관점을 회복할 필요가 있다. 만일 우리가 마귀의 미묘하면서도 강력한 역사를 알아차리지 못한다면 그에게 패하고 말 것이다. 아마도 마귀는 이미 우리 삶의 어떤 영역을 장악하고 있을지 모른다. 단지 우리가 그의 교활한 활동을 알아차리지 못하고 있을 뿐이다.

많은 사상가들은 바야흐로 서구 사회에서 주요한 세계관의 변화가 일어나려 하고 있다고 믿는다. 한스 큉과 같은 학자들은 '모던 시대'에서 '포스트모던 시대'로 이행하는 획기적인 변화, 즉 서구인들이 실체를 인식하는 방식에 있어서 주요한 패러다임이 변화될 것을 예감한다. 점점 강해지는 동양 사상의 영향과 뉴에이지 운동의 새로운 충격으로 인해서 초자연적인 것을 인식하는 서구 문화의 방식에 변화가 일어나고 있는 것이다. 교회는 이런 새로운 도전에 대응할 준비를 해야 한다. 오컬트에 연루된 사람들을 돌보는 것과 관련해서 일어나는 특별한 문제들을 교회가 효과적으로 다룰 수 있도록 준비해야 한다고 강하게 도전하는 사람들이 거의 없다. 오늘날 우리에게 영적 전쟁이 의미하는 바를 파악하는 최상의 방법은 과거에 바울과 그의 독자들에게 영적 전쟁이 의미한 바가 무엇이었는지를 식별하는 것이다. 무엇보다도 먼저 우리는 오컬트 신앙이 번성했고 영들의 세계의 실제적인 영향력을 조금도 의심하지 않았던 에베소와 소아시아 주민들에게 영적 전쟁이 의미했던 것의 관점에서 그 전쟁을 이해해야 한다. 둘째, 영적 전쟁은 에베소서 전체 맥락에서 이해해야 한다.

### 에베소의 영적 경향

에베소 시는 헬라 세계의 다른 도시들과 조금도 다르지 않았다. 그러나 에베소는 마술 제의의 중심지라는 명성을 갖고 있었다. 누가는 방대한 양의 마술 책을 불태운 사건에 관한 기사를 통해서 이 명성의 확실성을 입증한다(행 19:13-20). 본서의 첫 장에서 논의한 대로 마술은 영들의 세계를 조종하는 데 관심을 갖는다. 그것은 선한 영들과 악한 영들이 인간의 모든 삶의 부분에 실제로 관여한다고 믿는 세계관에 근거한 것이다.

또한 에베소는 그 도시의 수호 여신인 에베소의 아르테미스로 유명한 도시였다. 에베소의 아르테미스는 지하 세계의 여신으로 숭배되었다. 또 이 여신은 자연과 야생 생물들의 영을 지배하는 권세를 휘두르는 것으로 믿어졌다. 아르테미스의 동상에 새겨진 12궁도의 표상들 때문에 이 여신의 숭배자들은 아르테미스가 인간의 운명을 지배하는 별의 영들에게 영향력을 행사하는 우주적 신이라고 확신했다. 에베소는 아르테미스의 도시였을 뿐 아니라 최소한 44종에 이르는 여러 신들과 여신들을 숭배했다.

이처럼 마술을 행하고 아르테미스와 여러 많은 신들을 숭배하던 사람들이 그리스도인이 되어 그 지역의 교회들에 합류했다. 우리는 너무 쉽게 에베소서를 우리 자신의 문화적 렌즈를 통해서 읽기 때문에 예수님을 믿은 지 얼마 되지 않은 1세기 그리스도인들이 당면했던 많은 문제와 그 문제의 성격을 제대로 이해하지 못한다. 비록 그들이 그리스도에게 온전히 헌신하고자 했을지라도 그와 동시에 그들은 다른 제의들과 신조들을 기독교에 혼합하려는 강한 경향도 갖고 있었을 것이다. 귀신 문제와 관련해서 에베소서의 독자들은 서구의 우리 문화보다는 비서구적인 문화들과 훨씬 많은 것을 공유할 것이다.

바울은 에베소서를 에베소 교회뿐 아니라 소아시아의 서부 지역에 있던 여러 교회들도 읽도록 의도했을 것이다. 에베소 시는 우리가 에베소 사람들을 이해하는 데 참조할 만한 좋은 자료를 제공한다. 에베소는 소아시아의 수도였고 인구가 최소한 25만 명에 이르는 큰 도시였다. 또한 종교의 중심지였고 소아시아 전체에 커다란 영향을 미쳤다.[1] 게다가 그곳은 바울이 거의 3년 동안 머물면서 사역을 하던 선교의 본거지이기도 했다. 소아시아의 서부 지역에 있던 교회들은 모두 같은 문제를 안고 있었다. 이 새로운 신자들은 기독교 세계관을 확립하는 데 도움이 필요했다. 그들은 특히 과거에 숭배하던 신들과 여신들에게, 그리고 그들이 두려워하는 다양한 별의 영들, 지상의 영들, 지하 세계의 영들에게 대응하는 방법을 배울 필요가 있었다.

나는 사도 바울의 에베소서에 관한 책을 출간했는데, 이 책에서 본 서신이 부분적으로 오늘날 우리가 '오컬트적'(occultic) 신조라고 부르는 종교 배경을 버리고 그리스도께로 개종한 사람들의 필요에 응답하려는 바울의 특별한 관심 때문에 기록되었다고 주장했다.[2] 이런 내 견해는 바울이 다른 서신보다 에베소서에서 통치자들과 권세들 및 영적 전쟁이라는 주제에 더 많은 관심을 기울이는 이유를 설명해 준다. 이렇게 볼 때 에베소서는 통치자들과 권세들에 대한 바울의 사상을 이해하는 데 중추적인 서신이라고 할 수 있다.

### 그리스도, 영적 세력들, 그리고 하나님의 능력

바울은 자신의 독자들이 두려워했고 한때 섬겼던 영적 세력들보다 그리스도께서 우월하시다는 사실에 대해서 그들이 조금도 의심하지 않기를 바랐다. 하지만 그는 그들이 그리스도의 절대적 우월성과 완전한 충족성을 의심할 가능성이 있음을 알았기 때문에 그들의 눈을 열어서 주 예수 그리스도의 아버지

하나님께서 가지신 비할 데 없이 크신 능력을 깨닫게 해 달라고 하나님께 기도했다. 바울의 기도는 하나님의 강력한 능력에 관한 진술이기도 하다. 하나님의 능력은 그의 힘의 강력으로 역사하는 지극히 큰 것이며, 그리스도 안에서 행사하여 그를 죽은 자들 가운데서 다시 살리시고 하늘에서 자기의 오른편에 앉히신 것이다. 바울은 여기서 그치지 않는다. 그는 계속해서 영적 세력들의 지위와 관련해서 그리스도의 높아지심이 갖는 함의를 제시한다. 그리스도는 "모든 통치와 권세와 능력과 주권과 이 세상뿐 아니라 오는 세상에 일컫는 모든 이름 위에 뛰어나"신 분이다. "또 [하나님께서] 만물을 그의 발아래에 복종하게 하시고 그를 만물 위에 교회의 머리로 삼으셨느니라"라고 말할 때에도 그는 특별히 영적 세력들을 염두에 두고 있다(엡 1:19-22).

영적 전투를 하라고 요청할 것을 미리 생각하면서 바울은 신앙을 가진 그의 모든 독자들에게 하나님께서 능력을 주시길 기도한다. 그는 이렇게 기도한다. "그의 영광의 풍성함을 따라 그의 성령으로 말미암아 너희 속사람을 능력으로 강건하게 하시오며"(엡 3:16). 바울은 그들을 위해서 기도한 뒤에 에베소서 마지막 장에서 "주 안에서와 그 힘의 능력으로 강건하여지고"라고 독자들에게 촉구한다(엡 6:10). 하나님의 능력은 기독교 공동체 안에 사랑을 나타내는 데, 그리고 바울이 제시한 윤리적 기준에 따라 사는 데 본질적인 것이다.

하나님의 강력한 부활의 능력은 신자들도 받을 수 있는 것이다. 바울은 그리스도인들에게 일상생활을 위해서 이 능력에 의존하라고 격려한다. 소아시아에서 신자들은 하나님의 능력에 대한 전적으로 새로운 관점을 발전시켜야 한다. 그들은 유일하신 참 하나님을 알고 그분이 자신의 능력을 사람들에게 부여하시는 이유를 알아 감으로써 초자연적 존재들에 대한 왜곡된 이해를 바로잡아야 한다.

첫째, 이 능력의 근원은 새로운 것이다. 그들은 '유일하신 하나님이자 만유의 아버지'이신 여호와와 화해했다(엡 4:6). 그분은 아브라함과 이삭과 야곱의 하나님이지만 또한 주 예수 그리스도의 아버지이기도 하시다. 하나님은 탁월하시며 경쟁할 만한 존재가 전혀 없으신 분이다. 따라서 그들은 자신들이 과거에 섬겼던 모든 신들을 버려야 하며 그 신들을 악한 통치자들과 권세들의 현현이며 그들의 역사로 간주해야 한다.

둘째, 이 신자들은 하나님의 능력에 접근하는 새롭고도 독특한 수단을 갖게 되었다. 마술의 주문이나 비법으로는 하나님을 조종할 수 없다. 그분은 자기 백성과 교제하시며 그들과 관계 맺기를 바라시는 인격적인 하나님이다. 하나님과의 이러한 교제는 신성에 신비적으로 흡수되는 것을 통해서, 또는 신비적 제의나 다른 방법들을 통해서 이루어지지 않는다. 그것은 오직 십자가에서 이루신 그리스도의 구원 사역에 의지하여 하나님께 나아감으로써 이루어진다(엡 2:18). 신자들은 주 예수 그리스도와 매우 친밀한 연합을 경험했는데, 바울은 이것을 가장 일반적으로 "그리스도 안에" 있는 것이라고 말한다. 신자들이 자신을 그리스도와 함께 부활하고 함께 높여진 것으로 생각해야 하는 것은 바로 이러한 연합의 친밀함과 연대감 때문이다(엡 2:6). 이것은 신자들의 새로운 정체성의 근거이며, 또한 신자들이 악의 세력들을 제어하는 그리스도의 권세를 공유하는 토대이기도 하다.

셋째, 하나님께서 자기 백성에게 능력을 부여하시는 새로운 목적이 있다. 신자들은 초자연적인 능력을 더 이상은 남을 해치는 데, 또는 자기중심적인 목적들을 성취하는 데 사용해서는 안 된다. 하나님께서는 신자들이 사심 없는 삶을 살 수 있게 하시려고 당신의 능력을 부여하신다. 신자들은 십자가의 죽음을 통해서 보여 주신 그리스도의 사랑을 본받아 희생적인 사랑을 실천하라는 요청을 받는다(엡 5:2). 세상의 눈으로 보면 이것은 불가능한 일이다. 사탄과 그의 세력들이 그 일을 방해할지라도 하나님의 능력은 신자들을 강하게 하셔서 사심 없이 사랑할 수 있게 만드신다.

### 악한 영향의 성격

에베소서에서 바울은, 사람들이 삶의 결단에 중립적으로 반응할 수 없다는 점을 애써 지적한다. 그들은 영향력을 행사하는 일련의 악에 깊은 영향을 받고 있다. 이런 영향으로 인해서 사람들은 죽음에 이르는 길을 가는데, 그것은 곧 하나님과 분리된 삶이다. 에베소서 2:2-3에서 바울은 이런 영향을 환경("이 세상의 세대")과 악에 대한 내적 경향("육체")과 초자연적인 강력한 대적("공중의 권세 잡은 자, 곧 영")의 관점에서 묘사한다.

이런 세 가지 세력에 주의를 기울이면서 바울은 하나님을 떠난 사람들이 죽음을 피할 수 없다는 것과 결과적으로 하나님의 구속 역사를 경험해야 한다는 사실을 확증한다. 하지만 이런 세 가지 악한 영향을 이해하는 것은 복음을 전하고 윤리적인 기준에 따라 살아야 하는 신자들에게도 다찬가지로 중요하다. 이런 영향들은 구원받은 신자들에게도 계속해서 작용하기 때문이다. 그리스도인이 되었다고 해서 자동적으로 유혹, 즉 세상의 영향이나 사탄의 직접적인 공격에 면역이 생기는 것은 아니다.

비록 이런 세 가지 영향이 계속해서 작용한다고 하더라도 그리스도인에게는 결정적인 차이점이 있다. 신자는 부활하신 그리스도와 연합한 삶을 살며 그리스도의 능력, 즉 마귀의 시험을 이기시고 세상의 유혹과 영향에 저항하신 능력, 그리고 무엇보다도 사탄과 그의 어둠의 세력을 이기시고 그들에게 권세를 행사하시는 그리스도의 능력에 의존한다. 따라서 이 구절은 그리스도인의 삶을 영적 전쟁으로 규정할 수밖에 없는 필연적인 이유를 이해하는 데 가장 중요한 배경을 제시한다.

### 영적 전쟁으로서의 그리스도인의 삶

영적 전쟁에 관한 본문은 교회가 마귀와 그의 악한 세력들의 강력한 공격에 직면해 있음을 보여 준다. 바울은 이런 이미지를 강화하기 위해서 적절한 장비를 갖춘 군병이라는 확장된 은유를 사용한다. 이 은유에서 군병은 허리띠를 띠고 흉갑을 입고 군화를 신고 방패를 들고 투구를 쓰고 검으로 무장하고 있다. 이런 이미지를 통해서 전달하려는 요점은, 그리스도인은 자신의 삶을 영적 전쟁으로 이해해야 하며, 따라서 군병이 전투를 준비하는 것처럼 영적 전쟁을 대비해야 한다는 것이다. 여기서 바울이 로마 군병, 헬라 군병, 유대 군병, 또는 페르시아 군병 가운데 어느 것을 마음에 두고 있는지를 정하는 것은 그다지 중요하지 않다. 이미지의 대부분은 이사야서에서 온 것이다(사 11:5; 52:7; 59:17을 보라). 게다가 투구는 머리를 보호하고 흉갑은 심장과 폐를 보호한다는 것을 강조하는 식으로 각 이미지에 지나치게 많은 의미를 넣어서 읽지 않도록 주의해야 한다. 바울은 자신의 목적에 따라서 군사적 이미지에 다양한 영적 진리들을 자유롭게 부과한다. 예컨대, 에베소서 6:14에서는 흉갑(호심경[개역개정])이 의를 나타내는 반면에, 데살로니가전서 5:8에서는 믿음과 사랑을 나타낸다.

에베소서 6:12에서 바울이 사용한 "씨름"(struggle)이라는 단어는 싸움 장면을 묘사한다. 1세기에 이 단어는 전쟁의 맥락에서가 아니라 레슬링 경기를 가리키는 전형적인 용어로 널리 사용되었다. 이 용어는 소아시아 서부 지역에서 발견된 비문에서도 그 지역 도시들에서 개최된 다양한 운동 대회의 레슬링 경기를 가리킨다. 아마도 바울은 악한 영적 세력들과의 싸움은 가까이 붙어서 하는 것임을 강조하기 위해서 이 단어를 사용했을 것이다. 이 본문에 등장하는 "악"과 "어둠"이라는 단어들도 영적 전쟁의 성격을 알려 준다. "세상 주관자들"(*kosmokratores*)이라는 표현은 "이 어둠"의 영역을 지배하는 "악한" 영적 세력이다. 영적 전쟁은 "악한 날"에 벌어지는데(엡 6:13), 악한 날이란 아마도 "때가 악하다"(엡 5:16)라는 사실과 장차 마귀가 강력하게 공격을 감행하는 때가 있을 것이라는 사실 모두를 가리킬 것이다. 마지막으로 바울은 극히 생생한 용어를 사용하여 마귀가 교회를 향해서 불화살을 쏘아 대는 것으로 묘사한다(엡 6:16). 이 본문의 전체 어조는 신자들이 처한 상황이 극히 위험하다는 느낌을 갖게 만든다.

잘 조직된 어둠의 세력들이 그리스도인들에게 가하는 위험은 사람의 힘으로는 도무지 감당할 수 없는 것들이다. 하지만 그리스도인들은 혼자가 아니다. 그들은 높아지신 그리스도와 연합한 존재들이다. 그리스도는 악한 세력들을 이기셨을 뿐 아니라 지금 자신의 능력과 권세를 교회에 부여하신다. 에베소서 전체에서 사도 바울은 하나님의 능력 자체 및 그 능력이 그리스도인들에게 주어졌다는 사실을 강조한다. 이런 강조는 그가 에베소서 6:10에서 "주 안에서와 그 힘의 능력으로 강건하여지고"라고 말할 때 절정에 달한다. 여기서 바울은 능력을 뜻하는 유사한 단어 세 개(endynamō, kratos, ischys)를 함께 연결하여 사용한다. 이것은 특별히 상대적으로 더 약한 어둠의 세력들과 대조하여 하나님의 강력한 능력을 강조함으로써 독자들로 하여금 큰 안도감을 갖게 만든다.

바울은 하나님께서 자신의 능력을 교회에 부여하시는 다양한 방법들을 구체적으로 밝히고 하나님의 강력한 힘이 전달되는 수단을 진술함으로써 한층 더 하나님의 능력의 성격을 규정하고 명확히 한다. 그는 영적 무기 일곱 가지를 열거한다. 이 가운데 다섯 가지는 하나님께서 부여하시는 객관적인 선물이며(진리, 의, 복음, 구원, 성령/하나님의 말씀), 두 가지는 우리의 책임을 강조한다(믿음과 기도). 우리의 책임은 또한 하나님께서 주시는 선물 다섯 가지에도 함축되어 있다(본 장의 마지막에 제시된 도표를 보라). 이런 영적 자원들("무기들")의 목록은 그리스도인들이 사용할 수 있는 하나님의 선물을 모두 망라한 것은 아니다. 그것은 그리스도인들이 어둠의 세력에 맞서 성공적으로 전투를 수행하는 데 필수적인 모든 것의 본질을 나타낸다.

이 본문에서 바울이 묘사하는 영적 전쟁의 성격은 귀신을 쫓아내는 것이나 구조적인 악을 제거하는 것이 아니라, 근본적으로 그리스도인들의 행위와 복음을 전하는 것과 관련이 있다. 영적 전쟁의 핵심은 저항과 선포라는 말로 가장 잘 요약할 수 있다.

### 저항으로서의 영적 전쟁

이 본문에서 바울은 "서다/대적하다"라는 단어를 네 번 사용한다(헬라어에서 이 두 단어는 어근이 같다; 엡 6:11, 13, 14). 에베소서 4장에서 바울은 신자들이 지나친 분노, 거짓말, 도둑질, 또는 다른 유혹에 굴복하여 부도덕한 일을 하는 것 등을 통해서 마귀로 틈을 타게 하지 않기를 바란다(엡 4:27). 그는 마귀와 그의 세력들이 그리스도인들 사이에서 죄를 조장하고 복음의 진보를 막으려고 육체와 세상과 제휴하여 활동하는 것으로 묘사한다(엡 2:2-3, 앞에서 이 구절들을 다룬 부분을 보라). 이런 이유 때문에 그리스도인은 도덕적으로 온전하게 살기 위해서 하나님의 능력을 활용해야 한다.

그러므로 영적 전쟁은 저항이자 방어이다. 이 전쟁은 시험의 초자연적인 성격을 인식하고 그것에 직면할 준비를 하는 것이며, 또한 이미 그리스도인의 삶에 자리 잡은 도덕적인 악들을 제거하기 위해서 하나님의 능력을 자기 것으로 삼아 이용하는 것을 의미한다.

바울이 언급한 첫 번째 두 가지 무기는 "진리"의 허리띠와 "의"의 흉갑이다. 이 무기들에는 두 가지 측면이 있는 듯하다. 그것들은 영적 전쟁을 수행하기 위해서 하나님께서 부여하신 선물이기도 하고, 다른 한편으로는 신자들의 삶에서 함양해야 할 덕목이다. 이렇게 이해하는 것은, 복음이 그리스도인의 행동에 대해서 함의를 갖고 있다는 점에서 매우 자연스럽다. 바울은 복음을 "진리"(엡 1:13)로, 그리고 구원을 위한 하나님의 능력으로 간주한다(롬 1:16). 이와 대조적으로 마귀는 많은 궤계를 사용해서 사람들을 기만하고 속이는 우두머리 원수다. 신자들은 복음의 진리 및 그 진리가 하나님의 자녀인 자신들에게 확증하는 바가 무엇인지를 깨닫고 그것을 확신해야 하며, 복음의 진리에 일치하는 방식으로 살아야 한다. 거짓말과 속이는 것은 신자의 삶에서 추방되어야 마땅하다. 그것들은 진리의 하나님께 대한 모욕이다. 따라서 에베소서에서 바울은 그리스도인들에게 "거짓을 버리고 각각 그 이웃과 더불어 참된 것을 말하라"라고 권고한다(엡 4:25; 또한 5:9를 보라).

하나님께서 베푸시는 구원의 정말 놀라운 부분 가운데 하나는 "의"의 선물이다. 바울은 로마 교회 성도들에게 "의인은 없나니 하나도 없으며"(롬 3:10)라고 말한 뒤에 이 의가 예수 그리스도를 믿음으로 말미암아 모든 믿는 자에게 임한다는 경이로운 소식을 전한다(롬 3:22). 여기서 말하는 의란 예수를 믿는 사람들이 하나님 앞에서 모든 죄책에서 무죄 방면되는 것을 의미한다. 그들은 완전히 죄 사함을 받았고 하나님과 화해하여 그분의 친구가, 더 좋게는, 그분의 자녀들이 되었다. 확실히 마귀와 그의 악한 세력들은 그리스도인들이 그렇게 믿지 않기를 바랄 것이다. 그 영적 세력들은 우리가 과거에 끔찍한 일들을 행했으므로 하나님께서 우리를 용서하실 수 없을 것이라고 믿게 만들려고 애를 쓴다. 하지만 그런 개념은 하나님의 진리에서 비롯된 것일 수 없다. 그리스도인들은 그리스도의 보혈로 말미암아 참으로 죄 사함을 받았으며, 그리하여 죄책감과 두려움 없이 담대하게, 그리고 확신 있게 살아갈 수 있다.

그러나 하나님의 의를 소유하는 것은 책임을 수반한다. 바울은 독자들에게 옛 사람을 벗어 버리고 "하나님을 따라 의와 진리의 거룩함으로 지으심을 받은" 새 사람을 입으라고 권고한다(엡 4:24). 개인적으로 거룩함과 도덕적 온전함을 함양하는 것은 영적 싸움을 승리로 이끌기 위한 준비의 일부이다. 그와 반대로 도덕적 온전함과 거룩함의 결여는 사탄의 앞잡이들의 공격에 성공적으로 대항할 수 있는 신자의 능력을 손상할 것이다.

신자가 악한 영들에 대항하는 것과 관련해서 또 다른 매우 중요한 측면은 전신갑주의 다섯째 요소인 투구와 관련된 "구원"이다(엡 6:17). 우리는 구원의 개념을 바울이 에베소서의 넓은 맥락에서 설명하고 있는 그대로 이해해야 한다. 에베소서 2:5-10에서 그는 독자들에게 "너희가 은혜로 구원을 받았다"라고 두 번 반복하여 선언하면서 구원의 개념을 감동적으로 서술한다. 두 번 모두 바울은 헬라어 완료 시제를 사용해서 구원받은 사실을 서술하는데, 이것은 그의 다른 서신에서는 찾아볼 수 없는 유일한 경우이다. 완료 시제는 과거에 일어난 결정적인 동작의 결과를 강조한다. 바울은 독자들이 그리스도 안에 있는 자신의 정체성을 흔들림 없이 확신하길 바란다. 그들은 이미 구원받았으며 구원의 복을 누리는 사람들이다.

또 바울은 같은 문맥에서 세 가지 강력한 개념을 동원하여 구원의 의미를 더 명확하게 진술한다. (1) 신자들은 그리스도와 함께 살리심을 받았다. (2) 그들은 그리스도와 함께 일으킴을 받았다. (3) 그들은 그리스도와 함께 하늘에 앉힌 바 되었다(엡 2:4-6). 사탄과 그의 세력들이 그리스도인의 삶에 미치는 영향력에 대항하려면 그리스도인은 그리스도 안에서 자기 자신이 어떤 존재인지를 반드시 알아야 한다. 바울은 이것을 매우 중요하게 생각했다. 그리스도인들은 오직 자신의 구원과 그리스도와의 연합을 통해서만 악한 영적 세력들에게 대항할 수 있다.

마지막으로, 신자들에게는 악한 자의 공격을 막아 내는 데 필요한 "검"이 주어진다. 검은 성령 및 하나님의 말씀과 연결된다. 예수께서 광야에서 시험을 받으실 때 성경 말씀을 사용하여 사탄의 시험을 물리치신 것처럼(마 4:1-11), 바울은 신자들에게 자신들의 상황에서 하나님의 말씀을 사용하여 마귀에 대항하라고 촉구한다. 이것은 마귀를 물리치기 위해서 성경을 반(半)마술적인 방식, 즉 성경 구절을 큰 소리로 인용하는 식으로 사용하는 것을 의미하지 않는다. 이것은 성경을 철저하게 알고 특정한 상황에 대한 성경의 적실성을 정확하게 이해하는 것을 포함한다. 예수님을 시험할 때 마귀는 성경을 문맥에서 떼어 내어 부적절하게 적용했다. 하지만 예수께서는 특정한 문제들에 대한 하나님의 뜻을 전달하는 성경의 의도를 바르게 파악하여 적절하게 적용하심으로써 마귀에게 대응하셨다. 그러므로 모든 신자들은 정기적으로 철저하고 체계적으로 성경을 공부해야 한다. 성경 공부는 효과적으로 영적 전쟁을 수행하는 데 반드시 필요한 것이다.

### 선포로서의 영적 전쟁

영적 전쟁은 방어적일 뿐만 아니라 공격적인 것이기도 하다. 바울은 그리스도의 군사들에게 주 예수 그리스도의 복음을 선포함으로써 적의 영토로 진격하라고 촉구한다. 그리스도께서 강한 자를 결박하시고 그의 집을 탈취하신 것처럼, 그리스도의 몸인 교회도 어둠의 왕국에 있는 포로들에게 하나님의 구원의 약속을 선포함으로써 사탄의 왕국을 탈취해야 한다.

바울이 언급한 전투 장비들 가운데 무기가 아닌 것이 있는데, 그것은 전투에서 군사가 공격적인 자세를 취할 수 있게 만들어 주는 것, 곧 신발이다. 바울 당시에 군병들은 자신이 속한 군대가 전선으로 출정하거나 적을 추격할 때 장거리 행군을 했다(크세르크세스가 그리스를 정복하려고 군대를 이끌고 페르시아를 떠나 먼 길을 행군한 경우가 이에 해당한다). 그리스도인의 신발은 "평화의 좋은 소식을 선포할 준비"여야 한다(엡 6:15; "the readiness to announce the Good News of peace"[TEV]). 신자들은 하나님께서 어디로 인도하시든지 그리스도의 좋은 소식을 나눌 준비가 되어 있어야 한다.

많은 주석가들은 바울이 언급한 전신갑주에서 검이 유일한 공격 무기라고 옳게 관찰한다(엡 6:17). 검은 신자가 악한 영들에 대항하는 데 사용하는 방어 무기면서 동시에 공격 무기이기도 하다. 하나님의 말씀과 성령의 역사는 하나님의 백성이 사탄의 도전을 물리치고 그의 영토를 탈취하는 수단이다. 또한 그것은 하나님께서 자기 백성을 자신에게로 이끌고 그들의 삶을 변화시키고 그들과 관계를 맺으시는 수단이기도 하다.

그러므로 바울에 따르면, 세상에서 그리스도인이 해야 하는 근본적인 공격 행위는 복음 곧 그리스도의 죽음과 부활을 통한 구원의 좋은 소식을 선포하는 것이다. 복음은 "[마귀의] 폭정으로부터 사람들을 구출하는 하나님의 능력"을 나타낸다.[3]

바울 사역의 전체 과정은 이런 공격적인 복음 선포의 모범이다. 교회는 바울의 모범을 따라야 한다. 누가는 이 점을 잘 이해했고, 그래서 바울의 선교 사역에 관한 기사를 쓰되 그 기사를 읽는 신자들의 마음에 열정을 불러일으키고 그들을 격려하는 방식으로 썼던 것이다. 그와 동시에 누가는 복음 선포 사역을 하면서 바울이 겪었던 고난의 양을 축소하지 않았다. 누가는 바울이 겪은 많은 고난을, 본서의 첫 장에서 묘사한 대로, 강력한 마귀의 방해에서 비롯된 것으로 해석했다. 하지만 하나님의 능력을 의지하는 그리스도인들은 바울이 그렇게 한 것처럼 적의 반대를 능히 극복할 것이며, 그리하여 계속해서 복음이 선포되고 더욱더 많은 사람들이 어둠의 영역에서 구원을 받게 될 것이다.

에베소서에서 바울은 자신이 옥에 갇혀 있음에도 불구하고 개인적으로 교회의 선교에 대한 강한 열망을 갖고 있음을 보여 준다. 그는 하나님께서 자신에게 능력을 주시길 바라면서 기도한다. 그러나 그의 기도는 반드시 기적적인 사건들을 통해서 복음의 초자연적인 성격을 입증하기 위한 것이 아니다. 그는 복음을 두려움 없이 담대하게 선포하기 위해서 하나님의 도우심이 필요하다고 느낀다. 오랫동안 성공적으로 복음 선포 사역을 했음에도 불구하고 그는 여전히 복음을 두려움 없이 선포할 수 있는 용기를 갖게 만드는 하나님의 능력이 필요함을 절감한다. 바울은 에베소 교회 성도들에게 이렇게 간청한다. "또 나를 위하여 구할 것은 내게 말씀을 주사 나로 입을 열어 복음의 비밀을 담대히 알리게 하옵소서 할 것이니 이 일을 위하여 내가 쇠사슬에 매인 사신이 된 것은 나로 이 일에 당연히 할 말을 담대히 하게 하려 하심이라"(엡 6:19-20). 언제든지 복음을 선포할 채비를 갖춘 것이야말로 바울의 삶의 가장 중요한 특징이었다. 마찬가지로 이것은 후대 신자들에게도 가장 중요한 것이 되어야 한다. 이것이 바로 교회의 사명이다.

### 가장 중요한 무기, 기도

만일 바울이 영적 전쟁을 성공적으로 수행하는 데 필요한 하나님의 능력을 얻는 근본적인 방법을 요약하여 말한다면, 아마도 그는 그 방법을 기도라고 강력하게 주장할 것이다. 영적 전쟁을 언급하는 단락에서 바울은 다른 그 어떤 장비들보다 기도에 더 중요성을 부여한다. 또한 기도는 영적 전신갑주 가운데 흉갑이나 방패와 같이 상응하는 무기와 연결되지 않은 유일한 요소이다.

이 본문에서 바울은 기도를 믿음의 개념과 밀접하게 관련시킨다. 또 그는 영적 전쟁을 수행하는 데 있어서 믿음이 지닌 역할을 언급하면서 믿음을 방패와 관련시킨다. 방패는 마귀의 강한 공격을 막아 내는 수단으로 분명하게 언급된다. "모든 것 위에 믿음의 방패를 가지고 이로써 능히 악한 자의 모든 불화살을 소멸하고"(엡 6:16). 바울에게 있어서 기도는 믿음이 실제적으로 드러난 것이다. 그리스도인들은 이런 수단들을 통해서 사탄을 효과적으로 격퇴할 수 있다.

에베소서 전체에서 바울은 하나님의 능력을 소유하는 믿음의 역할을 강조했다. 그가 요청하는 믿음은 초자연적 세력들을 이기신 그리스도의 부활과 높아지심이라는 객관적인 사실에 근거한 것이다. 그리스도인들이 마술 부적이나 십자가상을 몸에 지닌다고 해서 하나님의 능력을 부여받는 것이 아니다. 제의를 행하거나 주문을 외우는 것으로는 아무도 하나님의 능력에 접근할 수 없다. 하나님의 능력은 순전하게 그분을 신뢰하는 것을 통해서만 신자들에게 주어진다.

이런 신뢰는 가장 일반적으로 기도의 행위로 표현되기 마련이다. 따라서 바울은 신자들에게 "항상" "여러 성도를 위하여" 기도하라고 촉구한다(엡 6:18). 에베소서에서 바울은 에베소 교회 성도들을 위해서 자신이 기도한 핵심 내용을 진술함으로써 독자들에게 기도의 모범을 제시했다. 그는 그들이 하나님의 능력을 점점 더 풍성하게 알아가고 하나님의 능력으로 강건하게 되도록 하나님께 기도했다(엡 1:15-23; 3:14-19).

영적 전쟁을 다루는 본문은 종종 개인적인 관점에서 이해되었다. 즉 그리스도인 개인은 영적 전쟁을 수행할 수 있는 능력을 달라고 하나님께 기도하고 요청해야 한다는 것이다. 그러나 실제로 바울은 전신갑주로 무장하는 것을 집합적인 용어로 묘사한다. 전체 교회가 영적 무장의 과정에 함께 참여해야 한다는 것이다. 사실, 각 신자는 다른 신자들을 무장시키는 데 책임이 있다. 이 본문에서 바울의 모든 권면은 복수 형태로 제시된다. 하지만 더 중요한 것은 그가 신자들에게 "여러 성도를 위하여" 기도하라고 촉구한다는 사실이다(엡 6:18). 이 권면은 전신갑주의 마지막 요소인 기도에 대해 바울이 설명한 내용의 일부분이다. 그러므로 이 권면을 통해서 바울이 기도를 하나님의 능력을 획득하는 선행 조건이자 수단으로 추천하고 있다고 이해하는 것이 가장 자연스럽다. 이 사실은 그가 바로 다음 부분에서 자신을 위해서 기도해 달라고 요청하는 것을 볼 때 분명하게 드러난다. 본질적으로 그는 독자들에게 영적 전쟁을 위해서, 특별히 복음을 선포하는 공격적인 행위를 위해서 자신을 무장시켜 달라고 요청하고 있는 것이다. 실제로 에베소서 1장과 3장에 등장하는 두 기도는 이 사실을 확실하게 보여 준다. 이 두 기도를 통해서 바울은 그의 독자들이 사탄에게서 보호를 받도록, 그리고 그들이 영적 전쟁에서 사용할 수 있도록 하나님의 전신갑주를 구한다. 영적 전쟁에 관한 은유적 언어를 제쳐 놓고 가장 단순한 용어로 표현하자면, 바울은 하나님께서 독자들에게 능력을 베풀어 주셔서 그들이 성공적으로 사탄의 시험을 물리치고, 사탄의 방해와 대적에도 불구하고 두려움 없이 복음을 선포할 수 있게 해 달라고 기도했다고 말할 수 있을 것이다.

그러므로 영적 전쟁은 사후에 대응하는 것이기보다는 사전에 조치를 취하는 것이다. 이를테면, 마치 폭풍이 오기 전에 미리 대비하는 것과 같다. 실제적인 용어로 말하자면, 이것은 '병자'를 위해서 기도하는 것은 물론 '건강한 사람'을 위해서도 기도하는 것과 같다. 즉, 개인의 연약한 부분들에 닥치는 시험을 물리칠 수 있도록 신자 개인을 위해서 기도하는 것이다. 또 교회의 지속적인 선교를 방해하기 위해 마귀가 집중적으로 강력하게 반대하고 있기 때문에, 이것은 복음의 진보를 위해 기도하는 것을 포함한다. 이 개념은 오늘날 교회 안에서 기도 단체들과 기도 모임들을 다시 활성화하는 잠재력을 갖고 있다.

오늘날의 교회는 그리스도의 몸의 상호 의존에 대해 더 강한 의식을 가질 필요가 있다. 특히 서구 교회는 '개인주의화된 교회'라는 문제를 안고 있다. 우리는 죄를 범한 형제나 자매를 정죄 하기 전에 자기 자신을 먼저 살펴야 한다. 과연 우리는 죄짓게 만드는 사탄의 유혹을 물리칠 수 있도록 형제나 자매에게 은혜를 주시도록 하나님께 기도했는가? 영적 전쟁은 신자들에게 공동 기도를 요청한다.

### 어둠의 세력들에 대응하기

#### 하나님의 전신갑주에 대한 해석

- 당신 자신의 힘만으로는 악한 영들과의 싸움에서 이길 수 없다. 그리스도께서 공급하시겠다고 약속하신 능력에 의지하라.
- 당신은 순탄하고 안락한 인생을 기대할 수 없다는 것을 알라. 당신을 파멸시키려는 초자연적인 악한 세력들이 존재하기 때문이다.

#### 1. 바지를 입어라: 진리를 입어라

- 그리스도 안에서 당신이 어떤 존재인지를 알라(어둠의 세력들은 당신을 속이려고 하기 때문이다).
- 정직하고 도덕적으로 온전한 삶을 살라.

#### 2. 의의 흉갑을 입어라

- 하나님 앞에서 당신은 모든 죄를 사함받은 존재로서 새로운 신분을 갖고

있다는 것을 깨달으라.
- 개인적으로 거룩한 삶을 살고 선한 성품을 함양하라.

## 3. 신을 신어라: 평화의 복음을 준비하라
- 하나님께서 어디로 부르시든지 복음을 전할 준비를 하라.

## 4. 믿음의 방패를 가지라
- 의심하지 말라! 당신이 이길 수 있도록 하나님께서 도와주신다는 것을 믿어라.

## 5. 구원의 투구를 쓰라
- 그리스도 안에서 당신이 새로운 존재, 즉 구원을 받았고 그리스도와 연합했고 그와 함께 살았고 부활했으며 그와 함께 높여진 존재라는 것을 확신하라.

## 6. 성령의 검, 하나님의 말씀을 가지라
- 적극적으로 복음을 전하는 일에 헌신하라.
- 성경을 알고 일상의 어려운 상황에 성경을 적용하라.

## 가장 중요한 사항: 기도하라!
- 하나님께서 당신을 강하게 하여, 능히 마귀의 시험을 물리치고 복음을 효과적으로 전할 수 있게 해 달라고 기도하라.
- 하나님께서 당신의 동료 그리스도인들을 강하게 하여, 능히 마귀의 시험을 물리치고 복음을 효과적으로 전할 수 있게 해 달라고 기도하라.

## 12. 영적 세력들에 대한 그리스도의 최후 승리

바울은 그리스도인들이 미래에 대한 소망을 가져야 할 이유를 제시한다. 하나님께서 역사를 주관하여 절정에 이르게 하실 때 그분의 영광스러운 아들, 주 예수 그리스도의 영원하며 절대적인 통치가 이루어질 것이다. 이것은 모든 신자들이 기다리는 "복스러운 소망"이다(딛 2:13).

1세기에 살던 사람들은 자신의 운명과 역사의 진행을 지배하는 적대적인 초자연적 세력들을 몹시 두려워하고 있었다. 한스 디터 베츠는 당시의 지배적인 세계관을 다음과 같이 분명하게 표명한다.

인간은 아무 소망 없이 무력하게 이런 세력들[즉, 강력한 마귀적인 실체들]에 사로잡혀 억압을 당하고 있다는 것이 당시의 일반적인 생각이었다. 인간이 세상에 태어나서 세상을 떠날 때까지 그 세력들은 제멋대로 인간을 농락한다. 그들은 무리를 지어서 인간의 내부에서 활동하지만, 또한 외부에서 인간을 대적하기도 한다. 그래서 인간은 어떤 "운명"(*Tyche*)이 전개되든지 그것을 끔찍

하고 고통스럽게 경험할 수밖에 없다. 이런 상태에서 인간의 삶은 삶이 아니라 죽음 그 자체였다.[1]

베츠는 계속해서 이렇게 말한다. 일상의 삶에 대처하기 위해서 "많은 고대 종교들은 귀신의 세력들을 달래고 그들의 비위를 맞추는 제의적 수단들을 발전시켰다. 이런 수단에는 기도, 의식, 희생 제사, 점성술, 마술, 마법이 포함되었다."[2] 본서 1부에서 나는 이런 수단들 중에서 많은 것을 다루었다.

비그리스도인 이웃들과는 완전히 대조적으로 초기 그리스도인들은 그 적대적인 세력들을 두려워할 이유가 전혀 없었다. 그들은 자신의 죽음과 부활을 통해서 모든 적대적인 세력을 이기신 유일하신 참된 주님과 연합되어 있었기 때문이다. 그들은 자신의 미래가 온갖 형태의 악으로 가득한 이 세대를 끝장내고 계시는 분의 손안에 있음을 알고 있었다. 모든 어둠의 세력들은 완전히 멸망당할 것이다. 그러므로 초기 그리스도인들은 소망으로 충만하고, 창세전에 그들을 자기 백성으로 택정하신 하나님께 감사하는 행복한 사람들일 수밖에 없었다(엡 1:3).

### 계속되는 적대감과 최후의 반역

서신 전체에서 바울은 독자들이 사탄과 어둠의 세력들과의 장기적인 싸움에 대비하게 만들려고 애쓴다(특히 에베소서 6:10-20에서). 모든 투쟁과 싸움의 한 가운데서 바울은 중요한 약속을 제시한다. "평강의 하나님께서 속히 사탄을 너희 발아래에서 상하게 하시리라"(롬 16:20). 여기서 그는 창세기 3:15에서 제시된 뱀에 대한 하나님의 저주를 마음에 두고 있다. "여자의 후손은 네 머리를 상하게 할 것이요 너는 그의 발꿈치를 상하게 할 것이니라." 이 구절은 바울과 동시대 유대인들이 가졌던 메시아 대망 사상에도 나타난다. 이런 실례를 「레위의 유언서」 6:5-6에서 볼 수 있다. "주 하나님은 이스라엘의 강력한 분이시다. 그는 세상에 사람으로 나타나셔서 아담을 구원하실 것이다. 그때 모든 속이는 영들은 발아래 밟힐 것이며 사람들이 악한 영들을 다스릴 것이다."[3] 바울에게 있어서 이 과업을 성취하실 분은 주 예수 그리스도이다. 사탄과 그의 모든 세력들은 그리스도께서 다시 오실 때 멸망당할 것이다.

바울은 그리스도의 재림 직전에 사탄의 활동이 강력해질 것이라고 분명하게 말한다(살후 2:1-12). 그때 하나님께 대한 대대적인 반역이 일어날 것인데, "불법한 자"라고 바울이 명명한 주요한 악의 화신이 그 반역에 앞장설 것이다. 사탄 자신은 불법한 자에게 초자연적인 능력을 부여할 것이고, 능력을 받은 불법한 자는 온갖 종류의 표적과 기사들을 행할 것이다(살후 2:9; 또한 계 13:2를 보라). 그의 주요 활동은 속이는 것이다. 즉, 그는 유일하신 참 하나님보다, 그리고 다양한 이방 종교에서 사람들이 숭배하는 모든 신들보다 자신이 우월하다고 주장할 것이다. 그는 모든 사람의 마음을 참 하나님으로부터 돌려서 자신을 숭배하게 만들려고 할 것이다. 이 기간 동안에 하나님께서는 심지어 속이는 악한 영들이 비그리스도인들을 미혹시켜서 "불법한 자"의 엄청난 책략을 계속해서 믿게 만들게끔 허용하실 것이다(살후 2:11).[4] 이 "적그리스도"는 의도적으로 그리스도의 재림과 여러 가지 방식에서 유사하게 임할 것이다. 이것은 속임수를 더 매혹적으로 만들기 위한 것이다. 그러나 적그리스도의 최종적인 맹렬한 반역은 하나님께서 지금 활동하고 있는 "막는 자"(restraining force)를 옮기실 때까지는 일어나지 않을 것이다(살후 2:7).

바울이 보기에 이 사탄의 인간 대리자가 아무리 엄청난 존재라고 할지라도 그는 다시 오시는 그리스도께는 결코 장애가 될 수 없다. 바울은 의기양양한 어조로 이렇게 선포한다. "그때에 불법한 자가 나타나리니 주 예수께서 그 입의 기운으로 그를 죽이시고 강림하여 나타나심으로 폐하시리라"(살후 2:8).

여기서 바울의 가르침은 그리스도의 재림 전에 있을 시대의 어둠을 강조한다. 그리스도를 알지 못하는 사람들이 그런 시대에 그리스도께로 돌아오는 것이 얼마나 어려울 것인가! 신자들은 그런 시대에 삶의 상황이 어떻게 전개될지 알아야 한다. 그래야 사탄의 거짓에 속지 않을 것이다. 또한 이 본문은 사탄이 하는 활동의 중요한 특징들에 대한 더 깊은 통찰을 제공한다. 즉, 사탄은 사람들을 통해서 역사하고, 진리를 흉내 내고, 무엇보다 사람들을 속여서 유일하신 참 하나님을 떠나게 만들려고 애를 쓸 것이다.

**악한 세력들의 최종적인 굴복**

악한 통치자들과 권세들은 그들의 지도자인 사탄과 함께 역사의 결정적인 순간에 직면할 것인데, 그때 그들의 폭정이 끝나게 될 것이다. 그들은 지금 마치 긴 줄에 묶인 악한 개처럼 활동한다. 그리스도께서 다시 오시면 그들이 해를 끼칠 수 없도록, 또는 어떤 두려움도 갖게 할 수 없을 정도로 그 끈을 바짝 조여 매실 것이다. 그들은 완전히 무력해질 것이다.

바울은 그리스도께서 자신의 나라를 하나님 아버지께 바치시는 때에 역사가 완성될 것이라고 보았다. 바울은 역사의 완성 전에 일어날 두 가지 주요한 사건을 언급한다. 첫째는 죽은 자의 부활이고, 둘째는 그리스도의 원수들의 '멸망'이다. 멸망당해야 할 첫째 원수는 영적 세력들이다. 바울은 이렇게 설명한다. "그 후에는 마지막이니 그[그리스도]가 모든 통치와 모든 권세와 능력을 멸하시고 나라를 아버지 하나님께 바칠 때라"(고전 15:24). 교회가 존재하는 동안 계속해서 교회를 대적해 온 모든 초자연적인 악한 영들과 천사들이 바울의 머리에 가장 먼저 떠올랐을 것이다. 이 본문에 등장하는 표현들은 바울이 영적 세력들을 나타내기 위해 다른 곳에서 사용한 것과 정확하게 동일한 용어들이다(엡 1:21을 보라). 그 영적 세력들은 하나님께 대한 인간의 온갖 종류의 반역에, 그리고 온갖 형태의 구조적인 악에 영향력을 행사한 악한 세력들이다.

바울은 이런 세력들이 완전히 멸절된다는 의미에서 '멸망당한다'는 말을 사용하지는 않았을 것이다. 도리어 '멸망시키다'(katargeō)라는 용어가 의미하는 것은, 아마도 그 세력들에게서 악을 행할 능력을 빼앗는다는 개념, 즉 그들을 무력하게 만든다는 개념일 것이다.[5] 바울이 고린도전서 2:6-8에서 묘사한 대로, 그리스도의 죽음과 부활은 그들의 멸망의 시작을 뜻한다. 이 본문은 그리스도께서 한 가지 최종적인 행위로 이 일을 성취하리라는 것을 암시한다. 악한 영적 세력들은 하나님과 그분 백성들에 대해 위압적인 적대 활동을 할 수 있는 능력을 영구히 빼앗길 것이다.

그리고 사망은 사람들에게서 생명을 앗아가는 능력을 빼앗기는 마지막 원수로 언급된다. 사망과 어둠의 세력들은 모두 하나님께서 그리스도에게 굴복시킬, 즉 시편 110:1과 시편 8:6의 성취로서 "그의 발아래 둘" 원수들이다. 그리스도의 부활은 신자들도 육체적으로 죽은 뒤에 다시 생명을 받을 것을 보장한다. 신자들은 부활하신 그리스도와 밀접하게 연합되어 있어서 지금은 비록 제한된 방식으로 그의 부활에 참여하지만, 장차 그가 다시 오실 때(parousia)에는 죽은 자들로부터 일으켜지는 육체의 부활을 완전하게 경험할 것이다.

에베소서와 골로새서에서 바울은 그리스도께서 궁극적으로 어둠의 세력들을 굴복시킬 것이라는 동일한 약속을 다른 용어로 표현한다. 에베소서 1:10에서는 역사의 완성을 "하늘에 있는 것들과 땅에 있는 것들을 모두 하나의 머리, 곧 그리스도 아래" 있게 하는 것이라는 관점에서 진술한다. 이 본문에서는 그리스도의 우주적 통치의 광대한 범위가 강력하게 부각된다. 그 어떤 피조물도 계속해서 드러내 놓고 그리스도께 반역하지 못할 것이다. 그리스도의 통치 대상에는 특히 모든 통치자들과 권세들까지도 포함된다.

골로새서에서 바울은 시대의 마지막을 우주적 화해로 묘사한다. 그는 이렇게 말한다. "아버지께서는 모든 충만으로 예수 안에 거하게 하시고 그의 십자가의 피로 화평을 이루사 만물 곧 땅에 있는 것들이나 하늘에 있는 것들이 그로 말미암아 자기와 화목하게 되기를 기뻐하심이라"(골 1:19-20). 어둠의 세력들은, 그리스도인들이 구속을 받고 하나님과 친구로서 화해를 경험하는 것과 같은 의미에서는 결코 구속을 받지 못할 것이다. 골로새서 2장에서 바울은 그 세력들이 하나님의 원수들로서 십자가에서 패배했다고 분명하게 진술한다(골 2:15). 그들은 어쩔 수 없이 종속된다. 이 본문의 강조점은, 궁극적인 우주적 화해와 어떤 인격적이고 구조적인 악의 부재에 있다. 한 주석가가 말한 대로, "이 영적 세력들이 굴복을 당했는지 아니면 구속을 받았는지 둘 중 어느 하나를 택하는 것은 잘못이다. 장차 새로운 세상은 평화와 화해의 세상이 될 것이며, 그리스도께서 그 새로운 세상의 통치자가 되신다는 것은 결정적인 사실이다."[6] 하늘과 땅은 더는 악이 초래하는 극심한 혼란과 타락을 경험하지 않을 것이다. 그리스도의 부활과 높아지심을 통해서, 하나님께서는 창조되고 결정된 질서 안에서 그 영적 세력들을 본래의 자리로 회복시키실 것이다.[7] 이 문맥에서 바울은 특히 모든 피조물의 궁극적인 평화와 화해를 확실하게 하는 하나님의 근본적인 수단인 그리스도의 십자가에 주의를 기울인다.

어둠의 세력들은 마침내 예수가 참으로 주님이시라는 것을 인정할 것이다. 이것은 바울이 빌립보 교회 성도들에게 말한 것과 같다. "하늘에 있는 자들과 땅에 있는 자들과 땅 아래에 있는 자들로 모든 무릎을 예수의 이름에 꿇게 하시고 모든 입으로 예수 그리스도를 주라 시인하여 하나님 아버지께 영광을 돌리게 하셨느니라"(빌 2:10-11). 존재하는 초자연적 세력들은 별의 영들이든지 지상의 영들이든지 지하의 영들이든지 모두 그리스도의 주 되심을 인정할 수밖에 없고, 그리스도는 그들의 적대 행위를 완전히 끝장내실 것이다.

비록 상세하게 언급하지는 않을지라도, 바울은 종말에 신자들이 그리스도와 함께 세상 및 모든 악한 천사들을 심판할 것이라고 알려 준다(고전 6:3). 다른 신약 성경의 기자들도 이러한 천사들에 대한 미래 심판을 언급한다(벧후 2:4; 유 6). 비그리스도인들도 마귀가 받는 것과 동일한 심판을 받고 망하게 될 것이다(살후 1:7-9). 요한계시록은 마귀와 그의 세력들이 불 못에 던져져서 영원토록 고통 받을 것을 내다보았다(계 20:10, 14).

적대적인 영들과 눈에 보이지 않는 운명의 세력을 두려워하던, 바울의 1세기 독자들은 확실히 그런 본문들에서 큰 위로를 받았을 것이다. 역사(歷史)는 자신의 독생자의 피로 구속을 이루신 사랑의 하나님의 손안에 있다. 또한 우리는 악의 세력들이 우리에게 어떤 고통을 가하든지 그들의 날이 제한되어 있음을 확신한다. 머지않아 그리스도께서 주권적으로 다스릴 것이며 세상을 회복하여 창조의 영광으로 빛나게 하실 것이다.

# 제3부

—

영조 세력들의 현대조 의미

우리는 영적 세력들에 대한 바울의 가르침이 오늘날 교회에 어떻게 관련되는지를 해석할 때 두 가지 장애에 직면한다. 첫 번째는 신화의 인식에 대한 문제이다. 본서의 서론 부분에서 지적한 대로, 서구 사회는 선한 영들과 악한 영들을 막론하고 영들의 존재를 믿지 않는다. 악한 영 개념을 소개하면 많은 사람들은 그것을 원시적 신화로 복귀하는 것으로 간주할 것이다. 그러므로 우리는 이 주제에 대한 성경의 증언이 갖는 현대적 적실성을 어떻게 끌어내야 할 것인지를 진지하게 다루어야 한다.

우리가 직면하는 두 번째 주요한 장애는 영적 세력들에 대한 해석이 너무 다양하다는 것이다. 전통적인 기독교 해석은 개인들에 대한 영적 세력들의 영향을 강조했다. 이 주제와 관련해서 인기 있는 은사 운동 진영에서 나온 대부분의 책들은 우선적으로 귀신 들린 사람들을 대상으로 한 사역을 다루었다. 물론 이 두 견해는 악한 영들이 실제로 존재한다는 것을 전제한다.

이와 대조적으로 영적 세력들에 대한 최근의 해석들은 영적 세력들의 폭넓은 영향을 강조한다. 즉, 영적 세력들은 근본적으로 인간 존재의 다양한 구조들을 통해서 역사한다는 것이다. 경제적 구조와 정치적 구조 같은 것들이 가장 자주 언급되지만(자본주의, 사회주의, 민족주의), 다른 요소들, 이를테면, 사회 유형, 문화적 규범, (축구 경기에서 군중 심리가 발달한 것과 같은) 집단의 습성 등도 언급된다. 이런 "존재의 구조들"은 악마적인 것이며, 따라서 그리스도인들의 영적 투쟁의 대상들로 간주된다. 이런 견해를 견지하는 많은 사람들은 영적 세력들에 대한 성경의 언급들을 비인격적인 실체의 상징들로 볼 것이다.

그러나 대다수 그리스도인들에게 있어서 영적 세력들의 광범위한 영향은 주의 깊게 생각해 볼 만한 문제가 아니었다. 다음 장에서 나는 20세기 상황을 위해서 영적 세력들을 어떻게 해석해야 하는지의 문제를 다룰 것이고, 개인들에 대한, 그리고 더 넓은 영역에 대한 영적 세력들의 영향에 관해서 더 깊이 생각할 기회를 제공할 것이다. 이렇게 하는 과정에서 나는 통치자들과 권세들에 대한 사도 바울의 가르침에서 끌어낼 수 있는 함축적 의미들만을 언급할 것이다. 독자들은 우리 주님의 생애, 사도행전, 신약 성경의 나머지 서신들과 요한계시록을 주의 깊게 연구함으로써 더 많은 것을 얻을 수 있을 것이다.

## 13. 실체인가, 신화인가?

일반적인 용례에서 '신화'(myth)라는 단어는 비실재성의 개념을 갖고 있으며, 객관적인 실체가 없는 인간과 초인간적 인물들과 관련된, 사실적인 근거가 전혀 없는 이야기를 뜻한다. 우리는 마법사 오즈의 나라와 서쪽의 악한 마녀(마법사 오즈와 악한 마녀는 프랭크 마음의 책인『오즈의 마법사』에 등장하는 인물-역주)를 신화적이라고 말할 수 있다. 입증할 수 있는 실체가 없는 상상력의 산물이기 때문이다. 하지만 그렇다고 해서 그 이야기가 우리에게 아무 의미가 없음을 암시하지는 않는다. 확실히 그 이야기는 의미가 있다. 우리는 모두 악한 마녀를 두려워하고 집으로 돌아가고 싶어 하는 도로시(『오즈의 마법사』주인공-역주)에게 공감할 수 있다.

많은 사람들은 악한 영들을 이와 유사한 의미에서 신화적이라고 말할 것이다. 그런 영들은 우리에게 의미가 있는 이야기에 등장하는, 가상의 초인간적 존재들이다. 그것들은 실제로 존재하는 실체적 대상들로 인식되지는 않는다.

이와 대조적으로 바울은 통치자들과 권세들이 실제로 존재한다는 것을 전혀 의심하지 않았다. 그는 그들을 사탄의 왕국에 속한 영적 존재들로 보았다. 그런 영적 존재들의 목적은 세상의 종교들과 인간 존재의 다양한 구조들에 지배력을 행사하는 것은 물론이고 개인들에게 직접 영향을 끼쳐서 사람들이 하나님을 떠나게 만드는 것이다.

그러나 우리는 바울이 바울 시대의 사람이었다는 사실을 잊어서는 안 된다. 실제로 바울은 영들의 세계가 존재한다는 것을 인정하는 문화 속에서, 참으로 그런 시대에 살았다. 1세기에 살던 사람들은 이런 영적 세력들이 실제적인 존재인지 아닌지를 결코 묻지 않았을 것이다. 그들은 그 세력들의 영향에 대처하는 방법에 더 많은 관심을 가졌다.

이런 영적 세력들이 실제로 존재한다는 믿음은 실질적으로 종교개혁 시대를 포함해서 교회 역사의 모든 시대에 유지되었다. 마르틴 루터는 당시 모든 사람들처럼 마귀와 그의 어둠의 세력들이 가진 무시무시한 능력을 전혀 의심하지 않았다. 이것은 그의 고전적인 찬송인 "내 주는 강한 성이요"를 포함한 그의 많은 저작에서 분명하게 나타난다.

### 현대의 세계관

코페르니쿠스의 지동설이 천동설을 대치한 것은 계몽주의 시대로 알려진 17세기와 18세기에 유럽 전역을 휩쓴 새로운 과학 정신을 촉진하는 기폭제가 되었다.[1] 과학 분야에서 일어난 발전은 아주 대단한 것이었다. 이것은 이성과 관찰과 실험에 근거한 과학적 방법의 발전을 통해서 가능하게 되었다.

이 시대의 사상가들은 과학적 방법을 과학과 기술만이 아니라 인문학에도 적용하기 시작했다. 그 결과 지적 탐구가 이루어지는 모든 영역에서 권위와 전통에 의문이 제기되었다. 물론 교회의 전통과 성경의 권위도 예외가 아니었다. 많은 계몽주의 학자들이 종교를 배격했는데, 그들 중 다수는 이신론자들이 되었고 일부는 무신론을 지지했다.

계몽주의 시대에 서구에서는 실체를 인식하는 방식과 관련해서 근본적이며 지속적인 변화가 일어났다. 우위를 점한 새로운 물질주의적이며 합리주의적인 세계관은 기적적이며 초자연적인 것들은 물론, 심지어 성경에 기록된 것들에 대해서도 의문을 제기했다. 귀신과 천사에 관한 언급들은 신학적인 진리를 전달하는 것일 뿐 역사적인 실체는 없는 '신화'로 간주되었다. 우리는 지금도 계속해서 계몽주의의 그림자 아래 살고 있다. 이런 이유 때문에 오늘날 모든 서구의 교육 기관에서 악한 영들의 실제적 존재에 대한 개념이 부인되고 있다.

### 성경학자들과 신화의 문제

신학을 연구하는 학문 공동체에서 독일 마르부르크(Marburg)의 탁월한 신학자 루돌프 불트만은 현세대 학자들에게 중대한 영향을 끼쳤다. 마귀와 귀신들의 존재를 믿는 것을 구시대적이며 현대인들에게 무익한 것이라고 경멸하는 학문적 환경에서 교육을 받은 불트만은 영적 존재들을 신약 성경의 신화적 언어의 일부로 간주했다. 그러나 그는 신화가 초기 기독교에서 매우 중요한 역할을 한 것으로 보았다. 신화는 이 세상의 용어로 다른 세상(신적이며 영적인 세상)을 설명하는 것이기 때문이다. 그럼에도 불구하고 불트만은 이런 근대 과학 이전의 세계관을 시대에 뒤떨어진 것으로 생각했다. 그래서 그는 이렇게 말한다. "자연의 힘과 법이 발견되었으므로 우리는 더는 선한 영과 악한 영을 막론하고 영들을 믿을 수 없다."[2]

불트만과 그 이후의 많은 학자들은 통치자들과 권세들에 대한 신약 성경의 진술들을 유대 묵시 문학의 신화, 즉 종말에 일어날 대격변에 관한 유대인들의 기사로 분류했다.[3] 그런 해석자들은 유대 묵시 문학을 심원한 방식으로 바울에게 영향을 미친 종말론적(마지막 때의) 신화로 간주했다. 세상에 악을 초래하는 악한 영 개념을 포함해서 유대 묵시 문학의 많은 요소들을 바울이 공유한 것은 사실이다. 하지만 유대 묵시 문학이 바울 시대에 악을 적대적인 영들의 활동 탓으로 간주한 유일한 세계관은 아니었다. 앞에서 살펴본 대로, 바울의 복음 전파 사역의 대상인 이방인들도 사람들에게 많은 차원에서 영향을 미치는 인격적인 악한 세력들의 존재를 믿었다. 바울이 악한 영들을 나타내는 데 사용한 용어들 가운데 일부가 유대 묵시 문학에서 발견되지만, 그와 동일한 용어들과 여러 용어들이 마술 책들 및 여러 이교도의 문헌들에서도 초자연적 영들을 나타내는 데 사용되었다. 유대인들과 이방인들은 모두 자신들이 받아들인 특정한 세계관(우주의 기원이나 종말론과 관련된 세계관)과 관계없이 악한 영들을 주제로 바울이 말해야 했던 내용을 이해할 수 있었다. 악한 영들에 관한 개념은 1세기 모든 사람이 동의하는 그 무엇이었다.

게다가 바울이 하나님의 종말의 승리와 관련해서 영적 세력들의 역할을 단 한 번 언급한 것에 주목하는 것은 중요하다(고전 15:24). 영적 세력들에 대한 바울의 진술들 대부분은 윤리적 맥락에서, 또는 십자가에서 이루신 그리스도의 사역과 관련해서 등장한다. 그러므로 우리는 단지 유대 묵시 문학의 저자들이 동일한 용어들을 사용했다는 이유만으로 "통치자들과 권세들"에 대한 바울의 언급들을 신화적 심상에 의존한 것으로 간단히 처리할 수 없다.

많은 현대인들은 신약 성경 전체를, 그리고 구시대의 세계관을 반영하는 것으로 추정되는 신약 성경의 진술들을 쉽게 무시한다. 그러나 불트만은 신약 성경의 메시지를 진지하게 받아들여 영적 세력들에 대한 언급들에서 현대적 의미를 찾고자 했다. 결과적으로 불트만은 성경이 현대인들에게 말하는 것을 듣기 위한 방법으로서 성경을 '비신화화하는'(demythologizing) 프로그램, 즉 신약 성경에서 시대에 뒤떨어진 세계관의 요소들을 제거하는 프로그램을 제안했다. 그가 볼 때 신화란 세상에 대한 객관적인 그림을 우리에게 제공하는 것이 아니라 세상에서 자아에 대한 자신의 이해를 표현하게 하는 것이다.[4] 예컨대, 불트만은 성령을 그리스도인과 구별된 인격적인 존재가 아니라, 개인의 인격적이고 신중한 결심에 근거해서 살아갈 수 있는 새로운 삶의 가능성으로 이해했다. 불트만의 접근 방법은 '실존주의적'이다. 그는 신약 성경 세계관의 배후에 있는 실존적 의미를 발견함으로써 신약 성경 세계관의 틀에서 벗어나야 한다고 거듭해서 강조했다. 그는 이 실존적 의미를 기독교 설교의 핵심에서 발견했으며, 이것을 구체적인 삶의 결단의 상황에서 개인적 의미를 발견하는 것으로 해석했다.

불트만을 추종하는 많은 학자들은 영적 세력들을 인간 존재의 구조들로 해석함으로써 그것들을 비신화화하려고 했다. 일부 해석자들은 영적 세력들을 죄, 율법, 육체, 죽음과 같은 바울의 다른 범주들을 의미하는 것으로 더 많이 해석해야 한다고 제안한다. 어떤 학자들은 그 세력들을 사회적 구조들과 정치 이데올로기 같은 것들로 보아야 한다고 주장한다. 이런 종류의 해석은 특히 해방 신학자들 사이에서 현저하게 많이 나타난다. 여전히 핵심적인 쟁점은 영적 세력들을 비신화화하려는 동기, 즉 악한 영들의 실제적 존재를 부인하는 것이다.

일부 학자들은 영적 세력들을 정치적인 구조들로 해석하고 그 세력들에 대한 신약 성경의 진술들을 비신화화하는 정당한 근거로서 유대 묵시 문학의 정치적인 차원들을 지적한다. 그들은 이스라엘 역사에서 정치적인 사건들이 묵시 문헌들에 영향을 끼쳤고, 부분적으로 그 문헌들의 저작을 유발했다는 사실을 옳게 지적한다. 이스라엘은 그리스도께서 오시기 전 두 세기 동안 자치권을 확보하는 투쟁에서 실패했다. 예컨대, 예수님의 '강한 자 비유'(막 3:20-30)를 해석하면서 체드 마이어스는 예수님이 귀신들의 지배자인 사탄에 힘입어 귀신들을 쫓아낸다고 유대인 종교 지도자들이 어떻게 고발했는지를 자세히 설명한다. 그리고 마이어스는 이 용어들이 신약 성경 전체에서 발견되는 통치자들과 권세들의 언어를 반영하므로 "의미론적 영역은 명백하게 묵시적 영역이며, 따라서 이 기사는 특별히 정치적이다."라고 주장한다.[5] 마이어스에 따르면,

예수께서 귀신을 쫓아내는 일을 통해서 귀신을 공격하신 것은 실제로 예수께서 전복하려고 하신 서기관적 체제에 대한 공격을 표현한다. 마이어스에게 있어서 귀신들과 더러운 영들에 관한 언어는 지배적인 사회적 · 정치적 구조들을 가리키는 암호 같은 용어들이다. 그러므로 마이어스는 "강한 자를 결박하는" 예수님의 사례가 오늘날 예수님을 따르는 자들에게 적실성을 가진다고 본다. 그것은 "제도화된 거짓말과 제국이 지배하고 폭력을 행사하며 은폐한 범죄를 폭로하고 그에 저항함"으로써 미국 정부에 도전하라는 요청이다.[6]

이러한 정치적 읽기는 신약 성경에서 악한 영들을 가리키는 데 사용된 용어들을 바르게 해석한 것이 아니다. 단지 악한 영들을 나타내는 용어들이 유대 묵시 문헌들에 나타난다는 이유만으로 묵시적 드라마의 모든 부분을 반드시 정치적 사건들로 해석해야 하는 것은 아니다. 또한 '귀신'이나 '지배자'라는 단어가 정치적 상황으로 인해서 유발된 문헌에 등장한다고 해서 그 단어를 반드시 정치적으로 해석해야 한다고 전제하는 것도 잘못이다. 1세기에 살았던 유대인들이 묵시 문헌에 기록된 사건들을 실제로 존재하는 천사 같은 영적 존재들이 실행하리라고 믿었다는 것은 의심할 여지가 없다. 다른 많은 해석자들과 마찬가지로 마이어스의 경우에도, 근본적인 쟁점은 귀신, 악한 영, 그리고 통치자들과 권세들을 가리키는 언어가 신화적이며 해석될 필요가 있다는 전제에 있다.

### 신화에 대한 현대적 이해

그러나 현대의 종교 연구에 따르면, '신화'라는 용어의 근본적인 기능은 사건의 사실성이나 영의 초자연적 실재에 대해 판단을 내리는 것이 아니다. 신화는 사회의 신성한 기원에 관한 이야기를 제공하는 매우 중요한 역할을 한다. "신화는 세상의 기원에서 유래한 실체들과 사건들을 보도하는데, 그것은 세상에 존재하는 모든 것의 토대와 목적을 위해서 여전히 타당하다. 따라서 신화는 인간 활동, 사회, 지혜, 지식을 위한 원형으로 기능한다."[7] 폴 리쾨르가 지적한 대로, 신화는 역사가 기록되기 이전에 일어난, 근거를 이루는 사건들을 이야기한다는 점에서 역사와 구별된다.[8]

이러한 신화에 대한 현대적 정의에 따르면, 모든 사회는 그 기원에 관한 이야기, 즉 사회 발생 신화를 갖고 있다. 대다수 서구인들에게는 진화론과 유물론의 신화가 창세기의 창조 이야기를 대치했다. 하지만 사람들이 자기 시대에 겪은 경험들을 그들의 기원에 관한 이해와 관련시킬 때 신화는 현재의 경험을 설명하는 토대가 된다. 예컨대, 서구의 내과 의사는 심각한 위장병의 원인을 바이러스 감염에서 찾지만, 잔데 부족민(Zande tribesmar., 중앙아프리카에 사는 종족. 아잔데족이라고도 함-역주)은 그 병의 원인으로 악한 영을 의심할 것이다. 따라서 세계관은 신화와 밀접하게 연결되어 있다. 악한 영들에 대한 믿음은 필연적으로 존재의 기원에 대한 이해와 연결되어 있기 마련이다.

사도 바울은 구약 성경의 창조 기사에 빚지고 있음을 드러낸다. 그가 그리스도께로 회심했다고 해서 전적으로 새로운 신화 체계를 받아들여야 하는 것은 아니었다. 단지 그는 자신의 유대교 유산을 예수 그리스도의 인격의 관점에서 다시 생각하게 되었을 뿐이다. 바울 신학에서 근본적인 것은 "새 아담"의 관점에서 그리스도를 묘사한 것이다. 우리가 알기 어려운 것은 바울이 어느 정도까지 창세기 기사에 대한 유대인들의 다양한 해석들에 동의했느냐 하는 것이다(예컨대, 귀신들은 천사들과 여자들 사이에서 태어난 자손들인가? 창세기 6:1-4를 보라). 바울은 그런 사변에 매혹되지 않았으며, 단지 귀신들의 존재와 교회에 대한 귀신들의 적대 행위에만 주의를 기울였다.

신화에 대한 현대적인 이해를 견지하는 사람들은 (불트만이 한 것처럼) 신약 성경을 비신화화하려고 하지 않는다. 도리어 그들은 사회적 상황에서 특정한 신화가 지닌 역할과 기능을 분별하는 것이 중요하다는 점을 강조한다.

### 투사에서 집단 무의식으로: 융과 윙크

무의식을 과학적으로 탐구한 정신 분석학자 지그문트 프로이트는 마귀란 개인 억압의 표현, 즉 투사(projections)에 지나지 않는다는 결론을 내렸다. 프로이트의 동료 칼 융은 프로이트에게 동의했지만 종교의 신화적 요소를 프로이트보다 더 진지하게 취급했다. 융은 영적 세력들의 초자연적 실재를 받아들이는 지점까지 가지는 않았다. 그러나 그는 악한 영들과 관련된 종교적 신화들을 폐기해서는 안 되는 강력한 심리적 실체들로 보았다. 인격의 부정적인 측면을 가리키는 "그림자"라는 그의 개념은 악한 세력들의 개념에 가깝다.[9] 또한 그림자 개념은 집단적으로 이해될 수 있다. 한 집단이나 사회 질서는 인종 차별, 착취, 폭력 같은 악의 특징을 가진 집단 인격을 드러낼 수 있다는 것이다.[10]

최근에 신약 성경의 영적 세력들을 연구한 저서를 펴낸 월터 윙크는 융의 체계를 받아들여서 어둠의 세력들을 해석했다. 그는 귀신들과 악한 영들을 개인의 심적 능력이나 정신적 능력("내적 본질"), 기구, 사회나 정부로 해석한다.[11] (그의 저작이 중요하기 때문에 나는 본서 15장에서 이를 집중적으로 평가할 것이다.)

### '신화'와 악한 영들

신화에 대한 현대적 이해에 근거하여 볼프하르트 판넨베르크는 세계관과 신화를 반드시 구분해야 한다고 주장한다. 그는 신약 성경 시대에 사람들이 귀신들의 존재를 믿은 것은 그들 세계관의 일부였지만, 그것을 특별히 신화적인 것과 동일시해서는 안 된다고 주장한다.[12] 불트만에 반대하여 판넨베르크는 귀신들에 대한 믿음(또한 그리스도 사건에 대한 이해)은 유대인들의 묵시 문학이나 영지주의적 구속자 신화와 관련이 없다고 주장한다. 그는 불트만 이후의 학자들이 영지주의 구속자 신화가 기독교에 영향을 끼쳤다는 불트만의 주장을 철저히 믿지 않았다는 사실을 옳게 관찰한다. 또한 그는 유대적 묵시 사상에 상응하는 신약 성경의 종말론적 주제들을 반드시 신화적인 것으로 간주해서는 안 된다고 주장한다. 판넨베르크의 주장은 그리스도 사건에 대한 무신화적 이해 (nonmythological understanding)를 제시하는 맥락에서 이루어졌다. 판넨베르크에 따르면, 예수님의 역사적 사역은 다른 원시적 신화에서 유래된 이야기가 아니라 그리스도의 교회를 위한 '새로운 신화'로 기능하게 될 실제 사건이다.[13]

판넨베르크는 초자연적 영역이 그 실체를 명백한 방식으로 사람들에게 직접 드러낼 수 있다는 가능성의 문을 효과적으로 열었다. 그는 적절하게 이렇게 질문한다. "다른 세계는 이 세상 안에서 그 자체를 드러내는 것이 아닌 다른 방식으로 그 실체를 알릴 수 있는가?"[14] 판넨베르크의 접근 방법을 지지하면서 앤서니 티슬턴은 그와 흡사하게 이렇게 주장한다. "초자연적인 존재들이 인간의 일에 개입한다는 믿음은 신화에 대한 계몽주의의 개념이 암시하는 것처럼 반드시 원시적이거나 근대 과학 이전의 것이 아니다."[15] 판넨베르크는 세계에 대한 모든 종교적 이해는 사건들의 과정에 신이 개입한다는 개념을 근본적으로 받아들인다는 사실에 주목한다.[16] 따라서 그것들을 (세상의 창조나 세상의 종말에 관한) 더 큰 신화적 드라마의 일부로 해석하는 것에 의지하지 않고도 악한 영의 실제적 존재를 받아들이는 것이 가능하다.

이것은 악한 영들에 대한 고대의 (그리고 현대의) 개념을 이해하는 데 매우 유익한 관점을 제공해 주는 듯하다. 바울이 특별한 우주 발생적 신화(기원 이야기)를 전제하고 사역을 했을지는 모르지만, 그 신화의 세부 사항들은 그의 서신들에 분명하게 나타나지 않으며 바울이 중요하게 여긴 것으로 보이지도 않는다. 그는 단지 적대적인 초자연적 존재들이 그리스도인의 일상생활에 개입한다는 사실에만 관심을 가졌다.

이와 유사하게 그리스의 수많은 마술 본문들 배후에 있는 신화적 드라마를 짜 맞추는 것도 (불가능하지는 않더라도) 어렵다. 이런 마술 본문들을 이용한 사람들의 공통적인 전제는 초자연적인 영들이 존재하며 그것들을 조종할 수 있다는 것이었다. 따라서 마술은 개인의 유익을 위해서나 다른 사람에게 해를 입히기 위해서 이 영적 존재들을 조종하는 방법을 배우는 것과 관련 있었다. 이제 우리는 세계관 문제를 다시 다루어야 한다. 우리는 영들, 귀신들, 그리고 천사들의 초자연적 실체들을 믿는 세계관을 받아들일 수 있는가?

### 세계관들의 충돌

오늘날 그리스도인들은 세계관과 관련해서 딜레마에 직면해 있다. 만일 우리 그리스도인들이 악한 영들의 실체에 대한 성경의 증언을 그대로 받아들인다면, 우리의 성경적인 세계관과 서구의 지배적인 세계관 사이에는 메울 수 없는 큰 간격이 생길 것이다. 또 귀신들과 악한 영들의 실제적 존재를 믿는다는 것은, 근대 과학 이전에 사람들이 가졌지만 지금은 붕괴된 세계관의 전제를 받아들이는 것을 의미한다. 과연 우리는 그 전제들을 받아들일 수 있는가?

모든 해석자들에게 문제의 핵심은, 어느 정도까지 서구의 과학적 세계관이 우리의 결론을 결정하도록 허용해야 하느냐 하는 것이다. 현대 해석학 이론은 우리 모두가 객관적인 해석자가 아니라는 사실을 매우 설득력 있게 입증했다. 우리는 모두 우리의 성경 분석 결과에 영향을 미치는 개인적인 기존 지식들(특히 우리의 문화와 신학적 전통)을 갖고 본문에 접근한다. 하지만 이런 선입관 때문에 본문의 진리와 우리 상황에 대한 본문의 적실성을 발견할 수 없다고 자포자기해서는 안 된다. 도리어 그것 때문에 우리 자신의 편견과 전제를 주의 깊게 검토해야 하며, 그와 동시에 성경 본문의 의미를 그 자체의 언어로, 그리고 문화적·종교적·사회적 상황에서 해석해야 한다. 그리고 우리는 앤서니 티슬턴이 말한 것, 즉 "본문 자체가 점진적으로 해석자 자신의 질문들과 전제들을 교정하고 재형성하는, 소위 지속적인 본문과의 대화"를 시도해야 한다.[17] 이런 해석 과정의 세 가지 부분은 모두 우리 시대에 성경의 의미와 적실성을 발견하는 데 필수적이다.

본서 1부에서 입증한 대로, 모든 신약 성경 기자들, 특별히 바울을 포함해서 1세기에 살던 사람들이 악한 영들의 존재를 믿었다는 것에는 의문의 여지가 없다. 이 지점에서 현대의 과학적 세계관은 1세기 세계관은 물론 성경의 세계관과도 직접적인 충돌을 일으킨다. 최근에 마커스 보그는 예수님에 관한 저서에서 이런 해석적 어려움을 분명하게 인식하고 다음과 같이 말한다.

> 현대 세계관의 체계 안에서, 우리는 '귀신 들림'을 이와 다르게 설명해야만 하는 어떤 상태에 대한 원시적이며 과학 이전의 진단으로 보는 경향이 있다. 확실히 우리는 그런 현상을 자기가 귀신 들렸다고 믿는 광상을 포함해서 여러 가지 증상들이 나타나는 정신병리학적인 상태로 보려고 할 것이다. … 그러나 현대적으로 어떻게 설명하든지 간에, 그리고 얼마나 많은 심리적 요인들이나 사회적 요인들이 연루되어 있든지 간에, 귀신이나 타자의 영들이 사람 안에 머물거나 사람을 사로잡을 수 있다고 예수님과 그 당시 사람들(그리고 대부분의 문화에 속한 사람들)이 생각했다는 사실을 강조해야 한다. 그들의 세계관은 그런 영들의 실제적인 존재를 당연한 것으로 받아들였다.[18]

비록 보그가 두 문화의 충돌을 극복하는 데 필요한 도움을 주지는 않을지라도, 문제의 성격은 매우 분명하게 보여 준다. 지금 우리의 질문은, 악한 영들에 대한 신약 성경의 견해가 특별히 이 점과 관련해서 오늘날 지배적인 서구의 세계관을 재형성하고 교정해야 하느냐 하는 것이다.

오번 신학교(Auburn Seminary)의 월터 윙크 교수는 영적 세력들을 연구한 3부작 첫 권에서 영적 세력들에 대한 성경의 진술들을 다루면서 자신이 서구의 문화적 전제들에서 받은 과도한 영향을 여실히 드러낸다. 그는 다음과 같이 노골적으로 말한다.

이런 신화적인 실체들은 전통적으로는 "통치자들과 권세들"이라는 일반적인 범주 아래 총괄되었던 것들이다. 그런데 그 어떤 의지력이나 상상력의 재주를 동원한다고 하더라도 우리 현대인들은 그것들이 실제로 존재한다는 것을 믿을 수 없다. … 우리 대다수가 귀신들이나 천사 같은 세력들이 실제로 존재한다고 믿는 것은, 용이나 꼬마 요정, 또는 평평한 지구를 믿는 것만큼이나 불가능한 일이다.[19]

이어서 그는 영적 세력들에 관한 신약 성경의 언어를 비신화화하고, 그 세력들을 사회적 체계, 정치적 구조, 기관들의 추상적인 "내적 본질"로 해석한다 (다음 장을 보라). 윙크의 이런 견해는 영적 세력들과 관련해서 복음주의 진영에 이미 상당한 영향을 미치고 있다.[20]

### 현대 세계관에 대한 비판

학자들은 영들, 귀신들, 천사들, 초자연적 세력들의 실제적 존재를 부인하는 서구의 세계관에 대해서 재평가 작업을 시작해야 하는가? 나는 다음과 같은 이유들 때문에 그렇게 해야 한다고 확신한다.

1. 과학은 악한 영들의 실제적 존재에 관한 문제를 해결할 수 없다. 많은 현대 사상가들과 함께 불트만은 악한 영들의 실제적 존재에 관한 문제를 경쟁관계에 있는 세계관들의 관점에서 제시하지 않았다. 불트만에게 있어서 그 문제는 신화적 세계관을 받아들이느냐, 아니면 정확한 과학적 세계관을 받아들이느냐에 달려 있었다. 그는 빈정거리는 어투로 이렇게 말한다. "전등과 라디오를 사용하고(그는 40년대 중반에 이 글을 썼음-저자 주) 현대 내과와 외과의 의료적 성과를 이용하면서, 그와 동시에 영들과 기적들이 등장하는 신약 성경의 세계를 믿는 것은 불가능하다."[21]

우리의 현대 세계에 만연한 이런 종류의 생각은 과학을 높은 자리로 끌어올려서 과학이 판단할 능력이 없는 문제마저도 판단할 수 있는 권위를 과학에 부여한다. 도덕적 문제들을 판단하는 것이 과학의 영역을 넘어서는 것처럼, 마귀와 악한 영들의 실제적 존재의 문제를 결정하는 것도 과학의 한계를 넘어서는 것이다. 제프리 러셀이 옳게 언급한 대로, "오늘날 대부분의 사람들이 그런 생각을 시대에 뒤진 것으로, 심지어 '틀렸다고 입증된 것'이라고 무시하는 것은, 과학과 무관한 문제들에 대해서 과학이 판결을 내리도록 요청한 혼란 상태로 인한 결과이다."[22] 손으로 만져서 확인할 수 있는 물질적 요소가 영들에게 없다면 현대 과학은 영들의 존재를 입증하거나 부정할 수 있는 도구를 갖지 못한 것이다. 따라서 영적 세력들의 존재 문제는 과학적 관찰이 아니라 계시와 세계관과 인간의 경험에 달려 있다.

구약 성경과 신약 성경을 탐구한 결과, 나는 성경의 기자들이 영적 세력들의 실제적 존재를 믿었다고 단언할 수 있다. 영적 세력들의 존재와 관련해서 성경 안에서 한 학파는 그들의 존재를 인정하고 다른 학파는 그들의 존재를 부정하는 식으로 두 학파가 존재하지 않는 것은 의미심장하다. 거룩한 성경의 모든 기자들은 이 문제에 대해서 한목소리를 내고 있다. 교회의 전통도 이것을 확증한다. 앞으로 살펴보겠지만, 많은 사회의 세계관들은 악한 영들이 존재한다는 것을 받아들인다.

2. 순전히 자연주의적인 관점에서는 세상에 존재하는 많은 형태의 악을 적절하게 설명할 수 없다. 서구 사회에서도 많은 사람들이 신체적인 분석이나 심리적인 분석을 통해서든 과학적으로 설명하기 어려운 현상들을 삶 속에서 경험한다. 호주의 성경학자 그레이엄 트웰프트리는 이런 논점을 *Christ Triumphant*(승리자 그리스도)라는 자신의 책에서 발전시킨다.[23] 그는 외스테라이히(T. K. Oesterreich)가 고대인들과 현대인들 사이에 나타나는 '귀신 들림' 개념에 관한 자신의 기념비적인 연구에서 귀신 들림을 심리적 충동이라고 결론

내린 사실에 주목한다. 그럼에도 불구하고 "해명되지 않는 중요한 사실들이 여전히 남아 있는데, 그것들은 심리학적으로도 설명할 수 없다. 어떤 사건들이 자연을 초월하느냐 하는 문제는 계속해서 미해결인 채로 남아 있다."라고 외스테라이히는 말한다.[24] 외스테라이히가 자신의 저서를 집필할 당시에 심리학 분야는 겨우 유아 단계에 머물러 있었다. 트웰프트리는 오늘날에도 심리학자들과 상담가들이 여전히 "해명되지 않는 나머지 사실들"에 직면한다는 것을 입증한다. 심지어 인류학자들도 현지 조사를 하는 중에 그와 동일한 해명되지 않는 현상들에 직면한다. 트웰프트리는 다음과 같이 설명한다.

> 이것으로부터 우리는 인류학자들과 사회학자들이 관찰한, 해명되지 않는 나머지를 의학적으로, 심리학적으로, 또는 합리적으로 설명할 수 없다고 결론을 내릴 수는 없지만 그것은 그 [귀신의 영향이라는] 문제가 여전히 미해결인 채로 남아 있음을 알려 준다. 또한 그것은 질병을 자연적이고 정상적인 방식으로 설명할 수 있는 경우에도 귀신의 영향으로 설명할 필요성을 배제해서는 안 된다는 것을 의미한다.[25]

평생 동안 제프리 러셀은 세상에서 일어나는 끔찍한 악을 설명할 수 있는 방법을 찾고자 했는데, 전통적인 의미에서의 마귀, 즉 "우주를 파멸시키는 일에, 그리고 피조물을 불행하게 만드는 일에 자신의 힘을 쏟아붓는, 지성과 의지를 소유한 강력한 인격적 존재"가 실제로 존재한다는 것을 점점 더 확신하게 되었다.[26] 그가 보기에 핵무기로 인해서 일어날 수도 있는 지구의 멸망, 아우슈비츠의 말로 다 할 수 없는 엄청난 고통과 학살, 네 살 난 자기 딸을 오븐에 넣어 태워 죽인 어느 엄마의 비정함(1984년에 미국 메인 주 오번에서 일어난 사건)은 단순히 인간의 파괴적 성향만으로는 설명할 수 없다. 인류를 파멸로 이끄는 강력한 세력이 있음이 분명하다.

3. 우리 서구인들은 초자연적 존재들에 대한 우리의 태도를 인간 역사의 넓은 지평에 놓고 보아야 한다. 서구에서 지난 300년은 인간 역사에서 악한 영들의 존재를 부정하는 회의주의가 만연한 유일한 시대였다. 물론 우리는 수 세기에 걸쳐 신들의 실재를 의심하고 인간 역사에 초자연적인 세력들이 개입한다는 것을 회의적으로 생각한 많은 고대 철학자들이 있었다는 사실을 지적할 수 있다. 하지만 그런 고대 저자들의 경우는 통상적인 것이 아니라 예외적인 것이다. 특히 대중적인 차원에서는 지난 300년 동안 서구 세계에서 볼 수 있었던 것과 같은 대대적인 회의주의 시대는 결코 없었다. 이런 사실 자체가 이를 수정하는 활동에 참여하는 것을 충분히 정당화하지는 않지만, 지배적인 세계관에 의문을 갖게 하는 것은 당연하다.

4. 또한 서구인들은 서구 사회가 악한 영들의 실재를 부정하는 유일한 현대 사회라는 것을 깨달아야 한다. 인류학 분야의 연구에 따르면, 사실상 서구의 세계관이 스며들지 않은 아시아, 아프리카, 태평양 근도 전체는, 그리고 이슬람교도들 중 많은 집단은 악한 영 개념이 중요한 부분을 차지하는 세계관을 갖고 있다.

예를 들어, 아프리카나 한국의 그리스도인들은 예수께서 귀신을 쫓아내신 것이나 통치자들과 권세들에 대한 바울의 진술을 이해하는 데 어려움을 겪지 않는다. 사실 이 지역들의 그리스도인들은 영들의 세계에 관한 기독교적 관점을 발전시키는 데 서구 교회가 도움을 줄 수 없다는 사실에 종종 실망을 표명한다.

불행하게도 그리스도인들을 포함해서 많은 서구인들은 귀신들의 존재를 인정하는 타 지역의 세계관을 과학 이전 시대의 것이라고 하여 무시한다. 종종 그들은 그 지역 사람들이 일단 교육을 받으면 결국 실체들을 인식하는 자신들의 방식이 잘못되었음을 깨닫게 될 것이라고 생각한다. 그래서 결국 악을 '올바른' 추상적인 용어를 사용해서 생각하기 시작할 것이라고 추측한다.

그러나 많은 그리스도인 학자들은 서구의 세계관에 의문을 제기하기 시작했다. 신약 성경 학자 피터 오브라이언은 인도의 한 신학대학에서 10년 이상 가르치면서 이런 서구 문화가 이례적이라는 것을 점점 더 확신하게 되었다. 그는 다음과 같이 말한다. "이 대학에서 공부한 많은 서(西)아시아인들은 일부 서구 학자들이 쓴 복음서와 서신서 주석들에 불만을 나타냈다. 그 주석들이 귀신들과 축귀 사건에 관한 기사들, 또는 귀신들에 대한 그리스도의 승리를 진지하게 다루지 않았기 때문이다. 성경의 세계관과 바울의 세계관은 제3세계 젊은 신학도들에게 전혀 걸림돌이 되지 않았다."[27] 오브라이언은 악한 영들의 영역을 진지하게 다루어야 한다고 강력하게 주장한다.

인류학자 폴 히버트도 인도에서 복음 사역을 하면서 오브라이언과 유사한 것을 관찰했고, 서구 문화가 영들 및 악한 세력들과 관련해서 중대한 맹점을 갖고 있다는 결론에 도달했다. 그는 이 맹점을 "중간 지대를 배제한 결함"이라고 부른다. 그는 서구의 복음주의가 경험할 수 있는 삶의 문제들에 대해서는 경험주의(과학적) 관점에서, 또는 유신론(신적) 관점에서 답을 제시하지만, 비서구권의 문화들이 믿고 있는, 그리고 삶에 영향을 미치는, 영적 세력들의 중간 지대는 무시하고 있다고 주장한다. 그는 이런 이분법의 결과가 선교와 관련해서 갖는 함의를 매우 놀라운 말로 진술한다. "부족들이 악한 영을 두려워한다고 말할 때 [서구에서 온 선교사들은] 악한 영을 지배하는 그리스도의 능력에 관해서 언급하기는커녕 영들의 존재 자체를 부정한다. 그 결과, 뉴비긴(Newbigin)이 지적한 대로, 서구 기독교의 선교는 역사상 세속화를 촉진하는 강한 세력들 가운데 하나가 되었다."[28] 히버트의 논문은 많은 복음주의 사상가들에게 상당한 영향을 끼치기 시작했다.

신약 성경 학자 고든 피도 서구의 세계관이 바울 서신 읽기에 끼친 부당한 영향에 반발한다. 고린도전서 10:20에 나타난 "귀신들"에 대한 바울의 진술을 주석하면서 그는 다음과 같이 말한다.

이 부분에서 바울을 그 당시 사람으로 간주하여 "혐의를 벗겨 주는" 것이 현대 학자들 사이에서 유행하고 있다. 그들에 따르면, 바울은 당시 모든 사람들처럼 귀신들의 존재를 믿었지만 우리는 "성년이 되었기" 때문에 귀신들을 믿지 않는다는 것이다. 그러나 그것은 성경의 계시나 영적 실체를 진지하게 받아들이지 않는 것이다. 불트만이 '비신화화'하려 한 복음이 '신화'가 아니라, 영적 실체를 믿지 못하는, 불트만의 '현대인'이야말로 진짜 '신화'이다. 영적 문제와 관련하여 폐쇄적인 서구 대학들은 많은 제3세계 사람들이 일상에서 경험하는 실체들로부터 서구의 학생들을 떼어놓는 경향이 있다.[29]

5. 서구의 자연주의적 세계관은 악한 영들의 문제에 관해서 한 번도 사람들을 납득시킨 적이 없다. 지난 200년 동안 유럽과 북미에는 주술적 제의를 믿는 사람들이 적지 않았다.[30] 귀신 들림 현상과 관련해서 런던의 인류학자 루이스(I. M. Lewis)는 이렇게 주장한다.

> 교회는 사탄의 역사로 인해서 일어나는 귀신 들림을 점점 더 가볍게 취급하고, 19세기에 발흥한 세속주의와 현대 과학은 주변에 있는 귀신 들림과 관련해서 자연스럽게 회의주의를 확산시켰다. 그러나 귀신 들림 현상은 완전히 사라지지 않았다.[31]

루이스는 빅토리아 시대에, 특히 1859년에 다윈의 『종의 기원』이 출간된 이후에 강신술이 급증한 역설적인 결과에 주의를 환기시킨다.

많은 기독교 집단들은 악한 영들이 실제로 존재한다는 것을 계속해서 인정한다. 개신교의 오순절 교회와 은사 운동 집단들은 악한 영들의 실체와 능력을 믿고, 그 가정 아래 사람들에 대한 사역을 수행한다. 그 밖의 수많은 개신교 교파들, 기독교 집단들, 독립 교회들 및 일부 주류 교회에 속한 개인들도 이런 영적 세계의 존재를 인정한다. 심지어 로마 가톨릭 교회는 퇴마사(exorcist) 직분을 계속해서 유지하고 있다. 또한 추기경 요제프 라칭거(Joseph Ratzinger, 2005년 4월 19일에 교황으로 선출됨. 베네딕토 16세-역주)를 포함해서 많은 신학자들의 지지를 받는 교황이 마귀와 귀신들의 객관적인 실체에 대한 그들의 믿음을 재확인했다는 사실을 주목해야 한다.

최근에 복음주의 진영은 악한 영들이 존재한다는 것과 그런 존재들을 영적인 근거 위에서 고려할 필요가 있다는 생각에 점점 더 개방적인 자세를 취하고 있다. 이런 관심은 부분적으로 지난 10년간 '영적 전쟁'이라는 주제에 관한 많은 책들과 소책자들이 출간되었다는 사실로 입증된다. 이런 책들 가운데 많은 양을 은사 운동이나 오순절 교회에 속하지 않은 복음주의자들이 집필했다. '성경적 상담을 위한 국제 센터'(International Center for Biblical Counseling, 미국 아이오와 주, 수 시티[Sioux City])가 설립된 것은 영적 전쟁의 원리들을 교회의 상담 사역에 결부시키려는 관심이 많아지고 있음을 나타낸다. 최근에 풀러 신학교에서 개최된 심포지엄에는 매우 다양한 전통적인 복음주의 기관에서 온 참석자들 40명(전통적인 오순절 교회/은사 운동 진영의 대표자들은 일곱 명뿐이었다)이 모여서 지역 교회 사역 및 세계 복음화와 관련해서 악한 영들에 관한 주제로 토론을 벌였다. 이 심포지엄에 참석한 모든 사람들이 귀신들의 존재를 인정했다.[32]

그러므로 '서구의 세계관'은 서구의 모든 사람들을 대표하지 않는다. 그럼에도 불구하고 반(反)초자연적 경향은 여전히 서구 학계의 특징을 이루고 있으며, 변화가 일어나고 있기는 하지만 아직도 다수의 사람들이 반초자연적 경향을 갖고 있을 것이다.

6. 대중적인 차원에서 서구 문화는 변화하고 있다. 나는 본서의 서론에서 서구 사회가 어떻게 "오컬트 폭발"(occult explosion)을 경험하고 있는지에 관해서 기술했다. 지금은 뉴에이지 운동이 이 폭발에 연료를 공급하고 있다. 그 결과 점점 더 많은 사람들이 초자연적인 것들, 과학으로 알 수 없는 것들, 영들의 세

계를 믿는 일에 마음을 열고 있다. 서구 문화가 (기독교의 영향과는 별개로) 이미 변화의 길로 상당히 접어들었는지도 모른다. 한스 큉은 "현대의 계몽된" 시대로부터 우리를 분리시킬 새로운 세기의 출현, 즉 패러다임(세계관)의 변화에 직면해 있다고 평가했는데, 아마도 이것은 사실일 것이다.[33]

결론적으로, 나는 나 자신이 과학 이전의 시대로 복귀하는, 패러다임의 완전한 이동을 지지하지 않는다는 점을 강조하고 싶다. 나는 지구가 평평하다는 것이나 지구 중심설을 믿지 않는다. 나는 세계의 수없이 많은 비밀들을 발견하는 데 도움을 준 과학적 방법의 유용성을 인정한다.

내가 제안하는 것은, 한 가지 중요한 쟁점, 즉 선한 영들과 악한 영들의 실제적 존재와 관련해서 서구의 세계관을 비판적으로 재평가해야 한다는 것이다. 악한 영들의 존재와 관련한 바울의 증언들을 받아들일 뿐 아니라, 그리스도인으로서 이런 영적 세계에 대응하기 위해서 바울의 제안들을 직접적으로 우리의 것으로 삼아야 할 많은 이유들이 있다.

그러나 서구 사회의 시민들로서 우리는, 바울이 그랬던 것처럼, 이것을 우리 세계관의 중요한 부분으로 만들기 위해 노력해야 한다. 어둠의 세력들은 실제로 존재한다. 따라서 우리는 그 세력들의 영향을 인식하고 그 세력들에 적절하게 대응해야 한다.

## 14. 영적 세력들과 사람들

영적 세력들에 대해서 바울이 말해야 했던 이야기 중에서 많은 부분은, 우선적으로 그 세력들이 개인과 교회에 끼치는 영향과 관련이 있다. 이것은 그가 주로 특별한 상황들과 문제들에 대응하는 데 도움이 필요한 기독교 회중을 위해서 서신을 썼기 때문이다. 바울은 포괄적인 조직신학을 쓰지 않았다. 그러나 바울이 그렇게 한 것은 우리의 주제와 관련해서 매우 유익하다. 우리는 바울이 자신의 신학, 특히 영적 세력들에 관한 신학을 서신의 수신자였던 각 교회가 직면한 다양한 어려운 상황에 어떻게 적용했는지를 직접 살펴볼 수 있다. 따라서 바울은 영적 세력들에 관한 성경의 교훈을 우리가 오늘날의 교회에 어떻게 적용해야 할지를 결정하는 데 도움을 준다.

영적 세력들의 활동 방식을 알아내기 위한 출발점은 에베소서 2:1-2에서 찾아야 한다. 이 구절에서 사탄은 인류를 하나님과 분리된 노예 상태로 만드는 영적 세력들의 지배자로 묘사된다. 사탄은 초자연적인 영향력을 행사해서 개인으로 하여금 하나님께 불순종하게 함으로써, 즉 죄를 범하게 함으로써 노예 상태에 떨어지게 만든다. 이 구절은 사탄이 이런 목적을 성취하는 세 가지 방식을 보여 준다. (1) 사탄은 직접적이며 즉각적인 영향력을 행사하고, (2) 악을 행하려는 인간의 내적 충동을 이용하며, (3) 인간의 환경과 사회 구조들에 영향력을 행사한다. 이 가운데 첫 번째와 두 번째 측면은 이번 장에서 다룰 것이고, 세 번째 측면은 다음 장에서 다룰 것이다.

## 직접적이며 즉각적인 영향

복음서와 사도행전에 귀신 들린 사람들에 관한 상세한 기사들이 많이 등장하는 반면에, 바울은 복음서에 나타나는 "귀신 들림"이라는 용어를 한 번도 사용하지 않는다. 그렇다고 해서 우리는 바울이 귀신 들림 현상을 믿지 않았으며, 따라서 귀신을 쫓아내야 할 필요성도 믿지 않았다고 결론을 내려서는 안 된다. 누가가 사도행전에서 바울의 사역에 관한 정확한 기사를 제시한다고 가정할 때, 우리는 바울 자신이 악한 영들을 쫓아내는 사역을 했다는 것을 알 수 있다. 놀라울 정도로 바울은 자기 서신에서 이런 관심사에 관해서 말할 기회가 없었을 뿐이다.

바울이 귀신 들림과 가장 가까운 용어를 사용한 경우는 에베소서에서 볼 수 있는데, 거기서 그는 마귀에게 "발판"(foothold, "틈"[개역개정])을 주지 말라고 경고한다(엡 4:27). 우리는 바울이 마귀에게 발판(topos)을 제공하는 것과 귀신 들림(다이모니조메노스[daimonizomenos])을 동일한 것으로 간주했는지 알 수 없다. "다이모니조메노스"라는 단어는 복음서에서 매우 자주 "귀신 들린"(demon-possessed)이라는 말로 번역되었다. 최소한 '발판'이라는 말은 악한 영이 상당한 정도로 지배력을 행사하도록 그에게 자신의 삶을 내주는 것을 뜻한다. 이 경우에 악한 영에게 자신의 삶을 내주는 사람은 그리스도인이다. 따라서 그리스도인이 "귀신 들릴" 수 있다고 바울이 말한 적은 한 번도 없지만, 마귀가 그리스도인의 삶에 상당한 정도로 침입할 수 있다는 것은 인정해야 한다.

바울은 귀신 들림의 문제를 다루지 않았을 뿐 아니라 귀신을 쫓아내는 원리나 절차를 다룰 기회도 없었다. 다시 여기서 우리는 바울이 귀신을 쫓아내는 개념을 싫어했다는 잘못된 결론을 내리지 않도록 조심해야 한다. 그리스도인 독자들에게 보낸 서신에서 그가 말한 것은, 마귀를 대적하는 것과 그리스도인으로서 분명한 정체성을 갖는 것이 중요하다는 사실이었다. 예컨대, 만일 물건을 훔치려는 유혹에 굴복하는 그리스도인이 있다면 바울은 그 사람에게 즉각 그만두라고 말하거나 유혹에 저항하라고 촉구할 것이다. 만일 도둑질하려는 성향에 사탄이 기름을 붓는데도 그것을 억제하지 않는다면 그 사람의 삶에 마귀가 더 강력한 영향력을 행사하게 될 것이다. 어떤 특정한 비윤리적 행동을 하지 말라는 권고의 배후에는 정체성의 완전한 신학(a whole theology of identity)이 자리 잡고 있다. 그리스도인들은 부적절한 유형의 행동을 하지 말아야 할 의무가 있을 뿐 아니라 그런 의무를 이행할 능력을 소유하고 있다. 비윤리적 행동에 저항할 수 있는 이런 능력은 우리의 그리스도인 됨에 속하는 중요한 부분이다. 그 외에도 그리스도인 됨이란 용서를 경험하는 것, 하나님과의 관계를 회복하는 것, 새로운 본성을 부여받는 것, 부활하신 그리스도와 실제로 하나 되는 것, 새로운 시대의 능력을 체험하는 것 등을 의미한다.

### 악을 행하려는 우리의 성향을 이용함

바울은 하나님의 거룩함의 기준을 모독하는 성향이 모든 인간이 가진 특성이라고 믿었다. 바울이 종종 "육체" 또는 "옛 자아"라고 부른 이런 성향 탓에 인간은 하나님을 기쁘시게 할 수 없다. 더구나 사탄과 그의 세력들은 우리의 가장 약한 부분을 공격한다. 우리의 강력한 초자연적 대적은 하나님께서 원치 않으시는 바로 그것을 행하려는 우리의 악한 성향을 이용한다. 그는 우리의 육체를 이용해서 지속적으로 하나님의 구속 목적을 방해하려고 온갖 노력을 다한다.

바울이 설명하지 않은 어떤 방식으로 악한 영들은 개인을 유혹하여 내적인 충동에서 비롯된 타락한 생각과 욕망을 행동으로 옮기게 만든다. 구속받지 못한 인류는 마귀로 인해서 증대된 유혹의 매력 때문에 이런 기본적인 욕망에 저항할 수 없다고 바울은 진술한다. 악을 행하게 만드는 유혹을 물리치려면 하나님의 성령을 받고 그의 능력을 소유해야 한다. 이런 이유 때문에 바울은 구속받지 못한 인류가 죄와 마귀에게 종노릇하는 상태에 놓여 있다고 진술한 것이다. 사람들에게는 그런 강력한 유혹을 극복할 만한 내재적인 능력이 없다.

우리는 비그리스도인들이 죄에 종노릇하고 있다는 바울의 진술이 의미하는 바를 잘못 해석해서 그것을 희화화하지 않도록 조심해야 한다. 그가 모든 비신자들이 도둑질, 살인, 동성연애 및 그 밖에 윤리적으로 타락한 온갖 형태의 천박한 일들을 하고 있다는 식으로 말하려고 의도하지 않은 것은 분명한 사실이다. 바울이 말하려는 것은, 하나님의 뜻과 다른 것에서 비롯되고, 하나님의 뜻과 다른 것에 중심을 둔 유형의 행동은 그것이 무엇이든지 죄라는 것이다. 따라서 그는 예수님을 믿지 않는 유대인들이 비록 하나님의 율법을 따른다고 주장할지라도 사실은 하나님과 분리된 삶을 살고 있다고 고발한다. 그들은 하나님께서 의도하지 않은 방식으로 율법을 따랐고, 하나님께서 제공하지 않은 수단으로 율법을 지켰기 때문이다. 그러므로 겉으로 도덕적으로 보이는 사람이—그리고 친절하고 인자하며 관대한 사람이—주술적 제의에 빠진 사람만큼이나 사탄의 왕국의 일원일 수 있는 것이다. 비록 그 사람이 선한 행위들을 하려는 동기를 갖고 있다고 하더라도, 그것이 그리스도께서 기대하신 순전하고 사심 없는 동기를 거스를 수 있는 것이다.

바울에 따르면, 그리스도의 나라의 일원이 아닌 사람은, 곧 사탄의 왕국에 속한 사람이다. 그리스도의 나라의 일원이 되는 것은, 하나님의 계시된 법에 순종하려고 노력하는 것을 뜻하지 않는다. 도리어 그것은 그리스도 자신이 수

행하신 구원의 행위 및 그의 성령의 선물을 받음으로써 그의 나라에 들어가는 것을 뜻한다.

그리스도인이 되는 것은, 악을 행하려는 내적인 충동을 제거하는 것이 아니며 악한 영적 세력들이 그것을 이용하지 못하도록 제지하는 것도 아니다. 참으로 바울은 신자가 특별히 약해지기 쉬운 시기(침체와 위기의 시기)에 하나님을 불쾌하게 만들려는 적대적인 영들의 강한 압력을 받게 된다고 여긴다. 그리스도인들의 주요한 특징은 하나님께서 적대적인 영들의 악한 영향을 물리치는 수단으로 부여해 주시는 강력한 능력에 의지할 수 있다는 점이다. 궁극적으로 사탄은 그리스도인이 자신의 삶에서 덕목들을 함양하는 것을 방해할 뿐 아니라 하나님께 대한 믿음을 약하게 만들려고 한다.

### 영적 세력들과 질병

신약 성경의 세계에서 흔히 사람들은 악한 영의 사자가 질병을 일으킨다고 믿었다(현대의 많은 비서구권 문화에서도 이렇게 믿는다). 이런 믿음은 복음서 안에 반영되어 있다. 축귀 문제와 마찬가지로 바울은 이 주제도 자세하게 다루지 않는다. 그는 단지 자신의 "육체의 가시"를 간략하게 언급하는데, 그것을 실제로 악한 천사의 능력이라고 말한다(고후 12:7-10). 바울이 보기에 이 악한 영은 적대적인 능력을 행사하여 정체를 알 수 없는 육체의 질병을 일으켰다. 바울은 겸손히 하나님을 의지하게 만드시려고 하나님께서 그 질병을 주신 것으로 해석했고, 육체적인 불편과 장애를 안고 살아가는 것을 감수했다. 하나님께서 악한 영으로 하여금 자신의 충성스러운 사도를 상하게 하도록 허용하신 것은 우리에게 이상하게 보일 수 있다. 하지만 바울은 구약 성경을 잘 알았고, 따라서 과거에 하나님께서 그분의 목적을 이루기 위해서 악한 영들을 사용하신 것도 잘 알고 있었다. 바울의 상황과 관련해서 다음과 같이 세 가지를 주목하는 것이 유익하다.

1. 바울은 질병을 갖고 있었고 그 질병의 기원을 알았다. 그는 자신의 병이 영적 세력으로 인해서 생겼다고 말한다. 질병은 마귀가 직접적으로 일으킬 수 있는 것이다. 비록 바울이 자신의 질병을 진단한 절차를 밝히지 않더라도 그의 사례는 귀신이 질병을 일으킬 수 있다는 가능성을 염두에 두도록, 그리고 예민한 분별력을 계발하도록 우리에게 도전한다.

2. 바울은 악한 영이 일으킨 질병에서 벗어나게 해 달라고 하나님께 간구했다. 이것은 자연스러운 것이다. 신자들은 그리스도와의 연합을 통해서 어둠의 세력을 제어하는 능력을 공유하고 있기 때문이다. 질병이 귀신의 직접적인 활동의 결과이든지 아니면 단지 사람들이 여전히 연약한 지상의 존재이기 때문에 생긴 것이든지, 그리스도인들은 질병의 치유를 위해서 하나님께 기도할 권리를 갖고 있음을 바울이 보여 주었다. 질병과 고난은 현재의 악한 세대의 특징이다. 그것들은 하나님의 나라에 속한 것이 아니다. 그러므로 하늘나라의 시민들로서 우리는 이런 새로운 시대의 특별한 능력을 체험할 수 있도록 구해야 한다. 그러면 하나님께서 치유해 주실 것이다. 우리가 하나님께 치유해 달라고 간구할 때 하나님께서 질병을 완벽하게 치유해 주실 수 있다고 믿어야 한다는 점을 강조하는 것이 중요하다.

3. 바울은 치유받지 못했다. 그래서 그는 자신이 온전한 믿음을 갖고 기도하지 않았다고 결론을 내리도록 유혹을 받을 수 있었다. 그러나 그는 자신의 어려운 상황을 지혜롭게 판단했고 자신이 계속해서 고통당하는 것을 하나님의 주권적인 목적의 일부로 간주했다. 실제로 바울은 질병의 고통이 계속되도록 하나님께서 허용하시는 이유를 자신이 정확하게 파악했다고 확신했다. 그것은 그가 자만하지 않게 하려는 것이었다. 우리가 기도하기만 하면 하나님께서 우리의 병을 항상 치유해 주실 것이라는 보장은 없다. 우리는 하나님의 나라가 현재의 악한 세대를 침략하여 점차적으로 질병을 제거하는 것을 하나님께서 원하신다고 가정할 수 없다. 우리의 몸은 점점 쇠약해지고 있으며, 결국 우

리는 모두 죽게 될 것이다. 우리 죽음의 원인(자동차 사고든지, 폐렴이든지, 심장병이든지, 암이든지)은 악이다. 우리 존재의 일부는 여전히 현세대에 뿌리를 내리고 있다. 하지만 하나님께서는 우리의 삶이나 우리가 접촉하는 사람들의 삶에서 어떤 특별한 목적을 이루기 위해서 우리의 병이나 장애를 사용하실 것이다. 그 목적이 무엇인지 우리가 분별할 능력이 없을지라도 그렇게 하신다.

4. 바울의 병이 치유되지 않았지만, 그렇다고 해서 그의 삶이 피폐해진 것도 아니며 그의 사역이 중단되지도 않았다. 도리어 질병으로 인해서 그의 사역은 더욱 확장되었다. 하나님은 그에게 (병과 장애를 포함해서) 약함이 하나님의 자녀들로 하여금 하나님의 능력과 은혜를 더욱 의지하게 만들기 때문에 오히려 유익하다는 점을 깨닫게 하셨다. 더 이상 바울은 병을 치유해 달라고 하나님께 기도하지 않았다. 그는 질병과 장애를 받아들이고 견디는 법을 배워야 했다.

서구 그리스도인들은 반(反)초자연적 세계관에 젖어 있기 때문에 병을 더 쉽게 받아들이고 치유를 기대하지 않는 경향이 있다. 하지만 우리는 하나님께서 병을 치유하실 수 있으며 오늘날에도 능히 치유하신다는 사실을 기억해야 한다. 다른 한편, 만일 하나님께서 병을 치유하지 않는 편을 택하신다면 우리는 고통 가운데서도 (또는 핍박 가운데서도) 하나님을 신실하게 의지하는 것이야말로 그리스도께 응답하도록 사람들을 인도하시는 하나님의 능력을 감동적으로 드러낸다는 것을 깨달아야 한다.[1]

### 귀신들을 분별하기

우리는 어떻게 악한 영들의 직접적인 영향을 사회적인 영향이나 악을 행하려는 개인 자신의 성향과 구별할 수 있는가?

복음서와 사도행전에서 그리스도와 사도들과 사역자들은 귀신 들린 사람들의 삶에 나타나는 악한 영들의 즉각적인 활동을 간파하는 데 어려움이 없었던 것으로 보인다. 그런 사람들의 신체적 문제(비정상적으로 강한 힘, 신체적 쇠약함이나 질병), 이상한 행동(무덤 사이에서 사는 것 같은), 그리스도에 대한, 또는 그의 이름이나 권위를 사용하는 것에 대한 극단적인 반응, 귀신이 사람의 목소리를 사용하여 그리스도(또는 그리스도를 따르는 자)에게 직접적으로 반응을 보이는 것은 두드러지게 나타나는 증거들이다. 오늘날에도 강력한 귀신의 영향을 보여주는 동일한 증상들이 나타날 수 있다고 주장하는 사람들이 많다. 또 사탄 숭배나 오컬트에 연루된 사람들은 기꺼이 이런 종류의 강력한 귀신의 지배를 받으려고 한다. 대부분의 경우에 그런 사람들은 특별히 귀신 및 악의 지배자와 의사소통을 하려고 한다.

하지만 우리는 사탄의 활동에 관한 인식을 그런 극적인 형태의 증거들에만 제한시켜서는 안 된다. 너무나 쉽게 우리는 마귀의 활동을 잔혹한 사탄적인 의식들, 영화 「엑소시스트」(The Exorcist)에 등장하는 장면들과 유사한 상황들, 그리고 마법에만 제한하지 않도록 주의해야 한다. 설령 사탄과 그의 악한 영들이 어떤 사람에게 직접적인 영향력을 행사하고 있더라도 그 사람은 환청을 듣지 못하거나 무덤 사이를 배회하지 않을 수도 있는 것이다. 사도 바울이 서신에서 강조한 것은 사탄 및 통치자들과 권세들이 더 폭넓게 활동한다는 점이다.

사탄은 종종 직접적이며 즉각적인 방식으로 사람들 안에서 활동하지만, 그와 동시에 "세상"을 이용하고 육체의 욕망(악을 행하려는 우리의 성향)을 강화하는 방식으로 자신의 지배력을 간접적으로 행사하기도 한다. 따라서 우리는 사탄의 영향이 다양한 방식으로 나타난다는 것을 인정해야 한다.

첫째, "이 세상 신"으로서 사탄은 사회생활과 문화의 모든 측면에 자신의 더러운 영향력을 행사하려고 시도한다. 사회에서 성경 윤리를 부정적으로 평가할 때에는 사탄이 사회 전체에 폭범위하게 자신의 악한 영향력을 행사하는 일에 성공을 거두고 있는 것이다. 예컨대, 우리가 고용주의 물품을 훔치는 일을 합리화하는 경우에 사탄은 승리를 거둔 것이다. 또 우리가 우리에게 잘못한 사람에 대한 최선의 대응으로 복수를 생각할 경우에도 사탄은 우리의 도덕의식을 왜곡하는 일에 성공을 거둔 것이다. 요컨대, 사탄은 사회의 도덕, 전통, 관습을 왜곡한다. (다음 장에서 나는 사탄의 이런 활동을 더 상세하게 다룰 것이다.)

둘째, 사탄은 악을 행하려는 개인의 성향("육체")과 제휴하여 활동한다. 만일 누군가가 본능적으로 화를 내거나 모질게 행동하려고 한다면, 어떤 방식으로든지 악한 영은 그런 성향을 더 부추길 수 있다. 또 어떤 사람이 계속해서 적의를 품고 그것을 강화한다면 마귀는 그 사람의 삶에 더욱 직접적으로 영향을 미칠 것이다. 바로 이것이 바울이 마귀에게 "틈"을 주는 것이라고 언급한 상황에 해당한다. 지속적이며 의지적으로 어떤 유형의 죄에 머무르는 사람은 마귀의 직접적인 영향을 점점 더 많이 받게 될 것이다.

바울은 악한 세력들이 어떻게 악한 영향력을 행사해서 신자들을 유혹하는지에 관해서 자세히 말하지 않는다. 단지 신자들로 하여금 임박한 시련에 대비하게 만들려는 목적에서, 악한 영들이 영향력을 행사한다고 말할 뿐이다.

옥스퍼드 대학교의 중세 문학 교수 C. S. 루이스는 제2차 세계 대전 동안에 경험이 많은 악마가 경험이 없는 어린 조카에게 보낸 가상의 편지 모음집을 썼다. 『스크루테이프의 편지』²에서 루이스는 어둠의 세력들 각각에게 "환자" 한 사람이 배당된 것으로 그린다. 어린 악마(웜우드)에게는 모든 가능한 수단을 동원해서 환자를 하나님 나라로 인도하는 모든 것으로부터 돌아서게 만드는 임무가 주어진다. 이 책 전체에서 그 어린 악마는 자신이 맡은 환자의 모든 사고의 흐름을 주의 깊게 추적하면서 가장 약하다고 생각되는 그 환자의 영역에서 그의 생각에 영향을 끼치기 위해 활동하는 것으로 그려진다. 경험 많은 악마가 자기 조카에게 주는 교훈들을 이야기하면서 루이스는 이런 표현들을 사용한다. "그가 생각하게 만들어라", "취하게 만들어라", "유혹하라", "그의 정신을 몽롱하게 만들어라", "망각하게 만들어라", "그들을 돌아보시는 그(하나님)에게서 다른 곳으로 주의를 돌리게 하라", "모욕이나 여자의 육체에 주의를 집중하게 만들어라." 루이스의 이야기의 힘은, 계속해서 사랑하시며 능력을 부여하시며 격려하시는 하나님의 성령과 경쟁하면서 끊임없이 환자를 유혹하는 악한 영의 초자연적인 강력한 힘과 "환자의" 자유의지 사이에서 균형을 맞추는 그의 능력에 있다. 루이스는 독자들을 자극하여 사탄이 사람의 일상적인 일들과 일상생활의 결단에 영향을 끼치는 잠재적인 가능성에 대해서 깊이 생각하게 만든다.

루이스의 글은 성경이 우리에게 제시하는 몇 가지 통찰들을 훨씬 넘어선다. 하지만 나는 루이스의 글이 바울 서신을 통해서 우리가 알 수 있는 악한 세력들의 활동과 모순을 일으킨다고 생각하지 않는다. 나는 어둠의 세력들이 비신자들과 신자들을 모두 유혹한다는 사실과 관련해서 사도 바울이 루이스에게 전적으로 동의하리라고 확신한다. 루이스는 그리스도인들이 악한 영들의 존재를 인식하도록 고무적인 방식으로 자극했을 뿐 아니라, 그 영들을 경계하고 주님께 의존하도록 요청함으로써 기독교 공동체에 큰 유익을 주었다.

### 책임의 문제

만일 우리가 강력한 초자연적 대적자에게 속고 이용당해서 어쩔 수 없이 무엇인가를 하게 된다면, 즉 "마귀가 그런 일을 하게 만든다면", 그것은 우리의 개인적인 책임 의식을 약화시키지 않겠는가? 어떤 신학자들은 그렇게 될 것이라고 염려한다. 그들은 마귀와 악한 영들을 문자 그대로 믿으면, 사람들이 스스로 책임을 지지 않고 다른 곳에 책임을 떠넘기게 될지 모른다고 걱정한다.

1987년에 미국 미주리 주에 있는 도시인 칼 정션(Carl Junction)에서 남자 고등학생 세 명이 사탄의 소리를 듣고 동료 학생 한 명을 죽여서 사탄의 제물로 삼았다고 주장했다. 그때 법원은 그 학생들에게 책임이 있다고 판결하고 종신형을 선고했다.[3] 이런 판결이 부당할 수 있는가? 만일 그들이 자신보다 더 강력한 어떤 힘에 이끌려서 어쩔 수 없이 그 희생자를 곤봉으로 때렸다면 어떻게 그들에게 책임을 물을 수 있겠는가?

이 문제와 관련해서 바울과 성경의 전체 증언은 한결같이 사람들의 결정과 행동에 대한 책임을 그들 자신에게 돌린다는 점을 다시 한 번 확인하는 것이 중요하다. 비록 사탄이 사람들을 유혹하고 속일지라도 하나님께서는 사람들이 행한 일에 근거하여 사람들을 심판하실 것이다. "진노의 날 곧 하나님의 의로우신 심판이 나타나는 그날에 … 하나님께서 각 사람에게 그 행한 대로 보응하시되"(롬 2:5-6; 또한 시 62:12와 잠 24:12을 보라).

그럼에도 불구하고 어떤 의미에서 영적 세력들이 사람들, 참으로 모든 사람의 삶을 결정한다는 것도 사실이다. 바울은 인류가 악한 자에게 종노릇하고 있으며, 따라서 구속을 받을 필요가 있다고 보았다. 이 개념과 긴장 관계에 있는 사실은 모든 사람이 그들을 자유롭게 하는 복음 메시지에 응답할 기회를 갖고 있다는 것이다. 사람들이 그리스도를 믿을 때 하나님은 그들을 사탄의 포로 된 상태에서 구출하여 자신의 자녀로 삼으신다. 어떤 의미에서 바울은 우리의 삶을 두 주권 사이에서 한쪽 편을 선택하는 것으로 제시한다. 다시 말해서, 우리는 사탄과 그의 세력들을 섬길 수도 있고, 하나님을 섬길 수도 있다. 이런 근본적인 선택은 마지막 심판에서 극히 중요하다. 바울은 이렇게 설명한다. 그리스도께서 "하나님을 모르는 자들과 우리 주 예수의 복음에 복종하지 않는 자들에게 형벌을 내리시리니 이런 자들은 주의 얼굴과 그의 힘의 영광을 떠나 영원한 멸망의 형벌을 받으리로다"(살후 1:8-9).

그리스도인은 악을 행하게 하려는 사탄의 유혹을 물리칠 능력을 갖고 있다. 그런 능력은 성령의 임재를 통해서 우리의 속사람을 강하게 하시는 전능하신 주님을 의지할 때 주어진다. 이런 이유 때문에 바울은 마귀를 대적하고("속지 말라") 모든 종류의 악한 행위들을 중단하라고 그리스도인 독자들에게 명령할 수 있었다.

바울의 관점에서 보면 비그리스도인들은 마귀의 유혹에 저항할 능력이 없다. 이것은 모든 사람들이 가장 끔찍한 형태의 도덕적인 악을 지속적으로 행한다는 뜻이 아니다. 각 개인은 여전히 하나님의 형상을 지니고 있고(비록 심하게 손상되었을지라도) 높은 도덕 기준에 따라 살 수 있다. 그럼에도 불구하고 바울은 모든 사람이 도덕의 궁극적인 기준, 즉 구약 성경이 계시된 하나님의 법을 어겼다는 것을 굳게 믿었다.

게다가 사탄의 강력한 유혹에도 불구하고 바울은 각 사람이 자신의 행위에 대해서 하나님 앞에서 책임을 져야 한다고 주장한다(롬 2:1-11). 그는 하나님의 임박한 심판에 관해서 이렇게 경고한다. "악을 행하는 각 사람의 영에게 환난과 곤고가 있으리니"(롬 2:9). 어떤 의미에서 사람들은 "마귀가 그런 일을 하게 만들었다"라는 논거에 합법적으로 호소할 수 있다. 그러나 하나님은 여전히 사람들에게 그들의 행위에 대해서 책임을 물으실 것이다. 사람들은 하나님의 형상대로 창조되었기 때문에 본성에 근거하여 자유롭게 하나님의 법에 순종할 수 있다. 또한 구속해 주시는 그리스도께 응답할 수 있고, 그리스도의 윤리적 요구들에 근거해서 살 수 있으며 그런 요구들을 성취할 수 있는 능력을 소유할 수 있다.

## 교회의 순결을 공격하는 영적 세력들

지난 10년은 아마도 교회 역사에 있어서 불명예스러운 기간들 가운데 하나일 것이다. 복음주의 진영의 사역자들이 역사상 유례가 없을 정도로 성적 욕망, 교만, 재물의 유혹에 넘어졌다. 이런 사실은 너무나 잘 알려져 있어서 여기서 굳이 증거 자료를 제시할 필요는 없다. 서구 세계에서 교회는 큰 수치를 당해 왔다.

표면상 "육체"의 유혹에 넘어진 수많은 복음주의자들은 그와 동시에 강력한 마귀의 공격에 희생된 것이기도 하다. 사도 바울의 사고에 있어서, 사람의 내부에서 일어나는 욕망들과 그것을 이용하는 사탄의 동시적인 활동을 분리하는 것은 참으로 불필요한 일이다. 예수께서 지상 사역을 시작하실 때 구속 사역을 좌절시키려고 광야에서 예수님을 공격한 것처럼, 사탄은 사명을 완수하지 못하게 하려고 그리스도의 몸인 교회를 공격한다. 사탄은 사람들의 가장 약한 부분과 관련해서 유혹함으로써 그들로 하여금 하나님을 진노하게 만드는 행동을 하게 한다. 그것은 간음일 수도 있고, 비윤리적인 수단을 이용하여 부를 취득하는 것일 수도 있다. 죄의 결과는 결코 개인에게만 국한되지 않는다. 회중 전체, 또는 교단이나 전 지역의 교회들이 그 죄로 인해서 어려움을 겪는다.

공공연한 죄악들뿐 아니라 우상 숭배도 교회의 성장과 사역을 방해한다. 초기 그리스도인들은 그리스도를 예배하는 것과 다른 신들이나 여신들을 숭배하는 것을 혼합하려는 엄청난 유혹에 직면했다. 이것은 그 시대의 정신(일반적으로 혼합주의로 알려진 것)이었다. 바울은 다른 신들을 숭배하는 것이 귀신들을 숭배하는 것과 다름없음을 분명히 확신했다. 바울의 관점에서 볼 때, 어둠의 세력들은 비기독교적인 종교들과 깊이 연루되어 있었다. 혼합주의적인 경향은 오늘날에도 다신론적인 비서구 문화권에서 그리스도인들이 계속해서 직면하는 심각한 유혹이다. 집안의 우상을 훼파하고 오직 그리스도에게만 전적으로 헌신하는 것은 중대한 믿음의 조치를 취하는 일이다.

신앙을 혼합하려는 욕망의 배후에는 부적절한 기독론이 자리 잡고 있다. 예수님은 다른 신들과 모든 천사들, 영들, 귀신들보다 높아지셨다. 그리스도는 자기 백성에게 전적인 헌신을 요구하시는데, 그는 그런 헌신을 받으시기에 합당하신 분이다.

또한 바울은 물질적 소유에 대한 부적절한 애착을 포함해서, 우상 숭배에 대한 넓은 개념을 갖고 있었다. 그는 한 그리스도인 집단에게 "탐심을 죽이라. 탐심은 우상 숭배니라."라고 경고했다(골 3:5). 바울은 재산을 축적하려는 탐심이 사람의 애착과 관심을 강력하게 사로잡기 때문에 그런 탐심이 우상 숭배에 필적한다는 점을 민감하게 인식했다. 많은 복음주의 진영의 사상가들은 이 문제와 관련해서 서구 사회의 죄를 지적해 왔는데, 그들의 지적은 옳다. 우리 문화가 계속해서 소비에 집착하고 있기 때문에 그런 태도가 교회 안에 스며들고 있다. 이런 심적 경향은 사람의 내부("육체")에서 비롯되는 것이지만, 동시에 사탄이 교회의 사역을 방해하고 그리스도께 대한 헌신을 무디게 하려고 자기에게 유리하게 이용하는 것이기도 하다.

### 교회의 선교를 방해하는 영적 세력들

바울은 회심을 통해서 교회를 성장시키는 복음 선포의 열망에 사로잡혔다. 그가 보기에 회심은 사탄과 어둠의 세력들의 왕국과 직접적인 관련이 있다. 그는 회심을 사탄의 지배 아래 종노릇하는 사람을 건져 내서 그리스도의 나라의 일원이 되게 하시는 하나님의 구원 행위로 묘사했다(골 1:13). 회심을 목표로 하는 전도는 사탄의 왕국에 대한 정면 공격이다.

예수님의 지상 사역 기간에 칠십이 인이 하나님 나라의 복음을 전파할 때 사탄은 격분하여 사납게 날뛰었다. 이와 마찬가지로 사탄은 바울과 초기 교회가 복음을 전할 때에도 강력하게 반대했다. 이것은 전적으로 이해할 만하다. 하나님의 나라가 증대하는 것에 비례하여 사탄의 왕국이 축소되기 때문이다. 바울의 사후 수 세기 동안 교회는 계속 복음을 선포했다. 그래서 사탄은 분노하여 자신의 모든 능력과 궤계를 동원하여 교회의 선교를 좌절시키려고 지속적으로 시도했다. 우리가 앞부분에서 살펴본 대로, 사탄은 믿지 않는 사람들 앞에서 교회의 평판을 나쁘게 만들어 교회의 선교를 성공적으로 방해했다. 누가 위선자들, 사기꾼들, 부도덕한 자들과 사귀길 바라겠는가?

교회의 전도에 해를 입히려는 사탄의 다면적인 방법들은 이루 헤아릴 수 없을 만큼 많다. 여기서 강조해야 하는 것은 사탄이 복음 전도에 반대한다는 사실이다. 오늘날 교회는 예수 그리스도의 복음을 지역 공동체에 전하려고 할 때마다 마귀의 강력한 반대에 직면하게 되리라는 것을 인정해야 한다. 그러므로 교회는 반드시 적절한 영적 준비를 하고 하나님의 능력에 의지하여 복음을 전해야 한다.

## 15. 영적 세력들과 사회

바울 서신들은 영적 세력들이 그리스도인 개인과 교회에 가하는 위협을 강조한다. 이런 위협은 상당한 정도로 육체의 유혹에서 비롯된다. 또한 그 위협은 바울이 "세상"이라고 부른 조직화된, 더 광범위한 전선으로부터 온다. 이제 우리는 바울의 관점에서 "세상"의 성격을 면밀하게 살펴보고, 어떻게 영적 세력들이 세상에 영향을 미치며, 어떻게 세상과 제휴하여 인류를 타락하게 만드는지를 검토할 것이다.

### 영적 세력들에 관한 최근 연구

제2차 세계 대전 이래로 서구 학자들 사이에서는 통치자들과 권세들에 관한 바울의 진술들을 배타적으로 우리 존재의 구조들을 가리키는 것으로 해석하려는 경향이 증대되어 왔다.[1] 어둠의 세력들은 "비신화화"되었고, 종교적 구조들(특히 전통), 정치·경제적 구조들(예컨대, 제국주의, 민족주의, 독재, 사회주의, 자본주의), 특정한 사회 집단의 가치 체계들(수용된 도덕, 여론과 관심사, 사회적 신분에 관한 생각들, 정의의 개념 등등), 그리고 지적 구조들(이데올로기들과 사상들)의 관점에서 설명되었다. 이런 모든 구조들과 가치들은 사회에 강력한 영향력을 행사한다. 또한 그것들은 악한 것("악마즈인 것")이 될 수 있으며 따라서 구속(救贖)이 필요할 수도 있다.[2] 영적 세력들을 이런 방식으로 해석하는 많은 학자들은 정치적 구조들을 강조한다. 그래서 영적 세력들에 대응한다는 것은 곧 정치적인 활동을 한다는 것이 된다. 예컨대 에베소서 3:10을 설명하면서 한 저자는 이렇게 말한다. "영적 세력들에게 그리스도의 주 되심을 선포하는 것은 곧 세상 정부들을 향해서 그들이 주권자가 아니라고 말하는 것이며 … 통치자들과 권세들에게 성경적인 방식으로 증언하는 것은 위험하고 전복적인 정치 활동에 참여하는 것이다."[3]

많은 사람들이 이런 식의 '구조적인' 해석을 하는 주요한 원인은 악한 영들의 실제적 존재를 부정하는 현대의 서구적 세계관 때문이다. 본서 13장에서 나는 악한 영들과 천사들의 실제적 존재를 긍정하는 방향으로 현대의 서구적 세계관을 개정해야 할 충분한 이유가 있음을 보여 주고자 했다. 만일 나의 제안이 받아들여진다면, 오늘 우리에게 영적 세력들이 갖는 의미를 해석하기 위해서 그 세력들을 비신화화해야 할 필요가 없을 것이다. 단지 우리는 다양한 양태들, 즉 정치적 구조, 가치 체계, 전통 등을 통해서 나타나는 "세상"에 영적 세력들이 어떻게 영향을 끼치는지를 알아내는 것에 초점을 맞추기만 하면 된다.

복음주의 진영의 일부 학자들도 영적 세력들을 구조들과 동일시하는데, 그들은 종종 사회 윤리를 위한 성경적 근거를 발전시키는 연구의 일부로서 구조적인 악(structural evil)의 문제를 해결하는 데 관심을 표명한다. 이것은 칭찬할 만한 목표이며, 사실상 그동안 복음주의자들이 무시해 온 것이기도 하다. 하지만 나는 영적 세력들을 구조들과 동일시하는 것이 잘못이라는 점을 지적하고 싶다. 앞으로 주장하겠지만, 우리는 어둠의 세력들과 우리 존재의 구조들을 구별해야 한다. 이 두 범주는 존재론적으로 서로 다르다. 하나는 인격적이지만 다른 하나는 비인격적이며, 하나는 지력과 의지를 갖고 있지만 다른 하나는 그렇지 않다. 영적 세력들을 구조들과 동일시하는 것보다, 그 세력들이 우리 존재의 구조들에 영향력을 행사한다고 말하는 편이 바울 서신에 더 충실하다.

이 주제를 다룬 복음주의자들이 모두 영적 세력들을 구조들과 동일한 것으로 해석하지는 않는다. 사회 윤리에 관한 자신의 책에서 로버트 웨버는, 영적 세력들은 신화적인 존재들이 아니라 세상 안에서 활동하는 영적 존재들로서 시간과 공간과 역사 안에서 존재론적 접촉점을 갖고 있다고 주장한다.[4] 그러나 영적 세력들에 관해 논의하는 과정에서 그는 그 세력들과 존재의 구조들 사이의 존재론적 차이를 희미하게 만든다. 마지막 분석 부분에서 웨버는 실제로 둘 사이에는 분명한 차이가 없으며 영적 세력들에 대한 진술들이 이중적인 의미를 갖고 있다고 말한다. "'세력들'(powers)이라는 단어는 두 가지 다른 방식으로 사용된다. 그것은 악한 영적 세력들을 가리키거나, 우리가 '존재의 구조들'이라고 부르는 세력들을 가리킬 수 있다."[5]

웨버가 보기에 세력들은 긍정적인 측면을 갖기도 한다. 그는 이렇게 말한다. "우리는 그 세력들이 질서, 지침, 의미를 제공하는 대행자로서 기능하는, 하나님의 피조물이라는 것을 안다."[6] 이 진술에서 명확하게 웨버는 악한 영들이 아니라 우리 존재의 구조들을 가리키고 있다. 그러나 이 견해의 문제는, 웨버가 용어들을 혼동하고 "통치자들과 권세들"에 관한 바울의 용어를 구조들의 개념과 부정확하게 동일시한 점이다. 이것은 단지 용어만의 문제가 아니라 개념의 문제이기도 하다. 악한 영은 민족주의가 아니며, 귀신은 전통이 아니며, 통치자들과 권세들은 구조들이 아니다. 하지만 나는 악한 영이 지나친 애국심을 부추길 수 있다는 점에서 악한 영과 민족주의 사이에 관계가 있다고 생각한다.

영적 세력들을 구조들에 국한하여 해석할 때 발생하는 근본적이며 실제적인 위험은 축소주의의 위험이다. 그것은 바울 시대와 우리 시대에 활동하는 마귀를 이해하는 방식을 부당하게 축소한다. 특히 이런 해석은 명백한 귀신들림("마귀에게 틈을 주는 것")을 통해서, 또는 사람들을 유혹하여 죄를 짓게 만드는 마귀의 고전적인 활동을 통해서 개인의 삶에 나타나는 악한 영의 직접적이며 즉각적인 활동을 간과한다.

반면에 복음주의자들(특히 오순절주의자들과 은사주의자들)은 전통적으로 사회적 차원보다는 개인적 차원에 대한 사탄의 역사를 더 쉽게 인정해 왔다. 이것에 비추어 볼 때, 영적 세력들과 우리 존재의 구조들의 관계를 다루는 최근의 많은 저작들은 지나친 개인주의적인 관점을 바로잡는 구실을 했다.

이 주제에 관한 다양한 저작들을 분석하면서 나는 이 논쟁에서 매우 중요하면서도 자주 잘못 해석되고 있는 바울 서신의 두 본문을 발견했는데, 그것은 에베소서 2:2와 3:10이다. 여기서 나는 영적 세력들과 우리 존재의 구조들의 관계와 관련해서 최근의 논의들이 지닌 잘못된 점들을 바로잡고자 한다.

1. "공중"과 "영"이라는 표현은 "영적인 풍조"를 가리키지 않는다. 많은 해석자들은 "공중의 권세 잡은 자 ⋯ 곧 지금 불순종의 아들들 가운데서 역사하는 영"(엡 2:2)이라는 바울의 표현을 '여론'과 같은 것으로 간주한다. 어떤 사람들은 여기서 바울이 문화나 세계관을 언급하고 있다고 말하기까지 했다. 하지만 이런 해석은 상대적으로 최근의 것이다. 이런 생각의 기원은 1930년에 하인리히 슐리어가 쓴 논문에서 찾을 수 있다. 나중에 이 논문은 영어로 번역되어 소책자로 출간되었다.[7] 슐리어는 이 구절에서 "공중"과 "영"은 "사람들에게 영향을 미치는 일반적인 영적 풍조"라고 설명했다. 그는 그것이 통제력과 지배력을 행사하며, 대체로 "세상의 일반적인 정신에서, 또는 특정한 시대의 정신이나 태도나 국가나 지역에서" 시작된다고 말한다. "사람들은 그것을 호흡하고, 따라서 자신의 기관들과 다양한 환경들을 통해서 이를 전한다. ⋯ 그것은 매우 격렬하고 강력해서 아무도 그것에서 벗어날 수 없다."[3]

이런 견해는 통치자들과 권세들에 대한 해석에 상당한 영향을 미쳤다. 하지만 이 견해의 가장 큰 문제는 1세기 독자들은 이 견해를 전혀 이해할 수 없었을 것이라는 사실이다. 나는 바울이 이 구절에서 "영"이라는 단어를 인격적 존재를 가리키는 의미로 사용하고 있음을 다른 책에서 상세하게 주장했다.[9] 이와 마찬가지로 바울은 "공중"이라는 단어를 문자적인 의미로 사용하고 있다. 일반적으로 당시에 유대인들과 이방인들은 모두 공중을 악한 영들이 거주하는 곳으로 간주했다. 헬라의 다양한 마술 파피루스에서 인용한 다음 구절들은 이런 관점을 예증한다.

> 왜냐하면 강력한 조력자와 제휴하지 않은 공중의 영은 하데스에 가게 될 것이기 때문이다.
> 공중에 있는 모든 귀신으로부터 나를 지켜 주십시오.
> 나는 공중을 지배하는 자의 이름으로 당신에게 간청합니다.[10]

기원후 1세기 유대 문헌도 이와 동일한 개념을 지지한다. "하나님을 경외하고 자기 이웃을 사랑하는 사람은 공중의 영인 벨리알에게 고통을 당하지 않습니다. 그 사람은 하나님을 경외하는 것으로 보호를 받기 때문입니다."(베냐민의 유언서[Testament of Benjamin] 3:4).

에베소서 2:2에서 "영"이라는 단어는 분명히 인격적인 악한 세력을 가리키며, "공중"이라는 표현은 귀신들이 공중에 거주한다는 당시의 일반적인 믿음을 나타낸다. 우리는 악한 영의 거주지에 관한 정확한 형이상학적인 묘사를 발견하려는 목적에서 이 문맥에 등장하는 공중에 대한 언급을 강조해서는 안 된다.

2. 교회는 영적 세력들에게 메시지를 선포하라는 요청을 받지 않았다. 일부 학자들은 교회가 영적 세력들에게 말씀을 전해야 한다는 하나님의 명령이 에베소서 3:10에 담겨 있다고 생각한다. 하지만 이 구절에서 바울이 말하고 있는

것은, "이제 교회로 말미암아 하늘에 있는 통치자들과 권세들에게 하나님의 각종 지혜를 알게 하려" 하시는 것이 하나님의 의도라는 것이다. 이 구절은 우리 존재의 부패한 구조들을 향해서 예언자적 목소리를 내는 것의 근거가 되지 못한다. 에베소서와 바울 신학의 전체 맥락에서 볼 때, 이 구절은 단지 교회의 존재 자체가 하나님의 지혜를 증언한다는 것을 천명하고 있을 뿐이다.[11] 이 구절은 하나님께서 마귀의 세력들의 지혜를 좌절시키셨음을 확증한다. 그들은 자신들이 정치 지도자들과 종교 지도자들을 부추겨서 예수를 처형시킴으로써 하나님의 구속 계획을 수포로 돌아가게 만들었다고 생각했다(고전 2:6-8). 하지만 하나님께서는 예수님을 죽은 자들 가운데서 일으키셨고 그를 믿는 자들의 범세계적인 몸의 머리가 되게 하셨다. 이제 믿는 자들은 하나님의 구원을 제시하는 좋은 소식을 온 세상에 전할 것이다. 고린도전서 4:9에서 (또한 수많은 유대 문헌들에서도) 볼 수 있는 대로, 천사들은 인간의 일들을 주의 깊게 지켜보고 있다. 악한 천사들, 즉 통치자들과 권세들은 지금 예수님이 교회를 통해서 '잃어버린 자들'을 적극적으로 구속하고 계신 것을 지켜보고 있다.

교회가 선포하도록 부름을 받은 유일한 메시지는 복음이다. 그것은 사탄의 왕국에 매여 종노릇하는 상태로부터 해방과 구원을 약속하는 좋은 소식을 듣지 못한 온 세상 사람들에게 전해야 할 복음이다. 교회의 존재 자체와 복음 선포를 통한 교회의 지속적인 성장이 사실상 영적 세력들에게 그들이 무력하여 결코 하나님의 구속 역사를 방해할 수 없다는 사실을 입증한다.

### 월터 윙크의 최근 연구

오번 신학교의 성경 해석학 교수인 월터 윙크는 3부작으로 계획된, 영적 세력들에 관한 방대한 연구를 최근에 진행하고 있다.[12] 윙크의 연구는 성경의 증거에 비추어서 구조 악의 성격을 파악하려는 목적을 가진 사람들의 탐구를 대표한다. 그는 라틴 아메리카에서 살면서 엄청난 사회적·정치적 탄압을 목격했고, 그런 경험을 통해서 상당히 큰 자극을 받았다. 하지만 그런 과정에서 현대적 세계관을 버리지 않았으며 인격적인 악한 영들과 천사들이 실제로 존재한다는 믿음을 수용하지도 않았다. 도리어 그는 영적인 것들의 의미를 더 깊이 탐구하기 위해 노력했고, 통치자들과 권세들이 "세력의 특정한 현현의 내적이며 외적인 측면들"이라는 결론에 도달했다. 그는 계속해서 이렇게 주장한다. "내적인 측면으로서 그것들은 기관들의 영성, 집단적 구조들과 체계들의 '내부', 세력의 외부 기구들의 내적 본질이다. 외적인 측면으로서 그것들은 정치적 체제, 임명된 관리, 기구의 '지위', 법, 요컨대 세력이 취하는 모든 명백한 현현들이다."[13]

세력들에 대한 윙크의 해석은 이미 복음주의 진영의 사상가들, 특히 사회 윤리 분야에서 활동하고 있는 학자들에게 상당한 영향을 끼치고 있다.[14] 그의 저작은 시사하는 바가 크고 영향력이 있기 때문에 집중적으로 검토할 필요가 있다. 나는 윙크의 견해에 대한 실질적인 평가를 다른 책에서 제시한 적이 있으므로 여기서는 몇 가지 중요한 것들만 요약해서 언급할 것이다.[15]

첫째, 본서 13장에서 언급한 대로, 윙크는 자신이 선입관을 갖고 성경 본문에 접근한다는 것과 악한 영들의 실제적인 존재를 믿을 수 없다는 것을 인정한다. 이런 선입관 때문에 부득이 그는 바울이 "통치자들과 권세들"이라고 언급한 현상들을 다르게 설명해야 했다. 또 그는 통치자들과 권세들과 관련된 물질적 실체의 보이지 않는 내적 측면을 설명하는 "구조적" 해석의 부적절함에 불만을 가졌다. 그래서 그는 정신분석학자 칼 융이 설명한 신화에 대한 독특한 이해를 세력들을 해석하는 데 적용한다. 이렇게 함으로써 그는 세력들이 지닌 독특한 "영적인" 요소를 보존할 수 있었다. 하지만 그는 통치자들과 권세들의 존재론적인 지위를 실제적인 천사나 영적 실체로서가 아니라, "세상에서 물질적 현현에 생기를 주고 이 현현을 정당화하고 조절하는 내적인 정신이나 추진력"으로 묘사한다.[16] 윙크에게 있어서 천상의 세력들은 기관들을 유효하게 만드는 물질적 존재―인간적 투영들에 불과한 것이 아니다. 그것들은 실제적이며, 지상의 기관들과 체계들과 권력들의 내부이거나 영성이라는 의미에서 경험할 수 있는 것들이다.[17]

만일 악한 영들의 실제적 존재를 부정하는 윙크의 출발점에 동의한다면, 그의 설명이 매우 그럴듯하다는 것을 인정하게 될 것이다. 하지만 나는 악한 영들의 세계가 실제로 존재한다는 것을 믿기 때문에 윙크의 설명이 불필요하며 심지어 잘못되었다고 생각한다. 만일 실제로 영적 세력들이 지력과 의지를 가진 존재들이라면 그들은 (윙크가 제안하는 의미에서) 신화의 일부가 아니다. 그러므로 신화에 대한 융의 심리학적 범주를 적용하여 영적 세력들의 의미를 해석하는 것은 부적절하다.

둘째, 윙크는 바울 자신이 이미 귀신, 영, 악마에 관한 언어를 죄, 율법, 육체, 죽음이라는 추상적인 범주로 해석함으로써 영적 세력들을 비신화화하는 주요한 조치를 취했다고 주장한다.[18] 신약 성경에 나타난 세력들에 관한 언어를 분석하면서, 나는 독자들이 세력들에 대한 진술들을 상징적인 의미로 이해하게끔 바울이 의도했다고 제안할 만한 근거를 발견할 수 없었다. 통치자들과 권세들에 관해서 언급할 때, 바울은 공포를 불러일으키고 해를 끼치는 실제적이며 살아 있는 실체들을 가리킨다. 이 주제와 관련해서 그의 독자들은 종교와 관계없이 모두 그를 이해했을 것이다. 게다가 만일 윙크가 옳다면 교회는 종교 개혁 시대에 바울을 잘못 이해한 것이 되고 만다.

셋째, 윙크는 부분적으로 신약 성경에 나타난 세력들과 관련된 언어에 대한 자신의 분석에 근거하여 세력들의 의미를 해석했다. 신약 성경에서 한 저자가 "권세"(authority)와 같은 단어를 사탄뿐 아니라 인간 관원들을 가리키는 데도 사용했을 수도 있다는 것에 주목하여, 윙크는 신약 성경에 등장하는 세력들에 관한 언어가 부정확하며 유동적이고 교체 사용할 수 있는 것이라는 결론을 내린다. 실제로 그는 나중에 한 용어가 다양한 용례로 사용될 수 있다고 주장한다. 이런 예비적인 결론들을 '세력들'에 적용하면서 윙크는 다음과 같은 논지를 제시한다. "만일 문맥이 더 구체적으로 밝히지 않는다면(어떤 경우에는 구체적으로 밝힌다), 우리는 세력들을 나타내는 용어들을 가장 포괄적인 의미로 취해야 하며, 천상적이며 지상적인 것으로, 신적이며 인간적인 것으로, 선하며 악한 것으로 이해해야 한다."[19] 따라서 골로새서 1:16이나 고린도전서 2:6-8과 같은 본문을 다룰 때, 그는 이 용어들이 인간적이며 귀신적인 존재를 모두 의미한다는 결론을 내린다.

나는 영적 세력들에 관한 윙크의 해석이 몹시 거북하다. 그의 분석 방법은 현대 언어학 이론을 고려하지 않는다. 나는 그가 "의미 전체를 부당하게 옮기기"(illegitimate totality transfer)로 알려진 방법론적 오류를 범했다고 생각한다.[20] 이 오류는 어떤 문헌에서 사용된 단어의 전체 의미를 한 가지 특정한 경우에 모두 넣어 읽을 때 발생한다. 한 단어가 지닌 가능한 여러 의미 영역 중에서 어떤 의미가 그 문맥에 적절한지는 각 문맥을 통해서 결정해야 한다. 예컨대, 내 아내가 "저 동물들(animals) 좀 보세요!"라고 말할 경우에, 한편으로는 동물원에 있는 사자들을 가리킬 수도 있고, 다른 한편으로는 집 안에서 창밖을 내다보며 길 건너편에서 무리 지어 장난치는 아이들을 가리킬 수도 있다. 아내는 결코 동시에 그 둘을 모두 가리킬 수 없다. 이 경우에 한 단어 "동물"은 두 가지 다른 종의 범주를 가리키는 데 사용된다. 나는 통치자들과 권세들을 나타내는 용어들과 관련해서도 이와 유사한 언어 사용이 신약 성경에도 나타난다고 믿는다.

윙크는 고대 저자가 세력에 관한 언어를 사용할 때 인간적 존재와 마귀적 존재를 동시에 의도할 수 있다는 것을 명확하게 입증하는 증거를 제공하지 않는다. 반대로 신약 성경 외에 다른 문헌들은 분명하게 둘 다가 아니라 둘 중 하나를 가리키는 것으로 보인다. 중간 시대 유대 문헌들은 (윙크가 무시하는) 헬라의 마술 전통과 같이 마귀적 존재에 대한 생생한 개념(인격을 가진 영적 존재들)을 제시한다.

넷째, (내가 본서를 집필하는 동안에) 영적 세력들에 대응하는 방식을 다루는 윙크의 마지막 책이 출간되지 않았지만, 그가 먼저 출간한 두 책에서 오늘날 그리스도인들이 세력들에게 대응하는 방식과 관련해서 몇 가지 통찰을 얻을 수 있다.[21] 그의 논의는 세력들을 전적으로 "구조적인" 차원에서 해석하는 많은 사람들이 강조하는, 영적 세력들에 대한 순전한 물리적인 대응을 넘어서는 것처럼 보인다. 윙크는 세력들의 외적이며 내적인 측면을 도두 다루어야 한다고 제안한다. 그리스도인은 세력들에 대해서 물질적인 차원과 영적인 차원에서 모두 대응할 필요가 있다는 것이다. 윙크가 보기에 세력들에 대응하려면 여전히 시위행진과 불매 운동을 통해서 사회적 투쟁을 해야 한다. 하지만 그와 동시에 그리스도인들은 사회의 체계나 기관들의 "내부"에 도전해야 한다. 이 점에서 윙크는 그리스도인들이 기도하면서 하나님께서 인간 제도의 영성을 변화시키실 것을 믿어야 한다고 제안한다. 그럼에도 불구하고 그는 여전히 세력들의 구조들에 대한 물리적 대응을 더 강조한다. 그는 이렇게 말한다. "우리가 해야 할 것은, 정확히 압제자에게 도전하고 그를 유인하고 자극해서 내적인 변화를 일으키게 만드는 외적 변화를 이루는 것이다."[22]

### 바울의 강조점을 거듭 천명하기

따라서 나는 "통치자들과 권세들"에 대한 바울의 진술들을 사회의 신학(a theology of society)을 발전시키는 근본 토대로 사용하기를 주저한다. 한편, 사회 윤리를 위해서는 세력들을 구조적으로 해석하는 사람들이 제시하는 것과는 다른 토대가 필요하다. 다른 한편, 나는 사회의 악을 다룰 경우에 통치자들과 권세들을 주의 깊게 고려해야 한다고 믿는다. 로버트 웨버가 "사회의 신학은 마귀의 문제를 다룰 필요가 있다."라고 말한 것은 옳다.[23]

바울이 악한 영들의 활동을 개인과 교회에 대한 적대적인 영향의 차원을 넘어서는 것으로 보았다는 점은 의심할 여지가 없다. 하지만 바울 서신에서 강조점은 명백하게 사람들로 하여금 그리스도인이 되지 못하게 하고 기독교적 덕목에서 성장하지 못하게 방해하는 악한 영들의 악의적인 활동에 있다. 그러므로 바울의 주요한 관심사는 세력들이 사회 정의에 대해서 갖는 관련성이 아니라, 그 세력들이 구원 역사(history)와 기독교적 행위에 대해서 갖는 함의들이다.

바울이 보기에 그 세력들은 복음 선포에 대해서 가장 격렬한 적대감을 표출한다. 세력들은 사람들의 눈을 멀게 하여 주 예수 그리스도 안에서 이루어진 하나님의 구속 사역에 관한 진리를 보지 못하게 하려는 목적에서 인간의 육체를 이용하고, 정말로 세상의 구조들을 이용한다.

그리스도인들의 사역과 관련해서 바울은 사회적·정치적 질서를 개혁하는 일을 하라고 권고하지 않는다. 얼 엘리스가 설명한 대로, "바울에게 있어서 부활 시대의 실체인 기독교 사역은 죽어 가는 자들의 세상과 복음 전도적인 관계를 갖는 것이다."[24] 복음 선포는 내세적이며 영원한 의미를 지닌 것이므로 결정적으로 중요하다. 복음 선포를 통해서 그리스도를 믿는 사람들은 사탄 왕국의 치명적인 속박에서 구출되고, 죽음을 향해 달려가는 아담의 공동체로부터 구원을 받는다.

이런 사실은 그리스도인들이 사회에 대한 모든 의무를 면제받는다는 것을 의미하지 않는다. 전심으로 하나님을 사랑하라고 하신 예수님 명령의 두 번째 부분은 이웃을 사랑하라는 것이다. 바울이 그리스도인들에게 이웃을 사랑하며(롬 13:8-10), 모든 이에게 착한 일을 하라고 요청할 때(갈 6:10), 그는 예수님의 이 명령을 되풀이하고 있는 것이다.[25]

### 세상에 대한 영적 세력들의 영향

이제 우리가 제기해야 하는 질문은, 어떻게 영적 세력들이 다중적인 구조를 지닌 세상의 체제에 영향을 미치는가 하는 것이다. 여기서 나는 사회적 질서에 대한 영적 세력들의 악한 활동을 설명하는 두 가지 방식을 제안하고자 한다.

첫째, 개인들의 삶에 직접적인 영향을 행사하는 세력들의 활동을 강조한 바울의 논점으로 돌아가는 것이 매우 중요하다. 바울에 따르면, 영적 전쟁은 개인들을 유혹하여 하나님의 거룩함의 기준을 어기게 만들고, 계시된 하나님의 뜻을 거역하게 만드는 마귀의 활동과 관련된다. 이 명백한 활동 원리를 더 넓은 차원으로 확대할 때, 우리는 정부, 회사, 언론 매체 및 그 외에 여러 다양한 우리 존재의 구조들을 인간들이 지배한다는 사실을 기억해야 한다. 만일 어둠의 세력들이 중요한 위치에 있는 사람들에게 지대한 영향을 끼칠 수 있다면, 그들을 통해서 압제적인 독자 정권, 악한 마약 거래 집단, 착취적인 다국적 기업, 파멸과 공포를 불러일으키는 경향을 가진 온갖 종류의 끔찍하고 파괴적인 기제를 만들어 낼 수 있을 것이다.

영적 세력들은 단지 저 멀리 하늘 "위에서" 자기들끼리 싸우고 있는 것이 아니라, 바로 여기 우리 곁에 있으며 우리의 감정과 결정에 영향을 끼치려고 기회를 노리고 있다.[26] 바울의 유대인 선조들뿐 아니라 동시대인들도 이런 관점에서 생각했다. 예컨대, 기원후 1세기 유대 문헌인 「이사야의 승천」(Ascension of Isaiah)은 유대의 한 왕이 전체 도시를 배교하게 만들 수 있었던 이유를 다음과 같이 설명한다.

> 그리고 므낫세는 여호와를 섬긴 아버지[히스기야]의 길을 버리고 사탄과 그의 사자들과 세력들을 섬겼다. … 므낫세 때문에 사탄은 예루살렘에 대해서 크게 기뻐했다. 그는 므낫세를 충동하여 배교하게 하고 불법을 행하게 만들었으며, 그 결과 예루살렘에도 불법이 가득하게 되었다. 또 므낫세를 통해서 마법과 마술, 점술, 음행, 간음이 성행하게 되었고, 의인에 대한 박해가 심해졌다. (2:2-5)

이 본문에서 어둠의 세력들이 국가 지도자에게 직접 역사하여 공포와 악의 정권을 창출해 내는 독립적인 존재들로 간주되고 있음이 분명하게 나타난다. 이와 유사한 많은 구절을 인용할 수 있으나, 이 본문만으로도 중대한 국가 권력을 행사하는 개인을 통해서 악한 영이 역사한다는 개념을 보여 주기에 충분할 것이다. 이와 동일한 원리가 많은 상이한 분야들과 사회적·정치적 구조에 적용될 수 있다.

20세기에 우리는 부패한 지도자들이 수백만 명에게 가한 엄청난 탄압과 착취를 목격했다. 우리는 아돌프 히틀러, 니콜라에 차우셰스쿠, 이디 아민, 마누엘 노리에가 같은 독재자의 이름을 언급할 수 있고, 또 셀 수 없이 많은 잔혹 행위를 쉽게 떠올릴 수 있다. 확실히 사탄과 그의 세력들은 그런 권력자들이 가진 정치적 권력 때문에 그들을 특별한 공격의 대상으로 삼은 것이다. 이런 지도자들이 권좌에서 몰락한 뒤에 그들이 오컬트에 연루되어 있었다는 사실이 보도되는 것은 단지 우연의 일치이겠는가? 사탄이 자신의 파괴적인 목적을 성취하기 위해서 그들의 타락한 본성의 탐욕을 이용했다는 것은 확실하다. 하지만 우리는 이보다 더 직접적인 사탄의 영향을 종종 볼 수 있다.

둘째, 나는 "세상"(*kosmos*)과 "이 세대"(*aiōn*)에 대한 바울의 개념이 많은 현대 해석자들이 말하는 구조 악에 가장 가깝다고 생각한다. 바울은 구속받지 못한 인류를 "이 세상의 세대"의 매우 강력한 영향 때문에 하나님을 떠나 허물과 죄에 빠진 것으로 묘사한다(엡 2:2, "이 세상 풍조"[개역개정]). 그리스도인이 되는 것은 세상에 대하여 십자가에 못 박히는 것(갈 6:14)과 현재의 악한 세대에서 건짐을 받는 것을 포함한다(갈 1:4). 바울이 "세상"을 도덕적인 의미에서 언급할 때, "세상"은 하나님과 그분의 구속의 목적에 반대하는 사람들 전체, 사회적 체계, 가치, 전통을 가리킨다.[27] 우리 존재의 구조들은 상당한 정도로 인간의 사상들, 성향들과 활동들의 복합적 결과를 대표한다. 사람들과 그들의 사상은 모두 악한 성향을 갖고 있다. 하지만 그 둘은 구속받을 수 있고 정화될 수도 있다. 사회 윤리에 관한 통찰력 있는 자신의 책에서 스티븐 모트는 영적 세력들과 세상을 올바르게 구별한다. 그는 이렇게 말한다. "신약 성경에서 세력들보다 더 자주 등장하는 주제인 세상은, 초자연적인 인격적 존재들의 상징적 의미에 의지하지 않고도, 악의 사회적 구조를 나타낸다."²⁸ 그는 죄의 원리가 사회 질서에 심각한 영향을 미친다는 사실에 주목한다. "만일 우리가 말하는 것처럼 죄가 만연되어 있다면, … 그것은 우리 개인의 동기, 결정, 행동뿐 아니라 우리의 사회생활에도 영향을 끼칠 것이다. 또 죄는 우리의 관습, 전통, 사상, 제도에 강력한 영향을 끼칠 것이며, 결국 세상을 타락시킬 것이다."²⁹

단지 죄만이 아니라 어둠의 세력들도 사회 질서를 타락시키는 영향력을 갖고 있다. 그 세력들은 사람들을 미혹시켜서 하나님을 떠나게 만드는 수단인 세상의 다양한 사회 질서를 부패하게 만들려고 영향력을 행사한다. 또 그들은 사람들을 통해서 활동하면서 사회의 전통과 가치를 오염시킨다. 그들은 작가, 텔레비전 연출가, 정치 사상가, 분석가, 목사, 대학 교수, 작곡가, 화가, 시나리오 작가, 경제 정책 수립자, 방어 전략의 설계자, 언론인에게 영향을 끼칠 수 있다. 통합된 영향력의 연락망을 통해서 세력들이 전체 문화의 향방에 영향을 끼치는 방식을 상상하기란 그리 어렵지 않다. 과거 10년 동안 도덕적으로 터무니없는 것으로 간주되던 그 무엇이 그다음 10년 동안에는 여론의 변화에 따라서 도덕적인 것으로 받아들여질 수도 있다.

그러나 영적 세력들 그 자체는 세상의 구조들이 아니다. 비록 그 세력들이 구조들에 영향을 끼치려고 온갖 노력을 다할지라도, 오직 구조들과 관련된 사람들이 악한 경우에 한해서만 그 구조들 안에 악이 존재한다. 장갑이 그 자체만으로는 아무것도 할 수 없는 것처럼, 이데올로기와 경제 제도, 그리고 그와 유사한 것들은 그것에 찬동하고 그것을 집행하는 사람들이 없으면 아무것도 할 수 없다. 전통은 사람들이 그것을 전하지 않으면 더는 전통이 아닌 것이다.

바울이 사탄을 가리켜서 "믿지 아니하는 자들의 마음을 혼미하게 하여 그리스도의 영광의 복음의 광채가 비치지 못하게" 하는 "이 세상(aiōn)의 신"이라고 한 데는 그럴 만한 이유가 있다(고후 4:4). 따라서 "사탄은 우리의 존재를 결정하는 많은 구조들의 신이다."라고 말해도 무방할 것이다. 자기 휘하에 있는 수많은 어둠의 세력들의 활동을 통해서 사탄은 끈질기게 하나님과 그분의 나라를 대적하면서 인간 삶의 모든 측면에 침투하려고 시도한다. 그 악한 자의 활동은 개인을 유혹하여 죄를 짓게 만드는 차원을 훨씬 넘어선다. 사탄은 잘 짜인 전략을 갖고 있는 것으로 보인다. 그는 권력과 영향력을 가진 사람들을 겨냥한다. 목사 한 사람의 도덕적 타락은 교회 전체를 휘청거리게 만들 수 있다. 많은 저명한 기독교 사역자들이 도덕적 실책을 범하면 한 나라의 모든 그리스도인이 고통을 당하게 되고, 그 사회의 사람들은 복음의 향기를 악취로 간주하여 그것을 피하려 할 것이다.

영적 세력들은 참으로 사회와 그 제도들에 영향을 끼친다. 하지만 우리는 마귀와 악한 영들이 모든 제도, 사회 구조, 전통과 철학을 오염시켰다고 생각하지 않도록 조심해야 한다. 스티븐 모트가 지적한 대로, 하나님의 피조물에 대한 지배력을 장악하려는 싸움이 벌어지고 있다. 하지만 제도들은 인간 삶의 필수적인 구성 요소이다. 모트는 이렇게 말한다. "제도들은 인간 존재를 노예로 전락시키기도 하고 자유롭게 만들기도 한다. 반면에 세력들은 그 정도가 작든지 크든지 언제나 노예 상태 및 죽음과 더불어 나타난다. 그들의 진정한 존재는 세상의 삶에 대한 지배력을 쟁취하려고 싸우는 적대적인 가치 체계의 배후에 자리 잡고 있다."[30]

바울에 따르면, 하나님은 그리스도인에게 구조대원이 되라고 요청하신다. 악에 감염된 이 세대의 제도들로 인해서 사람들은 곤경에 빠져 있고 눈이 멀어서 그리스도의 구속하시는 사랑을 보지 못하고 있다. 이 세상(kosmos)의 제도들과 이 세대(aiōn)의 구조들은 결국 망할 것이므로 우리가 최우선적으로 해야 할 일은 사람들이 현 세대의 치명적인 억압과 공포로부터 궁극적으로 자유로워지고,

앞으로 올 세대의 복을 경험하며, 세상과 세상의 흉악한 지배자로부터 해방되며, 하나님 나라의 사랑과 희락과 평강으로 충만해지도록 그들을 돕는 것이다.

물론 이 말은 그리스도인들이 현재의 세상에서 완전히 벗어나서 현 사회 질서와 인간 존재의 구조들에 관여해서는 안 된다고 부추기는 것은 아니다. 예수님은 우리에게 세상의 빛과 소금이 되라고 요청하셨으며, 또한 잃어버린 자들을 위해서 예수님 자신이 자기 목숨을 내준 것같이 우리에게도 이웃을 사랑하라고 요청하셨다. 하나님은 그리스도인에게 인류를 향한 사랑, 세상의 빛과 소금이 되라는 요청, 그리고 창조 세계의 신중한 청지기로서의 책임에 근거하여 사회 활동에 참여하라고 명령하신다.

그리스도인들은 여전히 현재의 악한 세대 안에 살고 있다. 사실, 그들은 두 세대 안에서 살고 있다. 하나님의 나라와 앞으로 올 세대의 복들이 주 예수 그리스도 안에서 현 세대 안으로 침입했기 때문이다. 성령과 은사들, 하나님의 은혜와 앞으로 올 세대의 능력이 주 예수와의 관계를 통해서 우리에게 수여되었다. 우리는 그리스도께서 우리에게 요청하셨고, 바울이 자신의 삶과 사역을 통해서 본을 보인 구속의 사경을 수행해야 한다. 우리는 그리스도의 사랑을 입증하라는 요청을 받았다.

### 프랭크 페레티의 소설

프랭크 페레티는 『어둠의 권세들』(*This Present Darkness*)이라는 베스트셀러에서 영들, 귀신들, 그리고 세력들의 세계에서 온 적대적인 반대자들의 전략과 조직망을 폭로한다.[31] 그는 이 어둠의 세력들이 미국의 전형적인 소도시를 장악하는 활동을 묘사한다. 그 세력들은 다양한 수단을 동원해서 지배권을 손에 넣으려고 하는데, 그 가운데 가장 근본적인 것은 뉴에이지 운동을 통해서 사람들을 그리스도에게서 분리시키는 책략이다.

페레티는 인간적 차원과 영적 차원 사이를 오가면서 이야기를 진행한다. 그는 인간의 고통과 곤경 뒤에 있는 악한 영들의 활동을 폭로한다. 페레티의 개념 체계는 루이스의 『스크루테이프의 편지』와 매우 흡사하다. 악마는 개인에게 직접적인 영향력을 행사한다. 예를 들어, 페레티는 작중 인물들 가운데 한 사람의 악한 활동들을 묘사한 뒤에 그 사람을 이해할 수 있도록 더 깊은 영적 차원을 독자에게 제시하는데, 그것은 "그 여자의 마음에 생각을 불어넣는 나직하고 굵은 유혹의 목소리"이다. 이 인물은 나중에 대학 교수가 되어 강의를 통해서 오컬티즘을 널리 퍼뜨린다. 악한 영들이 대학의 주요한 인물들에게 이와 유사한 영향력을 행사한 결과, 대학 전체가 잘못된 길에 빠지고 이 새로운 철학을 전파하는 주요한 근거지가 된다.

C. S. 루이스는 악한 영들이 일상생활에서 개인에게 영향을 끼치는 것에 관한 깊은 통찰을 기독교 공동체에 제공했다. 반면에 페레티는 이 통찰에 근거하여, 그 악한 세력들이 더 큰 악마적 목표를 이루기 위해서 일사불란하게 활동하는 것을 상상할 수 있게 해 준다. 그는 악마적 세력들의 개개의 활동을 묘사하지만, 그와 함께 그들이 가진 통일된 집단적 목적도 보여 준다. 또한 그는 지휘 계통을 갖추고 잘 확립된 계급 체계를 전제한 뒤에 명령을 내리거나 명령을 수행하는 영적 세력들의 다양한 지위를 묘사한다. 그 세력들은 지휘 계통에 따라서 일사불란하게 오컬트 철학(occultic philosophy)을 먼저 전략 도시에 퍼뜨리고 이어서 그 철학을 작전 기지로부터 나라 전체에 확산시키는 대규모 계획을 실천에 옮긴다.

눈에 보이지 않는 영적 세계를 묘사한 페레티의 소설에서 몇몇 부분들은 받아들이기가 어려울 뿐 아니라 성경의 강조점들과 맞지 않는 것처럼 보인다. 예컨대, 하나님의 천사들의 대응 활동에 관해서는 매우 많이 말하면서도 왜 성령의 역사에 관해서는 아주 조금만 말하는가? 하지만 전체적으로 페레티는 어둠의 세력들의 실제적인 활동에 관한 이야기를 상상력을 동원하여 매혹적이며 설득력 있게 제시한다.

페레티의 소설을 평가하려는 사람들은 어둠의 세력들이 신자들로 하여금 죄를 짓게 만들고 교회의 선고를 방해하려고 온갖 방식을 통해서 역사한다는 사실을 기억할 필요가 있다. 사탄은 뉴에이지 운동과 같은 잘 구성된 음모만이 아니라, 그 밖의 것들을 통해서도 교회를 공격하는 최상의 길을 쉽게 찾아낼 수 있다. 실제로 오컬티즘 따위의 신비주의나 사탄 숭배 유입보다, 성적 부도덕, 비윤리적 행위, 교인들 사이의 뿌리 깊은 반목, 그리고 이와 유사한 일들이 공동체 안에서 교회의 복음 증언의 빛을 더 어둡게 만드는 경우가 더 많지 않은가? 물론 내가 이렇게 말하는 것은, 비정상적인 (사탄적) 가르침의 위험을 축소하려는 것이 아니라, 사탄이 매우 다양한 궤계(*methodeia*, 엡 6:11)를 사용한다는 사실을 강조하기 위함이다.

페레티의 소설이 교회 생활에 끼친 일반적인 영향은 두 가지 측면에서 매우 긍정적이었다. 첫째, 그 책은 적대적인 마귀의 세계가 존재한다는 개념을 서구의 세계관에 넣도록 도전하는 데 상당한 성과를 거두었다. 둘째, 나는 그 책을 읽은 사람들이 거의 한결같이 "그 책 때문에 기도하게 되었습니다."라고 말하는 것을 들었다. 이 소설과 그다음에 나온 작품인 『보이지 않는 전쟁』(*Piercing the Darkness*)이 많이 팔린 것은 복음주의 진영의 많은 사람들이 이런 도전을 받아들일 준비가 되어 있음을 시사한다.

### 구조 악: 1세기의 한 가지 사례

바울의 귀신론은 다양한 방식으로 악한 영들에 관한 초기 유대교의 일반적인 이해를 반영한다. 특별히 바울은 이방 종교들이 귀신의 활동과 밀접한 관련이 있다고 분명히 믿었다(특히 고전 10:19-20을 보라). 나는 앞에서 다양한 비기독교적 종교들은 사람들을 기만하여 유일하신 참 하나님을 떠나 다른 곳으로 주의를 돌리게 하려는 어둠의 세력들이 특별한 방식으로 현현한 것이라는 결론을 내렸다.

누가에 따르면 바울은 선교 사역을 하는 동안에 다른 도시들보다 에베소에서 더 많은 시간을 보냈다. 에베소가 소아시아 지역에 복음을 전하는 데 전략적으로 중요한 도시였기 때문에 이것은 이해할 만한 일이다. 바울은 일부 서신들을 에베소에서 썼으며(고린도전서), 또 에베소(에베소서)와 에베소 주변 도시에도 서신을 보냈다(골로새서와 빌레몬서).

어떤 면에서 보면, 바울이 에베소에서 기독교의 중요한 대적자인 것이 분명한 아르테미스 숭배에 관해서 한 번도 언급하지 않은 것은 놀라운 일이다.[32] 아르테미스는 에베소의 수호신이었고, 이 여신을 숭배하는 일은 소아시아 전역에서 사람들의 사회적·종교적·경제적·정치적 생활에 중대한 영향력을 행사하고 있었다. 하지만 아르테미스는 에베소에서 숭배를 받는 유일한 신이 아니었다. 바울 당시에 에베소에서는 50종에 가까운 신들과 여신들을 숭배한 것으로 알려져 있다.

바울이 에베소에서 1세기 그리스도인들에게 매우 중요했던 문제, 즉 아르테미스 숭배와 그것이 제기하는 적대 행위에 어떻게 대응할 것인가 하는 문제를 완전히 무시한 것으로 보이지는 않는다. 에베소 성도들에게 보낸 서신에서 바울은 그리스도인들이 그 근본적인 문제에 대응하는 데 필요한 체계, 즉 아르테미스 숭배의 배후에 있는 통치자들과 권세들의 눈에 보이지 않는 세계에 대응하는 법을 제시하기 때문이다. 그러므로 바울이 에베소서에서 제시한 원리들은 아르테미스 숭배뿐 아니라 그 밖의 다른 이교적 제의에도 적용할 수 있는 것이었다.

본서 11장에서 나는 영적 전쟁에 관한 바울의 개념을 다루었다. 여기서는 에베소의 아르테미스 숭배 그 자체를 생각해 볼 것이다. 아르테미스 숭배에 대한 이해는 기독교의 대적으로서 영적 세력들이 소아시아 사람들에게 적대적인 영향력을 행사한 많은 방식 가운데 한 가지 실례를 제공한다. 따라서 이런 조사를 통해서 오늘날 영적 세력들이 우리에게 행사하는 영향력의 다양한 차원들 가운데 한 가지 실례를 알 수 있다.

1. **오컬트를 통해서**: 아르테미스 숭배의 마술적인 하부 구조로 인해서 사람들은 우리가 오컬트라고 부르는 것과 직접 접촉하게 되었다(나는 다른 책에서 이것과 관련된 문헌들을 제시하고 예증했다).[33] 어둠의 세력들은 마술, 요술, 마법을 통해서 사람들의 삶에 침입하는 직접적인 경로를 획득하는 것으로 보인다. 돌아다니면서 귀신을 쫓아내던 유대인 제사장 스게와의 일곱 아들이 에베소에서 일거리를 많이 얻었다는 것은 그리 놀랄 만한 일이 아니다(행 19:13-17).

오늘날 복음주의 진영의 사역자들은 오컬트에 연루된 적이 있는, 심각하게 귀신 들린 사람들을 상담한 수많은 사례를 발표하고 있다. 그런 사람들은 어둠의 세력들의 속박에서 자유를 얻을 수 있게끔 인도해 주는 성숙한 그리스도인의 지혜로운 도움이 필요하다.

2. **거짓 종교를 통해서**: '거짓의/위조의'(counterfeit)라는 단어는 표준이라는 의미를 전제한다. 초기 그리스도인들에게는 오직 유일하신 참 하나님, 즉 주 예수 그리스도의 '그' 하나님이며 아버지이신 이스라엘의 하나님만 있었다. 구약 성경과 신약 성경의 계시 전체에서 신들이라고 불리는 그 밖의 모든 존재들은 '거짓 신들'에 불과하다.

고대의 많은 증거들은 아르테미스 숭배에서 신비주의 제의들이 실행되었음을 보여 준다.[34] 헬라 세계 전역에서 많은 종교의 일반적인 특징이었던 신비 제의는 신과의 상징적인 합일에서 절정에 이르는 의식을 포함하고 있었다. 사탄은 아르테미스 숭배를 매우 적절하게 이용하여 그런 유사 경험들을 통해서 사람들의 영적 욕구와 구원에 대한 갈망을 충족시킬 수 있었을 것이다.

오늘날에도 여전히 유일하신 하나님 한 분만이 존재하시며, 그분에게 이르는 길도 오직 하나, 곧 주 예수 그리스도뿐이다. 바울 서신들은 다른 비기독교적 종교들을 통해서도 구원받을 수 있다는 생각을 전혀 지지하지 않는다.

3. **정치, 경제, 사회 구조를 통해서**: 아르테미스 숭배는 서부 소아시아의 주

요한 경제적이며 사회적인 구조들을 지배했다. 아르테미스 신전은 그 지역 전체에서 사람들이 돈을 저축하고 빌리기도 하는 주요한 기관이었다. 또 그 지역에서는 아르테미스의 명예를 기리는 운동 경기들이 개최되었고, 심지어 일 년 열두 달 가운데 이 여신의 이름이 붙여진 달이 있을 정도였다. 그리스도인들은 신전에서 돈을 빌리지 말아야 하는지, "아르테미스를 기리는 경기"에 참여하지 말아야 하는지와 같은 문제를 결정하지 않으면 안 되었을 것이다. 또 그들은 자신이 속한 사회 전반에 아르테미스 여신의 영향이 퍼져 있음을 보았을 것이다.

악한 영들은 존재하는 모든 인간의 구조들에 영향을 끼칠 수 있다. 아르테미스 숭배는 사탄이 사람들을 미혹시켜서 유일하신 참 하나님을 경배하지 못하게 다른 곳으로 이끌어 가려는 목적에서 이용한 1세기 구조들의 한 가지 사례에 불과하다.

통치자들과 권세들이 고취하고 유지하는 이런 온갖 수단들로 인해서 기독교 복음은 어디서나 초자연적인 강력한 대적들과 맞닥뜨리게 된다. 에베소서에서 바울은 우리의 근본적인 대적이 "혈과 육"이 아니라고 분명히 말한다(엡 6:12). 그 대적은 아마도 제의적인 기구, 신전, 은행 업무 체계나 아르테미스를 기리는 운동 경기와 같은 물질적이고 눈에 보이는 그 무엇이 아닐 것이다. 그 대적은 사람들로 하여금 예수 그리스도와 하나님 나라의 좋은 소식에 응답하지 못하게 만드는, 아르테미스 숭배와 모든 구조와 제도와 전통과 가치의 배후에 있는 것이다. 우리의 근본적인 대적은 사탄과 그의 어둠의 세력들이다.

또한 우리는 그 대적의 진정한 성격을 분별하고 그것에 적절하게 대응하는 능력을 발전시킬 필요가 있다. 사탄과 그의 세력들은 지금도 여전히 살아서 역사하며, 사람들을 속이고 억압하고 멸망시키며, 궁극적으로 사람들의 눈을 멀게 하여 복음의 구속적 메시지에 응답하지 못하게 만들기 위해서 동일한 많은 궤계를 사용하고 있다.

# 결론: 영적 세력들과의 싸움

본서의 마지막 세 장에서 우리는 어둠의 세력들의 실체가 무엇이며 그들이 어떻게 역사하는지를 살펴보았다. 이제 그 적대적인 대적들에게 어떻게 대응해야 할지를 생각해 보아야 한다. 그리스도인들은 마귀의 악한 영향을 분별하는 방법과 (귀신들을 쫓아낸 사건들을 다루는 기사들에 근거하여) 그 영향에 대응하는 방법을 배우려고 자즈 복음서에 주의를 기울였다. 본서에서 나는 사도 바울의 서신들도 이런 주제를 적절한 방식으로 다루고 있음을 보여 주려고 시도했다. 여기서는 오늘날 교회를 위해서 규범적인 방식으로 진술된 어둠의 세력들에 관한 바울의 가르침이 지닌 조실성을 요약해서 제시하고자 한다.

### 당신 자신의 세계관을 성경에 비추어서 재평가하라

많은 복음주의자들은 악한 세력들의 실제적 존재에 대해서 여전히 회의적인 태도를 취하고 있다. 어떤 사람들의 경우에는 지나치게 편협한 신학적 전통이나 악한 영들의 존재를 의심하는 교회 분위기 탓에 그런 불신앙을 견지한다. 하지만 많은 사람들을 지배하는 회의주의는 이성주의적인(rationalistic) 포스트 계몽주의 시대(post-Enlightenment age)의 영향에서 비롯된 것이라고 할 수 있다.

나는 어린 시절에 영적 세력들의 실제 존재나 일상의 삶에서 나타나는 그들의 활동을 부정하는 교회에서 신학적인 양육과 훈련을 받지는 않았지만, 영적 세력들에 대한 나의 생각은 세속적인 교육, 동료들, 언론 매체 및 그 밖의 많은 원인들의 영향을 지속적으로 받았다. 그 결과, 사회에서 물려받은 세계관을 내려놓고 영적 실체들에 대해서 다시 생각하려고 할 때 많은 노력이 필요했다.

영적 실체에 대한 당신의 견해는 무엇인가? 악한 영들이 배후에서 역사하면서 세상에 악을 조장하고 있다는 것을 확신하는가? 아니면 악을 순전히 추상적인 개념으로만 생각하는가? 당신은 어둠의 세력들이 인간의 욕망을 자극하기 위해서 어느 정도까지 역사한다고 생각하는가? 그 세력들이 인간의 사상, 질병, 교회 내분에 어느 정도까지 영향을 끼친다고 보는가? 또 가난한 자들이 착취당하는 상황과 사회 혼란과 전쟁에 어느 정도까지 영향력을 행사한다고 보는가?

우리는 악한 영들의 실체를 인식해야 하며, 그 영들이 개인과 사회의 많은 차원에 영향을 끼치고 있다는 사실에 대해서 열린 자세를 가져야 하며 예리한 분별력을 길러야 한다. 우리는 "시계추 흔들림 증후군", 즉 극단으로 움직이는 경향을 피하고, 삶과 사역에 대한 균형 잡힌 접근을 추구해야 한다. 예를 들어, 모든 질병을 마귀의 직접적인 공격에서 비롯된 것으로 생각해서는 안 된다. 질병은 단지 우리가 최종적인 육체의 죽음을 향해 달려가는 부패하는 몸을 소유한 자연적인 결과일 수 있기 때문이다.

## 영적 세력들이 어떤 영역에서 당신에게 영향을 끼칠지를 생각하라

영적 세력들이 당신 삶의 어떤 부분에서 기만적이며 불경건한 지배력을 효과적으로 행사하는지를 분별할 수 있게 해 달라고 하나님께 구하라.

**직접적인 영향**: 당신은 오컬트 활동이나 직접적인 사탄 숭배에 참여한 적이 있는가? 믿을 만한 여러 기독교 저자들과 상담자들에 따르면, 오늘날 상당수의 사람들이 대중적인 마술과 요술, 영매를 통한 귀신과의 접촉, 초(超)심리학(초감각적 인식, 천리안, 정신 감응 등을 포함한), 제의, 그리고 사탄으로 하여금 더 직접적이며 즉각적으로 사람들의 삶에 침입하게 만드는 은갖 종류의 활동에 참여하고 있다. 비서구적인 문화권에 속한 사람들의 경우에는 부족의 종교에 참여하는 것, 집안의 신을 숭배하는 것, 그리고 다양한 마술적 신비 제의가 영적 세력에게 중요한 발판을 획득할 기회를 제공한다. 과거에 당신은 어떤 활동에 연루되어 있었는가? 혹은 지금 어떤 활동에 연루되어 있는가?

**육체**: 앞에서 지적한 대로, 영적 세력들은 극적인 형태(오컬트 같은)로 활동할 뿐 아니라, 미묘하게 다르면서도 동일하게 효과적인 방식으로 활동하기도 한다. 그들은 하나님께 불순종하려는 우리의 성향을 이용한다. 즉, 그들은 우리가 쉽게 잘못을 범하는 부분을 이용한다. 바울이 거짓말, 지나친 분노, 도둑질, 더러운 말과 같은 행동을 마귀의 활동과 관련시키고 있음을 기억하라. 지금 이 순간 당신은 자신의 어떤 행동 때문에 갈등을 겪고 있는가?

**세상**: '세상의 체계'가 어떤 부분에서 당신의 가치와 행동에 부정적인 영향을 미칠 수 있는지 주의 깊게 판단하라. 당신이 도덕적인 선택을 할 때 여론과 동료들이 압력을 가하는가? 당신의 교회가 변화를 꾀해야 하는 상황에서 더 효과적으로 사역하기 위해 성령께 반응해야 할 때, 그것을 방해하는 전통("우리는 언제나 이런 식으로 해 왔다.")이 교회 안에 있는가? 당신이 물려받은 경제 철학이 교회 사역을 위해 물질과 시간을 희생적으로 드리는 것을 방해하는가? 이런 질문들은 '구조들'이 우리와 동료 신자들에게 끼치는 영향의 정도에 관해서 우리가 스스로 제기해야 하는 많은 유사한 질문들의 일부에 지나지 않는다.

아마도 어떤 사람들은 "모든 덤불에서 귀신을 보려" 한다며 나를 비난할 것이다. 만일 이 비판이 삶의 많은 영역에 끼치는 어둠의 세력들의 영향에 관한 바울의 견해를 반영한다면, 타당한 비판이라고 할 수 있을 것이다. 하지만 우리는 어둠의 세력들이 다양한 궤계(*methodeia*, 엡 6:11)를 통해서 역사한다는 바울의 강조점을 더 진지하게 고려할 필요가 있다. 물론 그렇다고 해서 마귀의 활동이 감지되는 모든 상황에서 귀신을 쫓아내는 것, 마귀의 '결박'을 위해서 기도하는 것, 권세 있게 마귀를 직접 고발하는 것이 적절한 대응이라는 뜻은 아니다. 바울은 마귀와 그의 세력들에 대한 대응과 관련해서 그리스도와의 관계에 근거한 '대항'의 모형을 강조했다.

우리는 우리의 일상생활에서 역사하는 마귀의 활동 범위를 알아야 하며, 하나님의 능력을 더 깊이 의지해야 한다.

### 그리스도 안에서 당신이 어떤 존재인지 알라

그리스도인은 참으로 어둠의 왕국에서 구원을 받았으며 그리스도의 나라의 일원이 되었다. 또한 그리스도를 알게 된 사람은 용서를 받았고 모든 죄책에서 무죄 선언을 받았으며 지금이나 사후에 정죄를 받지 않을 것이다. 이 모든 것이, 그리고 더 많은 것이 그리스도인들에게 주어졌지만, 실제로 많은 그리스도인은 이것을 제대로 믿지 않는다.

많은 그리스도인이 자신의 죄 사함과 그리스도 안에서 얻은 새로운 자유와 해방을 내면화하는 데 어려움을 겪는다. 나는 교회에서 새 신자를 위한 사역을 하면서 이런 어려움이 현실적인 문제라는 것을 알게 되었다. 그럼에도 불구하고 십자가에서 이루신 그리스도의 구원 사역의 의미와 그리스도 안에 있는 새 생명의 성격을 올바르게 강조할 때, 자유와 해방을 새롭게 경험하는 것이 가능해진다. 이런 경험 때문에 죄책의 무거운 짐이 벗겨지고 사탄의 억압이 풀렸다는 기쁨의 눈물을 흘리게 된다. 확실히 사탄은 그리스도인을 미혹시켜서 자신에 대해서 이런 거짓말을 믿게 만들려고 한다. "하나님은 네가 한 그 일을 결코 용서하실 수 없어." "너는 결코 그 습관을 극복할 수 없을 거야." "너는 그 사람을 사랑할 수 없어." 그리스도께서는 자기 백성을 억압하는 사탄과 악의 능력을 깨뜨리셨다. 따라서 그리스도의 백성은 변화될 수 있으며, 그리스도께서도 그들을 변화시키려고 부르셨다.

탤벗 신학교에서 가르치는 나의 동료 닐 앤더슨 박사는 영적 전투와 상담에 관한 강의와 세미나를 진행하면서, 일종의 마귀의 영향과 관련이 있는 문제들 때문에 고통을 겪는 그리스도인들과 정기적으로 만난다. 그는 마귀에게 직접적으로 억압을 당하는 그리스도인들은 거의 항상 그리스도 안에서 변화된 자신의 참모습을 제대로 이해하지 못한다는 사실을 발견했다. 하나님의 능력에 힘입어 마귀를 대적해야 한다는 바울의 가르침에 근거하여, 앤더슨은 이런 문제로 어려움을 겪는 그리스도인들이 그리스도 안에서 주어진 새로운 본성을 알고 새로운 삶의 관점에서 자신의 참모습을 바르게 깨닫도록 도와준다. 잘 돕고 보살피는 자로서 앤더슨은 그들이 자신의 자유 의지를 이용하고 주 예수 그리스도 안에서 주어진 하나님의 능력과 권세를 자기 것으로 삼아서 그 악한 세력들의 적대적인 영향에 잘 대응할 수 있게 준비시키는 사역을 한다.

비록 우리가 그 깊은 의미를 모두 깨닫기는 어렵다고 할지라도, 그리스도께서는 우리가 그분과 매우 친밀하게 연합됨으로써 우리 자신이 이미 죄에 대하여 죽고 그분과 함께 일으킴을 받고 함께 높여졌다는 사실을 받아들이길 원하신다. 우리는 통치자들과 권세들을 제어하는 그리스도의 권세를 공유하고 있다. 그뿐 아니라 우리는 하나님께 입양됨으로써 그분의 사랑받는 자녀들이자 상속자들이 되었다!

우리는 그리스도인으로서 우리의 새로운 정체성이 개인적인 것이며, 동시에 집합적인 것임을 잊어서는 안 된다. 우리는 공동의 몸에 속해 있으며 동료 그리스도인들과 연결되어 있다. 그리스도는 어둠의 세력들을 대적하고 극복하는 데 필요한 은혜를 전달하는 가장 중요한 매체로서 교회를 창조하신 것이다.

### 하나님의 능력을 받아 자신의 것으로 만들라

이제 우리는 하나님의 능력에 접근하여 그 능력을 실제로 사용할 수 있음을 아는 것 이상으로 나아가야 한다. 바울은 하나님의 능력, 즉 우리 안에 거하시는 그분 성령의 강력한 역사(役事)를 우리 것으로 삼는 것과 관련해서 믿음의 역할을 강조했다. 이런 믿음은 그리스도께서 죽은 자들 가운데서 일으켜지시고 높여지시고 어둠의 세력들보다 뛰어나게 되셨다는 객관적인 사실에 근거한 것이다. 그리스도인들은 마술 부적이나 십자가상을 몸에 지니는 것으로는 하나님의 능력을 받을 수 없다. 또 우리는 예수님의 이름을 마술적으로 이용해서 하나님의 능력을 받을 수 있다고 기대해서는 안 된다. 하나님은 조종될 수 없는 분이다. 오직 하나님을 신뢰할 때만 하나님의 능력이 그분 백성에게 부여된다.

기도는 하나님께 대한 신뢰를 나타내는 가장 자연스러운 표현이다. 사도 바울은 그의 서신에서 기도의 본을 보여 주었다. 기도로 하나님과 의사소통을 하는 것은 하나님의 주권을 인정하는 것이며 자신의 삶을 위해서 하나님을 의존하는 것이다.

악한 영들의 실제적 존재를 믿는 수정된 세계관을 소유할 때 우리가 얻을 수 있는 한 가지 중요한 유익은, 그런 세계관이 우리의 기도 생활에 좋은 영향을 끼친다는 점이다. 만일 우리가 전적으로 기계적인 우주와는 다른 세계에 살고 있다면, 만일 주 예수 그리스도 안에서 우리에게 자신을 계시하신 궁극적인 존재가 참으로 실재한다면, 그리고 만일 우리를 파멸하려고 지속적으로 음모를 꾸미고 우리를 공격하는 수많은 악한 영들이 존재한다면, 우리에게는 기도해야 할 중요한 이유가 있는 것이다. 하나님은 우리 곁에 계시면서 우리 기도를 들으시고, 우리 처지를 이해하시며, 악한 영들이 강력하게 적대하는 상황에서 살아남도록 우리를 돕기 원하신다.

프랭크 페레티가 소설을 통해서 교회에 크게 공헌한 것이 있다면, 아마도 그것은 눈에 보이지 않는 세계를 가린 장막을 걷어 냈다는 점일 것이다. 그는 어둠의 세력들을 생생하고도 기괴하게 그려 내서 우리를 놀라게 했을 뿐 아니라, 악한 영적 세계의 실제적이며 광범위한 적대적인 영향을 새롭게 인식하게 만들었다. 페레티 소설의 주인공들은 그 무시무시한 영적 세계의 악을 이겨 냈고 하나님 나라를 위해서 놀라운 일을 많이 할 수 있었다. 그들이 그렇게 할 수 있었던 이유는 무엇인가? 그것은 그들이 기도했기 때문이다. 하나님은 그들의 기도를 들으셨고 응답하셨다. 따라서 페레티의 소설을 읽는 사람은 기도해야 한다는 강한 자극을 받게 될 것이다. 만일 우리가 페레티의 가상적인 이야기에 포함된 진리에 근접한다면, 하나님께 의지하는 것 말고는 달리 할 수 있는 일이 없기 때문이다. 하나님께서 친히 자기 백성을 위해서 싸우실 것이다.

그리스도인의 삶은 공동체 안에서 다른 성도들을 세워 주는 삶이다. 특히 사도 바울은 교회를 그리스도의 몸으로 묘사하면서 이 점을 강조했다. 하나님께서는 특히 교회가 예배와 건덕을 위해서 모일 때 다른 그리스도인들과의 관계를 통해서 그리스도인 개개인을 강하게 만드시고 그들을 세우신다. 하나님의 성령은 사람들 안에서 각기 다른 방식으로 역사하시면서 신자 개개인을 강하게 만드시고, 그것을 통해서 궁극적으로 신자들의 무리 전체를 강하게 만드신다. 그러므로 지역 교회의 사역에 적극적으로 참여하는 것이야말로 어둠의 세력들의 공격에 대항하는 데 필요한 하나님의 능력을 받는 비결이다.

또한 다른 그리스도인들과 더불어 기도하는 것을 통해서 우리는 하나님의 능력을 우리 자신의 것으로 만들 수 있다. 영적 전쟁을 다룬 장에서 이미 살펴본 대로, 바울은 기도를 하나님의 전신갑주와 관련해서 필수적인 요소로 간주했다. 비록 우리가 종종 하나님의 전신갑주를 취하는 것을 개인적인 관점에서 생각할지라도(즉, 개인 기도 시간에 자기 자신을 위해서 기도해야 하는 그 무엇이라고 생각할지라도), 바울은 그것을 공동적인 관점에서 제시한다(즉, 우리가 함께 모여서 다른 사람들을 위해 기도해야 하는 그 무엇으로 제시한다). 우리는 동료 신자들이 하나님의 능력으로 무장하는 일에 책임이 있다.

바울의 '영적 전쟁'에 관한 구절을 설교하면서 나는 가끔 설교 제목을 "건강한 사람들을 위해서 기도하십시오."라고 정한다. 내 목표는, 작은 기도 모임들 안에서 몸이 아픈 사람들이나 문제를 가진 사람들을 위해서 기도할 뿐만 아니라(이것이 매우 중요한 부분이라고 하더라도), 서로를 위해서 기도하도록 이끄는 것이다. 성경은 좋은 시절처럼 보이는 때에도 우리의 형제자매들이 마귀의 공격에 상처를 입지 않도록 대비하게 하는 책임이 우리에게 있다고 가르친다. 나는 사람들이 이것을 깨닫고 다음과 같이 기도하길 바란다.

하나님 아버지, 톰을 위해서 기도합니다. 톰이 주 예수 그리스도 안에서 받은 모든 영적 자원을 새롭게 깨닫게 해 주시기를 구합니다. 그의 속사람을 성령께서 주시는 풍성한 능력으로 강건하게 해 주십시오. 하나님 아버지, 당신은 톰의 삶에서 사탄의 공격에 가장 취약한 부분이 무엇인지 아십니다. 톰을 강건하게 해 주시고, 악을 행하게 만드는 마귀의 유혹을 물리칠 수 있도록 당신의 은혜로 그를 지켜 주십시오.

하나님 아버지, 당신은 실라가 직장에서 복음을 전하려는 마음을 갖고 있음을 아십니다. 실라가 해방과 구속의 메시지를 전하려고 할 때 사탄이 분노하리라는 것을 우리는 알고 있습니다. 사도 바울에게 그러셨던 것처럼 실라에게도 담대함을 주셔서, 실라를 방해하려고 사탄이 놓은 장애물을 실라가 잘 극복할 수 있게 해 주시기를 원합니다.

바울은 그의 서신 전체에서 위와 같은 기도의 본을 보여 주었고, 특히 그가 영적 전쟁의 문제에 관심을 가졌던 에베소서에서는 더욱더 그랬다. 우리는 그가 보여 준 기도의 본을 잘 따라야 한다.

### 악한 자를 대적하라

바울은 자신이 섬기던 사람들이 기독교적 덕목을 함양하는 것에 엄청난 관심을 가졌다. 기독교적 덕목 또는 "성령의 열매"는 세상적인 악덕 또는 "육체의 일들"과 전혀 다른 것이다. 어둠의 세력들은 기독교적 덕목을 함양하는 것에 전적으로 저항한다. 이 마귀적 세력들은 육체적이며 세상적인 온갖 악을 대표한다.

바울에게 있어서 악한 자를 대적하는 것은 육체의 일들을 죽이는 것, 또는 옛 본성을 벗어 버리는 것과 밀접한 관련이 있다. 이것들은 유사한 활동을 다른 각도에서 보고 표현한 것이다. 이런 활동들의 목표는 유혹이 육체로부터 오는 것이든지, 아니면 옛 본성이나 사탄에게서 오는 것이든지, 그 유혹에 직면하는 때가 언제인지를 인식하고 하나님의 능력으로 그것에 저항하는 것이다. 바울에 따르면, 영적 전쟁이란 근본적으로 저항하는 것이다. 그것은 유혹의 초자연적인 성격을 면밀하게 살피고 영적 공격에 영적인 방식으로 대처할 준비를 하는 것을 포함한다.

우리는 '순진한' 방식으로는 결코 악한 자를 대적할 수 없다. 그저 "아니요"라고 말하는 것처럼 쉽게 할 수 있는 일이 아니다. 사탄과 그의 세력들은 초자연적으로 강력한 원수들이다. 우리는 우리 자신이 그리스도인이라는 것을 분명히 해야 하며, 주 예수 그리스도 안에서 주어진 영적 자원을 우리의 것으로 삼아야 한다. 그리스도를 따르는 것, 진리를 아는 것, 그리고 믿음과 기도는 모두 마귀를 대적하고 그리스도인의 삶에서 진보를 이루는 데 필수적인 조건들이다.

### 구속의 사명을 위해 하나님의 백성들과 함께하라

기독교적 삶은 죽는 날까지 '일정한 형태를 유지하는 것'이 아니다. 기독교적 삶이란 하늘에서 우리가 하나님과 함께할 때까지 그저 우리의 삶을 새롭게 하시려고 하나님께서 의도하신 그 무엇이 아니다. 교회는 사명, 즉 구속받지 못한 세상에 복음의 좋은 소식을 가지고 다가가야 할 사명을 위해서 부름받은 공동체이다. 그리스도께서는 사탄의 왕국에서 '포로가 된 자들에게 자유를 선포하는' 사명을 교회에 맡기셨다. 영적 전투에 관한 바울의 가르침에 있어서 복음을 전하는 것은 영적 전투의 공격적인 부분에 해당된다.

하나님 아버지께서는 교회에게 이런 사명을 감당할 수 있는 시간을 주시려고 그리스도의 재림을 연기하신다. 바울은 이 일을 하도록 하나님께서 주신 "시간을 선용하라"고 독자들에게 촉구한다. 더구나 그것은 단지 특별한 은사를 받은 사람들뿐만 아니라 전체 교회와 그리스도인 개개인이 수행해야 할 사명이다. 이런 관점에서 볼 때 복음을 전파하는 것은 사탄과 그의 왕국에 명백한 위협이 된다. 따라서 사탄이 교회의 복음 전파에 온 힘을 다하여 반대하는 것은 그리 놀라운 일이 아니다.

서구 세계와 관련해서 사탄의 '전략'에 관해서 잠시 생각해 보자. 사탄은 어떻게 교회의 선교 사명에 대한 열심을 식히려고 애를 쓰고 있는가? 만일 사탄이 자신의 적대적인 의도를 사람들이 분명하게 알아차릴 수 있는 직접적인 방식으로 교회의 사명을 방해한다면, 결코 성공하지 못할 것이다. 그런 경우라면 사람들이 사탄에게 반격을 가할 것이기 때문이다.

사탄이 교묘한 책략을 사용한다면 그 전략은 좀 더 효과가 있을 수도 있다.

만일 사탄이…
- 그리스도인들로 하여금 모든 사람이 복음을 들었다고 생각하게 만든다면 어떻게 되겠는가?
- 교회 안에 많은 문제를 일으켜서 교회가 분쟁을 해결하는 데만 관심을 갖게 하고 모든 힘을 소진하게 만든다면 어떻게 되겠는가?
- 그리스도인들로 하여금 선교사와 복음 전도자만이 복음을 전해야 한다고 믿게 만든다면 어떻게 되겠는가?

- 그리스도인이 다른 사람들에게 '믿음을 강요할 경우에' 자신이 친구들에게 매우 극단적인 사람으로 비칠 것을 염려하게 만든다면 어떻게 되겠는가?
- 그리스도인들이 복음을 전하고자 하는 비그리스도인들에 대해서 혐오감을 갖게 할 만한 것을 모두 지적한다면 어떻게 되겠는가?
- 하나님은 사랑이 넘치는 분이므로 모든 사람이 긍극적으로 어떤 방식으로든 구원받도록 공정한 기회를 주신다고 그리스도인들을 확신시킨다면 어떻게 되겠는가?
- '눈에 보이는' 많은 그리스도인들을 타락시켜서 그들이 다른 사람들과 다를 바 없는 사람으로 보이게 만들면 어떻게 되겠는가?

적어도 서구 사회에서 교회의 선교 사명을 방해하려고 사탄이 위와 같은 책략들(그리고 더 많은 책략들)을 사용해 왔다고 나는 확신한다. 사탄을 대적하고 우리의 선교 과업을 성취하기 위한 전략의 일부로서 우리는 이런 거짓 주장들을 폭로하고 복음 전파에 힘을 다시 집중해야 한다. 이런 요청은 복음 전도의 핵심에 자리 잡고 있다.

세상에 대한 그리스도인의 의무는 복음을 전하는 것으로 그치지 않는다. 우리는 세상의 '소금과 빛'이 되고, 세상에 사랑을 입증하라는 부름을 받고 있다. 바울은 우리에게 사회 참여를 위한 의제나 모범을 제시하지 않았으나, (예수님께 영향을 받은) 그의 윤리는 기독교적 사회 윤리를 발전시킬 수 있는 근거를 제공한다. 영적 세력들이 사람들을 통해서 우리 존재의 구조들에 영향력을 행사하기 때문에 우리는 세상을 더럽히는 영적 세력들의 영향에 적극적으로 대항할 책임이 있다. 하지만 바울에게 배울 수 있는 교훈은, 그리스도인은 자신의 힘을 우선적으로 사람들을 변화시키는 일에 집중해야 한다는 것이다. 사회는 오직 사람들의 마음이 변화되는 정도만큼만 변화될 수 있기 때문이다.

## 바울 서신에 등장하는 어둠의 세력들을 가리키는 명칭

| 명칭(RSV, NIV) | 헬라어 단어 | 성경 본문 |
|---|---|---|
| **사탄(Satan)** | | |
| 사탄(satan) | satanas | 롬 16:20; 고전 5:5; 7:5; 고후 2:11; 11:14; 12:7; 살전 2:18; 살후 2:9; 딤전 1:20; 5:15 |
| 마귀(devil) | diabolos | 엡 4:27; 6:11; 딤전 3:6, 7; 딤후 2:26 |
| 악한 자(evil one) | ponēros | 엡 6:16; 살후 3:3 |
| 권세 잡은 자(prince, ruler) | archōn | 엡 2:2 |
| 영(spirit) | pneuma | 엡 2:2 |
| 벨리알(Belial) | belial | 고후 6:15 |
| 대적(the enemy) | antikeimenos | 딤전 5:14 |
| 뱀(the serpent) | ophis | 고후 11:3 |
| 시험하는 자(the tempter) | peirazon | 살전 3:5 |
| 이 세상의 신(the god of this world, the god of this age) | ho theos tou aiōnou toutou | 고후 4:4 |
| 천사(angel) | angelos | 고후 11:14 |
| **통치자들과 권세들(Principalities and Powers)** | | |
| 통치자들(principalities, rulers) | archai | 롬 8:38(권세자들); 고전 15:24(통치); 엡 1:21; 3:10; 6:12; 골 1:16; 2:10; 2:15 |
| 권세들(powers, authorities) | exousiai | 고전 15:24; 엡 1:21; 2:2; 3:10; 6:12; 골 1:16; 2:10; 2:15 |
| 능력들(powers) | dynameis | 롬 8:38; 엡 1:21 |
| 주권들(dominions, powers) | kyriotētes | 엡 1:21; 골 1:16 |
| 왕권들(thrones) | thronoi | 골 1:16 |
| 천사들(angels/messengers) | angeloi | 롬 8:38; 고전 4:9; 6:3; 11:10(?); 고후 12:7(사자); 갈 1:8(?); 골 2:18 |
| 세상 주관자들 (world rulers, powers) | kosmokratores | 엡 6:12 |
| 영들(spiritual hosts, spiritual forces) | pneumatika | 엡 6:12 |
| 관원들/통치자들(rulers) | archontes | 고전 2:6, 8 |
| 초보적 영들/초등학문 (elemental spirits, basic principles) | stoicheia | 갈 4:3, 9; 골 2:8, 20 |
| 귀신들(demons) | daimonia | 고전 10:20-21; 딤전 4:1 |

# 주

## 서론

1. 이 광고는 1987년 12월 3일자 「내셔널 이그재미너」(*National Examiner*)에 실렸다.
2. 1974년 5월 24일, 미국 필라델피아 주에서 개최된 제21회 프로이트 연례 기념 강좌(Freud Memorial Lecture)에서 발표되었다가 나중에 출판된 미르체아 엘리아데의 다음 논문을 보라. Mircea Eliade, "The Occult in the Modern World," in *Occultism, Witchcraft, and Cultural Fashions: Essays in Comparative Religions* (Chicago: University of Chicago Press, 1976), pp. 58-63.
3. Eliade, "Some Observations on European Witchcraft," *Occultism, Witchcraft, and Cultural Fashions*, p. 69.
4. 복음주의적 관점에서 이 운동을 평가한 유용한 문헌들은 다음과 같다. Douglas R. Groothuis, *Unmasking the New Age* (Downers Grove: InterVarsity Press, 1986); 같은 저자의 두 번째 책, *Confronting the New Age* (Downers Grove: InterVarsity Press, 1988); Russell Chandler, *Understanding the New Age* (Dallas: Word, 1988); Elliot Miller, *A Crash Course on the New Age Movement* (Grand Rapids: Baker, 1989).
5. Groothuis, *Confronting the New Age*, 제8장, "New Age Business"를 보라.
6. Cathleen Decker, "The L. A. Woman," *Los Angeles Times Magazine*, February 21, 1988, p. 13.
7. Otto Friedrich, "New Age Harmonies"(Cover Story), *Time*, December 7, 1987, pp. 62-72.
8. 특히 Miller, *Crash Course*, pp. 31-32를 보라. 밀러는 영매를 통한 영들과의 접촉에 관해서 뉴에이지의 개념을 매우 적절하게 분석한다(8장과 9장을 보라).
9. 복음주의 진영에 속한 대학들과 신학교들이 개설하고 있는 '영적 전쟁'에 관한 많은 강좌들의 내용을 요약한 것은 다음 논문에 실려 있다. F. Douglas Pennoyer, "Trends and Topics in Teaching Power Evangelism," in *Wrestling with Dark Angels*, ed. C. Peter Wagner & F. Douglas Pennoyer (Ventura: Regal, 1990), pp. 339-57.

## 1장 마술과 점술

1. Arthur Darby Nock, "Studies in the Graeco-Roman Beliefs of the Empire," in *Arthur Darby Nock: Essays on Religion in the Ancient World*, vol. 1, ed. Z. Steward (Oxford: Clarendon, 1972), p. 34. 이 논문은 본래 1928년에 출판되었다. 시카고 대학교의 한스 디터 베츠는 노크의 견해에 동의하여 이렇게 말한다. "고대 세계에서 대다수 사람들이 가졌던 종교적 신념과 행위는 마술의 형태와 동일한 것이었다. 오늘날 우리는 승인된 종교와 승인되지 않은 종교의 유형(전자는 '종교'와 '교회'로, 후자는 '마술'과 '제의'라고 부름)을 분명하게 구별하지만 고대 세계에서는 소수 지식인들을 제외하고는 이런 식으로 종교 유형을 구별하지 않았다."(Hans Dieter Betz, ed., *The Greek Magical Papyri in Translation*, vol. 1: *Text* [Chicago: University of Chicago Press, 1986], p. xli).
2. PGM 4.2695-2704.
3. '다이몬'(*daimon*)이라는 용어의 역사와 용례에 관한 상세한 논의는 다음 글을 보라. Frederick E. Brenk, "In the Light of the Moon: Demonology in the Early Imperial Period," *Aufstieg und Niedergang der Römischen Welt* II.16.3 (Berlin: Walter de Gruyter, 1987), pp. 2068-2145

4   Philostratus, *Life of Apollonius of Tyana* 3.38-39. 이 문헌의 본문과 이 문헌에 관한 논의는 다음 책을 보라. Georg Luck, *Arcana Mundi: Magic and the Occult in the Greek and Roman Worlds* (Baltimore: Johns Hopkins Univ. Press, 1985), pp. 155-56.
5   이 본문 및 본문에 대한 비평적인 주석은 다음 글에 실려 있다. Dierk Wortmann, "Neue Magische Texte," *Bonner Jahrbücher* 168 (1968): 60-80. 본서에서 제시된 이 본문의 영어 번역은 다음의 논문에 근거한 것이다. D. R Jordan, "A Love Charm with Verses," *Zeitschrift für Papyrologie und Epigraphik* 72 (1988): 245-49.
6   *PGM* 36.231-55.
7   David Aune, "Magic; Magician," in *International Standard Bible Encyclopedia*, vol. 3 (Grand Rapids: Eerdmans, 1986), p. 218.
8   이 본문들 및 본문들에 대한 논의에 관해서는 다음 글을 보라. Chester C. McCown, "The Ephesia Grammata in Popular Belief," *Transactions of the American Philological Association* 54 (1923): 128-40.
9   이 본문들의 영어 번역은 다음 글에 실려 있다. A. F. Segal, "Hellenistic Magic: Some Questions of Definition," in *Studies in Gnosticism and Hellenistic Religions* (Leiden: Brill, 1981), p. 358.
10  *PGM* 1.1-2.
11  *PGM* 1.96-116.
12  오늘날 일부 집단에서 시행되고 있는 영매를 통한 영들과의 접촉에 관한 복음주의자의 평가를 알고 싶다면 다음 책의 8장과 9장을 보라. Elliot Miller, *A Crash Course on the New Age Movement* (Grand Rapids: Baker, 1989).
13  *PGM* 12.153-60.
14  *PGM* 7.343-58.
15  「베드로 행전」(Acts of Peter) 영어 번역은 다음 책에서 볼 수 있다. Edgar Hennecke, *New Testament Apocrypha*, vol. 2, ed. W. Schneemelcher (Philadelphia: Westminster, 1964), pp. 259-322.
16  Susan R. Garrett, *The Demise of the Devil: Magic and the Demonic in Luke's Writings* (Minneapolis: Fortress, 1989)를 보라. 누가복음과 사도행전에 등장하는 마술과 귀신들을 주제로 연구한 이 탁월한 저서에서 개릿은 모든 마술의 배후에 있는 악한 세력, 곧 사탄에 대한 그리스도의 승리를 선포하는 누가의 관심을 명쾌하게 입증한다.

## 2장 그리스-로마와 동방의 종교들

1   동방 종교들의 영향에 관해서는 다음 책을 보라. Franz Cumont, *The Oriental Religions in Roman Paganism* (New York: Dover, 1956). 그러나 저명한 그리스 종교 역사학자인 마틴 닐슨(Martin P. Nilsson)을 포함한 일부 학자들은 퀴몽의 주장이 과장된 것이라고 믿는다.
2   바울 당시 고린도의 종교적 삶에 대한 간략한 개관은 다음 주석을 보라. Victor P. Furnish, *II Corinthians*, Anchor Bible 32A (New York: Doubleday, 1984), pp. 14-22.
3   이런 신들 및 다른 헬라 신들과 여신들의 형상들을 보여 주는 많은 사진들이 다음 책에 실려 있다. *Lexicon Iconographicum Mythologiae Classicae* (Zürich und München: Artemis, 1984).
4   Jonathan Z. Smith, "Hellenistic Religion" in *Encyclopedia Brittanica*, vol. 8 (Chicago: Encyclopaedia Brittanica, 1979), p. 749.
5   이 신화의 전체 내용은 기원전 7세기 글인 데메테르에게 바치는 호머의 찬가에 담겨 있다. 본서에서 내가 제시한 것보다 더 분명하고 더 완벽한, 이 신화의 본문 및 해석은 다음 책에서 볼 수 있다. Luther H. Martin, *Hellenistic Religions* (Oxford: Oxford University Press, 1987), pp. 62-72.
6   Herbert J. Rose, "Hades," in *Oxford Classical Dictionary*, 2d ed. (Oxford: Oxford University Press, 1970), p. 484.

7 이 인용문은 Franz Cumont, *The Oriental Religions in Roman Paganism* (New York: Dover, 1956), p. 66에 실려 있다.
8 Cumont, *The Oriental Religions*, p. 67.
9 아스클레피오스 제의에 대한 철저한 개관은 다음 책을 보라. Emma J. Edelstein and Ludwig Edelstein, *Asclepius: A Collection and Interpretation of the Testimonies*, 2 vols. (New York: Arno Press, 1975).
10 Edelstein and Edelstein, *Asclepius*, vol. 2, p. 189.
11 *P. Oxy.* 11.1381.1-247.
12 이 인용문은 Edelstein and Edelstein, *Asclepius*, vol. 2, p. 132에 실려 있다.
13 Sarah I. Johnston, *Hekate Soteira: A Study of Hekate's Roles in the Chaldean Oracles and Related Literature*, American Classical Studies 21 (Atlanta: Scholars Press, 1990), 3장("The Mistress of the Moon")과 9장("The Chaldean Daemon-dogs")을 보라.
14 Alois Kehl, "Hekate," in *Reallexikon für Antike und Christentum*, vol. 14 (Stuttgart: Anton Hiersemann, 1988), p. 315 (번역문은 저자의 것).
15 Kehl, "Hekate," p. 320.
16 Theodor Kraus, *Hekate: Studien zu Wesen und Bild der Göttin in Kleinasien und Griechenland*, Heidelberger Kunstgeschichtliche Abhandlungen 5 (Heidelberg: Carl Winter, 1960), pp. 50-51.
17 Johnston, *Hekate Soteira*, p. 146을 보라.
18 존스턴은 이 주제를 자신의 책, *Hekate Soteira*에서 강조한다.
19 디오니소스 제의에 관한 가장 포괄적인 연구서는 Martin P. Nilsson, *The Dionysiac Mysteries of the Hellenistic and Roman Age* (Lund: C. W. K. Gleerup, 1957)이다.
20 Martin, *Hellenistic Religions*, p. 97에서 인용된 Livy *History of Rome* 39.13.
21 Marvin W. Meyer, ed., *The Ancient Mysteries: A Sourcebook. Sacred Texts of the Mystery Religions of the Ancient Mediterranean World* (San Francisco: Harper & Row, 1987), p. 82에서 인용된 Livy *History of Rome* 39.8. 또한 Nilsson, *The Dionysiac Mysteries*, pp. 15-16을 보라.
22 Meyer, *The Ancient Mysteries*, p. 86에서 인용된 Livy *History of Rome* 39.13. 또한 Martin, *Hellenistic Religions*, p. 97을 보라.
23 Nilsson, *The Dionysiac Mysteries*, pp. 45, 95-96.
24 1988년에 일리노이 주 시카고에서 개최된 성경문헌학회(the Society of Biblical Literature) 연례 회의의 그리스-로마 종교 분야 소회에서 발표한 "Dionysos at Pompeii: The Villa of the Mysteries"라는 논문에서 마빈 마이어(Marvin Meyer) 교수는 폼페이에서 발굴된 신비 종교의 빌라 벽에 있는, 잘 보존된 띠 모양 조각을 성(性)을 기리는 신비 종교의 의식으로 해석해야 한다고 설득력 있게 주장했다.
25 이런 사례들을 개략적으로 다룬 유익한 글로는 다음 책을 보라. Robert M. Grant, *Gods and the One God*, Library of Early Christianity (Philadelphia: Westminster Press, 1986), 1장, "Gods in the Book of Acts."
26 F. F. Bruce, *The Book of Acts*, New International Commentary on the New Testament (Grand Rapids: Eerdmans, 1954), pp. 525-26.

## 3장 점성술

1 해, 달, 별을 신으로 숭배한 사례들을 다룬 것은 다음 책에서 볼 수 있다. Franz Cumont, *Astrology and Religion Among the Greeks and Romans* (New York: Dover, 1960), pp. 64-76.
2 Georg Luck, *Arcana Mundi* (Baltimore: Johns Hopkins Univ. Press, 1985), p. 325에서 인용된 Manilius 1.25-112.
3 Luck, *Arcana Mundi*, p. 340에서 인용된 Manilius 4.1-118.
4 Luck, *Arcana Mundi*, p. 349.
5 Franz Cumont, *The Oriental Religions in Roman Paganism* (New York: Dover, 1956), p. 181.

6  다음 책은 전적으로 마술과 점성술을 다루고 있다. Hans Georg Gundel, *Weltbild und Astrologie in den griechischen Zauberpapyri, Münchener Beiträge zur Papyrusforschung und Antiken Rechtsgeschichte* 53 (München: Beck, 1968).
7  *PGM* 7.284-99.
8  *PGM* 4.2891ff.
9  *PGM* 4.2940.
10 *PGM* 7.686-93.
11 이 표현들의 배경과 용례에 관해서는 다음 책을 보라. Clinton E. Arnold, *Ephesians: Power and Magic. The Concept of Power in Ephesians in Light of Its Historical Setting*, Society for New Testament Studies Monograph 63 (Cambridge: Cambridge Univ. Press, 1989), pp. 52-56, 65-68.
12 나는 이 견해를 곧 출간될 골로새서의 배경에 관한 연구서에서 더 상세하게 개진할 것이다. 아마도 이 견해가 널리 받아들여지는 데 가장 큰 장애가 되는 것은, 일부 학자들이 "스토이케이아"에 대한 이런 해석이 문맥상 갈라디아서에 적절하지 않다고 느낀다는 점이다. 여기서는 세 가지 사항을 언급하는 것으로 충분할 것이다. (1) 갈라디아서 4:3에 나타난 "스토이케이아"는 4:2에 등장하는 인격적인 "후견인과 청지기"와 병행을 이루고 있는데, 이것은 스토이케이아에 대한 인격적 해석을 지지한다. (2) 두 번째 언급된 스토이케이아(4:9) 앞에는 독자들이 "본질상 하나님이 아닌 자들"에게 종노릇했다는 진술이 나온다. 이것은 고린도전서 8:5에서 바울이 이방 종교와 관련해서 말한 것(하늘과 땅에는 제물이 바쳐지는, "신이라 칭하는" 많은 실체들이 있다)과 유사한 개념이다. 이어서 바울은 이 제물을 받는 자들이 귀신들이라고 밝힌다. (3) 따라서 스토이케이아는 율법을 가리키는 표현이 아니라, 율법을 악용하여 하나님께서 의도하신 율법의 기능을 따르지 못하게 만드는 악한 영들로 간주되어야 한다.
13 *PGM* 39.18-21.
14 일부 학자들은 신약 성경을 설명할 때 「솔로몬의 유언서」를 사용하는 것에 문제를 제기한다. 그것은 이 문헌의 연대가 불확실하며(신약 성경보다 늦게 기록되었을 가능성이 있다), 그리스도인 필사자가 이 문헌에 기독교적 요소들을 첨가했을 가능성이 있기 때문이다. 하지만 대다수 학자들은 이 문헌의 귀신론이 신약 성경 시대 이전과 동시대에 널리 퍼진 유대인들의 신앙을 반영하고 있을 것으로 믿는다. 게다가 코스모크라토레스(*kosmokratores*)와 스토이케이아(*stoicheia*)라는 용어들을 바울이 처음으로 사용했다는 것은 의심스럽다.

## 4장 유대교

1  John D. W. Watts, *Isaiah 34-66*, Word Biblical Commentary 25 (Waco: Word, 1987), pp. 13-14에 실린 "Lilith"에 관한 해설을 보라. 또한 다음 글을 참조하라. David Aune, "Night Hag", in *The International Standard Bible Encyclopedia*, vol. 3 (Grand Rapids: Eerdmans, 1986), p. 536.
2  Watts, *Isaiah 34-66*, p. 13에서 인용된 Targum Pseudo-Jonathan on Numbers 6:24-26.
3  C. H. Gordon, "Two Magic Bowls in Teheran," *Orientalia* 20 (1951): 310.
4  영어 성경 NIV는 이사야서 34장의 히브리어 단어들을 다른 짐승들을 가리키는 것으로 이해하고, "광야의 짐승들"(desert creatures), "올빼미들"(owls), "야생 염소들"(wild goats), 그리고 "밤 짐승들"(night creatures)이라고 번역한다. 영어 성경 RSV는 마지막 두 단어들을 귀신을 가리키는 것으로 이해하고, "사티로스"(satyr)와 "밤 귀신"(night hag)이라고 번역한다. 그리스어 구약 성경은 히브리어 단어들을 헬라어 단어 다이모니아("귀신들")와 일종의 악한 영을 뜻하는 다른 단어(*onokentauros*)를 사용하여 요약적으로 표현한다. 다음 주석에서도 이 용어들을 귀신을 가리키는 것으로 해석한다. Watts, *Isaiah 34-66*, p. 13.
5  Francis Brown, S. R. Driver and C. A. Briggs, *A Hebrew and English Lexicon of the Old Testament* (1953; reprint ed., Oxford: Clarendon, 1978), p. 972를 보라.
6  이 주제에 관해서는 다음 글을 보라. David Aune, "Magic; Magician," in *The International Standard Bible Encyclopedia*, vol. 3 (Grand Rapids: Eerdmans, 1986), pp. 214-16.

7   이 주제에 관한 상세한 논의는 다음 글에 실려 있다. David Aune, "Divination," in *The International Standard Bible Encyclopedia*, vol. 1 (Grand Rapids: Eerdmans, 1979), pp. 971-74.
8   C. F. Keil and F. Delitzsch, "Joshua," in *Commentary on the Old Testament* (reprint ed., Grand Rapids: Eerdmans, 1980), p. 365. 여기서 이 주석가들은 이렇게 주장한다. "'악한 영'은 '악한 성향'이 아니라, 악신이 사울에게 임했을 때처럼 불화와 다툼을 불러일으키는 악한 귀신이다. … [그것은] 사탄 자신이 아니라 사탄의 영향 아래 있는 초자연적인 영적 존재기다."
9   Gordon J. Wenham, *Genesis 1-15*, Word Biblical Commentary 1 (Waco: Word, 1987), pp. 73, 88.
10  E. Stauffer, *Theology*, p. 64를 보라. 이 견해를 대중적으로 이해하기 쉽게 제시한 다음 책을 보라. C. Fred Dickason, *Angels: Elect and Evil* (Chicago: Moody, 1975), pp. 127-37.
11  Gerhard von Rad, "διάβολος" in *Theological Dictionary of the New Testament*, vol. 2, ed. Gerhard Kittel (Grand Rapids: Eerdmans, 1964), p. 74.
12  히브리어 본문에서는 실제로 "이스라엘의 아들들"이다. 하지만 이 어구에 대한 칠십인역(LXX) 번역은 쿰란에서 발견된 신명기 32:8의 히브리어 본문으로 인해서 강화되었는데, 이 본문에도 "하나님의 아들들"이라고 되어 있다.
13  D. S. Russell, *The Method and Message of Jewish Apocalyptic* (Philadelphia: Westminster Press, 1964), p. 248. 이 책에 실린 "나라들을 지키는 수호천사들"(the guardian angels of the nations)에 관한 뛰어난 글을 읽어 보라(pp. 244-49).
14  칠십인역에서 '스트라테고스'(*stratēgos*, "군사령관," "장군")라는 단어를 사용하는 것에 비해서, 테오도시온(Theodotion) 역의 다니엘서에서는 '아르콘'(*archōn*)이라는 단어를 사용한다.
15  Russell, *Apocalyptic*, pp. 237-38을 보라.
16  특별히 쿰란 문서에서 인용한 다음 구절들을 보라: "거룩한 천사들이 그들의 군대들[하나님 백성의 군대들]과 함께할 것이다"(1QM 7.6). "그의 영들의 군대가 우리의 보병들과 기병들과 함께 있다"(1QM 12.8-9). "그리고 빛의 군주, 당신이 고대로부터 우리를 지원하러 오도록 임명되었습니다"(1QM 13.10). "[사탄]이 어둠의 아들들을 지원하러 오려고 태세를 갖추었다"(1QM 16.11). "[하나님]께서 구속받은 자기 백성에게 영원한 구원자를 미가엘 나라의 천사장의 능력으로 보내실 것이다"(1QM 17.6).
17  Russell, *Apocalyptic*, pp. 254-57을 보라. 여기서 저자는 노아 홍수 이전에 존재한 악한 영들에 관한 다양한 유대 전통들을 상세하게 다룬다.
18  J. Maier, "Geister(Dämonen)," in *Reallexikon für Antike und Christentum*, vol. 9, ed. T. Klauser (Stuttgart, 1975), cols. 680-87.
19  이 문서들의 정확한 연대를 결정하는 데 불확실한 요소들이 있다. 그리스도인들이 이 유언서들에 새로운 내용들을 삽입하고 편집했다고 주장하는 일부 학자들 때문에 문제가 더 복잡해졌다. 1976년에 제임스 찰스워드(James Charlesworth)는 이 유언서들에 관한 학자들의 견해를 이렇게 요약했다: "이 유언서들이 우리가 알고 있는 것과 유사한 형태를 갖게 된 때는 아마도 기원전 100년경일 것이다. 이 문서들은 고대 교훈의 핵심에 근거한 것으로 보인다. 아마도 후대의 한 유대인이 기원전 1세기경에 이 열두 유언서를 편집했을 것이다. 그리고 기원후 100년경부터 수 세기에 걸쳐서 '그리스도인들'이 이 문서들에 새로운 내용을 삽입하고 편집한 것이 확실해 보인다. 이렇게 보는 이유는 이 문서들의 일부 내용이 요한복음서에 의존해 있기 때문이다. 한때 드 용(M. de Jonge)이라는 학자가 기원후 2세기 말경에 한 그리스도인이 이 유언서들을 기록하고 구성했다고 주장했으나 오늘날 그런 주장을 지지하는 학자들은 아무도 없다."(*The Pseudepigrapha and Modern Research with a Supplement* [Chico, Calif.: Scholars Press, 1981], pp. 212-13). 찰스워드가 이런 주장을 한 이래, 그의 평가를 근본적으로 수정하는 새로운 학설이 등장하지 않았다. 천사들과 악한 영들의 역할은 이 유언서들의 사상 세계의 핵심에 자리 잡고 있으므로 그것을 한 가지 도구로 사용하여 기원후 1세기에 유대인들이 가졌던 천사론과 귀신론에 관한 사상을 밝히는 것은 적절하다.
20  P. S. Alexander, "Incantations and Books of Magic," in E. Schürer, *The History of the Jewish People in the Age of Jesus Christ*, vol. 3, rev. ed., G. Vermes, F. Millar, M. Black and M. Goodman (Edinburgh: T. & T. Clark, 1987), p. 342.

21 E. R. Goodenough, *Jewish Symbols in the Greco-Roman Period*, vol. 2 (New York: Pantheon, 1953), pp. 153-295.
22 Alexander, "Incantations," p. 345.
23 Alexander, "Incantations," pp. 373-74. 여기서 알렉산더는 이 유언서가 1세기에 나타난 초기의 것임을 지지하며, 따라서 이 문서를 "초기 유대인들의 귀신론을 밝히는 데 확실하게 사용할 수 있다"고 주장한다.
24 이 주제에 관한 상세한 논의를 알고자 한다면 다음 글을 보라. James H. Charlesworth, "Jewish Interest in Astrology during the Hellenistic and Roman Period," *Aufstieg und Niedergang der Römischen Welt* II.20.2 (Berlin: Walter de Gruyter, 1987), pp. 926-56.

## 5장 예수님의 가르침

1 R. T. France, *Matthew*, Tyndale New Testament Commentary (Grand Rapids: Eerdmans, 1985), p. 98.
2 마태복음에서는 마지막 시험 두 가지의 순서가 바뀌어 나타난다.
3 France, *Matthew*, p. 99.
4 Joseph A. Fitzmyer, *The Gospel According to Luke I-IX*, Anchor Bible 28 (New York: Doubleday, 1981), p. 529; I. Howard Marshall, *Commentary on Luke*, New International Greek Testament Commentary (Grand Rapids: Eerdmans, 1978), pp. 177-78.
5 Susan R. Garrett, *The Demise of the Devil* (Minneapolis: Fortress, 1989), pp. 45-46. 이 책에서 저자는 누가복음 11:21-22에서 예수께서 강한 자를 이기신 것은 단지 귀신을 쫓아내는 활동뿐 아니라 근본적으로 그의 죽음과 부활에서도 일어났다고 설득력 있게 주장한다.
6 Ethelbert Stauffer, *Theology of the New Testament*, 5th ed. (New York: Macmillan, 1955), p. 124.
7 Garrett, *The Demise*, p. 45.
8 Raymond E. Brown, *The Gospel According to John I-XII*, Anchor Bible 29 (New York: Doubleday, 1966), p. 477.
9 Brown, *John XII-XXI*, p. 714.
10 오늘날 서구 사회에서 일반적으로 믿는 것보다 신약 성경의 세계에서는 귀신과 질병 사이에 더 밀접한 관계가 있는 것으로 생각했다. 이런 이유 때문에 예수님은 "미쳤다"는 비난과 바알세불이 들렸다는 비난을 동시에 받았던 것이다(막 3:21-22; 또한 요 10:20을 보라: "그중에 많은 사람이 말하되 '그가 귀신 들려 미쳤거늘' 어찌하여 그 말을 듣느냐 하며"). 제자들이 병을 고칠 때 그와 동시에 악한 영을 쫓아내야 할 필요가 있었던 경우가 많은 것도 사실이지만, 그렇다고 해서 병 고침과 귀신을 쫓아내는 일이 반드시, 그리고 분리할 수 없을 만큼 연결되어 있다고 주장하는 것은 복음서의 증거를 넘어서는 것이다.
11 Marshall, *Luke*, p. 350. 여기서 마샬은 누가의 기사와 관련해서 이렇게 말한다. "누가는 사도행전에서 두드러지게 목격자이자 선교사로 등장하는 열두 제자들이 어떻게 예수님의 부름을 받았는지, 그리고 나중에 감당하게 될 그들의 사역을 어떻게 미리 체험했는지를 기록하길 원했다."
12 Marshall, *Luke*, p. 351.
13 Fitzmyer, *Luke X-XXIV*, p. 860. 그러므로 이 구절을 요한계시록 12:7-13에서 묘사된, 사탄이 하늘로부터 쫓겨나는 것, 즉 미래에 일어날 사건과 관련시켜서는 안 된다. 또한 다음 주석을 참조하라. Robert H. Mounce, *The Book of Revelation*, New International Commentary on the New Testament (Grand Rapids: Eerdmans, 1977), p. 240. 이 주석에서 마운스는 요한계시록 12장에서 사탄이 하늘에서 쫓겨나는 것을 "성취를 예고하는 우주적 서막"으로 해석한다.
14 Marshall, *Luke*, p. 429를 보라.
15 Stauffer, *Theology*, p. 286, note 397.
16 Fitzmyer, *Luke X-XXIV*, p. 860.
17 Graham Twelftree, *Christ Triumphant: Exorcism Then and Now* (London: Hodder & Stoughton, 1985), p. 86. 이 책에서 저자는 이렇게 결론을 내린다. "그러나 귀신을 쫓아내는 일에 관한 한 사탄의 패배와

새로운 하나님 나라의 도래는 서로 밀접하게 연결되어 있다. 그리고 예수께서 하나님 나라의 도래를 선포하도록 제자들을 파송하셨다. 따라서 예수께서는 제자들이 귀신을 쫓아내는 자들이 되게 하실 작정이었고, 실제로 제자들은 귀신을 쫓아내는 자들이었다고 우리는 생각할 수 있다." 그러나 귀신을 쫓아내는 활동에 초점을 맞춘 트웰프트리의 논의는 악한 세력들을 제어하는 제자들의 권세를 이해하는 데 있어서 지나치게 제한되어 있다.

## 6장 영적 세력들이란 무엇인가?

1 이것과 관련해서 한 가지 예외가 있다. 테오도시온 역의 다니엘 7:27에서는 "아르카이"(*archai*)를 사용하여 "군주/지배자"를 나타내는 히브리어 단어를 번역한다.
2 몇 년 전에 찰스는 영적 세력들을 나타내는 바울의 어휘들의 출처를 이해하는 것과 관련해서 이 본문의 중요성을 지적했다. 다음 책을 보라. R. H. Charles, *The Apocrypha and Pseudepigrapha of the Old Testament*, vol. 2 (Oxford: Clarendon, 1913), pp. 180, 226-27. 더 최근에 블랙은 이렇게 말했다. "주석가들 및 다른 학자들은 여전히 이 단어들을 신약 성경의 용어, 예컨대 '통치자들과 권세들'과 같은 영적 세력들을 가리키는 용어들을 이해하는 주요한 고대의 전거로 간주한다." Matthew Black, *The Book of Enoch or 1 Enoch*, Studia in Veteris Testamenti Pseudepigrapha 7 (Leiden: Brill, 1985), p. 234를 보라.
3 Charles, *Apocrypha and Pseudepigrapha of the Old Testament*, p. 441. 여기서 찰스는 이 용어들이 바울이 사용한 것과 정확히 동일한 용어들이라고 말한다.
4 마술과 점성술에서 이 용어들을 사용한 것에 관해서는 다음 책을 보라. Clinton E. Arnold, *Ephesians: Power and Magic. The Concept of Power in Ephesians in Light of Its Historical Setting*, Society for New Testament Studies Monograph 63 (Cambridge: Cambridge Univ. Press, 1989), pp. 51-69.
5 Edwin M. Yamauchi, *Pre-Christian Gnosticism*, 2d ed. (Grand Rapids: Baker, 1983); 또한 같은 저자의 다음 논문을 보라. "Pre-Christian Gnosticism, the New Testament and Nag Hammadi in Recent Debate," *Themelios* 10 (1984): 22-27.
6 이 문제에 관한 더 완전한 논의를 위해서는 나의 책, *Ephesians: Power and Magic*, pp. 7-13을 보라.
7 다양한 영지적 사상 체계들을 가장 잘 소개한 책으로는 다음을 보라. Kurt Rudolph, *Gnosis: The Nature and History of an Ancient Religion* (San Francisco: Harper & Row, 1987).
8 이 주제에 관한 상세한 연구를 위해서는 다음 책을 보라. Wendell L. Willis, *Idol Meat in Corinth: The Pauline Argument in 1 Corinthians 8 and 10*, SBL Dissertation Series 68 (Chico, Calif.: Scholars Press, 1985).
9 Gordon D. Fee, *The First Epistle to the Corinthians*, New International Commentary on the New Testament (Grand Rapids: Eerdmans, 1987), p. 359. 여기서 저자는 이것이 고린도전서 8-10장 전체의 기본 쟁점이라고 주장한다.
10 이 점과 관련해서 나는 고든 피의 주장이 옳다고 확신한다. Fee, *Corinthians*, pp. 359-63을 보라. 여기서 그는 이것을 제물로 바친 고기를 다른 상황에서, 예컨대, 비그리스도인의 집에서 먹는 것과는 별개의 문제로 본다. 고린도전서 8-10장에 대한 나의 이해는 고든 피가 자신의 주석에서 제시한 이 본문에 대한 탁월한 해설에 큰 빚을 지고 있다.
11 Ibid., p. 373.
12 Fee, *Corinthians*, p. 381에서 인용된 J. Murphy-O'Connor.
13 본서 4장, "유대교"를 보라.
14 널리 퍼진 유대인들의 이러한 신앙을 계승하는 수많은 다른 본문들은 다음 책에 실려 있다. Hermann L. Strack and Paul Billerbeck, *Kommentar zum neuen Testament aus Talmud und Midrasch*, vol. 3, 6th ed. (Munich: C. H. Beck, 1975), pp. 47-60.
15 이 번역문은 다음 학자들의 것이다. H. W. Hollander and M. de Jonge in *The Testament of the Twelve Patriarchs*, Studia in Veteris Testamenti Pseudepigrapha 8 (Leiden: Brill, 1985), p. 225.

16 Ibid., p. 301.
17 Fee, *Corinthians*, p. 388, note 62.
18 Stauffer, *Theology*, p. 66.

## 7장 십자가에서 일어난 영적 세력들의 패배

1 공교롭게도 사역 초기에 예수께서 자신의 임박한 죽음을 예고하셨을 때, 베드로는 예수님이 십자가 지는 것을 만류하려고 했고, 예수께서는 "사탄아 내 뒤로 물러가라!"라고 응대하셨다(마 16:23). 사탄의 세력들은 하나님께서 그리스도를 통해 구원의 목적을 성취하시는 방식에 당황했던 것으로 보인다. 그럼에도 불구하고 예수께서 고난을 받으실 때가 가까이 오자 사탄은 예수님을 죽이려고 책동했다.
2 *BAGD*, p. 417.
3 가장 최근에 고든 피가 이렇게 주장한다. Gordon D. Fee, *The First Epistle to the Corinthians*, New International Commentary on the New Testament (Grand Rapids: Eerdmans, 1987), p. 101-7. 피는 "관원들"(rulers)이라는 단어가 예수님을 십자가에 처형한 것에 책임 있는 사람들뿐 아니라, 고린도전서 1장 20절과 26절에 등장하는 "지혜 있는 자들"을 포함해서 이 시대의 지도자들을 가리킨다고 생각한다.
4 이런 관찰과 관련해서 나는 다음 책에 빚을 졌다. Otto Everling, *Die paulinsche Angelologie und Dämonologie* (Göttingen: Vandenhoeck & Ruprecht, 1988), p. 13.
5 영어 번역은 다음 저자의 것이다. J. B. Lightfoot, *The Apostolic Fathers* (Grand Rapids: Baker, 1978), p. 153.
6 나는 이 해석을 오스카 쿨만의 해석과 구별할 것이다. 쿨만은 바울이 "관원"(ruler)이라는 단어를 사용할 때 이중적 의미, 즉 인간 관원들과 천상의 영적 세력들을 동시에 가리키는 것으로 의도했다고 주장한다. 그러나 이 단어 자체는 특정 문맥에서 오직 한 가지 의미만을 갖는데, 이 본문의 문맥에서는 악한 영적 지배자들을 뜻한다. 적어도 이 본문에서 내가 해석한 내용은 쿨만이 해석한 내용과 크게 다르지 않다. 다음 책들을 보라. Oscar Cullmann, *Christ and Time* (London: SCM Press, 1951), pp. 191-210; Oscar Cullmann, *The State in the New Testament* (London: SCM Press, 1957), pp. 95-114.
7 *BAGD*, p. 173.
8 E. F. Scott, *The Epistles of Paul to the Colossians, to Philemon, and to the Ephesians* (London: Hodder & Stoughton, 1930), p. 189.
9 이 모티브에 관한 통찰력 있는 연구는 다음 논문에서 볼 수 있다. L. Williamson, "Led in Triumph: Paul's Use of Thriambeuo," *Interpretation* 22 (1968): 317-22.
10 Eduard Lohse, *Colossians and Philemon*, Hermeneia (Philadelphia: Fortress Press, 1971), p. 112.
11 이 구절에 관한 상세한 연구는 다음 책에서 볼 수 있다. Clinton E. Arnold, *Ephesians: Power and Magic* (Cambridge: Cambridge Univ. Press, 1989), pp. 52-56, 70-85.
12 David M. Hay, *Glory at the Right Hand: Psalm 110 in Early Christianity* (Nashville: Abingdon, 1973)을 보라.
13 이 구절에 관한 탁월한 연구는 다음 주석에 실려 있다. J. Ramsey Michaels, *1 Peter*, Word Biblical Commentary 49 (Waco: Word, 1988), pp. 194-222. 마이클스는 그리스도께서 옥에 있는 영들에게 전파하셨다는 베드로의 진술을 "'천사들과 권세들과 능력들이 그에게 복종하느니라'라는 베드로전서 3:22에서 명확하게 드러나는, 그리스도의 주권의 보편성을 구체적으로 극화하는 베드로의 방식"으로 이해한다(p. 206).
14 이 구절에 관한 나의 해석은 다음 책에서 볼 수 있다. Arnold, *Ephesians: Power and Magic*, pp. 56-58.

## 8장 새 나라와 신자의 정체성

1 에델베르트 슈타우퍼(Ethelbert Stauffer)는 이 측면을 명쾌하고 설득력 있게 제시한 극소수의 신약 성경 신학서들 가운데 하나를 집필했다(그의 저서, *New Testament Theology*, 5th ed. [New York: Macmillan, 1955], pp. 146-49를 보라).

2 Josephus, *Antiquities* 12.149.
3 Donald Guthrie, *New Testament Theology* (Downers Grove: InterVarsity Press, 1981), p. 648.
4 J. B. Lightfoot, *Saint Paul's Epistles to the Colossians and to Philemon* (Grand Rapids: Zondervan, 1977), p. 227. "머리-몸" 표상에 관한 더 상세한 논의는 다음 책을 보라. Clinton E. Arnold, *Ephesians: Power and Magic. The Concept of Power in Ephesians in Light of Its Historical Setting*, Society for New Testament Studies Monograph 63 (Cambridge: Cambridge Univ. Press, 1989), pp. 79-82.
5 G. Münderlein, "Die Erwählung durch das Pleroma," *New Testament Studies* 8 (1962): 264-76. 더 자세한 논의는 나의 책을 보라. *Ephesians: Power and Magic*, pp. 82-85.
6 Gordon D. Fee, *The First Epistle to the Corinthians*, New International Commentary on the New Testament (Grand Rapids: Eerdmans, 1987), p. 603.
7 Ibid., p. 605. 고든 피는 이 구절에서 한 성령으로 세례를 받는 것과 한 성령을 마시는 것이 병행절로서 동일한 내용을 전달한다고 주장한다. 그는 이 두 절을 회심과 분리된 일종의 두 번째 성령 체험이 아니라, 신자들의 공통적인 회심 체험을 가리키는 것으로 본다.
8 Cleon L. Rogers, "The Dionysian Background of Ephesians 5:18," *Bibliotheca Sacra* 136 (1979): 249-57을 보라. 이 해석은 그동안 많은 지지를 받아 왔는데, 가장 최근에는 제이콥 아다이(Jacob Adai)가 자신의 논문에서 이 해석을 지지한다. Jacob Adai, *Der Heilige Geist als Gegenwart Gottes in den einzelnen Christen, in der Kirche und in der Welt*, Regensburger Studien zur Theologie (Frankfurt am Main, Bern, New York: Peter Lang, 1985): 222-23.
9 James D. G. Dunn, *Romans 1-8*, Word Biblical Commentary 38a (Waco: Word, 1988), p. 513.

## 9장 신자들에 대한 영적 세력들의 영향

1 Oscar Cullmann, *Christ and Time*, tr. Floyd V. Filson (Philadelphia: Westminster Press, 1949), pp. 139-43.
2 J. Christian Beker, *Paul the Apostle* (Philadelphia: Fortress Press, 1980), p. 159에서 인용된 A. M. Hunter.
3 John R. W. Stott, *The Message of Ephesians*, The Bible Speaks Today (Downers Grove: InterVarsity Press, 1979), p. 73.
4 악한 "세상"과 "이 세대"의 성격 및 그것들이 사회 질서에 영향을 미치는 방식에 관한 유용한 설명은 다음 책을 보라. Stephen C. Mott, *Biblical Ethics and Social Change* (Oxford: Oxford Univ. Press, 1982), chapter 1: "Biblical Faith and the Reality of Social Evil," pp. 3-21.
5 *BAGD*, p. 823.
6 J. Armitage Robinson, *St. Paul's Epistle to the Ephesians* (London: Macmillan, 1907), p. 112.
7 이 구절과 병행을 이루는 추가적인 유대 문헌의 본문들과 이 구절에 대한 해석은 나의 책을 보라. *Ephesians: Power and Magic*, p. 65.
8 Ralph P. Martin, *2 Corinthians*, Word Biblical Commentary 40 (Waco: Word, 1986), p. 351.
9 Ibid., pp. 306-7.
10 "우리"라는 인칭 대명사가 유대 그리스도인들만을 가리키든지, 아니면 유대 그리스도인들과 이방 그리스도인들을 함께 가리키든지와 상관없이 이것은 사실이다.
11 F. F. Bruce, *The Epistle to the Galatians*, New International Greek Testament Commentary (Grand Rapids: Eerdmans, 1982), p. 202.
12 Ibid., p. 30.
13 John Wimber, *Power Healing* (San Francisco: Harper & Row, 1987), p. 272, note 15에 반대해서. 여기서 윔버는 바울의 "육체의 가시"가 고린도에 있는 그의 대적자들을 가리킨다고 주장한다. 랠프 마틴이 자신의 주석에서 언급한 대로(Martin, *2 Corinthians*, p. 415), 이 해석의 가장 큰 문제점은 바울이 "그 가시"를 제거

해 달라고 하나님께 세 번 기도했다는 사실이다(고후 12:8). 원칙적으로 볼 때 바울이 대적과 핍박을 면하게 해 달라고 기도했을 가능성은 거의 없다. 따라서 복음이 난관을 극복하고 승리하게 해 달라고 바울이 자신의 사역을 위해서 기도했으리라고 추정하는 것이다. 하지만 이 본문에서는 바울이 자신을 침체시키고 사역을 방해하는 고통스러운 육체적 질병을 고쳐 달라고 하나님께 기도했을 가능성이 훨씬 크다.

14 Martin, *2 Corinthians*, p. 415.
15 Gordon D. Fee, *The First Epistle to the Corinthians*, New International Commentary on the New Testament (Grand Rapids: Eerdmans, 1987), p. 209.
16 이 입장을 상세하게 변호하는 내용에 관해서는 Fee, *Corinthians*, pp. 210-13를 보라.
17 Gordon D. Fee, *1 and 2 Timothy, Titus*, New International Biblical Commentary (Peabody, Mass.: Hendrickson, 1988), p. 83.

## 10장 오직 그리스도

1 나는 지금 골로새 교회의 갈등 배경에 관해서 연구 논문 수준의 책을 집필하고 있다. 본서에서는 골로새 교회의 갈등에 관한 내 관점의 미묘한 부분들과 세부적인 많은 요소를 지면의 한계 때문에 상세하게 설명하거나 정확하게 제시할 수 없다. 골로새 교회가 직면했던 문제의 배경을 다룬 내 연구서가 가까운 장래에 출간되리라는 사실을 독자들에게 알리고 싶다.
2 골로새의 고대 도시에 관한 세부 사항들에 대해서는, 다음 사전에서 "골로새" 항목을 보라. *Anchor Bible Dictionary*, ed., David Noel Freedman (New York: Doubleday, 1992).
3 Sir William M. Ramsay, "The Mysteries in their Relation to St. Paul," *Contemporary Review* 104 (1913): 198-209, 특히 205; *The Teaching of Paul in Terms of the Present Day* (London: Hodder & Stoughton, 1914), pp. 283-305. Eduard Lohse, *Colossians and Philemon* (Philadelphia: Fortress Press, 1971), p. 114. 여기서 로제는 골로새서 2:18을 이렇게 번역한다. "아무도 섬길 준비와 천사들의 예배를 기뻐하면서 너희를 정죄하지 못하게 하라. 그런 자는 신비 제의에서 천사들의 환상을 보았으므로(저자의 강조) 자신의 세속적인 마음을 따라 근거 없이 우쭐거린다." 가장 최근에 이런 주장을 제시한 다음 논문을 보라. Randall A. Argall, "The Source of Religious Error in Colossae," *Calvin Theological Journal* 22 (1987): 6-20.
4 나는 학술 논문 두 편에서 이런 해석을 지지했다. 하나는 성경문헌학회(Society of Biblical Literature)에서 발표한 것이며("Hellenistic Magic: A New Key for Understanding the Colossian Heresy," presented to the New Testament Epistles Section of the Pacific Coast Region of the Society of Biblical Literature, March 25, 1988), 다른 하나는 복음주의 신학회(Evangelical Theological Society)에서 발표한 것이다 ("Magic, Mystery Religions, and the Epistle to the Colossians," presented to the annual meeting of the Evangelical Theological Society, Wheaton, Illinois, November 18, 1988).
5 "천사들의 예배"(worship of angels)라는 구절에 대한 해석이 학자들 사이에 중대한 논쟁을 불러일으키는 초점이 되었다. 많은 견해가 제기되었는데 그 가운데서 가장 두드러진 견해는, 이 구절을 '천사들과 함께 예배하다'라는 의미로 이해하고, 따라서 이 일을 천상에 있는 여호와의 보좌 둘레에서 일어난다고 추정하는 것이다. 이 해석을 따르면, 골로새 이단의 전반적인 특성은 유대인들의 신비주의적 금욕주의 관점에서 더 잘 설명된다. Peter T. O'Brien, *Colossians, Philemon*, Word Biblical Commentary 44 (Waco: Word, 1982), pp. xxx-xli, 142-43을 보라.
6 이 본문의 찬송시적 특성을 연구한 많은 책과 논문이 출간되었다. 이것과 관련된 좋은 문헌들은 다음 주석에 소개되어 있다. O'Brien, *Colossians, Philemon*, pp. 31-32.
7 N. T. Wright, *Colossians and Philemon*, Tyndale New Testament Commentary (Grand Rapids: Eerdmans, 1986), p. 103.

## 11장 영적 전쟁

1 Richard E. Oster, "Ephesians as a Religious Center under the Principate I. Paganism before

Constantine," *Aufstieg und Niedergang der Römischen Welt* II.18.2 (Ber in: Walter de Gruyter, 1987), pp. 1661-1728.
2   Clinton E. Arnold, *Ephesians: Power and Magic. The Concept of Power in Ephesians in Light of Its Historical Setting*, Society for New Testament Studies Monograph 63 (Cambridge: Cambridge Univ. Press, 1989)을 보라.
3   John R. W. Stott, *The Message of Ephesians*, The Bible Speaks Today (Downers Grove: InterVarsity Press, 1979), p. 280.

## 12장 영적 세력들에 대한 그리스도의 최후 승리

1   Hans Dieter Betz, *Galatians*, Hermeneia (Philadelphia: Fortress Press, 1979), p. 205.
2   Ibid., p. 205.
3   영어 번역은 다음 학자들의 것이다. H. W. Hollander and M. de Jonge in *The Testament of the Twelve Patriarchs*, Studia in Veteris Testamenti Pseudepigrapha 8 (Leiden: Brill, 1985), p. 121. 이 책에서 저자들은 마귀와 그의 영들이 종말에 멸망당할 것이라고 믿는 유대인의 신앙을 예증하는 많은 증거들을 제시한다 (p. 125).
4   I. Howard Marshall, *1 and 2 Thessalonians*, New Century Bible Commentary (Grand Rapids: Eerdmans, 1983), p. 204
5   C. K. Barrett, *The First Epistle to the Corinthians*, Harper's New Testament Commentary (San Francisco: Harper & Row, 1968), p. 358.
6   Joachim Gnilka, *Der Kolosserbrief*, Herders theologischer Kommentar zum Neuen Testament (Freiburg: Herder, 1980), p. 75(영어 번역은 저자의 것). Ralph Martin, *Reconciliation: A Study of Paul's Theology* (Atlanta: John Knox Press, 1981), p. 119. 랠프 마틴은 이 문맥에서 "'화해'란 우주적 질서 안에서 이루어지는 조화와 평화를 의미한다."라고 주장한다.
7   Eduard Lohse, *Colossians and Philemon*, Hermeneia (Philadelphia: Fortress Press, 1971), p. 59.

## 13장 실체인가, 신화인가?

1   이 주제에 관해서는 다음 책을 보라. John Dillenberger, *Protestant Thought and Natural Science* (1960; reprint ed., Notre Dame: University of Notre Dame Press, 1988).
2   Rudolf Bultmann, "New Testament and Mythology," *Kerygma and Myth: A Theological Debate*, vol. 1 (London: SPCK, 1964), p. 10.
3   예를 들어, 다음 책을 보라. J. C. Beker, *Paul the Apostle* (Edinburgh: T. & T. Clark, 1980), p. 189. 불트만도 영지주의의 구속자 신화들의 영향에 관해서 말한다. 오늘날 대다수 학자들은 실제로 일관된 영지주의의 구속자 신화가 있었는지에 대해서 의문을 제기하고, 이것이 신약 성경 기자들에게 영향을 끼쳤을 가능성을 고려하지 않는다.
4   Bultmann, "Mythology," p. 10. 영적 세력들과 관련해서 불트만의 사상을 비판한 글로는 다음을 보라. Peter T. O'Brien, "Principalities and Powers: Opponents of the Church," *Biblical Interpretation and the Church* (Nashville: Thomas Nelson 1984), pp. 112-17.
5   Ched Myers, *Binding the Strong Man: A Political Reading of Mark's Story of Jesus* (Maryknoll: Orbis, 1988), p. 165.
6   Myers, *Binding the Strong Man*, p. 452. 그는 어디까지나 최선의 수단은 무력 저항이나 마르크스의 이론 및 실천이 아니라, 그가 보기에는 마가복음에 나타나는 간디의 비폭력 유형이라고 주장한다.
7   Kees W. Bolle, "Myth," in *The Encyclopedia of Religion*, vol. 10, ed. Mircea Eliade (New York: Macmillan, 1987), p. 261. Mircea Eliade, *Myth and Reality* (New York: Harper & Row, 1963), p. 5.

8 Paul Ricoeur, "Myth and History," in *The Encyclopedia of Religion*, vol. 10, ed. Mircea Eliade (New York: Macmillan, 1987), p. 273-74.

9 Carl G. Jung, "The Shadow," in *The Collected Works of C. G. Jung*, vol. 9.2 (Princeton: University Press, 1959), pp. 8-10. Carl G. Jung, "The Definition of Demonism," in *The Collected Works of C. G. Jung*, vol. 18 (Princeton: University Press, 1976), p. 648. 여기서 융은 귀신 들림을 "적어도 일시적으로 자아(ego)의 자유의지가 중단될 정도로 어떤 심적 요소가 자아 대신에 전 인격을 지배하는 정신 상태"라고 설명한다. 그는 귀신 들림의 일부는 정신 작용에 의한 신경증으로, 일부는 정신분열증으로 분류한다.

10 나는 악에 관한 프로이트와 융의 사상을 탁월하게 분석한 러셀의 저서에 큰 빚을 졌다. Jeffrey Burton Russell, *Mephistopheles: The Devil in the Modern World* (Ithaca and London: Cornell Univ. Press, 1986), pp. 226-35.

11 Walter Wink, *Naming the Powers: The Language of Power in the New Testament* (Philadelphia: Fortress, 1984), pp. 104-5.

12 W. Pannenberg, "Myth in Biblical and Christian Tradition," in *The Idea of God and Human Freedom* (Philadelphia: Westminster, 1973), p. 67; Anthony C. Thiselton, *The Two Horizons: New Testament Hermeneutics and Philosophical Description* (Grand Rapids, Eerdmans, 1980), p. 290.

13 Pannenberg, "Myth in Biblical and Christian Tradition," pp. 67-69.

14 Ibid., pp. 14-15.

15 Thiselton, *The Two Horizons*, p. 289.

16 Pannenberg, "Myth in Biblical and Christian Tradition," p. 67.

17 Thiselton, *The Two Horizons*, p. 439. 또한 영적 세력들과 관련된 이런 해석학적 문제에 관해서는 다음 글을 보라. O'Brien, "Principalities," pp. 128-33.

18 Marcus Borg, *Jesus: A New Vision* (San Francisco: Harper & Row, 1987), pp. 63-64.

19 Walter Wink, *Naming the Powers* (Philadelphia: Fortress Press, 1984), p. 4.

20 예컨대, 다니엘서에 등장하는 천상의 군주에 관한 존 골딩게이의 해설을 보라. John Goldingay, *Daniel*, Word Biblical Commentary 30 (Dallas: Word, 1989), pp. 312-14.

21 Bultmann, "Mythology," p. 5.

22 Russell, *Mephistopheles*, p. 21.

23 Graham Twelftree, *Christ Triumphant: Exorcism Then and Now* (London: Hodder & Stoughton, 1985), pp. 152-56.

24 Twelftree, *Christ Triumphant*, p. 154에서 인용된 T. K. Oesterreich, *Possession: Demoniacal and Other Among Primitive Races, in Antiquity, the Middle Ages, and Modern Times* (London: Kegan Paul, Trench, Trubner & Co., 1930), p. 378.

25 Twelftree, *Christ Triumphant*, p. 156.

26 Russell, *Mephistopheles*, p. 301.

27 O'Brien, "Principalities and Powers," p. 130.

28 Paul Hiebert, "The Flaw of the Excluded Middle," *Missiology: An International Review* 10 (1982): 35-47.

29 Gordon Fee, *The First Epistle to the Corinthians*, New International Commentary on the New Testament (Grand Rapids: Eerdmans, 1987), p. 472 note 49.

30 이 사실에 관해서는 다음 저자들이 증거 자료를 매우 잘 제시했다. Russell, *Mephistopheles* and Mircea Eliade, "The Occult in the Modern World," in *Occultism, Witchcraft, and Cultural Fashions: Essays in Comparative Religions* (Chicago: University of Chicago Press, 1976), pp. 47-68.

31 I. M. Lewis, *Religion in Context: Cults and Charisma* (Cambridge: Cambridge Univ. Press, 1986), p. 48.

32 논문들 및 질의들은 다음 책으로 출판되었다. C. Peter Wagner and F. Douglas Pennoyer, *Wrestling with*

*Dark Angels: Toward a Deeper Understanding of the Supernatural Forces in Spiritual Warfare* (Ventura: Regal, 1990).
33 Hans Küng, *Theology for the Third Millenium* (New York: Doubleday, 1988).

## 14장 영적 세력들과 사람들

1 나는 하나님의 능력을 입증하는 이 두 가지 측면에 관한 폴 히버트의 균형 잡힌 설명에 감사한다. 그의 논문을 보라. Paul Hiebert, "Power Encounter and Folk Islam," in *Muslims and Christians on the Emmaus Road*, ed. J. Dudley Woodberry (Monrovia, Calif.: Mission Advanced Research & Communications Center, 1989), pp. 45-61.
2 C. S. Lewis, *The Screwtape Letters. With Screwtape Proposes a Toast*, rev. ed. (New York: Macmillan, 1982).
3 Tamara Jones, "'Fun' Fillers Now Paying Devil's Dues," in *Los Angeles Times* (Thursday, October 20, 1988), cover story.

## 15장 영적 세력들과 사회

1 이 주제에 관한 더 완벽한 논의를 위해서는 다음 글들을 보라. Clinton E. Arnold, *Ephesians: Power and Magic* (Cambridge: Cambridge Univ. Press, 1989), pp. 41-51, 129-34; Peter T. O'Brien, "Principalities and Powers: Opponents of the Church," *Biblical Interpretation and the Church* (Nashville: Thomas Nelson, 1984), pp. 119-25; Peter T. O'Brien, "Principalities and Powers and Their Relationship to Structures," *Evangelical Review of Theology* 6 (1982): 50-61.
2 이 관점에서 집필된 가장 영향력 있는 책은 다음 두 권이다. Heinrich Schlier, *Principalities and Powers in the New Testament* (Freiburg: Herder, 1961), Hendrik Berkhof, *Christ and the Powers* (Scottdale: Herald Press, 1977). 슐리어는 자신의 책을 본래 1차 세계 대전과 2차 세계 대전 사이에 썼고, 베르코프는 2차 세계 대전 직후에 썼다. 최근에 영적 세력들에 대한 사회적·정치적 해석을 강조하는 학자 세 사람이 복음주의 진영에 중대한 영향력을 행사하고 있다. John Howard Yoder, *The Politics of Jesus* (Grand Rapids: Eerdmans, 1972), 특히 3장: "Christ and Power"; Richard Mouw, *Politics and the Biblical Drama* (Grand Rapids: Eerdmans, 1976); and Ronald J. Sider, *Christ and Violence* (Scottdale: Herald Press, 1979). Robert Webber, *The Church in the World* (Grand Rapids: Zondervan, 1986)는 가장 최근에 출간된, 영적 세력들에 대한 구조적 해석을 강조하는 복음주의 학자의 책이다.
3 Sider, *Christ and Violence*, p. 51. 사이더는 악한 영들의 실제 존재를 부정하지 않는다. 하지만 성경 본문을 현대 상황에 적용할 때 그는 전적으로 사회적이며 정치적인 구조에 초점을 맞추는 것으로 보인다.
4 Webber, *Church*, pp. 14-15.
5 Ibid., p. 44.
6 Ibid., p. 35.
7 이 책의 해제(bibliography)는 위에 제시되어 있다.
8 Schlier, *Principalities and Powers*, p. 31.
9 Arnold, *Ephesians: Power and Magic*, pp. 59-62를 보라.
10 *PGM* 1.179-80; 4.2699; 101.39.
11 다음 책에서 필자는 이 견해를 전적으로 지지한다. Arnold, *Ephesians: Power and Magic*, pp. 62-64.
12 월터 윙크의 다음 책들을 보라. Walter Wink, *Naming the Powers* (Philadelphia: Fortress, 1984); *Unmasking the Powers* (Philadelphia: Fortress, 1986); *Engaging the Powers* (Philadelphia: Fortress Press, forthcoming).
13 Wink, *Naming the Powers*, p. 5.

14 예를 들어, 로웰 노벨이 발표한 다음 논문을 보라. Lowell Nobel, "Stage III: In Search of a Theology of Society," *Faculty Dialogue* 12 (1989): 116. 이 글에서 노벨은 사회 신학의 맥락에서 사회악을 이해하면서 세력들에 관한 윙크의 견해를 자신의 출발점으로 채택한다.

15 Arnold, *Ephesians: Power and Magic*, pp. 48-51, 129-34.

16 Wink, *Naming the Powers*, p. 5.

17 윙크는 신화에 대한 자신의 견해를 위의 책, pp. 133-48에서 설명한다.

18 Ibid., pp. 61-63. 나는 윙크의 견해를 다음 책에서 상세하게 비판했다. Arnold, *Ephesians: Power and Magic*, pp. 48-51, 130-34.

19 Wink, *Naming the Powers*, p. 39.

20 James Barr, *Semantics of Biblical Language* (Oxford: Oxford Univ. Press, 1961), pp. 217-18을 보라.

21 예를 들어 다음 책을 보라. Wink, *Naming the Powers*, pp. 126-34.

22 Ibid., p. 127.

23 Webber, *Church*, p. 29.

24 E. Earle Ellis, *Pauline Theology: Ministry and Society* (Grand Rapids: Eerdmans, 1989), pp. 22-23. 이 주제에 관한 추가적인 유용한 논의를 위해서는 이 책의 5장("Pauline Christianity and the World Order")을 보라.

25 Ibid., pp. 23-24.

26 월터 윙크가 "나라들의 천사들"과 관련해서 "그들은 '밖'이나 '위'에 있는 것이 아니라 '내부'에 있다."라고 말할 때 그는 이런 이해에 매우 가깝게 접근한다(*Unmasking the Powers* [Philadelphia: Fortress Press, 1986], p. 93). 하지만 그는 세력들을 개인이나 국가의 눈에 보이지 않는 영성으로 간주하는 탓에 그 세력들의 독립적인 존재를 적절하게 인식하지 못한다.

27 세계에 관한 바울의 개념에 대해서는 다음 책을 보라. Herman Ridderbos, *Paul: An Outline of His Theology* (Grand Rapids: Eerdmans, 1975), pp. 92-93.

28 Stephen C. Mott, *Biblical Ethics and Social Change* (Oxford: New York and Oxford Univ. Press, 1982), p. 10.

29 Ibid., p. 16.

30 Ibid., p. 15.

31 Frank E. Peretti, *This Present Darkness* (Westchester, Ill.: Crossway, 1986).

32 기독교와 아르테미스 숭배의 접점에 관해서는 다음 논문을 보라. Richard E. Oster, "The Ephesian Artemis as an Opponent of Early Christianity," *Jahrbuch für Antike und Christentum* 19 (1976): 24-44. 또한 같은 저자가 더 최근에 발표한 다음 글을 보라. Richard E. Oster, "Ephesus as a Religious Center under the Principate I. Paganism Before Constantine," *Aufstieg und Niedergang der Römischen Welt* II.18.2 (Berlin: Walter de Gruyter, 1987), pp. 1661-1728(오스터 교수는 논문 교정본을 출판하기 전에 내게 보여 주었다. 오스터 교수에게 감사한다.)

33 Arnold, *Ephesians: Power and Magic*, pp. 20-28을 보라.

34 Oster, "Ephesians," pp. 1711-13을 보라.

# 선별한 참고 문헌

## 역사적 배경에 관한 연구서

Aune, David E. "Magic in Early Christianity." In *Aufstieg und Niedergang der Römischen Welt*. II.23.2, pp. 1507-57. Berlin: Walter de Gruyter, 1980.
―――. "Magic." In *International Standard Bible Encyclopedia*. 3:213-19. Grand Rapids: Eerdmans, 1986.
Betz, Hans Dieter, ed. *The Greek Magical Papyri in Translation*. Vol. 1: *Text*. Chicago: University of Chicago Press, 1986. 이것은 영어로 번역한 고대·현대 그리스 마술 파피루스의 포괄적 모음집이다. 또한 이 책에는 베츠 교수가 쓴 마술 파피루스에 관한 탁월한 개론이 포함되어 있다.
Charlesworth, James H., ed. *The Old Testament Pseudepigrapha*. 2 vols. New York: Doubleday, 1983, 1985.
Cramer, Frederick H. *Astrology in Roman Law and Politics*. Memoirs of the American Philosophical Society 37. Philadelphia: American Philosophical Society, 1954.
Cumont, Franz. *Astrology and Religion Among the Greeks and Romans*. 1912. Reprint. New York: Dover, 1960.
―――. *The Oriental Religions in Roman Paganism*. New York: Dover, 1956.
Goodenough, E. R. *Jewish Symbols in the Greco-Roman Period*, 12 vols. New York: Pantheon, 1953.
Grant, Robert M. *Gods and the One God*. Philadelphia: Westminster Press 1986.
Johnston, Sarah Iles. *Hekate Soteira: A Study of Hekate's Roles in the Chaldean Oracles and Related Literature*. American Philosophical Association. American Classical Studies 21. Atlanta: Scholars Press, 1990.
Langton, Edward. *Essentials of Demonology*. London: Epworth, 1949.
Luck, Georg, *Arcana Mundi: Magic and the Occult in the Greek and Roman Worlds*. Baltimore: Johns Hopkins University Press, 1985.
Martin, Luther H. *Hellenistic Religions*. Oxford: Oxford University Press, 1987.
Russell, D. S. *The Message and Method of Jewish Apocalyptic*. Philadelphia: Westminster Press, 1964. 특히 9장, "Angels and Demons"를 보라.
Schürer, Emil. *The History of the Jewish People in the Age of Jesus Christ*. Revised and edited by Geza Vermes, Fergus Millar, Matthew Black and Martin Goodman. Vol. 3, Part 1. Edinburgh: T. & T. Clark, 1987.
Smith, Jonathan Z. "Hellenistic Religion." In *Encyclopedia Britannica*, 8:749-51. Chicago: Encyclopaedia Britannica, 1979.

## 통치자들과 권세들에 관한 연구서

Anderson, Neil T. *Victory over the Darkness: Realizing the Power of Your Identity in Christ*. Ventura, Calif.: Regal Books, 1990.

———. *The Bondage Breaker*. Eugene, Ore.: Harvest House, 1990.
Arnold, Clinton E. *Ephesians: Power and Magic. The Concept of Power in Ephesians in Light of Its Historical Setting*. Society for New Testament Studies Monograph 63. Cambridge: Cambridge University Press, 1989.
———. "Principalities and Powers." *Anchor Bible Dictionary*. New York: Doubleday, forthcoming.
———. "'Principalities and Powers' in Recent Interpretation." *Catalyst* 17.2 (1991): 4-5.
Berkhof, Hendrik. *Christ and the Powers*. Tr. J. H. Yoder. Scottdale: Herald Press, 1977.
Bubeck, Mark. *The Adversary*. Chicago: Moody, 1975.
———. *Overcoming the Adversary*. Chicago: Moody, 1984.
Bufford, Rodger K. *Counseling and the Demonic*. Resources for Christian Counseling 17. Dallas: Word, 1988.
Caird, G. B. *Principalities and Powers*. Oxford: Clarendon, 1956.
Dickason, C. Fred. *Demon Possession and the Christian: A New Perspective*. Westchester, Ill.: Crossway, 1987.
Garrett, Susan R. *The Demise of the Devil: Magic and the Demonic in Luke's Writings*. Minneapolis: Fortress Press, 1989.
Green, Michael. *I Believe in Satan's Downfall*. Grand Rapids: Eerdmans, 1981.
Hiebert, Paul. "Power Encounter and Folk Islam." In *Muslims and Christians on the Emmaus Road*, pp. 45-61. Edited by J. Dudley Woodberry. Monrovia, Calif.: Mission Advanced Research & Communications Center, 1989.
Kraft, Charles H. *Christianity with Power: Your Worldview and Your Experience of the Supernatural*. Ann Arbor: Vine Books, 1989.
Leivestad, Ragnar. *Christ the Conqueror: Ideas of Conflict and Victory in the New Testament*. London: SPCK, 1954.
Mott, Stephen C. *Biblical Ethics and Social Change*. New York/Oxford: Oxford University Press, 1982.
O'Brien, Peter T. "Principalities and Powers: Opponents of the Church." In *Biblical Interpretation and the Church*, pp. 110-50. Nashville: Thomas Nelson, 1984.
Russell, Jeffrey Burton. *Mephistopheles: The Devil in the Modern World*. Ithaca and London: Cornell University Press, 1986.
Schlier, Heinrich. *Principalities and Powers in the New Testament*. Freiburg: Herder, 1961.
Stauffer, Ethelbert. *New Testament Theology*. 5th ed. New York: Macmillan, 1955.
Stewart, J. S. "On a Neglected Emphasis in New Testament Theology." *Scottish Journal of Theology* 4 (1951): 292-301.
Twelftree, Graham. *Christ Triumphant: Exorcism Then and Now*. London: Hodder & Stoughton, 1985.
Webber, Robert. *The Church in the World*. Grand Rapids: Zondervan, 1986.
Williams, Don. *Signs, Wonders, and the Kingdom of God*. Ann Arbor: Vine Books, 1989.
Wimber, John, and Kevin Springer. *Power Evangelism*. San Francisco: Harper & Row, 1986.
———. *Power Healing*. San Francisco: Harper & Row, 1987.
Wink, Walter. *Naming the Powers*. Philadelphia: Fortress Press, 1984.
———. *Unmasking the Powers*. Philadelphia: Fortress Press, 1986.
———. *Engaging the Powers*. Philadelphia: Fortress Press, forthcoming.

# 저자 색인

## ㄱ

개릿, 수전(Garrett, Susan R.) 106, 294, 298
거스리, 도널드(Guthrie, Donald) 151, 301
고든(Gordon, C. H.) 296
골딩게이, 존(Goldingay, John) 304
구디너프(Goodenough, E. R.) 95, 298
군델, 한스 게오르그(Gundel, Hans Georg) 296
그닐카, 요아힘(Gnilka, Joachim) 303
그랜트, 로버트(Grant, Robert M.) 295

## ㄴ

노벨, 로웰(Nobel, Lowell) 306
노크, 아서(Nock, Arthur) 24, 293
뉴비긴(Newbigin, L.) 242
닐슨, 마틴(Nilsson, Martin P.) 294, 295

## ㄷ

던, 제임스(Dunn, James D. G.) 161, 301
데커(Decker, C.) 293
델리치(Delitzsch, F.) 297
드라이버(Driver, S. R.) 296
드 용(de Jonge, M.) 297, 299, 303
디카슨(Dickason, C. Fred) 297
딜렌버거, 존(Dillenberger, John) 303

## ㄹ

라이트(Wright, N. T.) 194, 302
라이트풋(Lightfoot, J. B.) 300, 301
램지, 윌리엄(Ramsay, William M.) 188-189, 302

러셀(Russell, D. S.) 297
러셀, 제프리(Russell, Jeffrey B.) 239, 240, 304
럭, 게오르그(Luck, Georg) 294, 295
로빈슨(Robinson, J. A.) 173, 301
로저스(Rogers, C. L.) 301
로제, 에두아르트(Lohse, Eduard) 142, 300, 302, 303
로즈, 허버트(Rose, Herbert J.) 294
루돌프, 커트(Rudolph, Kurt) 299
루이스(Lewis, C. S.) 254-255, 276, 305
루이스(Lewis, I. M.) 243, 304
루터, 마르틴(Luther, Martin) 228
리더보스, 헤르만(Ridderbos, Herman) 306
리쾨르, 폴(Ricoeur, Paul) 233, 304

## ㅁ

마샬, 하워드(Marshall, I. Howard) 298, 303
마운스, 로버트(Mounce, Robert H.) 298
마이어(Maier, J.) 297
마이어, 마빈(Meyer, Marvin W.) 295
마이어스, 체드(Myers, Ched) 231-232, 303
마이클스, 램지(Michaels, J. Ramsey) 300
마틴, 루터(Martin, Luther H.) 294, 295
마틴, 랄프(Martin, Ralph P.) 176, 180, 301, 302, 303
매코운, 체스터(McCown, Chester C.) 294
모트, 스티븐(Mott, Stephen C.) 273, 274, 301, 306
뮌데르라인(Münderlein, G.) 301

밀러, 엘리엇(Miller, Elliot) 293, 294

**ㅂ**
바, 제임스(Barr, James) 306
배럿(Barrett, C. K.) 303
베르코프, 헨드리크(Berkhof, Hendrik) 305
베츠, 한스 디터(Betz, Hans Dieter) 217-218, 293
보그, 마커스(Borg, Marcus) 237, 304
볼레, 키스(Bolle, Kees W.) 303
불트만, 루돌프(Bultmann, Rudolf) 229-231, 233, 234, 238, 243, 303
브라운, 레이먼드(Brown, Raymond E.) 208, 298
브라운, 프란시스(Brown, Francis) 296
브렝크, 프레더릭(Brenk, Frederick E.) 293
브루스(Bruce, F. F.) 178
브릭스(Briggs, C. A.) 296
블랙, 매튜(Black, Matthew) 297, 299
비커(Beker, J. C.) 301, 303
빌러벡, 폴(Billerbeck, Paul) 299

**ㅅ**
사이더(Sider, R.) 305
슈타우퍼, 에델베르트(Stauffer, Ethelbert) 105, 110, 297, 298, 300
슐리어, 하인리히(Schlier, Heinrich) 263, 305
스미스, 조나단(Smith, Jonathan Z.) 46, 294
스콧(Scott, E. F.) 141, 300
스토트, 존(Stott, John R. W.) 167, 301, 303
스트랙, 헤르만(Strack, Hermann J.) 299
시걸(Segal, A. F.) 294

**ㅇ**
아놀드, 클린턴(Arnold, Clinton E.) 296, 299, 300, 301, 303, 305, 306
아다이, 제이콥(Adai, Jacob) 301

알렉산더(Alexander, P. S.) 94, 297, 298
앤더슨, 닐(Anderson, Neil) 285
야마우치, 에드윈(Yamauchi, Edwin M.) 121, 299
에델스테인, 루트비히(Edelstein, Ludwig) 51, 295
에델스테인, 엠마(Edelstein, Emma J.) 51, 295
에벌링, 오토(Everling, Otto) 300
엘리스, 얼(Ellis, E. Earle) 270, 306
엘리아데, 미르체아(Eliade, Mircea) 15, 293, 303, 304
오브라이언, 피터(O'Brien, Peter T.) 242, 302, 303, 304, 305
오스터, 리처드(Oster, Richard E.) 302, 306
오운, 데이비드(Aune, David) 32, 294, 296, 297
와그너, 피터(Wagner, C. Peter) 293, 304
와츠, 존(Watts, John D. W.) 296
외스테라이히(Oesterreich, T. K.) 239-240, 304
요더, 존 하워드(Yoder, John Howard) 305
워트먼(Wortmann, D.) 294
웨넘, 고든(Wenham, Gordon J.) 297
웨버, 로버트(Webber, Robert) 262, 269, 305, 306
윌리스, 웬들(Willis, Wendell L.) 299
윌리엄슨(Williamson, L.) 300
윙크, 월터(Wink, Walter) 234, 237-238, 265-269, 304, 305, 306
융, 칼(Jung, Carl G.) 234, 266, 267, 304

**ㅈ**
조던(Jordan, D. R.) 294
존스, 타마라(Jones, Tamara) 305
존스턴, 사라(Johnston, Sarah I.) 295

**ㅊ**
찰스(Charles, R. H.) 299
찰스워드, 제임스(Charlesworth, James) 297, 298

챈들러, 러셀(Chandler, Russell) 293

## ㅋ

케일(Keil, C. F.) 297
켈, 알로이스(Kehl, Alois) 52, 295
쿨만, 오스카(Cullmann, Oscar) 165, 300, 301
퀴몽, 프란츠(Cumont, Franz) 50, 65, 294, 295
큉, 한스(Küng, Hans) 200, 245, 305
크라우스, 테오도르(Kraus, Theodor) 295

## ㅌ

트웰프트리, 그레이엄(Twelftree, Graham) 239-240, 298, 299, 304
티슬턴, 앤서니(Thiselton, Anthony C.) 235, 236, 304

## ㅍ

판넨베르크, 볼프하르트(Pannenberg, Wolfhart) 234-235, 304
퍼니쉬(Furnish, V. P.) 294

페노이어, 더글러스(Pennoyer, F. Douglas) 293, 304
페레티, 프랭크(Peretti, Frank E.) 275-277, 286-287, 306
폰 라트, 게르하르트(von Rad, Gerhard) 297
프라이젠단츠(Preisendanz, K.) 95
프란스 리처드(France, Richard. T.) 100, 298
프로이트, 지그문트(Freud, Sigmund) 234, 304
프리드리히, 오토(Friedrich, Otto) 293
피, 고든(Fee, Gordon D.) 128, 181, 184, 242, 299, 300, 301, 302, 304
피츠마이어(Fitzmyer, J. A.) 111, 298

## ㅎ

헤네케, 에드거(Hennecke, Edgar) 294
헤이, 테이비드(Hay, David M.) 300
홀랜더(Hollander, H. W.) 299, 303
호르트하위스(Groothuis, D. R.) 293
히버트, 폴(Hiebert, Paul) 242, 305

# 성경 색인

## 구약

### 창세기
| | |
|---|---|
| 3장 | 80 |
| 3:1-15 | 80 |
| 3:15 | 80, 218 |
| 6장 | 130 |
| 6:1-2 | 86 |
| 6:4 | 86-88 |
| 35:22 | 90 |
| 37:12-36 | 90 |

### 출애굽기
| | |
|---|---|
| 6:6 | 148, 149 |
| 14:30 | 148 |

### 레위기
| | |
|---|---|
| 11장 | 80 |
| 17:7 | 75 |
| 19:2 | 158 |
| 19:26 | 76, 78 |
| 19:31 | 78 |

### 신명기
| | |
|---|---|
| 4:19 | 78 |
| 6:13 | 100 |
| 6:16 | 100 |
| 8:3 | 99 |
| 14장 | 80 |
| 18:10-12 | 76 |
| 32:8 | 297 |

| | |
|---|---|
| 32:8-9 | 82 |
| 32:16-17 | 74, 92, 126 |

### 사사기
| | |
|---|---|
| 9장 | 79 |
| 9:23 | 79 |

### 사무엘상
| | |
|---|---|
| 16:14-23 | 79 |
| 16:23 | 79 |
| 18:10-11 | 79 |
| 19:9-10 | 79 |
| 28:3-25 | 78 |
| 29:4 | 82 |

### 열왕기상
| | |
|---|---|
| 3:12 | 95 |
| 22:1-40 | 79 |
| 22:21-22 | 79 |

### 열왕기하
| | |
|---|---|
| 17:17-18 | 77 |

### 역대상
| | |
|---|---|
| 21:1 | 81 |

### 역대하
| | |
|---|---|
| 11:15 | 76 |
| 33:1-6 | 77 |

### 욥기
| | |
|---|---|
| 1-2장 | 81 |
| 1:6-11 | 81 |
| 1:6-12 | 80 |
| 2:5 | 180 |

### 시편
| | |
|---|---|
| 8:6 | 144, 221 |
| 62:12 | 256 |
| 68:18 | 145 |
| 96:5 | 74 |
| 106:37-38 | 74 |
| 110:1 | 144, 221 |

### 잠언
| | |
|---|---|
| 24:12 | 256 |

### 이사야
| | |
|---|---|
| 11:5 | 206 |
| 13:21 | 75 |
| 14장 | 81, 130 |
| 34:14 | 75 |
| 52:7 | 206 |
| 59:17 | 206 |
| 61:1-2 | 102 |

### 예레미야
| | |
|---|---|
| 7:18 | 78 |
| 7:31 | 77 |

| | | | | | | | |
|---|---|---|---|---|---|---|---|
| 19:5 | 77 | | 다니엘 | | | 아모스 | |
| 32:35 | 77 | | 7:27 | 299 | | 5:26 | 77 |
| 44:17-19 | 78 | | 10:12 | 84 | | | |
| | | | 10:13 | 81, 107 | | 미가 | |
| 에스겔 | | | 10:13-14 | 83 | | 6:7 | 77 |
| 28장 | 81, 130 | | 10:20-21 | 83, 107 | | | |
| 44:4 | 157 | | 10:21 | 84 | | 스가랴 | |
| | | | 12:1 | 84, 107 | | 3:1-2 | 81, 82 |

## 신약

| | | | | | | | |
|---|---|---|---|---|---|---|---|
| 마태복음 | | | 1:23-28 | 103 | | 10:20 | 111 |
| 1:19 | 141 | | 1:24 | 105 | | 11:14-23 | 103 |
| 3:13-17 | 101 | | 1:33-34 | 103 | | 11:15 | 107 |
| 4:1-11 | 99, 210 | | 3:20-30 | 103, 231 | | 11:20 | 105 |
| 4:8-9 | 106 | | 3:21-22 | 298 | | 11:21-22 | 104, 298 |
| 7:22-23 | 111 | | 3:22 | 106, 107 | | 13:16 | 180 |
| 9:34 | 107 | | 3:27 | 104 | | 24:27 | 112 |
| 10:1-16 | 109 | | 5:1-20 | 104 | | | |
| 12:22-30 | 103 | | 5:3 | 104 | | 요한복음 | |
| 12:24 | 107 | | 6:7-11 | 109 | | 1:29-34 | 101 |
| 12:28 | 105 | | 13:26 | 112 | | 8:42 | 106 |
| 12:29 | 104 | | | | | 8:44 | 106 |
| 13:24-30 | 106 | | 누가복음 | | | 10:20 | 298 |
| 13:36-43 | 106 | | 3:21-22 | 101 | | 12장 | 108 |
| 16:23 | 300 | | 4:1 | 101 | | 12:31 | 106, 107, 138 |
| 24:30 | 112 | | 4:1-13 | 99 | | 12:31-33 | 104 |
| 25:31-46 | 113 | | 4:6 | 106 | | 12:32 | 108 |
| 25:41 | 113 | | 4:18-19 | 102 | | 13:27 | 134 |
| 28:18-19 | 110 | | 4:31-37 | 103 | | 14:30 | 106, 123, 138 |
| 28:20 | 110 | | 5:1-6 | 109 | | 14:30-31 | 100 |
| | | | 10:1-23 | 109 | | 15:1-8 | 108 |
| 마가복음 | | | 10:17 | 109 | | 16:7 | 108 |
| 1:9-11 | 101 | | 10:18 | 110 | | 16:11 | 106, 107, 108, 123, 138 |
| 1:12-13 | 99 | | 10:19 | 110 | | | |

## 사도행전

| | |
|---|---|
| 1:3 | 112 |
| 1:8 | 110 |
| 2:34-35 | 105 |
| 8장 | 37-38 |
| 8:6 | 38 |
| 8:9 | 94 |
| 8:10 | 37 |
| 8:12 | 112 |
| 8:23 | 38 |
| 13장 | 39 |
| 13:4-12 | 39 |
| 13:6-12 | 94 |
| 13:9-10 | 39 |
| 14:8-20 | 57 |
| 14:22 | 112 |
| 16장 | 40-41 |
| 16:6-10 | 184 |
| 16:16-21 | 40 |
| 17:1-9 | 183 |
| 17:16 | 43 |
| 17:16-34 | 58 |
| 19장 | 41 |
| 19:8 | 112 |
| 19:13-16 | 111 |
| 19:13-17 | 279 |
| 19:13-20 | 41, 95, 201 |
| 19:18-19 | 41 |
| 19:23-41 | 58 |
| 20:25 | 112 |
| 28:1-6 | 59 |
| 28:6 | 59 |
| 28:11 | 59 |
| 28:23 | 112 |
| 28:31 | 112 |

## 로마서

| | |
|---|---|
| 1:16 | 208 |
| 1:23 | 127 |
| 2:1-11 | 257 |
| 2:5-6 | 256 |
| 2:9 | 257 |
| 3:10 | 209 |
| 3:22 | 209 |
| 3:24 | 149 |
| 5:12-14 | 151 |
| 6:4 | 153 |
| 6:10 | 154 |
| 6:11 | 153 |
| 8:9 | 158 |
| 8:13 | 158 |
| 8:14 | 158 |
| 8:38 | 292 |
| 8:38-39 | 160-163 |
| 12:19 | 173 |
| 13:3 | 137 |
| 13:8-10 | 270 |
| 14:5 | 177 |
| 16:20 | 218, 292 |

## 고린도전서

| | |
|---|---|
| 1:9 | 126 |
| 1:20 | 300 |
| 1:26 | 300 |
| 1:30 | 149 |
| 2:6 | 135, 292 |
| 2:6-8 | 134-139, 141, 221, 265, 268 |
| 2:8 | 292 |
| 2:10-11 | 158 |
| 2:10-14 | 157 |
| 2:12 | 158 |
| 4:9 | 265, 292 |
| 5:1-13 | 181 |
| 5:5 | 181, 292 |
| 6:3 | 222, 292 |
| 7:5 | 172, 292 |
| 8장 | 124 |
| 8-10장 | 299 |
| 8:4 | 124, 125 |
| 8:5 | 125, 296 |
| 8:10 | 124 |
| 8:11 | 125, 128 |
| 10장 | 124 |
| 10:1-12 | 128 |
| 10:14 | 128 |
| 10:19-20 | 126, 277 |
| 10:19-21 | 74, 92 |
| 10:20 | 126, 242 |
| 10:20-21 | 125, 191, 292 |
| 10:21 | 126 |
| 10:23-33 | 128 |
| 10:25 | 128 |
| 10:27-29 | 128 |
| 11:10 | 292 |
| 12장 | 159 |
| 12:1-30 | 152 |
| 12:13 | 152, 158 |
| 15:22 | 151 |
| 15:24 | 136, 137, 220, 230, 292 |

## 고린도후서

| | |
|---|---|
| 2:11 | 124, 292 |
| 4:4 | 122, 123, 172, 183, 274, 292 |
| 5:17 | 151 |
| 6:14-15 | 149 |

| | | | | | | |
|---|---|---|---|---|---|---|
| 6:14-7:1 | 176 | 에베소서 | | 4:24 | 209 | |
| 6:15 | 118, 130, 292 | 1장 | 68, 154, 214 | 4:25 | 208 | |
| 10-13장 | 175-176 | 1:3 | 218 | 4:26 | 174 | |
| 10:4 | 176 | 1:10 | 144, 221 | 4:27 | 173, 174, 208, 247, 292 | |
| 11:3 | 80, 176, 292 | 1:11 | 134 | | | |
| 11:4 | 175 | 1:13 | 208 | 5:2 | 204 | |
| 11:13 | 175 | 1:15-23 | 143-144, 212 | 5:9 | 208 | |
| 11:13-15 | 176 | 1:17-18 | 163 | 5:16 | 206 | |
| 11:14 | 124, 176, 292 | 1:18-19 | 155 | 5:18 | 101, 159 | |
| 11:14-15 | 80 | 1:19-22 | 154, 203 | 5:19 | 159 | |
| 12:1-6 | 180 | 1:20-21 | 143 | 5:22-23 | 153 | |
| 12:7 | 160, 180, 292 | 1:20-22 | 105 | 5:29 | 153 | |
| 12:7-10 | 250 | 1:21 | 142, 220, 292 | 6:10 | 203, 207 | |
| 12:8 | 302 | 1:22 | 143, 152 | 6:10-20 | 101, 155, 184, 199-216, 218 | |
| 12:9 | 180 | 1:22-23 | 144, 152 | | | |
| | | 2:1-2 | 123, 140, 246 | 6:11 | 124, 208, 277, 284, 292 | |
| 갈라디아서 | | 2:1-3 | 166-170, 172-173 | | | |
| 1:4 | 136, 272 | | | 6:12 | 68, 70, 199, 206, 280, 292 | |
| 1:6-9 | 177 | 2:2 | 137, 263, 264, 272, 292 | | | |
| 1:8 | 292 | | | 6:13 | 206, 208 | |
| 4:2 | 296 | 2:2-3 | 205, 208 | 6:14 | 206, 208 | |
| 4:3 | 69, 123, 172, 177, 292, 296 | 2:4-6 | 210 | 6:15 | 211 | |
| | | 2:5-10 | 209-210 | 6:16 | 206, 213, 292 | |
| 4:3-5 | 177 | 2:6 | 155, 204 | 6:17 | 100, 209, 211 | |
| 4:6 | 158 | 2:18 | 204 | 6:18 | 213, 214 | |
| 4:8 | 177, 292 | 3장 | 214 | 6:19-20 | 212 | |
| 4:8-9 | 172 | 3:10 | 141, 261, 263, 264, 292 | | | |
| 4:9 | 142, 177, 296 | | | 빌립보서 | | |
| 4:10 | 177 | 3:14-15 | 133 | 2:9-11 | 105, 146 | |
| 5:16-18 | 172 | 3:14-19 | 213 | 2:10 | 144, 145 | |
| 5:16-26 | 158 | 3:16 | 203 | 2:10-11 | 222 | |
| 5:19 | 172 | 3:19 | 157 | | | |
| 5:19-23 | 169 | 4:6 | 203 | 골로새서 | | |
| 5:23 | 172 | 4:8 | 145 | 1:13 | 193, 259 | |
| 6:10 | 270 | 4:8-10 | 145-149 | 1:13-14 | 148 | |
| 6:14 | 272 | 4:9-10 | 145 | 1:15-20 | 134, 192 | |

| | | | | | |
|---|---|---|---|---|---|
| 1:16 | 191, 193, 268, 292 | **데살로니가전서** | | **야고보서** | |
| 1:17 | 193 | 2:18 | 183, 292 | 3:15 | 169 |
| 1:18 | 152 | 3:5 | 162, 171, 292 | | |
| 1:19 | 156, 194 | 5:8 | 206 | **베드로전서** | |
| 1:19-20 | 222 | | | 3:18-22 | 145 |
| 1:27 | 196 | **데살로니가후서** | | 3:19-20 | 88 |
| 2:2-3 | 196 | 1:7-9 | 223 | 3:22 | 300 |
| 2:4 | 190 | 1:8-9 | 256 | | |
| 2:6-7 | 195 | 2:1-12 | 219 | **베드로후서** | |
| 2:8 | 69, 172, 176, 190, 191, 292 | 2:7 | 219 | 2:4 | 88, 222 |
| | | 2:8 | 136, 219 | | |
| 2:9 | 156, 194 | 2:8-9 | 161 | **요한일서** | |
| 2:10 | 156, 191, 194, 196, 292 | 2:9 | 219, 292 | 2:13-14 | 108 |
| | | 2:11 | 219 | 2:15-17 | 169 |
| 2:12 | 155 | 3:3 | 161, 292 | 3:7-10 | 169 |
| 2:12-13 | 196 | | | 3:8 | 105, 107, 142 |
| 2:14-15 | 149 | **디모데전서** | | 5:19 | 106 |
| 2:15 | 105, 139-143, 165, 191, 195, 222, 292 | 1:20 | 182, 292 | | |
| | | 2:6 | 149 | **유다서** | |
| | | 3:6 | 292 | 6절 | 88, 222 |
| 2:16 | 190 | 3:7 | 184, 292 | | |
| 2:18 | 160, 188, 189, 292, 302 | 4:1 | 179, 191, 292 | **요한계시록** | |
| | | 5:13-16 | 184 | 1:18 | 145 |
| 2:19 | 197 | 5:14 | 292 | 9:20 | 92 |
| 2:20 | 154, 155, 172, 196, 292 | 5:15 | 292 | 12:7-9 | 108 |
| | | | | 12:7-13 | 298 |
| 2:21 | 190 | **디모데후서** | | 13:2 | 219 |
| 2:23 | 190 | 2:25 | 179 | 20:2 | 80 |
| 3:1 | 155 | 2:26 | 123, 179, 292 | 20:10 | 113, 223 |
| 3:1-2 | 197 | | | 20:14 | 223 |
| 3:3 | 155, 198 | **디도서** | | | |
| 3:5 | 258 | 2:13 | 217 | | |
| 3:16 | 198 | | | | |
| 4:2 | 198 | **히브리서** | | | |
| | | 2:14 | 105, 137, 142 | | |

# 주제 색인

**123**

12궁도(zodiac) 63, 66-67, 70, 97, 201

**ㄱ**

갈라디아 성도들 177-179
고린도 44-45
고린도 성도들 175-176
골로새 186-190
골로새 성도들 186-198
구원 209-210
귀신(demon) 40, 73-76, 87-88, 102-106, 125-129, 131
귀신 들림 173-175, 246-248
그리스도
   ~의 우월성 143-144, 192-195, 202-204
   ~의 충족성 195-196, 202-204
   높여지심 143-144
   머리 되시는 194, 197
   악한 세력에 대한 승리 139-143, 217-223
   악한 영을 포로로 사로잡는 능력 145-146
그리스도인
   ~에 대한 영적 세력들의 영향 164-185, 246-259, 282-284
   ~의 능력과 권세 202-204
   ~의 충만 156-157
   "그리스도 안에" 151-152, 284-285
   그리스도와의 연합 152-153
   그리스도의 자원을 자기 것으로 삼음 197-198, 286-288

다른 신자들과의 연합 152-153
성령의 은사를 받음 157-159
안전과 보호 160-163
어둠의 왕국에서 구원받음 148-150
정체성 147-163, 284-285
죽고, 부활하고, 높아짐 153-156
기도 213-215, 277, 287-288
기만 175-176, 290-291

**ㄴ**

뉴에이지 운동 200, 244-245, 275-277, 293
능력
   그리스도의 202-204, 207
   하나님의 능력을 자기 것으로 삼음 286-288

**ㅁ**

마귀(devil) '사탄'을 보라.
마술(magic) 23-42
   ~과 민간 신앙 23-25, 93-94, 293-294
   ~의 용도 32-34
   보호받기 위한 25-28
   사랑을 얻기 위한 28-30
   신비 의식 47-50, 54-57, 187-190, 302
   악의적인 30-32
   에베소의 201-202, 278
   유대인의 39, 94-97
   제자들의 사역 109-112
믿음(faith) 213-215

## ㅂ
복음 전도 211-212, 259, 289-291
분별하기 252-255

## ㅅ
사망 221
사탄 89-91
  ~에게 발판을 내줌 173-175, 246-248
  ~의 권세 아래 있는 세상 106-107
  ~의 최종적인 반역 218-220
  교회의 선교를 방해함 183-185, 259
  "누군가를 사탄에게 내줌" 181-183
  세력들을 지배하는 자로서의 122-123
  세상과 육체 안에서 역사함 166-170
  시험하는 자 80-82, 99-101, 171-173, 253-254
  신자들을 속임 175-176, 290-291
  "어둠의 권세"로서의 148-149
  예수께 패배함 103-106, 107-109
  패배했으나 여전히 활동 중인 164-166
사탄을 결박함 104-105
사회악(social evil) 260-280
성령
  ~의 검 210
  ~의 은사 157-159
  선포로서의 영적 전쟁 211-212, 289-291
  세례 158-159
  스토이케이아(Stoicheia) 68-71, 177-179, 191-192, 296
  악한 영들 78-80, 102-106
  영적 전쟁 199-216, 281-291
  저항으로서의 영적 전쟁 208-210, 289
  중요한 무기인 기도 213-215, 286-288
  집합적인 성격 214-215
  충만 158-159
세 가지 악한 세력의 영향 166-170, 205, 282-284
세계관
  고대 세계관과 현대 세계관의 충돌 236-238
  비서구권의 241-244
  자신의 세계관을 재평가하라 281-282
  자연주의적 243-245
  현대 세계관에 대한 비판 238-245
  현대의 228-229
세력들(powers)
  ~과 거짓 교훈 191-192
  ~에 관한 최근 해석 260-269
  ~에 대한 그리스도의 승리 139-143
  ~을 두려워함 192-193, 217-218, 223
  ~의 실체 117-118, 227-228, 281-282
  ~의 역사(work)를 분별함 252-255
  ~의 운명 135-136
  ~의 제한적 지식 135
  ~의 최종적인 굴복 220-223
  ~의 최종적인 반역 218-220
  ~의 패배 133-146
  개인에게 영향을 끼침 89-91, 164-185, 246-259
  교회의 선교를 방해함 183-185, 259
  교회의 순결을 공격함 257-259
  그리스도의 포로가 된 145-146
  그리스도의 죽음에 대한 책임 138-139
  명칭 목록 292
  바울이 사용한 용어의 출처 118-120
  사람들 안에서 역사함 136-137; '천사', '귀신', '영들'도 보라.
  사람들을 시험함 171-173, 248-250, 254-255, 257-259
  사탄 왕국의 일부로서의 122-124
  사회에 영향을 끼침 92-94, 253-254, 260-269, 277-280

세상 종교에 연관됨 124-129
'신'(gods)과 '주'(lords)로서의 124-126
신자에게 영향을 끼침 164-185, 246-259, 282-284
육체의 타락한 성향을 이용함 246-252
제자들을 위해 하나님이 사용하심 181-183
질병을 일으킴 179-131, 250-252, 298, 301-302
하나님의 구속 계획을 방해하려고 함 134-139
세상
~에 대한 세력들의 영향 270-275, 283
사탄에게 이용되는 166-185
사탄의 권세 아래 있는 106-107
솔로몬과 마술 94-97
"하나님의 아들들" 86-88
술 취함 54-57
시몬, 마술사 37-38
시험(temptation) 99-101, 171-173, 248-250, 254-255, 257-259
신과 여신(gods and goddesses)
    데메테르(Demeter) 44, 47-49, 188
    디오니소스(Dionysus) 44, 54-57, 124, 159, 186
    디케(Dike) 59
    멘(Men) 188
    사라피스(Sarapis) 45, 125, 188
    셀레네(Selene) 26, 53, 145, 186, 188
    아르테미스(Artemis) 24, 26, 29-30, 45-46, 54, 59, 66, 145, 186, 188, 201, 278-280
    아스클레피오스(Asclepius) 44, 50-52
    아테나(Athena) 43-44
    아티스(Attis) 190
    아폴로(Apollo) 26, 40, 44, 125, 139
    아프로디테(Aphrodite) 26, 44, 65, 67

이시스(Isis) 45, 57, 73, 125, 188
제우스(Zeus) 43, 44, 45, 47-48, 57-58, 63, 188
카스토르와 폴룩스(Castor and Pollux) 59
키벨레(Cybele) 49-50, 186, 190
페르세포네(Persephone)/코레(Kore) 47-49
하데스(Hades) 48
헤르메스(Hermes) 57-58
헤카테(Hekate) 26, 29-30, 52-54, 120, 145, 186
헬리오스(Helios) 35, 188
신화
    성경학자들과 229-232
    악한 영을 설명하는 범주로 부적절함 234-236
    현대적 이해 232-233
십자가 107-109

o

아테네 43, 58
악한 세력을 다스리는 권세 154-159
"안내하는 영들"(spirit guides) 34-36
에베소
    마술 책을 불사름 41
    아르테미스 숭배 278-280
    영적 경향 201-202
영들(spirits)
    점치는 40-41
    초보적인 68-71, 177-179, 191-192, 296
영적 세력들을 비신화화함 117, 227-232, 237-238, 267
영지주의 38, 121-122
예수
    시험 99-101; '그리스도'도 보라.
    축귀 102-106
오컬트 '마술'을 보라.

주제 색인 319

우상(idols)  43-44, 73-74, 127-129
운명  63-68, 217-218
유대인의
    귀신론  75, 118-120
    마술 행위를 금지함  76-78
    묵시 문학  230
    영적 세계에 대한 관심  85-86
    이방 신에 대한 태도  73-74
육체  166-170, 248-250, 257-259, 283
율법, 유대인의  178
의(righteousness)  209
인간을 희생 제물로 드림  55-57

## ㅈ

전신갑주, 그리스도인의  208-216
점성술(astrology)  61-71
    ~과 마술  65-68
    ~과 우주적 교감  62-63
    ~과 천문학  62-63
    스토아학파 안에서의  63-65
점술(divination)  36-37
존재의 구조(structures of existence)  260-269, 277-280
종말론적 승리, 그리스도와 그분 백성의  112-113, 220-223
죄 사함  147-148
주권, 하나님의  133-134
주술(witchcraft)  52-54, 76-78
진리  208
질병  179-181, 250-252, 298, 301-302

## ㅊ

책임의 문제  255-257
천궁도(horoscopes)  61-62

천사
    ~의 계급 체계  130-131
    ~의 타락  86-88, 130
    ~가 지배하는 지역  131-132
    계급과 이름들  88-89, 130-131
    나라를 다스리는  82-84
    숭배  187-190, 302
    악한  87-88; '세력들'도 보라.
철학  190
축귀  94-97, 102-106, 298
치유  50-52, 250-252

## ㅋ

쿰란  85, 89, 93-94, 97, 297

## ㅌ

타우로볼리움(Taurobolium)  49-50

## ㅎ

하나님
    ~의 구속 계획  134-139
    ~의 능력  202-204, 207, 286-288
    ~의 말씀  210
    ~이 사탄의 세력을 사용하심  181-183
    거짓 신들에 대한 태도  73-74
    그리스도를 통해서 악한 영적 권세에 승리하심  139-143
    그분 백성을 향한 사랑  160-163
    백성을 구원하심  148-150
    창조주로서의 주권  133-134
혼합주의  45, 186-190, 197-198, 258